KB271574

해양과 메가아시아

The Ocean and Mega-Asia

주경철 유성희 엮음

고일홍 권오영 김규호 박준영 송승원
주경철 강희정 김종호 여운경 이민용 유성희 지음

진인진

해양과 메가아시아

초판 1쇄 발행 | 2023년 1월 30일

엮   음 | 주경철, 유성희
저   자 | 고일홍, 권오영, 김규호, 박준영, 송승원, 주경철, 강희정, 김종호, 여운경, 이민용, 유성희
편   집 | 배원일, 김민경
발행인 | 김태진
발행처 | 진인진
등   록 | 제25100-2005-000003호
주   소 | 경기도 과천시 별양상가 1로 18 614호(별양동 과천오피스텔)
전   화 | 02-507-3077-8
팩   스 | 02-507-3079
홈페이지 | http://www.zininzin.co.kr
이메일 | pub@zininzin.co.kr

ⓒ 서울대학교 아시아연구소 2023
ISBN 978-89-6347-538-7 93300

** 이 저서는 2020년 대한민국 교육부와 한국연구재단의 지원을 받아 수행된 연구입니다(NRF-2020S1A6A3A020
   65553).

• • • • •

서문

1.

본서는 아시아에 대한 새로운 성찰과 전망을 구하기 위해 '메가아시아(Me-ga-Asia)'의 가능성을 타진하고자 하며, 이를 위해 아시아의 역사를 해양의 관점에서 살펴볼 것이다. 우선 다소 생소할 수도 있는 두 개념에 대한 간략한 소개가 필요해 보인다. '메가아시아'란 무엇인가? 아시아 역사에 대한 '해양사'의 접근은 어떤 의미를 띠는가?

　　원래 '아시아'라는 말은 고대 그리스-로마 문명에서 만들어 사용한 용어다. 아시아인의 입장에서 보면 자신을 가리키는 용어를 스스로 만들기 전에 이웃 문명권에서 우리를 규정하느라 만든 용어가 일방적으로 부과된 셈이다. 더구나 고대에는 현재 아시아 전체에 대한 파악이 불가능했으므로 단순히 유럽 문명권 동쪽 변방 너머의 일부 지역을 가리켰을 뿐이다. 그 후 거대한 대륙 전체 그리고 그 안에 살아가는 사람들을 가리키는 말로 의미가 확대했다. 그런데 이처럼 막연하고 수동적이었던 용어는 어느덧 아시아인들이 자신의 정체성을 찾고 서구 제국주의의 침략에 대항하는 의식을 키우는 과정에서 적극적이고 저항적인 용도로 사용하기에 이르렀다. 아시아인들이 자신의 역사와 문화, 그들이 겪어야 했던 공동의 운명을 담아내는 말이 필요했기 때문이다. 그렇지만 사실 그런 목적을 위해서라면 아시아라는 용어는 너무 막연하다. 아시아 대륙 내 수많은 민족들은 역사 경험이 판이하게 다르거나, 격렬한 대립과 분열을 겪었거나, 혹은 멀리 격절되어 거의 아무런 관련이 없을 수 있다. 이런 상태에서 그 광대한 대륙 내 사람들과 문화, 운명을 하나로 묶어내기에는 아시아라는 말은 효용이 떨어질 수밖에 없다.

아시아인의 연대를 담보하는 새로운 개념이 절실히 필요하게 되었다. 아시아 각 지역의 경제가 급격히 성장하고 문화적으로 풍요로운 발전을 이룩하며 국제정치 무대에서 위상이 올라가는 상황에서 이 약동하는 새로운 흐름을 적절하게 지원하는 새 용어가 필요하다. 저발전과 정복의 대상이었던 암울한 과거의 표상 대신 다이내믹한 발전을 추동하며 미래의 중심권으로 부상하는 새로운 아시아를 담아내는 표현이 있어야만 한다. 현재 아시아를 구성하는 각 지역이 활력 넘치는 발전을 이루고 있으며, 지역 네트워크가 팽창하고 그 네트워크들을 연결하는 상위 네트워크가 짜이는 중이다. 물론 이런 연결망이 확대되고 복잡성이 증대한다고 해서 조만간 메가-구조가 현실화된다고 단언할 수는 없다. 그럼에도 분명 지금과는 다른 새로운 아시아, 많은 인구와 다이내믹한 정치·경제 활동과 활기 넘치는 다양한 문화 등을 담아내는 거대 지역 단위가 창발할 가능성은 여전히 높다고 보아야 한다. 서울대학교 아시아연구소의 연구 팀들은 이런 전망을 공유하며 새롭게 떠오를 새 지역 단위를 지칭하기 위해 '메가아시아'라는 개념을 사용하고, 그 실체를 규명하는 노력을 경주하는 중이다. 그 결과가 어디로 귀결할지는 누구도 확실히 알 수는 없다. '메가아시아'는 현재 진행 중이고 앞으로 실천해 나아가야 할 미래지향적 개념인 것이다.

'메가아시아'의 실천이 단순한 희망과 염원이 아니라 타당성 있는 목표라는 확신을 어디에서 찾을 수 있을 것인가? 장구한 역사 경험에서 실마리를 찾을 수밖에 없다. 주지하다시피 미래에 대한 새로운 전망은 곧 지난 역사에 대한 새로운 시각을 요구한다. 새로운 아시아상의 개념을 염두에 두고 역사적 고찰을 진행하고, 역사에 대한 통찰을 통해 미래에 대한 조망을 섬세하게 조율하는 쌍방향의 성찰이 필요하다. 우리는 미래의 가능성의 뿌리를 확인하기 위해 아시아의 역사를 지금과는 다른 시각에서 들여다보기로 했다. 그 동안 많은 연구자들과 일반인 모두 아시아의 역사를 지나치게 협소하고 관성적인 태도로 접근하지는 않았을까? 인간의 삶과 역사는 무한한 가능성을 안고 진행해 왔을 터이나, 단편적인 해석에 몰두하면 심층의 의미를 놓칠 수도 있다. 미래의 가능성의 근원을 찾아보기 위해 새로운 관점을 세우고자 했을 때 우리가 주목한 무대는 해양이다.

대륙뿐 아니라 광대한 해양세계 또한 인간의 삶의 핵심 무대였다. 그럼에도 역사가들은 대륙에 비해 바다를 상대적으로 덜 주목해 왔다. 아시아 문명을 거론할 때 많은 사람들이 내륙 지역 중심으로 생각하는 경향이 강하다. 일견 당연해 보일 수도 있다. 인간의 거주 지역이 평원지대이기 십상이고, 우리가 기억하는 주요 역사 사건들은 대개 대륙 내부에서 일어난 일이기 때문이다. 고대 메소포타미아로부터 현대 한국에 이르기까지 여러 문명권의 성취가 대부분 육상에서 일어났다는 사실 또한 부인하기 힘들다. 따라서 아시아 문명의 역사와 미래를 생각할 때 연구자들이나 일반인들이 대개 대륙 중심의 틀에서 사고하는 것도 충분히 이해할 수 있는 일이다. 그럼에도 육상 중심으로만 한정한다면 우리는 진실의 절반밖에 보지 못하고 나머지 절반을 놓치는 결과가 되고 만다. 바다는 인류 역사의 중요한 무대이고 발전을 추동한 강력한 모터 역할을 하곤 했다. 우리 문명의 미래를 그릴 때에도 의당 '아시아의 바다, 바다의 아시아'를 고려해야 한다.

바다가 문명 발전의 중요한 소통로였다는 사실은 역사적으로 어렵지 않게 확인할 수 있다. 한두 사례를 살펴보자. 고대 인더스 문명권과 메소포타미아 문명권이 일찍이 서로 교류하며 영향을 주고받으면서 발전했다는 사실은 잘 알려져 있다. 그런데 두 문명 간 소통이 이루어지는 데에는 육로뿐 아니라 해로 또한 매우 중요한 역할을 했다. 인도 북부 지역의 보석, 금, 주석, 상아, 목재 같은 상품들이 페르시아 만을 거쳐 메소포타미아 지역으로 전해졌다는 고고학적 연구가 이 점을 실증한다. 흥미롭게도 인더스 문명의 도량형 체계에서 사용하는 구와 실린더 모양의 추들이 메소포타미아 지역에서 발견되었는데, 이것은 더욱이나 두 지역 간 교류가 긴밀히 그리고 체계적으로 진행되었다는 증거다. 한편 인더스 문명의 신화적 상징들이 메소포타미아의 인장들에서 자주 보인다는 것은 두 문명 간 정신적·문화적 교류를 말해 준다. 그렇다면 인도 북부와 중동 지역 간 해상 교류는 언제, 어떻게 시작했을까? 놀랍게도 인도양 해역에서는 선사시대부터 항해가 이루어졌음이 분명하다. 아마도 이 해역에서 일찍이 계절풍 체계를 발견하여 이를 이용해 먼 지역으로 항해하는 방법을 발견했기에 가능한 일이다. 우리는 여기에서 문명이 원양항해를 낳은 게 아니고 원양항해가 문명 발전을 촉진했다는 중요한 사실을 확인하게 된다.

이슬람 상인들의 중국 교역 또한 흥미로운 사례다. 618년 당 제국이 개창하고, 622년 이슬람교가 성립된 것은 모두 세계사적인 주요 사건이다. 우리의 관점에서 더 흥미로운 점은 이 두 개의 거대 문명 혹은 초-문명(hyper-civilization, 이슬람권은 그 내부에 여러 개의 문명을 포함하고 있다)이 바다를 통해 활발하게 교역과 교류를 수행했다는 점이다. 이슬람권은 육상뿐 아니라 해상으로도 확산해 갔다. 아랍과 페르시아 상인들이 인도양 각지로 나아가서 활발하게 상업 활동을 하면서 점차 많은 지역들에 거류지를 형성해 갔다. 급기야 당 제국이 해상 교역에 문호를 열자 이슬람 상인들이 중국 남부에 정착했다. 광저우 거류지는 10만 명에서 20만 명 사이의 무슬림이 모여 있는 놀라운 규모였다. 그리하여 도자기, 금은 제품들, 동전 등 중국 상품이 이슬람 상인의 중개를 통해 동남아시아 각지와 중동 지역으로 수출되었다. 기하학적 문양이나 쿠란 문구 등을 도자기에 새겨 넣었고, 페르시아의 코발트를 이용해 청색을 구현한 것을 보면 두 지역 간 경제 및 문화 교류가 높은 수준으로 행해진 것이 분명하다.

이상에서 거론한 사례만 보아도 인류사의 발전 과정에서 바다가 얼마나 중요한 영향을 끼쳤는지 짐작할 수 있다. 육로로는 무거운 물품을 원거리 이동하는 것이 사실상 불가능하고, 높은 비용과 느린 속도로 인해 상호 소통이 지체될 수밖에 없는 데 비해, 바닷길은 비록 위험이 따르지 않는 것은 아니지만, 한번 개통되면 다량의 상품과 문화 자산들이 대규모로 그리고 빠른 속도로 전달된다. 해로는 육로와는 차원이 다른 소통과 교류를 가능케 한다. 이는 현재에도 마찬가지이고 장래에도 여전히 지속될, 어쩌면 인류사의 상수(常數)에 해당한다고 할 것이다. 우리가 아시아 문명의 미래를 상상할 때에도 바다라는 요소를 반드시 고려해야 하는 이유다.

본서의 집필에 참가한 연구자들은 이와 같은 문제의식을 공유하면서 아시아 해양 세계에서 펼쳐진 다이내믹한 발전 과정을 파악하기 위해 다양한 방법론으로 다양한 주제를 다루었다. 선사시대부터 현대에 이르기까지 아시아 해역에서는 사람과 물자, 사상과 문화가 전달되는 평화로운 교류의 네트워크가 형성되기도 하고, 때로 침략과 전쟁의 무대로 돌변하기도 했다. 그 내용을 간략히 짚어보는 것만으로도 지금까지 생각했던 아시아와는 사뭇 다른 새로운 아시아의 상(像)이 떠오를 것이다.

2.

고일홍은 기원전 2세기부터 기원후 1세기까지 번성했던 국제 교역항인 사천 늑도 사례를 통해 고대 동아시아 해양 네트워크의 작동 방식을 탐구한다. 여러 차례의 발굴 결과 늑도 전체에 걸쳐 고대 유적이 분포하고 있음이 확인되었다. 무엇보다 패총(貝塚), 매장지, 주거지, 공방 등에서 출토된 다양한 외래 유물은 이 섬이 활발한 국제 교역의 무대였다는 사실을 말해준다. 또 현지 주민뿐 아니라 외래 주민의 매장 흔적이 발견된 것은 곧 이 섬에 현지인과 외래인이 어우러져 교역 활동을 수행하였다는 증거다. 이 섬은 한반도 남부의 철과 철기를 수출하고 반대로 일본 물품과 특히 일본의 쌀을 수입한 것으로 추정한다. 한 가지 흥미로운 점은 연해주의 온돌 방식이 해상 루트를 통해 이곳으로 유입되었다가 한반도 남부 지방으로 확산했다는 점이다. 원거리 해양 네트워크가 물산과 문화를 전하는 역할을 수행한 사실을 명백히 보여주는 사례이다. 더불어 고일홍은 늑도라는 노드가 서로 다른 두 세계를 연결한다는 사실도 강조한다. 한편으로 영남 지역과 일본 간의 교역망이, 다른 한편으로 서해안과 제주 간의 교역망이 존재했는데, 늑도가 이 두 세계를 연결함으로써 '작은 세계 네트워크'를 형성시킨 것이다. 이후 늑도 네트워크 자체는 쇠락하지만, 해양 세계의 '경로 의존성'으로 인해 이 지역의 해상 교류가 지속하고 발전한다. 이러한 사례를 보면 이미 고대 이래 해상 네트워크가 메가아시아 형성의 동력으로 작용해 왔음을 추론할 수 있다.

권오영은 고대사회에 한반도와 일본열도가 해상 실크로드의 교역망에 포함되어 있었을 개연성을 거론한다. 『에리트라이海 안내기(*Periplus Maris Erythraei*)』나 『한서(漢書)』 등의 자료에 의하면 기원후 1세기경이면 중국 – 동남아시아 – 인도 – 아라비아반도 – 지중해로 이어지는 해상교통로가 이미 작동하고 있었다. 최근의 고고학적 연구 결과 이 해로의 동쪽 끝 지점이 한반도와 일본열도까지 확장되어 있었다는 사실이 확인되었다. 이 해로를 통해 남아시아와 동남아시아 지역의 특산품, 정보와 사상이 활발하게 유입되었다. 그렇다면 고대사 해석에서 매우 중요한 문제가 제기된다. 한반도와 일본열도를 무대로 성장한 다수의 고대 정치체와 국가들도 해양성을 띤 항시국가 성격을 띠지는 않았을까? 원거리 교류가 활성화되고 사람들의 이동이 빈번해지면 해로에 접한 육지 곳곳에서 항시(港市; Port City)가 출현하고 곧 항시들의 연합체인 항시국가가 발전하게 된다. 그렇다면 동남아시아의 참파(Champa; 林邑), 푸난(Funan; 扶南), 랑카수카(Langkaska; 狼牙脩) 같은 항시국가들이 성장하듯 동북아시아에도 그런 발전이 일어났을 가능성도 배제할 수 없다. 김해를 무대로 성장한 구야국이 금관가야로 발전하는 것이 대표적인 사례다. 또한 김해 지역에서 다량 출토되는 한식(漢式) 물품이 동북아시아 해상 교역로를 통해 들어온 다음 다시 바다를 건너 북부 규슈(九州) – 산잉(山陰) – 단고(丹後)를 잇는 해안로를 통해 확산되었다는 점을 놓고 볼 때, 일본의 해상교통의 요충지에서도 마찬가지로 항시가 발전하고 이어 항시국가로 발전했을 가능성도 있다. 이처럼 광대한 아시아 해양 세계의 교류 네트워크가 상당한 수준으로 발전해 있었고, 그것이 고대 국가 발전에도 큰 영향을 끼쳤다고 보아야 한다.

권오영의 문제의식은 김규호·박준영 두 연구자의 실증 연구로 이어진다. 이들은 유리구슬 문제에 집중하여 고대 인도 – 태평양의 해양 네트워크의 연결성을 탐구한다. 소위 '인도 – 태평양 구슬(Indo – Pacific Beads)'은 아프리카 동부로부터 남아시아, 동남아시아, 동북아시아까지 분포하며, 특히 해안가 지역들에 집중적으로 분포하는 특징을 보인다. 이 구슬들이 어떠한 방식으로 유통되었는지 살펴보려면 먼저 어떠한 유리구슬이 어디서 생산되었고, 어떤 방식으로 이동했는지를 파악해야 한다. 유리구슬의 외형적 특성과 화학조성의 분석 결과 주요 생산지로는 남아시아 인도 북부의 코피아(Kopia) 유적, 인도 남부의 아리카메두(Arikamedu) 유적, 스리랑카의 기리바와(Giribawa) 유적, 만타이(Mantai) 유적이 확인되었다. 유리구슬의 유통 과정은 무차별적인 게 아니라 당시 형성되어 있던 지역 간 네트워크를 통해서 이루어진다. 이 네트워크를 관장하는 운영 주체가 유통과 소비의 거점에서 활동하는데, 이곳에서 물품의 재가공이 이루어지기도 한다. 연구자들은 그와 같은 유통 거점이자 2차 생산지인 동시에 거대 소비지가 되는 대표적인 지역들로 태국 카오 삼 케오 유적, 베트남 옥 에오 유적, 중국 남부 허푸(合浦), 한국 김해 일원과 마한-백제 권역을 들고 있다. 그 중 특히 한반도 내의 사정이 관심을 끈다. 고구려·백제·신라·가야가 서로 항쟁과 상생을 거듭하는 동안 내적 동력이 국가를 성장시키기도 하지만 국제 외교 관계도 상당히 중요한 작용을 한다. 외래 수입품을 입수하고 유통을 통제하는 주체는 곧 정치권력을 공고화하기에도 유리하다. 원삼국~삼국 단계에 산발적으로 존재하던 여러 소국이 통합되는 과정에도 이런 요소가 작용했을 것이다.

송승원은 말레이 세계 이슬람 왕국들의 기원 신화를 비교 연구하여 이 지역에 특이하게 발전한 이방인 군주제의 전통을 분석한다. 고대부터 인도양과 태평양에서는 다양한 인종과 계층의 사람들이 범선을 타고 무역과 이주를 했다. 이들 중 많은 사람은 일정 기간을 방문하고 고향으로 돌아간 체류자들이었지만, 상당수는 동남아시아에 남아 현지 여성과 혼인하고 대를 이어 거주하기도 했을 뿐 아니라 일부는 현지 사회에서 왕위에 오르기도 했다. 이런 현상은 놀라울 정도로 장구한 기간 이어진 해양 전통과 관련이 깊다. 기원전 3000년경부터 기원후 1200년경에 이르기까지 동남아시아-태평양-마다가스카르를 잇는 거대한 해양 삼각 라인을 따라 해상 이주를 한 오스트로네시아인들(Austronesian-speaking people)이 주인공이다. 이들은 '도래 우선순위의 법칙(precedence order of arrival), 즉 무인도에 먼저 도래하는 그룹이 영토와 자원의 소유권을 인정받고 계급의 상층을 차지하는 반면, 후속 이주그룹일수록 계급 사다리의 낮은 위치를 차지한다는 원칙을 지키고 있었기에 계급 상향 이동의 가능성을 찾아 원거리 항해를 지속했다. 이들의 기원 신화에 이주그룹들의 도래 순서에 대한 내러티브가 중요한 이유다. 그러는 한편 사회가 확장되고 촌락 연맹이 왕국으로 발전할 때, 토착인이 아닌 타 종족이나 타 인종, 또는 신비하게 나타난 신인(神人) 등의 '이방인'을 군주로 추대하는 전통이 광범위하게 나타난다. 초기에는 해상 국제무역을 상징하는 '남성적' 외국인 왕자와 영토와 농업을 상징하는 '여성적' 토착 세력이 양두정치(diarchy)를 펼치되, 토착 그룹이 최종적 힘을 가지는 양상이었다. 그러나 세월이 흐르면서 변화가 생겼다. 15세기 초부터 본격적으로 이슬람을 수용하면서 아랍 세계에서 온 인물을 사위로 맞아들이는 것이 왕국의 명망을 드높이는 일일 뿐 아니라 국제무역 네트워크 수립에도 실질적인 도움을 주었다. 이 때문에 왕실 시조가 아랍 이슬람 세계 영웅들의 직계 후손이라는 내러티브가 만들어졌다. 특이하게도 마케도니아의 군주 알렉산더 대왕이 이슬람의 사도로 변형되어 말레이 세계의 많은 왕가의 시조로 둔갑하기도 하고, 무하마드의 직계 후손을 일컫는 사다(sada)가 시조가 되는 일도 빈번해졌다. 이방인군주제 신화는 수천 년에 걸친 해양 이주 그리고 이슬람화 이후 말레이 세계의 정치·경제·문화적 변화를 해명하는 중요한 요소다.

　아시아의 바다는 긍정적이든 부정적이든 외부 문명에게도 열려 있는 공간이었다. 근대 이후 유럽 세력이 아시아의 바다로 들어와 침략과 교역 행위를 한 현상을 설명하기 위해 주경철은 네덜란드동인도회사의 활동을 추적한다. 스틴스그르(N. Steensgaard)는 포르투갈이 군사력을 통해 약탈적 교역을 수행하거나 통행료를 징수하는 '약탈·수취'의 성격이 강한 반면 네덜란드는 정치·군사적 힘을 동원하되 잉여 수취보다는 새로운 교환체제를 구축하는 데에 사용했다고 설명한 바 있다. 다시 말해 동인도회사는 자본과 국가 기능이 결합한 사례로서, 시장 경제의 확대로 이윤을 얻기 위해 '합리적' 폭력을 행사했다는 주장이다. 그렇지만 최근 연구 결과들은 이 회사의 운영 방식이 '합목적적 무력'과는 거리가 멀다는 점을 강조한다. 게다가 이 회사가 무력을 행사한 곳은 일부 지역에 한정되었을 뿐 대부분 지역에서는 아예 무력행사가 불가능했다. 면직물을 생산하는 인도와 견직물을 생산하는 중국, 은을 공급하는 일본에 대해서는 전혀 무력행사가 통하지 않았다. 일본 경우를 보면 오히려 극도로 몸을 사리며 굴종적으로 처신해야 했다. 동인도회사는 무력과 합리적 계산을 결합하여 아시아 세계를 통제한 게 아니라 반대로 아시아 상황에 최대한 적응하는 체제였다. 물론 유럽 상인들의 아시아 진입이 아시아 경제를 세계 체제와 연결시킨 것은 분명하며, 그로 인해 생겨난 해외 수요가 아시아 각지의 생산에 분명히 영향을 미쳤으리라고 생각할 수 있지만 생산 체제의 구조적 변화를 초래할 정도는 아니었다. 스틴스고르가 주장하듯 무력을 통해 아시아 경제체제를 유럽식 시장경제 방식으로 이끌었다고 할 수는 없다. 실제 상황은 동인도회사가 아시아에 자신의 힘을 강요한 게 아니라 전력을 다해 아시아 체제에 적응해야 했다는 것이다. 19세기 제국주의 시대 이전에는 유럽 상인들과 아시아 해양 세계는 한편으로 협력하고 한편으로 갈등을 벌였는데, 이 말은 아시아와 유럽 문명이 만나 대등하게 공존했음을 의미한다.

강희정은 화인 디아스포라와 페라나칸 문화를 탐구한다. 중국과 동남아시아 간 교류와 교역이 확대되면서 많은 중국인들이 동남아시아 각지로 확산해 갔고, 그에 따라 중국인 마을과 공동체가 생겨났다. 안정적인 현지 정착을 위해서는 가정을 꾸려야 하지만 중국에서 이주할 때 여성들은 함께 오지 못했다. 그 결과 복건, 광동, 해남 등에서 이주한 중국인 남성들은 흔히 여자 하인이나 노예를 사서 면천(免賤)시키고, 부인으로 삼는 길을 택했다. 이 여성들은 중국식 가부장제에 맞추어 중국식 가정을 꾸렸으면서도 원래 출신 지역의 관습이나 문화를 완전히 버릴 수는 없었다. 예컨대 음식을 만들 때 중국과는 다른 현지 재료를 이용해야 했기 때문에 변용이 불가피했다. 자연히 이 지역 문화의 혼종성이 강해질 수밖에 없었다. 강희정은 이런 점을 잘 보여주는 사례로 믈라카를 집중적으로 분석한다. 믈라카에 정착한 중국인들은 중국인의 인종적, 문화적 정체성을 유지하면서도 현지 문화를 적극적으로 수용해 독특한 중국인 이주민 사회를 형성했는데, 이들을 가리켜 '바바'(Baba, 峇峇)라고 부르며, 그에 대응하는 여성은 뇨냐(Nyonya, 娘惹)라고 부른다. 바바는 말레이 반도에서 가장 이른 시기에 현지에 정착해 중국적이면서 또한 말레이적인 독특한 문화집단을 이루는 데 기여했다. 중국의 혼례를 바탕으로 말레이 혼례 관행을 흡수한 혼종적인 혼인 의례가 대표적 사례다. 그렇지만 이상의 페라나칸 문화는 시대의 변화에 따라 사라지는 역사적 개념일 수밖에 없다. 오랜 기간 변화가 지속된 결과 혈연과 지연을 중심에 둔 공동체의 관념이 약화되었기 때문이다. 그럼에도 페라나칸 문화가 여전히 일부 지역에서 소환되는 이유는 역사의 재구축을 통한 정체성 확립(싱가포르)이든지 관광이라는 실용적인 목적(푸켓, 페낭) 때문이다. 중국에서는 사라진 역사 속의 전통들이 혼종화된 상태로 이어진 페라나칸은 이 지역 문화의 복합성을 잘 보여준다.

김종호는 남중국해 화인 네트워크를 통해 이루어지는 사람, 자본, 물자, 그리고 문화의 이동을 살펴본다. 네트워크의 핵심 작동 기제는 화인들 간 '꽌시(關係)'와 '신용(信用)'을 맺고 유지할 수 있도록 해주는 혈연·지연 기반 공동체다. 여기에서 주의할 점은 중국계의 인적 유동성이 일방향이 아닌 쌍방향이었다는 점 그리고 대부분의 이주가 서구 식민제국의 수요로 인한 노동 이주, 곧 장기 거주가 아니라 단기이주였다는 점이다. 따라서 고향의 가족들을 부양하기 위한 화교송금(교비)이 매우 중요한 문제로 떠오른다. 2천만 명에 달하는 노동자들이 정기적으로 보내는 돈은 거대 자본이 되어 남중국해 해역공간을 다른 차원으로 변모시켰다. 송금에 주목하면 우선 자본이 어떻게 이동하는지를 볼 수 있지만, 동시에 사람과 물자, 사상과 문화는 어떻게 이동하는지를 볼 수도 있다. 송금은 외국의 소식들을 전하고 독특한 문물들이 오가는 창구가 되기도 했다. 중국계 이주 노동자들의 수와 송금 액수가 급증하자 교비 기반 무역업의 발전, 신용기반 금융 관행의 변화, 은행업까지 포괄하는 상인 네트워크의 형성으로 이어졌다. 이처럼 전방위적이면서도 서로 긴밀히 연계되어 있는 거미줄 모양의 쌍방향 네트워크는 화인들에게는 보이지는 않지만 일종의 영토처럼 느껴졌을 것이다. 그렇지만 다른 한편 화인 네트워크는 그 자체가 한계로 작용하기도 한다. 배타적 경계설정을 통한 영역의 확보라는 측면 때문에 그들이 설정해 놓은 범위 이상을 넘어가는 확장성은 거의 없었다. 화인 네트워크의 경계를 넘나드는 '무질서함'은 어쩌면 현대인들이 직면한 초국적 네트워크 상황을 이해하는 데에도 영감을 줄 수 있다.

여운경은 탈식민지 동남아시아의 해상 밀무역과 해적을 추적한다. 사실 해적에 대한 인식과 정의는 식민지기에 유럽인들이 다분히 자의적이고 문명론적 편견에 기반하여 "생산한" 것이다. 원래 이 해역은 언어, 종교, 종족적 문화적 친연성, 경제활동을 통해 긴밀하게 연결된 권역이었고, 이런 사회문화적 관계는 해상 활동과 교류를 통해 이루어졌다. 그런데 식민지배기에 조약을 통해 자의적인 국경이 설정되고 19세기 후반 그것이 강화, 강요되면서 이 지역 해상 활동의 구조에 변화가 발생했다. 정치적 경계와 정체성이 가변적, 복합적이었던 동남아시아에서 19세기 후반 이후 국가/정부가 경제 행위의 "합법성"을 결정하게 되면서 과거의 "일상적" 경제 행위나 초국가적 유동성이 "불법화(illegalization)"되기 시작했고, 많은 바다 사람들과 그들의 행위는 "해적"과 "밀무역"으로 분류되고 억압되었다. 초기 유럽 식민체제는 "해적" 발생에 유리한 동남아시아 군도의 지리조건을 극복하지 못했으나 19세기 중반 이후 기술적, 제도적 변화가 발생했다. 증기선과 전신 등 새로운 기술의 발전은 저항 세력의 진압과 식민지 영토의 팽창에 기여했다. 통제가 강화되면서 위협이 줄어드는 듯 했으나 대신 술루해와 보르네오의 무기 밀무역 같은 다른 방식의 "불법" 무역행위가 증대했다. 1940년대 일본 점령기와 탈식민지화 과정을 거치면서 새로운 국가의 등장, 경계의 재설정, 그와 연결된 밀무역과 해적 활동 현상이 다시 재현되었다. 새로운 국가 체제하에서 행정적·군사적 통제력이 약화되자 불법적 해상 경제활동이 활성화되었고, 이에 대응하여 정치 엘리트들은 국가의 통제를 벗어난 지역 경제활동에 제약을 가하기 시작했다. 관련 국가들 간 협약을 통해 해적과 밀무역을 방지하려 해도, 이 지역 바다의 지리적 조건, 해적과 밀수선의 기술적 우위, 각국 정부 간 입장의 차이 등으로 효과적인 공동 대응이 쉽지 않았다. 여기에는 이 지역의 정치적 변화, 냉전과 국제정세의 변동 등도 큰 영향을 미쳤다. 해적과 밀무역 구조는 이 지역 정치, 경제 주체들 간의 관계를 보여줄 뿐 아니라, 이 지역이 정치경제적으로 더 넓은 맥락에 놓여 있음을 보여준다.

이민용은 정규 증기선 노선의 성립과 확장, 활용을 바탕으로 미국과 동아시아가 해양과 관계 맺어온 역사를 다각도로 고찰하고, 제국 주도의 팽창과 세계화가 당시 실제로 대양을 횡단한 사람들의 이동과 어떻게 맞물렸는지 분석한다. 19세기 후반 개설된 횡태평양 정기선 항로는 미국 상공업 계층과 정부의 이해관계가 합치한 결과물이었다. 동아시아와 유럽을 잇는 전통적 교역로와는 반대 방향으로 연결된 정기선 항로는 해당 지역에 새로운 외부 인력(引力)으로 작동하면서 동아시아 내부적으로도 해운업이 발전하는 계기를 만들었다. 동아시아 각국의 국내 해상연결망과 아시아 각지를 잇는 연안항로가 함께 발달해야 했기 때문이다. 결과적으로 중국과 일본의 해운업이 성장했다. 그렇지만 정규 증기선 항로들은 때로 제국주의 국가가 기획한 것과는 다른 방향으로 작동했다. 미국 횡태평양 노선은 중국 시장 공략을 목표로 했으나 실제 주된 수익은 중국계 이주자들을 화물칸에 태워 북아메리카로 운송하는 데서 나왔다. 화인 디아스포라는 미국 사회 내에 예기치 못한 충격을 가져와서 아시아계 이주 노동자들을 제한하는 움직임으로 이어졌다. 19세기 후반 국제 이주의 확산이 환태평양 지역에서 반(反)아시아계 인종주의와 이민 통제 체제로 이어진 것은, 더 긴밀하고 신속한 연결이 반드시 '통합'으로 이어지지는 않았으며, 오히려 국가간 경계를 강화하고 적대를 심화하는 경향을 낳기도 했다. 그러는 한편 일본의 기선회사들이 19세기 말부터 본격적으로 대양해운에 뛰어들자 지역간 연결의 성격이 더욱 복잡해졌다. 20세기 초 동아시아에서는 일본 선적의 정기선이 차지하는 비중이 증대했고 특정 항로를 독과점하는 방식으로 운영되었다. 이상의 큰 흐름들을 잘 보여주는 사례로 이민용은 20세기 전반 필리핀을 상세히 분석하여, 정기선 항로가 원격지간 연결을 가능케 하는 동시에, 그 연결에 제국과 국민국가의 통제가 개입하는 수단이 되기도 했음을 밝힌다. 증기선은 국경을 넘나들기 위한 심사와 규제가 이루어지는 공간이자 전지구적 자본주의 체제 속에서 확립된 인종과 계급의 위계가 공간 분리로서 나타나는 공간이었다.

19세기 태평양 세력의 등장과 메가아시아의 부상을 주제로 삼은 유성희의 글은 한편으로 실증적 연구이면서 동시에 지금까지 이 책에서 다룬 내용들 전체를 이론적으로 되짚어보는 기회이기도 하다. 글로벌한 대전환을 가져온 중요한 요소로 저자는 특히 태평양 세력의 등장에 주목한다. 19세기 말 미국·일본·러시아는 군사·문화·경제적으로 강력한 힘을 축적하여 아시아-태평양을 주 무대로 하는 새로운 세력으로 급성장하기에 이르렀고, 그때까지 자본주의 세계체계를 지배해온 대서양 세력과 비등한 수준으로 올라섰다. 이제 세계사적 사건들은 이 국가들이 주도하는 경향이 컸다. 중국의 동아시아 조공체계를 무너뜨린 일본이 아시아의 새로운 패권국가로 등장했고, 스페인을 패퇴시킨 미국은 서부로의 팽창에 만족하지 않고 태평양지역으로까지 그 영향력을 확대시켰다. 영국의 대아시아 정책은 아시아 여러 지역으로의 남진정책을 실시한 러시아로 인해 종종 고배를 마셔야만 했다. 이처럼 태평양 세력은 유럽세력에 비해 비교우위를 차지하면서 글로벌 헤게모니를 대서양에서 태평양으로 끌어오기 시작했다. 유성희는 이 새로운 현상을 설명하는 개념으로 '메가아시아'를 제안하는 동시에 지금까지 비교적 등한시했던 해양 아시아에 주목하여 새로운 인식의 지평을 열자고 제안한다. 사실 메가아시아의 존재를 어떻게 확인할 수 있는지 의문이 제기될 수 있다. 19세기 말부터 본격화된 태평양 세력의 부상은 이 질문에 답을 제시하는 하나의 역사적 사례가 될 수 있으며, 따라서 메가아시아 개념이 형이상학적으로 혹은 추상화된 개념체로서만 존재하는 것이 아니라, 역사적 접근을 통해서도 확인할 수 있는 대상임을 보여주는 점에서 매우 중요하다. 또한 이 현상이 해양 역역에서 매우 뚜렷하게 관찰된다는 점에서 해양사의 관점에서 메가아시아를 포착하는 좋은 실례이기도 하다. "변동하는 세계질서 속에서 아시아 내 다양한 주체들의 상호작용을 종합하는 이해의 틀"로서 메가아시아 개념이 유용할 수 있다는 가능성을 확인한 것은 귀중한 소득이다.

3.

바다의 특징은 거칠 것 없는 유연한 소통과 교류, 그로 인한 융합이다. 앞서 소개한 연구들에서 우리는 대륙 내부에서 오랜 기간 숙성되었던 요소들이 바다를 통해 교환되고 서로 뒤섞이는 가운데 새로운 성격의 신문명이 발전해 나온 역사 현상들을 보았다. 이제 그러한 가능성이 아시아의 바다에서 만개하기를 고대한다. 국경으로 구획된 협량한 내륙 지역에서 벗어나 광활한 수평선 아래 넓게 툭 트인 해양 공간이 새로운 문명의 요람이 되기를 희망한다. 지금까지 역사적으로 준비해 온 다양한 문명 요소들이 분명 중요한 미래 자산이 될 것이다. 사람과 문물, 사상과 문화 등을 풍요롭게 교류하는 네트워크들이 갈수록 활성화하여 결국 공동 번영의 새로운 거대 구조가 창발(emerge)할 수 있지 않을까 기대해 보자. 우리가 연구한 역사 사례들은 모두 그런 가능성을 가리키고 있다. 우리가 희망하는 메가-아시아는 기존 아시아 문명들을 기반으로 하되 그것들을 뛰어넘는 새로운 아시아의 기획이다. 바다가 제공하는 유연한 동력이 그런 상상을 실현시킬 힘이 되리라 기대해 본다.

목차

．．．．

제1장

고대 동아시아 세계 해양 네트워크의 작동

고일홍(서울대학교 아시아연구소)

I. 해양 네트워크의 특징

해양과 대륙에서 일어나는 이동과 교역을 비교할 때, 바다가 이동의 장벽으로 작용한다는 관점이 있는가 하면, 해상이 육상보다 더 많은 이동의 가능성을 제시한다는 관점도 있다. 또한 육상교역에 비해 해상교역이 비교할 수 없을 만큼의 이익을 창출한다는 관점이 있는가 하면, 반대로 비교할 수 없을 만큼의 비용이 필요하다는 관점도 있다. 이 중 어떤 관점을 취하는지는 연구자가 관심을 갖는 주제와 분석하고자 하는 대상과 그 단위에 달려있다. 하지만 해양에서 작동하는 네트워크의 모습이 대륙의 그것과 다르다는 것은 부정할 수 없는 사실이다. 그렇다면 두 네트워크의 차이는 어디에서 오는가?

해양 세계의 고유한 모습을 만들어내는 요인으로는 크게 네 가지를 생각해볼 수 있다. 첫째, 해상에서의 이동은 그 위험 부담이 매우 높다. 바다는 변화무쌍하며, 한 차례의 풍랑만으로 많은 이들은 목숨을 잃고, 많은 물품이 바닷속으로 사라질 수 있다. 따라서 선박의 건조와 관리, 해상 경관, 그리고 항해에 관한 지식을 집적하고 전수하는 일은 매우 중요할 수밖에 없다. 물론 육상 이동에서도 지형이나 경로에 관한 지식은 매우 중요하다. 그러나 해상 이동에 따른 위험 부담의 정도가 육상 이동보다 높기 때문에, 관련 지식의 전달 방식이 제도화되어 있고, 그 지식 체계에 관한 '정전(正典; cannon)'의 개념이 설립되어 있는 경우도 많다(Mills, 2018: 240). 둘째, 해상에서의 이동은 '선박'이라는 좁은 공간 안에서의 사람과 물질문화의 공존을 동반한다. 다양한 지역 출신의 선원들이 길게는 몇 달 동안 한정된 장소에서 협력하고 생활하는 과정 속에서 다양한 지식과 정보의 교류가 일어나고, 이는 기술과 아이디어의 확산으로 이어진다. 따라서 '항구'와 더불어 '선박'도 매우 국제적인 '장소'로 이해할 수 있다(Mills, 2018: 240). 셋째, 선박은 육상 이동의 수단에 비해 더 많은 사람과 화물을 운반할 수 있다. 따라서 선박이 정박하는 항구마다 내리고 타는 인원의 규모나 선·하적되는 화물의 양은 상당하다. 이는 곧 사람과 사람 간, 혹은 사람과 사물 간 상호작용의 기회나 새로운 사회연결망 형성의 기회가 더 자주 발생할 수 있음을 의미한다. 그리고 이러한 기회들에서 비롯된 실천들이 결국 네트워크 연결성의 구조를 결정하게 된다(Mills, 2018: 240). 넷째, 해상에서의 이동은 '거리 축소'를 동반한다. 육상에서의 이동이 점진적인 특징[1]을 보이는 것과 달리, 해상 이동의 과정에서는 의도하지 않게 – 즉, 표류를 통해 – 미지의 세계에 도착할 수도 있다. 이는 매우 위험한 상황이 되기도 하지만, 한편으로는 항로의 개척으로 이어지는 새로운 교류의 기회가 되기도 한다. 이처럼 새로운 항로가 개척되어 '거리 축소'가 일어나면 새로운 문화요소의 갑작스러운 이식이 관찰되기도 한다.

그렇다면 위와 같은 요인들은 해양으로 연결된 과거 '메가아시아'의 형성에 일조한 고대 동아시아 세계 해양 네트워크의 작동에 어떠한 방식으로 관여하였는가? 이번 장에서는 기원전 2세기에서 기원후 1세기까지 번성했던 국제 교역항 사천 늑도 유적의 사례를 통해 이 주제를 탐색하고자 한다. 이를 위해 ① 어떻게 다양한 지역에서 온 사람과 물건의 어우러짐 속에서 이 항구의 국

---

1   육상에서는 출발지 A과 도착지 B 사이에 명확한 경계(가령 국경)가 존재하지 않는 한, A에서 B로 이동하게 되면 자연경관, 문화, 의사소통 등의 연속을 경험하게 된다.

제적 장소성이 형성되었는지를 제시하고, ② 어떻게 선박을 이용해야만 운송이 가능했던 물자의 교역이 이루어지면서 이 항구를 중심에 둔 해양 네트워크가 형성되었는지를 살펴보고, ③ 어떻게 '거리 축소'의 결과로 한반도 남단에 위치한 이 섬에 연해주 지역의 난방 시스템인 '온돌'이 이식되었는지를 소개하고자 한다. 아울러, 늑도 국제교역항이 번성한 결과로 어떻게 영남 해안지역에서 일본으로 이어진 하나의 네트워크와 서해안에서 제주도로 이어졌던 또 하나의 네트워크가 서로 연결되어 '작은 세계 네트워크'가 만들어졌는지를 보여주고자 한다. 이 작은 세계 네트워크를 구성했던 여러 노드와 에지에 관한 지식은 늑도 국제교역항이 쇄락한 이후에도 전승되었던 것으로 보인다. 따라서 늑도 국제교역항으로 인해 형성되었던 일본과 한반도 서남부지역 간의 연결성이 어떻게 후대에 가서도 유지되었는지를 '동경(銅鏡)'의 사례를 통해 보여주고자 한다. 결국 이러한 '경로 의존성'이 과거 동아시아 해양 네트워크의 재생산에서 중요한 역할을 했듯이, 오늘날에도 메가아시아의 모습을 만들어 내는 데 중요한 요소로 작용하고 있다는 사실을 환기시키고자 하는 바이다.

II. 고대 동아시아 세계 해양 네트워크와 늑도 국제교역항[2]

1. 사천 늑도 유적 소개

사천 늑도(勒島)는 작은 표주박 형태의 섬으로, 삼천포시와 남해군 사이의 바다에 자리잡고 있다. 1985년 이래로 여러 차례 발굴이 이루어지면서 섬 전체에 걸쳐 고대 유적이 분포하고 있음이 확인되었다(그림 1).[3]

---

2 Ⅱ절의 내용 중 일부는 2019년 2월에 출간된 필자의 논문 「문명 교류의 허브 '교역항'에서의 수공업 생산: 사천 늑도 유적의 수공업 공방지 재조명」(『아시아리뷰』 8-2)를 참고하였을 밝혀둔다.

3 사천 늑도 유적의 발굴 성과는 다음과 같은 보고서를 통해 소개된 바 있다: 경남고고학연구소(2003; 2006a; 2006b; 2006c; 2006d); 동아대학교박물관(2005; 2008); 동아문화연구원·사천시(2006); 부산대학교박물관(1989; 2004).

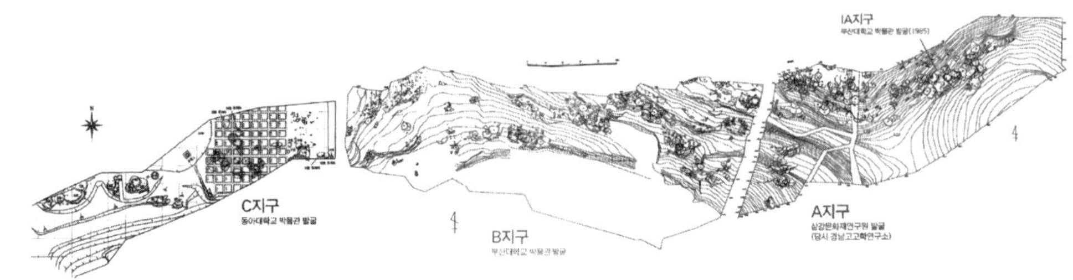

그림 1　사천 늑도 유적의 유적 분포도
출처: 국립진주박물관(2016: 21)

특히 기원전 2세기에서 기원후 1세기 동안 이 섬이 활발한 국제 교역의 주무대였음은 늑도의 패총(貝塚), 매장지, 주거지, 공방 등에서 출토된 다양한 외래유물을 통해 알 수 있다.[4] 중국·낙랑계 유물로는 화폐, 동경편, 철기, 토기, 구슬 등이 발견되었고, 일본계 유물로는 야요이 토기가 발견되었다. 이러한 다양한 외래유물은 한반도 남부, 중국·낙랑, 그리고 일본열도의 교역망들이 당시 사천 늑도에서 중첩되었음을 보여준다.

2.　다양한 사람과 물건의 어우러짐 속에서 형성된 사천 늑도의 국제적 장소성

이러한 외래유물 중 일부는 다양한 지역의 물품뿐만 아니라, 다양한 지역의 사람들까지 늑도에 모여들었음을 시사한다. 일례로, 늑도의 매장지에서는 다

4　사천 늑도 유적에서는 아직 선착장 시설물이 조사되지 않았다. 또한 목재가 거의 보존되지 않아서 선박의 직접적인 증거도 없다. 하지만 자연 환경, 지리적 조건, 출토유물 등을 보았을 때 배가 접안하여 정박할 수 있는 선착장이 있었을 것으로 추정된다. 한편, 늑도에서 확인된 선박의 간접적인 증거로는 배모양 석제품 3점, 배모양 소형 토기 2점, 그리고 현무암 재질의 석제 닻 1개가 있다. 이러한 증거들을 바탕으로 늑도를 오고 갔던 선박을 유추해 본 결과, 최소한 두 종류의 선박이 사용되었음을 확인할 수 있다. 하나는 몸체가 넓고 배의 선수부가 돌출된 김해 여래리 출토 배모양 토기와 비슷한 형태이며, 또 하나는 오늘날의 카누와 비슷한 독목주 형태이다. 한편, 민속자료에 의하면 독목주 형태의 배들은 닻을 사용하지 않고 선착장에 묶어 두었다. 따라서 B지구에서 현무암 재질의 석제 닻이 발견된 사실은 독목주 형태의 선박보다 더 발전된 형태의 선박도 존재했음을 시사한다(이동관, 2022: 69).

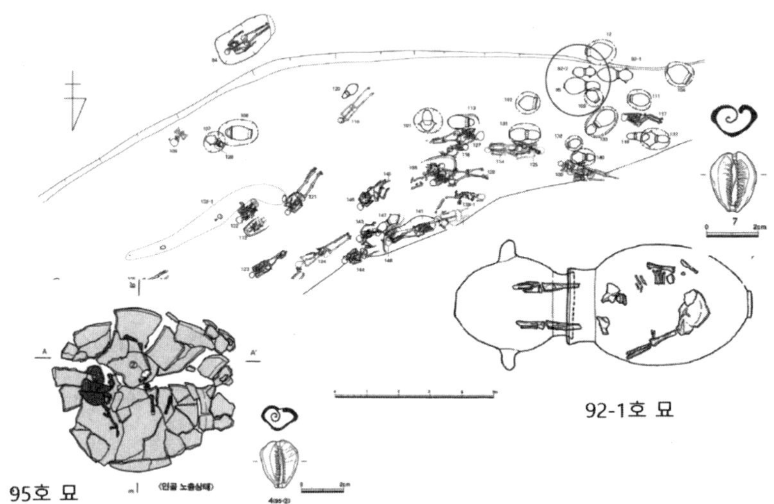

그림 2 사천 늑도 유적 A지구 매장지 92-1호묘(성인) 및 95호묘(유아)의 위치, 세부 모습, 그리고 95호묘 출토 개오지 조개껍질

출처: 경남고고연구소(2006b: 13, 23, 27, 31. 저자 재편집)

양한 장례풍습이 확인되었는데, 그 중에 특히 A지구 매장지의 92-1호묘와 95호묘의 장례풍습이 눈에 띈다(그림 2).

두 무덤은 모두 두 개의 항아리를 결합하여 조성한 합구식옹관묘(合口式 甕棺墓)이며, 92-1호묘에는 성인, 그리고 인접한 95호묘에는 1살 남짓의 유아가 매장되었다. 또한 각각의 무덤에서는 개오지 조개껍질이 확인되었는데, 이것은 매우 흥미로운 발견이다. 왜냐하면 한반도 근해에서는 개오지 조개가 서식하지 않기 때문이다. 아울러 성인 무덤의 경우에는(구멍이 뚫려 있지 않아 목걸이 장식으로 사용된 것은 아님이 분명한) 개오지 조개껍질이 피장자의 가슴 위에 놓여 있었던 것으로 확인되었는데, 개오지 조개껍질을 이러한 방식으로 활용한 장례풍습은 한반도의 선사시대 무덤에서는 확인된 바가 없다.[5] 따라서 92-1호묘의 성인과 95호묘의 유아는 모두 늑도 국제교역항에 거주했던 외

---

5 개오지 조개가 김해 패총에서 발견된 사례는 있으나, 가슴 위에 개오지 조개를 올려놓는 독특한 방식의 매장 의례는 사천 늑도에서 유일하게 확인되었다.

래주민이었던 것으로 이해되고 있다.

또한, 늑도에서는 발견된 다양한 중국·낙랑계 유물은 '사행(使行)교역'의 결과로 유입되었을 가능성이 높다(김병준, 2011; 2019). 사행교역이란 황제의 천하 질서라는 이상을 실현하기 위해 중국이 막대한 경비를 부담하며 주변 소국들의 조공을 유도하는 과정에서, 조공단에 포함된 상인들이 중국 변경의 호시(胡市) 등지에서 수행한 교역을 의미한다(김병준, 2019: 133). 따라서 늑도 출토 중국·낙랑계 유물을 사행무역의 산물로 본다는 것은 그 물품을 팔기 위해 중국 상인이 늑도로 왔다기보다는, 조공단의 상인이 호시로부터 그 물품을 가져왔다는 것을 의미한다. 다만 조공단이 이동할 수 있도록 선박을 제공한 것도 중국이었고, 중국에서 파견한 사절단이 외국 사신을 보호하며 조공 과정을 함께 했을 뿐만 아니라, 조공단을 고향으로 호송하는 업무까지 담당했던 만큼(김병준, 2019), 설령 사행교역의 산물일지라도 늑도에서 중국·낙랑계 유물이 출토된 사실은 중국 사신 및 선원이 이 항구에 주기적으로 방문하고 머물렀음을 시사한다.[6]

한편, 늑도는 그 면적이 약 14만 평에 불과한 작은 섬으로, 국제교역항으로 기능했을 당시의 인구를 지탱하기에는 자원이 턱없이 부족했을 것이다. 그렇다면 당시에는 식량을 어떻게 확보하였는가? 늑도에서 출토된 동물 뼈의 대부분을 차지하는 것은 사슴 뼈이다. 그리고 이러한 사슴 뼈 중 특히 다리뼈가 높은 빈도로 나타난다. 이는 곧 사슴을 다른 장소에서 수렵, 도살, 그리고 1차로 해체한 다음에 늑도로 반입했음을 의미한다. 또한 늑도가 섬인 것 치고는 해양 포유류나 어류의 뼈가 매우 적게 확인되었다. 이는 섬의 주민들이 바다의 식량 자원을 적극적으로 활용하지 않았음을 시사한다. 동물 뼈가 보여주는

---

6 조공단이 선박을 타고 이동했음은 왕망대(王莽代) 지황연간(地皇年間)(20~22)의 염사치(廉斯鑡) 기사 중 "금중(芩中)으로부터 큰 배를 타고 진한(辰韓)에 들어가서 호래(戶來) 등을 맞이하여 데려갔다(從芩中乘大船入辰韓 逆取戶來)"《삼국지(三國志)》 위서(魏書) 동이전(東夷傳) 한조(韓條)라는 구절을 통해 유추할 수 있다. 또한 항해의 과정에서 난파된 이 당시 선박의 간접적인 증거로는 여수 거문도 앞바다에서 출토된 오수전 꾸러미가 있다.

이러한 정황으로 인해 늑도 주민이 외부 지역으로부터 식량 자원을 공급받고, 그 대신 수공업 활동 및 교역 등에만 전념했을 것이라는 주장도 제기된 바 있다(이준정, 2006: 35, 54). 그렇다면 늑도의 식량 자원은 어디에서 왔는가? 쌀을 비롯한 다양한 식량자원은 한반도 남부 해안가 지역은 물론, 일본에서도 공급되었던 것으로 보인다(경남고고학연구소, 2006d: 115 - 116).

정리하면 국제교역항 늑도의 구성원은 그곳에서 지속적으로 거주했던 '토착 주민' 뿐만 아니라, 다양한 목적을 위해 일정 기간 머물렀던 한반도 남부 지역의 '재지계 집단'과 그 외의 여러 지역에서 온 다양한 '외래계 집단'으로 이루어져 있었던 것으로 보인다. 이렇듯 다양한 성격의 집단들이 어우러진 역동적인 맥락 속에서 늑도의 국제적 장소성이 형성되었던 것이다.

3. 사천 늑도를 중심에 둔 해양 네트워크의 형성 동인: 원자재 및 식량

광물 자원, 건축 자재, 농산품과 같이 큰 부피의 상품(bulky commodities)의 교역은 바다를 통해서 이루어진다. 따라서 이와 같은 물품의 교역은 해양 네트워크의 형성에 기여하는 주된 동인 중 하나로 이해될 수 있다. 사천 늑도에서 발견된 다양한 유물 중에는 다량의 철 소재와 철기, 그리고 일본계 토기가 포함되어 있다. 이중 늑도의 철이 기원전 2세기 – 기원후 1세기 무렵 동아시아 해양 네트워크의 형성에 중요한 역할을 했음은 이미 잘 알려진 사실이다.

《삼국지(三國志)》 위서(魏書) 동이전(東夷傳)에는 한반도 동남부 지방에서 생산된 철이 낙랑 및 왜로 공급되었음이 기록되어 있는데,[7] 늑도에서 발견된 철 소재와 철기는 이곳이 당시에 철 유통의 거점으로 기능했음을 보여준다. 이중 철 소재는 여러 가지 정황으로 보아 늑도에서 생산되었을 가능성은 매우 낮아 보인다. 그보다는 한반도 내륙에서 생산된 철 소재가 늑도를 거쳐 낙랑,

---

7　"나라에서는 철이 생산되어, 한(韓)·예(濊)·왜(倭)가 모두 와서 사갔다. 여러 시장에서의 매매는 모두 철로 이루어져서, 마치 중국에서 돈을 쓰는 것과 같았다. 또한 [변진은 철을] 두 군에 공급하였다(國出鐵, 韓·濊·倭皆從取之 諸市買皆用鐵 如中國用錢 又以供給二郡)".

일본 등으로 공급된 것으로 이해되고 있다.

능도에서 발견된 철기 중 일부는 낙랑, 일본 등으로 공급될 목적으로 생산되었던 교역품으로 여겨지고 있다. 이러한 교역용 철제품의 경우에는 능도에서 생산되었을 가능성이 있어 보인다. 이는 능도에서 다양한 철기 생산 시설이 발견되었기 때문이다.[8] 물론 철기의 생산이 이루어지지 않은 항구에서도 단야 공방지, 즉 '대장간'은 충분히 있을 수 있다. 선박의 철제 부품이나 선원들이 사용하는 철제 도구의 수리는 항구의 대장간에서 일어나는 일상적인 작업이었을 것이다. 그러나 능도에서는 용해로에서 조업이 이루어진 흔적이 발견되기도 했는데, 이는 이곳에서 주조철기의 생산이 이루어졌음을 의미한다. 특히 B지구 가-245호 주거지에서는 내범이 제거되지 않은 주조철부 2점이 끈으로 묶인 상태로 출토된 바 있다(이재현, 2009). 따라서 능도에서 주조철부가 교역품으로 생산되었을 가능성도 있어 보인다.

한편, 능도에서는 다양한 종류의 일본계 토기가 출토되었다. 수구 Ⅰ·Ⅱ식의 야요이 토기가 주를 이루며, 그 외에 소량의 죠노코시식 야요이 토기, 타카미즈마식 야요이 토기도 출토되었다. 즉, 대부분 야요이시대 중기말-후기 전반에 속하는 토기들이다. 또한 토기의 생산지역을 보면 주로 북부 규슈, 다시 말해 일본열도의 극히 일부 지역에 한정되어 있음을 알 수 있다.

사실 능도에서 출토된 수만 점의 토기(편) 중 야요이 토기가 차지하는 비율은 5%에 불과하다. 하지만 한반도 전체를 놓고 본다면 가장 많은 수의 야요

8　능도에서는 남한 지역에서 가장 오래된 제철 관련 유구가 A지구 가, 나, 다 구역에 걸쳐 발견되었다. 이곳에서는 노벽편, 송풍관, 철재, 단조박편 등이 출토되어 당시 이 교역항에서 이루어졌던 철기 생산의 면모에 대해 살펴보는 것이 가능하다. 우선 노벽편의 존재는 제련 혹은 정련·용해가 이루어졌음을 의미하는데, 능도에서는 유출재(流出滓)가 확인되지 않아 일단 제련공정이 이루어졌을 가능성은 없어 보인다(경남고고학연구소, 2006d: 8). 다만 '나'구역 36호 주거지에서는 용해로에서 생성된 것으로 보이는 완형 철재가 출토되어 능도에서 용해로를 이용한 조업은 이루어졌음을 알 수 있다(경남고고학연구소, 2006d: 11). 또한 '나'구역 48호 유구에서는 100여 점의 단조박편이 철재, 노벽편, 소철괴편과 함께 출토되어 능도에서 단야 공정도 진행되었음을 알 수 있다(경남고고학연구소, 2006d: 8).

이 토기가 출토된 유적이 늑도이기도 하다. 흥미롭게도 늑도 국제교역항의 야요이 토기는 일본산 반입품, 현지에서 충실히 재현·생산된 토기, 그리고 야요이 토기의 요소를 가진 현지 생산품으로 구성되어 있다. 야요이 토기 재현품과 야요이 토기의 영향을 받은 토기의 존재는 늑도에서 철기 생산과 더불어 토기 생산도 이루어졌으며, 또한 국제교역항의 수공업 공방지에서 기술의 융합이 이루어졌음을 보여준다는 측면에서 그 의미가 매우 크다. 하지만 여기에서는 일본산 반입품에 주목하고자 한다. 왜냐하면 야요이 토기의 기종을 보면 항아리와 옹이 많고, 굽다리접시와 뚜껑도 일부 확인되었기 때문이다.

항아리와 옹은 무엇인가를 담고 보관할 때 사용되었던 용기로, 그 자체가 교역품이었다기보다는 그것에 담겨있던 내용물이 교역품이었을 가능성이 높다.[9] 따라서 사천 늑도에서 확인된 야요이 항아리와 옹의 존재는 늑도와 북부 규슈 집단들 사이에서 일어났던 교역을 입증한다는 의미에서만 중요한 것이 아니라, 두 지역 간의 연결성을 재생산했던 매개체가 당시에 항아리와 옹에 담겼던 상당한 부피가 있는 그 무엇이었음을 보여준다는 측면에서 의미가 있다. 그렇다면 그 상품은 무엇이었을까? 일찍이 최종규(경남고고학연구소, 2006d: 115)는 늑도에 넓은 경작지가 없는 상황을 고려하여, 일본열도로부터는 식량을 수입하는 대신 철을 수출했던 것으로 보았다. 즉, 야요이 토기에는 쌀 등의 곡식이나 술과 같은 음료가 담겨 있었을 것으로 추정된다.

한편, 이 외에도 항구의 수공업 공방지에서 생산된 사슴 뼈로 만든 도구(아마도 철제 도구의 마감재), 돌로 만든 낫, 직물 등의 큰 부피 상품이 늑도를 중심으로 형성된 해상 교역망을 통해 이동했을 것으로 보인다. 이 상품들이 앞서 다룬 철 소재와 철기, 야요이 토기에 담겼던 식량과 더불어 당시 해양 네트

---

9 서양에서의 늑도와 유사한 사례로는 이탈리아에서 고대 켈트족의 영역으로 운송되었던 포도주를 담은 암포라 토기를 들 수 있다. 당시의 주요 교역항이었던 현재의 프랑스 툴루스 근방에 도착한 포도주는 이곳에서 더 작은 단위의 용기로 옮겨 담아져 내륙으로 운송되었고, 암포라 토기는 폐기되었다. 그런데 그 폐기된 토기의 양이 너무나도 많아 오늘날까지도 그 근처의 땅은 경작할 수 없다고 한다(컨리프 저, 고일홍 역, 출판 중).

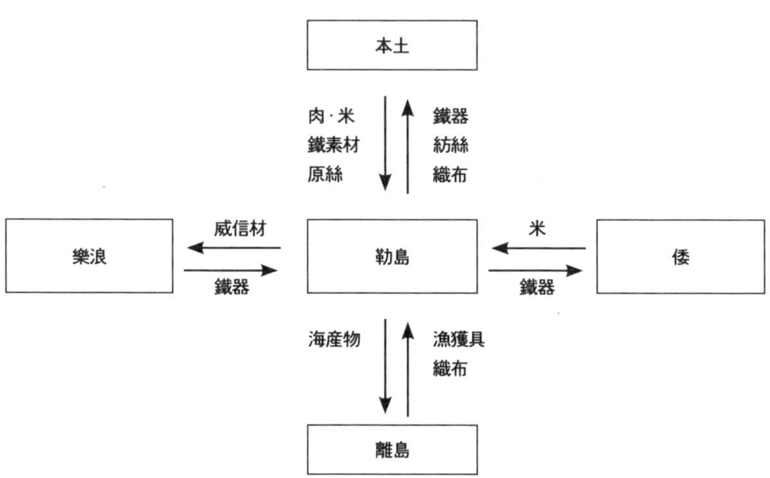

그림 3　사천 늑도 국제교역항을 중심으로 형성된 국제 교역망의 모식도
출처: 경남고고학연구소(2006d: 116)

워크의 형성 및 재생산에 어떻게 기여했는지에 관해서는 모식도(그림 3)를 참고할 수 있다.

4. '거리 축소'와 문화요소의 이식: 사천 늑도에서 출현한 온돌시설

항해는 비록 그 위험 부담이 매우 높지만, 안전하게만 이루어진다면 육상에서는 상상할 수 없는 거리의 이동을 가능하게 한다. 그 결과 대륙에서는 이루어지기 힘들었을 사람과 물질문화와 기술과 지식의 만남이 선박과 항구에서는 빈번하게 일어나게 된다. 사천 늑도 유적에서도 이러한 만남의 흔적들이 발견되는데, 그 중의 가장 눈에 띄는 것이 한반도 남단에 위치한 이 섬의 전통적인 원형 주거지에 갑작스럽게 설치된 쪽구들 형태의 온돌시설이다.

　　우리는 흔히 삼국시대가 시작될 무렵에 북방지역으로부터 온돌이 유입되어 점진적으로 남하하는 것으로 알고 있다. 그 기원지는 아직도 논쟁의 대상이나(예를 들어, 송기호, 2006; 2019; 오승환, 2021), 대체로 중국 동북 – 한반도 서북한지역(세죽리 – 연화보유형문화), 한중러 삼국의 국경이 접하는 지역 일대 – 연해주 남부지역(단결 – 크로우노프카문화), 그리고 자바이칼 – 몽골 북부지역(흉

노문화)의 세 곳이 한국 온돌의 기원지로 추정되고 있다. 한반도 북부, 중부, 그리고 서남부 지역에서는 온돌이 남쪽으로 확산되는 이러한 시나리오가 대체로 맞다고 볼 수 있다. 그러나 한반도 동남부 지역에서는 이 시나리오가 전혀 성립되지 않는다. 왜냐하면 이 지역에서는 경남 해안지역에서 처음으로 등장하였던 온돌이 내륙인 북쪽으로 확산되었기 때문이다. 한편, 경남 해안지역에서 등장한 온돌의 기원지는 논쟁의 여지 없이 연해주 일대로 이해되고 있다. 즉, 한반도 동남부 지역에서는 기원 전후 무렵에 연해주 전통의 온돌시설이 확산되었던 것으로 확인되는데, 그러한 온돌기술이 처음으로 유입된 장소가 바로 늑도 국제교역항이다.

이처럼 남한의 가장 이른 시기의 쪽구들이 그 기원지인 연해주 지역으로부터 수백 킬로미터 떨어져 있는 사천의 늑도에서 발견된 사실을 두고 해상을 통해 북방으로부터 매우 신속하게 전파된 것으로 이해되고 있다(송기호, 2019). 늑도 B지구에서 연해주의 단결-크로우노프카 문화와 관련성이 있어 보이는 토기가 출토된 점을 미루어 볼 때, 늑도 국제교역항의 성립 이후 동아시아 해양 네트워크가 확장되는 과정에서 연해주 지역과 경남 해안지역 사이에는 '거리 축소' 현상이 일어났고, 그 결과 쪽구들 형태의 온돌시설이 이식된 것으로 볼 수 있다.

그런데 다분히 국제적인 장소인 항구에서 '쪽구들'이라는 새로운 문화요

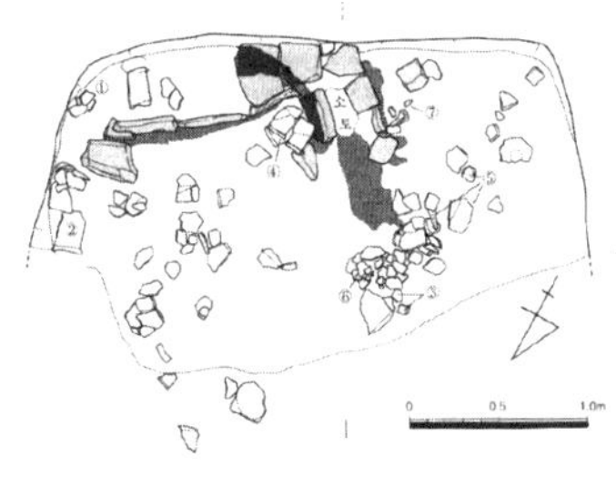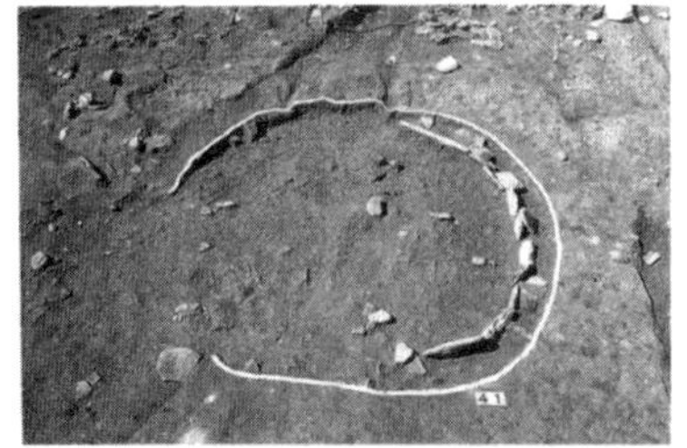

그림 4 연해주 및 늑도의 쪽구들 시설

(왼쪽) 사천 늑도 A지구 가17호 주거지(경남고고학연구소, 2003: 80); (오른쪽) 사천 늑도 A지구 나17호 주거지(경남고고학연구소, 2006a (도판): 12).

소가 이식되다 보니 한반도의 다른 지역에서는 확인되지 않는 문화융합의 현
상도 일어났다. 늑도에서는 두 가지 형태의 쪽구들이 확인되었다. 하나는 연
해주 지역에서 사용된 것과 같은 방형의 주거지에 설치된 일자형 쪽구들이고
(A지구 가17호, 가42호, 나65-1호), 다른 하나는 이 지역의 전통적인 원형 주거지
에 설치된 C자형 구들이다(A지구 31호, 나41호, C지구 13호, 14호). 이러한 C자형
구들은 늑도의 토착 주거지인 원형의 건축물에 연해주 지역의 ㄱ자형 시설을
설치하면서 일어난 변형의 결과로 볼 수 있다(그림 4).

III. 늑도 국제교역항으로 만들어진 '작은 세계 네트워크'와 그 유산

동아시아 해양 네트워크의 관점에서 보았을 때, 늑도는 경남 해안지역에서 일
본으로 이어지는 하나의 네트워크와 서해안에서 제주도로 이어지는 또 하나
의 네트워크를 연결하는 '노드'의 역할을 수행하여 '작은 세계 네트워크(small
world network)'를 형성했다고 볼 수 있다. 그런데 기원후 1세기가 지나면서 늑
도는 쇠락의 길에 접어들었다. 그 이유에 관해서는 다양한 의견이 있는데, 섬
의 경제기반의 취약성과 인구밀도 증가, 남해안 각지에서 새로운 해상교역 중
계지의 발달, 김해지역 구야국의 새로운 거점으로서의 성장 등이 언급되곤 한
다. 이러한 늑도의 쇠락 이유는 이글에서 다룰 내용은 아니다. 그보다는 '늑도
국제교역항'이라는 거점 노드의 소멸이 당시의 해양 네트워크에 어떠한 영향
을 끼쳤는지를 살펴보고자 한다.

1. '작은 세계 네트워크(small world network)'란 무엇인가?

네트워크 연구에서는 '거리'를 물리적인 거리가 아닌 몇 단계 분리(degrees of
separation)되었는지의 정도로 측정한다. 그런데 네트워크에서는 종종 새로운
노드나 에지의 등장으로 기존의 노드 간 분리의 정도가 확연히 줄어들기도 한

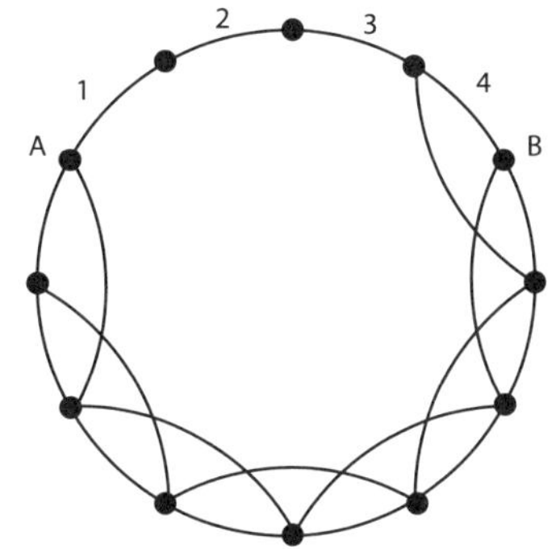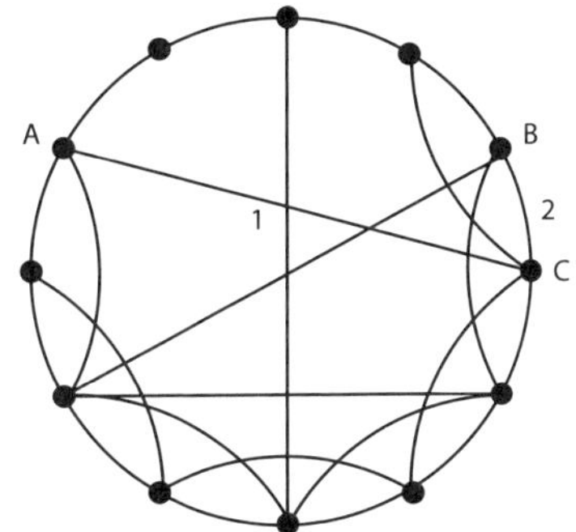

그림 5   네트워크 내에서 어떻게 에지의 추가로 '작은 세계'가 만들어질 수 있는지를 보여주는 모식도
출처: Malkin(2011: 28, 그림 1.7. 저자 재편집)

다. 이를 두고 '작은 세계 네트워크'가 형성되었다고 한다.[10] 즉, '작은 세계' 형성의 역학을 나타낸(그림 5)에서 '노드 A'와 '노드 B'의 단계 분리의 정도를 보면, 왼쪽 네트워크에서는 4단계로 분리되어 있으나, 오른쪽 네트워크에서는 '노드 A'와 '노드 C' 사이에 새로운 에지가 등장하면서 '노드 A'와 '노드 B'는 이제 2단계로만 분리되어 있음을 확인할 수 있다. 새로운 노드의 등장 역시 '작은 세계 네트워크'의 형성을 가져올 수 있는데, 기원전 2세기 이후 늑도 교역항이 바로 그러한 역할을 했다고 필자는 보고 있다.

2.   늑도 국제교역항으로 연결된 두 개의 서로 다른 세계

늑도 국제교역항이 활성화되기 이전은 물론, 존속하는 동안에도 경남 해안지역에서 일본으로 이어지는 네트워크와 서해안에서 제주도로 이어지는 네트워크가 서로 분리된 채 각각 고유한 방식으로 작동했던 것으로 보인다. 광주 신창동, 해남 군곡리 유적 등으로 대표되는 (서)남해권, 늑도를 중심으로 하는 중남해권, 그리고 김해·부산을 중심으로 하는 동남해권에서의 중국계 토기(X)와 일본계 토기(Y)의 출토 비율을 분석한 최근의 연구 결과에 의하면, 그

---

10   네트워크의 그래프, 노드, 에지 등의 정의에 대해서는 고일홍(2021: 51 – 53)을 참고할 것.

비율은 다음과 같음을 알 수 있다: (서)남해권(X: Y=10: 0), 중남해권(X: Y=2: 8), 동남해권(X: Y=0: 10)(이동관, 2021: 74). 앞서 언급한 바와 같이, 당시의 토기는 흔히 그 자체가 교역의 대상이었다기보다는 교역품을 담았던 용기였던 만큼, 각 지역권 내에서 추가로 노선하향식으로 교역되었을 가능성이 낮다.[11] 따라서 위와 같이 중국계 토기는 서남해권에, 일본계 토기는 동남해권에 편중된 양상은 당시의 실제 교역 관계망을 나타내는 것으로 볼 수 있다. 다시 말해, 토기를 통해서는(서)남해권과 동남해권에서 각각 네트워크가 독립적으로 작동하고 있었으며, 늑도 국제교역항이 위치한 중남해권에서는 두 네트워크가 연결되어 있었음을 알 수가 있다.

한편, 중국으로부터 확보한 중국계 동전이나 금속 유물의 경우에는 서남해권과 동남해권 모두에서 확인된다. 중국의 선박이 늑도 국제교역항으로 오고 가는 과정에서 그 제품들이((서)해안권의 경우) 중간 정박 지점을 통해 토착 사회로 유입되었을 수도 있고, 늑도로 유입된 이후, 노선하향식 교역을 통해 토착 사회로 전달되었던 것일 수도 있다. 어찌 되었든, (서)남해권과 동남해권 모두에서 공통의 외래유물이 유입된 계기는 늑도 국제교역항의 설립과 운영에 있다고 볼 수 있다. 다시 말해, 늑도라는 노드의 등장으로 서로 다른 두 세계 간의 '분리의 단계'가 줄어들었다는 것이다.[12] 이로써 한반도 남쪽의 해양 세계에서도 '작은 세계 네트워크' 형성의 역학이 작동하기 시작하였다.

3. 늑도 국제교역항의 쇠락 이후: '경로 의존성(path dependency)'과 작은 세계의 유지

기원후 1세기부터 늑도는 쇠락의 길에 접어들었다. 그렇다면 이 국제교역항

---

11 노선하향식 교역에 대해서는 고일홍(2018: 153 – 154)을 참고할 것.

12 사천 늑도가 국제교역항으로 성장할 수 있었던 배경에 대해 두 가지 의견이 있다. 최종규를 비롯한 많은 연구자들은 늑도에서 발견된 중국계 유물이 낙랑군과의 교류의 결과물인 것으로 해석하고 있다. 반면 정인성, 이재현 등 일부 연구자들은 낙랑군 설치 이전에 고조선과 교류하는 과정에서 중국계 유물 중 일부가 유입되었다고 보고 있다(국립진주박물관, 2016: 213).

이 존속했던 기간 동안 여러 지역에서 사람이 모이고 선박이 오고 가면서 축적된 항로, 정박지, 토착 사회 집단 등에 대한 지식은 어떻게 되었는가? 해상 경관, 항해 등 관한 지식이 항해의 위험 부담을 줄이기 위한 하나의 방편으로 제도화되거나 체화되어 전승된다고 앞서 설명한 바 있다. 그래서인지 해상에서의 이동은 '경로 의존성(path dependency)'의 영향을 강하게 받는다. 일례로, 지중해 세계의 해양 네트워크를 깊은 역사의 관점에서 추적한 브루드뱅크(Broodbank, 2013: 597)에 의하면, 로마 제국의 행정 단위들은 앞서 존재했던 해상 연결성들의 "귀신과 같이 희미한 선들과 진화의 역사"를 따른다.

경로 의존성은 다양한 방식으로 작동할 수 있는데, 해상에서는 새로운 위협이 등장하지 않는 한 흔히 입증된 항로를 따라감으로써 위험 부담을 줄이게 된다. 이를 두고 '항해 지식'의 '경제 지식'으로 전환이라고 말하기도 한다(Kowalzig, 2018). 또한 네트워크 분석의 개념을 빌리자면, 중심성 및/혹은 연결성이 이미 강한 허브들로 새로운 노드의 대다수가 몰리는 현상(Barabasi & Albert, 1999: 510)을 지칭하는 '선호적 연결의 법칙(rule of preferential attachment)'이 작동하기도 한다. 이로 인해 해양 네트워크에서의 거점은 재생산되는 경향이 있다.

사천 늑도의 경우에는 내부적 혹은 외부적 요인으로 이러한 경로 의존성이 작동했더라도 국제교역항으로서의 장소성은 유지되지 못했다. 하지만 늑도의 존재를 배경으로 형성되어 작동했던 '작은 세계 네트워크'는 경로 의존성을 바탕으로 유지되었다. 그것을 잘 보여주는 것이 한반도를 통해 일본열도로 유입된 한경(漢鏡)의 영향으로 제작되었던 방제경(倣製鏡)[13]이 일본열도에서 한동안 전세(傳世)되다가, 다시 한반도 동남 해안 지역은 물론 서남 해안 지역으로도 전달된 사례이다.

한반도 동남 해안 지역에서는 기원후 1세기 후반에서 2세기 초반부터 한경이 등장하기 시작했다. 김해 회현리 패총에서는 전한경(前漢鏡)이 출토되었

13 　한경(漢鏡)을 모방하여 한반도 및 일본열도의 토착 장인들이 제작한 동경.

고, 고성 동외동 패총와 김해와 부산의 대형 고분군에서 후한경(後漢鏡)이 출토되었다. 김해 대성동 고분군에서는 2호묘, 23호묘, 14호묘에서 한경(편) 및 그 가공품이 부장되었는데, 이 무덤들의 연대는 한경이 한반도로 유입된 시기보다 한참 후인 기원후 4세기 후반 혹은 5세기 전반으로 비정된다. 따라서 일각에서는 한반도 내에서 한경들이 수백 년 동안 전세되다가 무덤에 부장된 것이라고 보기도 한다(예를 들어, 정인성, 2003). 그러나 한반도 동남 해안 지역에서는 한경을 전세하는 전통이 확인되지 않는다. 한편, 한경 전세품이 부장된 무덤들에서는 일본계 유물도 출토되었는데, 일본열도에서는 한경을 전세하는 전통이 매우 강하게 유지된 것으로 잘 알려져 있다. 따라서 대성동 고분군 2호묘, 23호묘, 14호묘 출토품은 수백 년 전에 한반도에서 일본열도로 넘어갔던 한경이 그곳에서 한동안 전세되다가, 다시 동남 해안 지역으로 역수입된 것으로 보는 관점(예를 들어, 이재현, 2005)이 타당해 보인다. 그런데 동남해안부 지역에서와 같이 한경을 부장하는 전통의 명맥이 끊긴 이후에 일본열도로부터 왜경을 수입하면서까지 고분에 동경을 다시 부장한 사례는 그 외에도 전라남도, 경상남도, 경상북도의 11개소 무덤에서도 확인된다(이유진, 2010).

특히 서쪽으로는 해남 월송리 조산고분과 담양 제월리 유적에서도 일본열도에서 온 전세 동경이 부장되었다. 그렇다면 기원전만 하더라도 거의 보이지 않았던 일본계 물질문화가 기원후 5−6세기 무렵에 한반도 서남부지역으로까지 올 수 있었던 배경은 무엇이었는가? 다양한 요소들이 관여했겠지만, 수백 년 전 늑도 국제교역항의 존재로 중국의 문물이 한반도의 남쪽 해역으로 도달하고 일본으로까지 전달되면서 기존의 지역권 단위 항로들이 통합되어 일본에서 한반도 서남 해안 지역까지 이어지는 국제적 항로가 개척된 점도 고려할 필요가 있다. 즉, 그 당시에 형성되었던 항로에 의존하여 훗날 동경이 일본에서 서북쪽으로 이동했던 것이다. 따라서 기원후 한반도 서남부지역에서 일본열도 출신의 주민 혹은 물품의 흔적이 일부 발견된다는 사실에 대해서도, 그것을 단순히 이주 집단의 능동적 실천의 결과로만 볼 것이 아니라, 그에 앞서 늑도 국제교역항을 중심으로 해양 네트워크가 구축되었기 때문임도 명심

할 필요가 있다.

IV. **마치며**

"[대방]군(郡)에서 왜(倭)까지는 해안을 따라 물길로 가서, 한(韓)의 국가들을 거쳐 때로는 남쪽으로 때로는 동쪽으로 나아가면 그 북쪽 해안의 한의 구야국 (狗邪韓國)에 도착하는데, 그 [거리가] 7천여 리(里)이며, 처음으로 바다 하나를 건너는데, 1천여 리를 가면 대마국(對馬國)에 도착한다."[14] 이것은 《삼국지》위서 동이전 왜인조(倭人條)에 등장하는 구절로, 기원후 3 - 4세기 무렵에는 한반도 남쪽 해역의 항로에 관한 지식이 중국의 사서에 기록될 정도로 공유되고 있었음을 보여준다. 앞서 언급했듯이 해상 이동에 따른 위험 부담은 상당히 높아서 항로에 관한 이와 같은 지식의 존재는 동아시아 해양 세계의 연결성을 높이는 데 중요한 기여를 했고, 그와 같은 연결성은 더 많은 항해 지식의 축적으로 이어졌다. 물론 항해 지식의 향상이 반드시 좋은 것만은 아니었다. 사료에 등장하는 수많은 약탈과 해전의 기록들이 이를 입증한다. 하지만 평화롭던 폭력적이던지 간에 해상을 통한 만남이 동아시아 세계 내에서의 공통의 기반을 형성하는 데 일조한 것은 분명하며, 이러한 공통의 기반이 곧 메가아시아 형성의 동력이 될 수 있음도 주지의 사실이다.

14　從郡至倭, 循海岸水行, 歷韓國, 乍南乍東, 到其北岸狗邪韓國, 七千餘里, 始度一海, 千餘里至對馬國.

고일홍. 2018. "고대 한반도 해상교류의 새로운 이해 – 이론적 검토를 중심으로." 『인문
　　　논총』 75(2), 143 – 183.

　　　. 2021. "고고학 자료의 네트워크 분석을 통한 외래유물 유통망 검토." 『아시아
　　　리뷰』 11(1), 49 – 78.

국립진주박물관. 2016. 『국제무역항 늑도와 하루노쓰지』. 진주: 국립진주박물관.

경남고고학연구소. 2003. 『勒島 貝塚 – A地區 住居群』. 진주: 경남고고학연구소

　　　　　　　. 2006a. 『勒島 貝塚 II – A地區 住居群』. 진주: 경남고고학연구소

　　　　　　　. 2006b. 『勒島 貝塚 III – A地區 墓地』. 진주: 경남고고학연구소

　　　　　　　. 2006c. 『勒島 貝塚 IV – A地區 貝塚編』. 진주: 경남고고학연구소

　　　　　　　. 2006d. 『勒島 貝塚 V – 考察編』. 진주: 경남고고학연구소

김병준. 2011. "돈황 현천치한간에 보이는 한대 변경무역 – 삼한과 낙랑군의 교역과 관
　　　련하여 –." 한국문화재조사연구기관협회 편. 『한국출토외래유물』 2, 대전:
　　　한국문화재조사연구기관협회, 1391 – 1409.

　　　. 2019. "고대 동아시아의 해양 네트워크와 使行 교역." 『한국상고사학보』
　　　106(한국상고사학회), 109 – 136.

동아대학교박물관. 2005. 『泗川勒島 CI』. 부산: 동아대학교박물관.

　　　　　　　. 2008. 『泗川勒島 CII』. 부산: 동아대학교박물관

동아문화연구원·사천시. 2006. 『사천늑도진입로 개설구간내 문화유적발굴 조사보고
　　　서』. 창원: 동아문화연구원.

부산대학교박물관. 1989. 『勒島住居址』. 부산: 부산대학교박물관.

　　　　　　　. 2004. 『勒島 貝塚과 墳墓群』. 부산: 부산대학교박물관.

송기호. 2006. 『한국 고대의 온돌 – 북옥저, 고구려, 발해 –』, 서울: 서울대학교출판부.

　　　. 2019. 『한국 온돌의 역사. 최초의 온돌 통사』, 서울: 서울대학교출판부.

오승환. 2021. "구들의 기원지(起源地) 재고(再考)." 『문화재』 54(1), 100 – 119.

이동관. 2022. "삼한시기 늑도의 해상네트워크" 제 31회 영남고고학회 정기학술발표
　　　『섬(島)의 고고학』, 67-80.

이유진. 2010. "5~6세기 한반도 출토 왜경(倭鏡)의 성격." 『청동거울과 고대사회』,

157－189. 부산: 복천박물관.

이재현. 2005. "남한출토 낙랑관련 유물의 현황과 성격." 『낙랑의 고고학』 제 33회 한 국상고사학회 학술발표대회 자료집, 15－37.

______. 2009. "주조철부." 국립문화재연구소 고고연구실 저. 『한국고고학전문사전－고분유물편』. 대전: 국립문화재연구소. https://portal.nrich.go.kr/kor/ archeologyUsrView.do?menuIdx=798&idx=6028&st_char=&sk=%EC%A3%BC%EC%A1%B0%EC%B2%A0%EB%B6%80(검색일: 2022.12. 08.)

정인성. 2003. "弁韓伽倻의 對外交涉." 부산대학교 한국민족문화연구소 편. 『가야고고학의 새로운 조명』, 535－602. 서울: 혜안.

컨리프, 베리 저. 고일홍 역. 출판중, 『고대 켈트족』. 서울: 서울대출판부문화원.

Barabási, A. & R. Albert. 1999. "Emergence of Scaling in Random Networks." *Science* 286(5439), 509－512.

Broodbank, C. 2013. *The Making of the Middle Sea: A History of the Mediterranean*. London: Thames and Hudson.

Kowalzig, B. 2018. "Cults, cabotage and connectivity: experimenting with religious and economic networks in the Greco－Roman Mediterranean." In Leidwanger Justin ed. *Maritime Networks in the Ancient Mediterranean World*, 93－131. Cambridge: Cambridge University Press.

Malkin, I. 2011. *A Small Greek World: Networks in the Ancient Mediterranean*. Oxford: Oxford University Press.

Mills, B. 2018. "Navigating Mediterranean Archaeology's Maritime Networks." In Leidwanger Justin ed. *Maritime Networks in the Ancient Mediterranean World*, 238－256. Cambridge: Cambridge University Press.

제2장

고대 동아시아의 항시와 항시국가

권오영(서울대학교 국사학과)

I. 머리말

최근 중국은 세계경영 전략으로 일대일로(一帶一路; One Belt, One Road)를 강조하고 있다. 일대(一帶)는 육상, 일로(一路)는 해상으로 이어지는 광역의 교역망을 의미한다. 일대일로 전략은 기본적으로 군사, 외교, 통상과 직결되지만그 역사적 근원으로서 역사학, 고고학, 미술사 등 다양한 분야가 동원되면서수많은 연구 성과를 쏟아내고 있다. 이 과정에서 정화에 대한 강조와 영웅만들기도 이루어지고 있다(강희정·송승원, 2021).

국내 학계에서는 육상의 실크로드와 초원길에 대해서는 비교적 많은 관심을 가지고 있지만 바다를 통한 광역의 교류에 대한 관심은 극히 미약하다.이러한 현상은 연구의 부족과 무관심에서 비롯된 것으로 판단되며 필자는 한반도와 일본열도가 고대사회에 이미 해상 실크로드의 교역망에 포함되어 작동하고 있었다고 생각한다(권오영, 2019).

해상 실크로드에 대한 무관심은 한국고대사를 동북아시아의 틀에만 가두는 기존 인식과 무관하지 않다. 한반도와 일본열도에서 발전한 고대 정치체,국가들이 해상 실크로드의 참여자라고 한다면 남아시아와 동남아시아의 다양한 정보와 사상, 물질이 동북아시아에 유입되었음은 당연하다.

동남아시아에서 항시국가라는 국가형태가 발달하였다면 동북아시아에는 이에 비견될 만한 국가가 없었을까? 필자의 문제의식은 여기로 이어진다. 흔히 백제나 금관가야의 해양성을 강조하는 경우가 있지만 대부분은 동북아시아 관점에서 벗어나지 못하였다. 그나마 백제의 경우는 중국, 일본과의 관계를 거시적으로 파악하려는 경향이 있지만 가야에 대해서는 일본과의 관계만 운위될 뿐 해양성에 대한 진지한 검토는 아직 이루어지지 못하였다.

이런 상황에서 해양성을 기초로 성장한 백제나 구야국(금관가야)의 국가적 특성을 규명하기 위해서는 참파(Champa, 林邑), 푸난(Funan, 扶南), 랑카수카(Langkaska: 狼牙脩) 등 유사한 환경에서 성장한 동남아시아의 고대국가와 비교하는 작업이 유의미하다고 판단되었다.

II. 바닷길의 개통과 항시의 성립

1. 고대 바닷길의 개통

기원전 500년 이후 동남아시아 사회는 초기철기시대에 진입한다. 최초의 국가가 출현하고 해상 교역이 발달하며 초기 역사시대(Early Historic)에 속한다 (Miriam T. Stark, 2010: 147). 내륙부에서 가장 널리 알려진 문화가 현재 중국 영토의 남부와 베트남 북부에서 발전하였던 돈 손(Dong Son)문화, 베트남 중부와 남부에서 발전한 사 휜(Sa Huynh)문화이다. 돈 손 문화를 대표하는 청동북(銅鼓), 사 휜문화를 대표하는 특징적인 귀걸이의 분포 상황을 보면 이미 동남아시아를 무대로 광역의 교섭이 이루어지고 있음을 알 수 있다.

한편 인도에서는 기원전 4세기 후반 마우리아 왕조가 수립된 이후 무역을 업으로 삼는 상인계급이 발달하게 되고 이들은 활발한 해상교류를 전개하였다. 특히 아쇼카 왕이 남인도 동안의 카링가 왕조를 멸망시킨 이후 카링가의 수많은 지배층과 상인들이 동남아시아 각지로 이주, 정착하면서 이 지역에 인도문명을 이식하였다.

『에리트라이海 안내기(*Periplus Maris Erythraei*)』에 의하면 기원후 1세기 무렵 유럽의 상인들은 홍해와 아라비아반도를 지나 인도까지 무역의 대상으로 삼고 있었으며, 일부 부정확한 내용이긴 하지만 중국에 대해서도 알고 있었다.

중국인들 역시 인도에 대한 정보를 가지고 있었다. 『한서(漢書)』에 의하면 중국인들의 해상교역로는 판위(番禺, 광저우(廣州))에서 출발하여 동남아시아를 거쳐 남인도에 이르는 길이었다. 따라서 중국-동남아시아-인도-아라비아반도-지중해로 이어지는 해상교통로가 기원후 1세기에는 이미 작동하고 있었음을 알 수 있다. 문제는 중국의 판위를 출발하여 한반도와 일본열도를 연결하는 동북아시아 해상교역로의 개통 시점이 문제가 된다. 해외 연구자들은 이 부분을 주목하지 않았으나 그동안 출토된 유물과 고고학적 정보를 종합하면 지중해에서 시작된 해상교역로는 동북아시아까지 미치고 있었음이 확인된다(권오영, 2019).

후한대에 들어와서 인도와 동남아시아의 사절단이 중국을 방문하는 일이 증가하였다. 131년에는 북부 베트남에 위치한 일남군(日南郡)에 자와, 혹은 실론으로 추정되는 엽조왕(葉調王)의 사절이 내방하였다. 159년과 161년에는 천축(天竺) 사신이 일남군을 경유하여 후한(後漢)에 입공하였다. 166년에는 로마의 마르쿠스 아우렐리우스 안토니우스(재위 161~180년)의 사절이라고 칭하는 상인들이 일남군을 경유하여 입공하였다. 이들은 로마 황제가 파견한 사신이기보다는 인도에 체류하던 그리스나 로마 상인이 스스로 로마황제의 사절이라 칭한 것으로 이해된다(石澤良昭·生田滋, 1998: 67-78).

226년에는 진론(秦論)이란 로마 상인이 당시 동오(東吳)의 지배하에 있던 교지(交趾)를 거쳐 건업(建業; 난징[南京])에 들어와 손권을 만났다. 베트남 북부의 日南郡과 交趾郡이 중국으로 들어가려는 외국 사절단의 통로 역할을 하였음을 알 수 있다.

진론이 돌아가는 229년에 교주자사(交州刺史) 여대(呂岱)는 강태(康泰)와 주응(朱應)을 딸려 보냈다. 이들은 베트남 중부의 임읍(林邑)과 메콩강 하류역의 푸난(扶南)을 순방하고 돌아왔다. 이때의 견문을 기초로 주응의 『부남이물지(扶南異物志)』가 편찬되는 등 동남아시아에 대한 지식이 크게 확충되었다. 기원 이후 인도까지 가는 항로에 대한 정보는 이미 확보되어 있었으나 동남아시아에 대한 정보는 交趾三郡[1]이 자리잡은 베트남 북부 정도가 중심이었다. 그러나 3세기 이후에는 베트남 북부를 넘어서서 보다 먼 동남아시아 지역의 특산품이 활발하게 유입되었다. 이를 증명하는 것이 소다 유리이다. 동남아시아에서는 2세기 이후 기존의 포타시 유리를 대신하여 소다 유리가 활발하게 제작, 유통되었는데(Alison Carter, 2010) 강태와 주응의 방문 이후 소다 유리가 중국을 비롯한 동북아시아에 크게 확산되기 시작한 것이다.

2. 항시의 성립과 발전

지중해세계와 동북아시아를 연결하는 원거리 교류가 활성화되고 사람들의 이동이 빈번해지면서 해로에 접한 육지 곳곳에서 항시(港市. Port City)가 출현하였다. 원래 항시라는 개념은 15세기 이후의 교역 거점 항구 및 부속 도시를 지칭하면서 생긴 용어이지만 그 성격을 고려하면 기원을 전후한 시기에 생긴 수많은 도시에 적용하여도 아무 문제가 없다(가와구치 요헤이·무라오 스스무, 2012: 243). 다만 고대의 항시가 출현하는 배경에는 인도인들의 역할이 컸다는 점은 특기할 만 하다. 인도인들이 동남아시아에서 특산품을 구입하여 인도로 운반하는 와중에(石澤良昭, 2009: 39) 기후나 바람의 방향, 질병 등 다양한 이유로 인하여 현지에 정착하는 경우가 빈발하였다. 동남아시아 각지의 수장층들은 인도인들을 활용하여 자신의 권력을 강화하고 경제적인 부를 축적할 수 있었으므로 자신의 누이나 딸을 혼인시키게 되고 동남아시아 각지에서는 새로운 사회집단이 출현하게 되었다. 이 과정에서 산스크리트어, 인도문자, 힌두교, 불교가 수용되었고(매리 하이듀즈, 2012: 34) 동남아시아의 인도화가 급속히 진행

---

1 交趾郡, 日南郡, 九眞郡을 일컫는다.

되었다.

　원거리 해양을 항해하는 선단은 항시에서 풍랑을 피하고 바람의 방향이 바뀌기를 기다리면서, 화물을 집산하고 물과 식량을 공급받았다. 해로를 따라 항시와 항시를 연결하는 형태로 교역 네트워크가 확장되었다. 벵골만에서 중국 남해안으로 가는 해로는 여럿 있는데 초기에는 말레이 반도의 잘록한 지협, 크라 지협(Isthmus of Kra)을 육로로 횡단하는 방법이 사용되었다. 말레이반도를 크게 우회하는 것보다 기간과 비용이 절감되기 때문이다. 그 결과 말레이 반도의 서안과 동안에는 상호 육로로도 연결되는 항시들이 생기고 말레이반도 동안을 출발한 선박은 옥 에오를 경유하여 베트남 동해안을 북상하면서 중국으로 갈 수 있었다.

　항시들의 관계는 상하 종속적이기보다 수평적인 관계가 기본이었다. 경제적, 정치적 리더들의 리더쉽에 약간이라도 변동이 생기거나 거래되는 물품의 변화,[2] 선박 제조술과 항해술의 발달에 의한 항로의 변화, 항해시점과[3] 기간의 변화[4] 등에 의해 항시의 성쇠가 결정되었다. 때로는 해안선과 지형의 변화에 의해 항구가 기능을 상실하게 되면 그 항시는 급속히 쇠락하고 주도권은 주변의 다른 항시로 이동하였다. 따라서 복수의 항시로 구성된 항시국가는 영토적 경계가 뚜렷하지 않고 일정한 범위 안에 서로 다른 비중을 가진 몇 개의 권력 중심(항시)이 병존하는 경우가 많다(Jane Allen, 1997: 84; 매리 하이듀즈, 2012: 41-42). 당연히 수직적인 상하 관계보다는 느슨한 네트워크로 유지되는 형태였다.

2　새로운 산지의 발견, 가격의 변화, 수요자와 공급자의 이해 관계 등 다양한 변수가 있을 것이다.

3　몬순을 본격적으로 이용하는 항해는 바람의 방향에 맞추어 몇 개월씩 항구에서 체류하는 경우도 많다.

4　항해기간이 단축될 경우, 중간의 기항지를 생략할 수도 있는데 이 경우 항로에 위치한 항시들의 운명은 뒤바뀔 수 있다.

III. 동남아시아 내륙부의 항시국가

동남아시아에서 항시들의 연합체인 항시국가, 혹은 항구도시국가가(모모키 시로 외, 2012: 18) 등장한 시기는 기원후 1세기 경으로 추정한다(石澤良昭·生田滋, 1998: 12). 따라서 한국의 삼국시대와 시간적으로 병행하고 있다. 동남아시아에서 발전한 항시국가 중 몇 개를 선정하여 살펴보고자 한다.

1. 남월국(南越國)

기원전 3세기 후반 중국을 통일한 진(秦)은 광둥성(廣東省), 광시좡족자치구(廣西壯族自治區), 북부 베트남 등지를 정복하고 남해군(南海郡), 계림군(桂林郡), 상군(象郡)을 설치하였다. 진시황 사후 방기된 상태의 3군에서 남해군위(南海郡尉)였던 조타(趙佗)가 독립하여 기원전 203년 광둥성 광저우시(廣州市)를 무대로 남월국을 세우면서(그림 1) 중국과 동남아시아를 잇는 징검다리가 마련되었다.

남월국 지배층의 무덤에서는 바다길을 통해 이동한 원거리 교역품이 많이 발견된다. 특히 문제(文帝) 조말(趙眜)의 무덤(남월왕릉)[5]에서 발견된 다양한 국적의 부장품은 바닷길을 통한 동서 원거리 교역의 실상을 보여준다. 특히 파르티아산 은기의 존재는 이미 서아시아산 물품이 거래되었음을 증명한다. 바다를 통한 원거리 교역에서 남월국이 동남아시아와 중국을 잇는 교량 역할을 하였음을 알 수 있다.

남월국은 기원전 111년 한에 의해 멸망당하고 광둥성에서 중부 베트남에 걸쳐 7군(七郡. 남해[南海], 합포[合浦], 창오[蒼梧], 욱림[郁林], 교지[交趾], 구진[九眞], 일남[日南])이 설치되었다. 이듬해(기원전 110년)에 해남도(海南島)에 담이(儋耳), 주애(珠崖)의 2군이 마저 설치됨으로써 이른바 영남구군(嶺南九郡)이 완성

---

5   현재 중국에서 공식적인 명칭은 "西漢南越王墓"이지만 이는 중국의 역사관에 의한 지칭에 불과하다. 남월국은 내부적으로는 황제를 칭한 "외왕내제"의 국가였음이 남월왕릉 출토 "文帝行璽"명 인장을 통해서도 입증된다.

그림 1 중국 광동성 광주시의 남월국 宮署유적

되면서 새로운 상황이 전개되었다. 남월국이 가지고 있던 해상 교역에서의 위상은 영남구군으로 이어졌다. 특히 현재의 베트남 북부-중부에 걸친 교지삼군(交趾三郡. 교지[交趾], 구진[九眞], 일남[日南])은 한(漢)과 동남아시아의 해상교섭의 요충지였다.

한편 남월국을 통합한 한은 이윽고 기원전 109년 위만조선을 침공하기 시작하였다. 기원전 108년에 위만조선은 멸망하고 그 영토에는 영남구군처럼 4군이 설치된다. 중국의 입장에서는 동남아시아 방면의 거점이 교지삼군이라면 동북아시아 방면의 거점은 낙랑군이었다. 결국 교지삼군을 통해 유입된 동남아시아산 물품은 중국을 거쳐 낙랑군으로 전해졌을 것이고, 다시 한반도와 일본열도로 확산되어 갔다(권오영, 2019: 62).

2. 참파(Champa, 林邑)

중국 사서에 임읍이라고 표현된 참파(Champa)는 베트남 중부의 해안지대를 무대로 참(Cham) 족이 주체가 되어 성장한 항시국가이다(매리 하이듀즈, 2012: 37). 옹관, 다양한 장신구로 대표되는 사 휜(Sa Huynh) 문화가 참파 사회 발전의 기초를 이룬 것으로 판단된다(Nancy Tingley, 2009; Lam Thi My Dzung,

2009). 중국의 교지삼군을 통하여 한경 등의 중국 유물이 유입되는 양상에서
(Yamagata Mariko et al., 2001) 보듯이 중국 문화와의 접촉도 이루어지고 있다.
이들의 활동이 활발해지는 것은 2세기 전반부터이다. 137년 일남군 외곽에서
성장하던 참족 수천 명이 구련(區憐, 區蓮)이란 인물의 지휘를 받아 교지군을
공격하였다. 참족은 192년에도 공격을 감행하여 일남을 점령하고, 구진까지
침입하였다. 3세기 중엽이 되면 일남군의 대부분을 점령하였고(유인선, 2002:
61), 마침내 베트남 중부를 거점으로 삼아 항시국가로 성장하게 되었다. 이후
동진과도 교섭을 전개한 사실이 『진서』에 기록되어 있다. 백제의 근초고왕이
동진(東晉)에 사신을 보내 공식적인 국교를 개시한 바로 그 해에 임읍왕(林邑
王)도 동진에 사신을 보냈던 것이다.[6] 임읍은 5세기에는 교지까지 공격하면서
영토를 확장하려 하였고, 6~8세기에도 중국과의 공방전이 이어졌다.

　　참파의 여러 왕성 중 가장 널리 알려진 것은 짜 끼에우(Tra Kieu) 성이고
(Ian C. Glover, 1997; Yamagata Mariko, 2011), 불교 사원과 힌두교 사원이 공존
하는 미 썬(My son) 유적도 (NGUYÊN THÊ THUC, 2010; 서규석, 2013) 널리 알
려져 있다. 미 썬 유적에서 유출된 조각 중 일부는 다낭의 "참(Cham) 조각박
물관"에 전시 되어 있다(그림 2). 이외에도 해안선을 따라 베트남 중부에서 남
부에 걸쳐 수많은 사원이 남아 있다 (NGUYÊN THÊ THUC, 2007; Anne–Valérie
Schweyer, 2011; NGUYÊN THÊ THUC, 2012).

　　참파는 8세기 후반 이후에는 환왕(環王)이란 이름으로 불렸고, 9세기 후
반 이후에는 점성(占城)이라 불렸다 (Emmanuel Guillon, 2001: 16).[7] 점성이란 명
칭은 인도풍 국호인 참파나가라(占婆城)의 약칭으로 추정된다. 참파는 월요(越
窯) 청자(靑磁), 정요(定窯) 백자(白磁) 등 중국 무역도자의 유통에 나섰다. 당시
에 번성하였던 항구가 호이안인데, 이곳은 사휜시기부터 많은 유적이 형성된
곳이다.

6　『晉書』券9, 簡文帝紀 "二年春正月 辛丑 , 百濟、林邑王各遣使貢方物."

7　占城이란 국명은 877년 이후 등장한다.

그림 2   미 썬유적에서 이전해 온 조각(참 조각박물관)

　　10세기 이후 대월(大越), 진랍(眞臘, 크메르) 등 주변 국가들과 경쟁하면서 영토와 중심지의 변화를 겪었지만 1832년까지 명맥을 유지하였다. 이렇게 장기간 존속할 수 있었던 이유는 항시국가가 갖고 있는 특성 때문이다. 유일한 정치적 중심지의 몰락으로 국가가 멸망하는 일반적인 국가와 달리 항시국가는 여러 항시들의 느슨한 연합체이기 때문에 흥망성쇠를 거듭하고, 권력의 중심이 이동하여도 명맥을 유지할 수 있었던 것이다(櫻井由躬雄, 1999).

3.   푸난(Funan, 扶南)

푸난(扶南)은 메콩강 하류를 무대로 1세기 무렵부터 흥기한 고대 항시국가로서 동남아시아에서 가장 이른 시기에 성립된 고대국가로 인정되고 있다(KEN-NETH R. HALL, 1982). 동남아시아 고대 국가가 대부분 그러하듯이 건국신화는 인도에서 건너온 인물과 지역 수장의 딸, 혹은 여동생의 결합이 줄기를 이룬다. 건국설화만이 아니라 인도의 영향은 다방면에서 나타나서 쌀농사와 관개농법, 힌두교와 불교 의례, 법률, 왕권의 개념, 산스크리트어와 문자, 미술양식, 무기 등에서 널리 확인된다(石澤良昭·生田滋, 1998). 옥 에오 유적을 비롯한 메콩강 하류역, 혹은 베트남 남부에서 출토된 인도산 유물들이 이러한 정황을 잘 반영한다(Nguyen Kim Dung, 2001; Le Thi Lien, 2005; 2015).

200년대 이후 해상왕국으로 발전한(John N. Miksic, 2003: 3) 푸난은 베트남 남부와 캄보디아를 거점으로 타일랜드 일부로 세력을 뻗치고 말레이반도의 십여 국을 정복하였으며, 중앙 아시아의 쿠샨에 사신을 파견하였다.

이 무렵 동오에서 주응과 강태가 푸난에 파견되면서 양국의 교섭은 활발하여졌다. 삼국시대가 끝나고 통일왕조 서진이 들어선 이후에는 서진에 268·285·286·287년에 사신을 파견하였다. 이 시점은 마한(馬韓)의 여러 국(國)이 서진에 사신을 보내던 시점과 일치한다. 특히 286년에는 "이 해에 푸난(扶南) 등 21국, 마한 등 11국이 사신을 보내어 왔다."[8]고 한다. 이때 푸난과 마한의 세력들이 직접 조우하였는지는 알 수 없다. 다만 3세기 후반부터 한반도, 특히 마한권역에 High Alumina 소다유리로 대표되는 동남아시아산 물품의 유입이 급증하는 점은 우연이 아닐 것이다.

북편의 참파와 마찬가지로 푸난 역시 동진 및 남조 왕조와도 교섭하였다. 푸난산 불상, 탑, 각종 특산품이 제와 양 등 남조로 들어갔고, 남조의 불상도 푸난 영토에서 발견되었다(강희정, 2019: 113).[9] 사리와 이를 둘러싼 신앙형태 역시 푸난이 남조에 많은 영향을 끼쳤다. 백제와 신라, 왜에서 사리신앙이 발전하는 데에는 남조만이 아니라 그 배후의 푸난도 고려하여야 한다.

『일본서기(日本書紀)』에 의하면 543년 백제 성왕이 푸난산(扶南産) 물품과 생구(生口. 노예)를 왜(倭)에 보냈다고 한다. 푸난과 백제가 직접 교섭하였는지 여부는 분명히 않으나 백제가 푸난을 매개로 동남아시아산 특산품을 왜에 보내는 역할을 하였던 것으로 보인다.

푸난은 해군력을 기초로 동서 바닷길을 장악하였을 뿐만 아니라, 배후의 델타지대를 농업기지로 삼았다(石澤良昭, 1996: 39). 6세기 이후에는 크메르(진랍)의 공세, 참파와의 충돌, 국내 혼란 등으로 인해 쇠퇴를 거듭하고 마침내 628년 크메르에 흡수된다(매리 하이듀즈, 2012: 58).

8　『晉書』武帝紀 太康7年條.

9　옥 에오 일대에서 양대 불상 2구가 발견되었다.

그림 3　옥 에오의 푸난시기 건축물

　　푸난의 중요 거점은 현재의 캄보디아 영토인 앙코르 보라이(Angkor Borei), 캄퐁 참(Kampong Cham), 그리고 베트남 영토에 속하는 옥 에오(Oc Eo)를 들 수 있다(그림 3). 앙코르 보라이와 캄퐁 참은 내륙의 중심지인 반면, 옥 에오는 해안성이란 차이가 있다. 정치적 중심지인 앙코르 보라이와 생산, 무역의 중심지인 옥 에오는 전체 길이가 80km나 되는 운하로 연결되어(Miriam T. Stark and Bong Sovath, 2001: 88; M. T. Stark, 2006: 100) 도로와 유통망의 기능을 하고 있다. 앙코르 보라이(내륙성)와 옥 에오(해안성)는 입지면에서 차이를 보일 뿐만 아니라(Miriam T. Stark, 1998: 195) 기능면에서도 전자가 쌀농사에 기초한 정치적 거점이고, 후자는 대외교역의 거점이란 점에서 대비된다.

　　캄퐁 참에서는 6세기 백제 불상으로 추정되는 보살상이 발견된 바 있다. 처음에는 중국 남조 불상으로 추정되었으나, 형태와 제작기법을 감안할 때, 백제 불상일 가능성이 크다고 한다(강희정, 2019: 113-116). 옥 에오 유적에서 채집된 유리구슬에 대한 화학적 성분 분석 결과 백제 유적에서 많이 발견되는 것과 공통된 High Alumina 소다유리란 사실(김규호 외, 2016)을 상기하면, 두 가지 사례 모두 푸난 – 백제 교섭의 물적 증거로 판단된다.

4. 랑카수카(Langkasuka, 狼牙脩)

랑카수카는 말레이반도를 무대로 기원후 1세기 말-2세기 초 무렵에 등장한 항시국가이다. 참파나 푸난에 비해 약간 늦게 등장하는데 자세한 사정은 『양직공도(梁職貢圖)』와 『양서(梁書)』해남전(海南傳)에 기재되어 있다. 랑카수카의 기후와 물산, 풍습 등은 참파, 푸난과 흡사하다고 한다. 동남아시아 항시국가들이 유사한 환경 조건 아래에서 인도문명을 수용하고 해상교류라는 공통의 경제활동을 전개하였기 때문일 것이다. 양의 천감(天監) 14년, 즉 515년에 랑카수카의 왕인 파가달다(婆伽達多; Bhagadatta)가 양(梁)에 사신을 보내었고, 그 후 523, 531, 568년에도 계속 통교하고 있다. 참파, 푸난과 달리 6세기 이후 활발히 남조 왕조와 교섭에 나선 것은 항시국가 중 최강자였으며 랑카수카를 견제하였을 푸난의 세력이 쇠락하는 과정과 관련될 것이다(Paul Wheatley, 1956: 407-408).

양무제의 아들이면서 훗날 원제로 즉위하는 소역은 천재적인 화가였다. 그가 형주자사로 재직할 당시 외국의 사절단을 그리고 그 국가의 상황을 간략히 정리한 『양직공도』의 후대 모사본 3개가 전해지는데 여기에는 고구려, 백제, 신라의 사신과 함께 랑카수카 사신이 나란히 표현되어 있다. 삼국이 파견한 사절단과 랑카수카의 사절단이 직접 조우하였다는 증거는 없으나 양의 수도인 건강(남경)을 무대로 사절단 사이에 서로에 대한 정보를 공유하였을 가능성은 있다(권오영, 2014: 212).

6세기 이후 랑카수카는 인도, 동남아시아 세계와 중국을 연결하는 중요한 기항지 역할을 하였다. 『속고승전(續高僧傳)』에 의하면 양 무제(武帝)의 초청을 받아 546년 남해(南海 광저우)를 거쳐 건강(建康, 난징)에 도착한 인도 승려 파라마르타(Paramartha, 진제眞諦: 499-569)는 말년에 랑카수카를 거쳐 인도로 돌아가기를 희망하였다고 한다(Funayama Toru, 2008(2010)).

역시 『속고승전』에 의하면 의정(義淨)은 671년 당을 출국하여 695년 귀국하는데, 그 동안 랑카수카에 머물렀던 것 같다. 의정의 저술인 『대당서역구법기(大唐西域求法記)』에 의하면 의랑율사(義郎律師)는 푸난을 거쳐 랑카수카에 가서 그 왕에게 환대를 받았고, 의휘법사(義輝法師)는 랑카수카에서 병사하였으며, 도림법사(道琳法師)는 랑카수카를 거쳐 나국(裸國)으로 갔다고 한다. 7세기가 되면 중국과 인도를 잇는 항로에서 랑카수카가 가장 중요한 역할을 하였다(권오영, 2019: 125-126).

7세기 이후가 되면 迦摩浪迦, 郎迦戍 등의 명칭이 중국 측 사서에 계속 등장하므로 그 활동이 이어졌음을 알 수 있다. 그러나 8세기 이후에는 랑카수카의 활동이 더 이상 중국 사서에 포착되지 않는다. 아마도 새로운 해양세력으로 부상한 스리비자야에 의해 위축된 것 같다. 송대(宋代) 이후 다시 그 명칭이 등장하지만 항시국가로서의 위상은 더 이상 유지되기 어려운 상황에 놓이게 되었다.

랑카수카의 정확한 위치에 대해서는 통일된 견해가 없다. 말레이반도에 위치하였음은 분명하지만 현재의 타일랜드 남부, 말레이시아 북부의 국경 일대를 주목하는 말레이반도 동안설(藤田豊八, 1913: 121-131; Paul Wheatley, 1956: 406-408; Michel Jacq-Hergoualc'h, 2002: 164)과 말레이시아의 크다(Kedah)지역을 주목하는 서안설(주수완, 2012: 58)로 양분된다. 항시국가의 속성을 고려할 때 말레이 반도의 동안과 서안의 항시가 연결된 형태였을 것이다. 현재의 자료를 볼 때 말레이 반도 동안에 정치적 중심이 되는 항시가 있고, 서안의 크다 지역에도 그에 버금가는 항시가 병존하였던 것으로 보는 것이 합리적이다(권오영, 2017: 220). 돈손(頓遜), 반반(盤盤), 단단(丹丹), 간타리(干陀利) 등 말레이반도에 위치한 항시국가들이 모두 반도 서안과 동안의 항시를 연결하는 형태였음이 참고된다(石澤良昭·生田滋, 1998: 88). 따라서 "말레이반도 동안의 파따니(Pattani) 이동과 동북지역 동경 101° 18′ 북위 6° 48′ 로부터 말레이시아의 크다 주(州)에 미치는 지역을 포괄하였다."라고 하는 견해(동북아역사재단, 2011: 993[각주 50])가 가장 합리적이다.

말레이반도 동안에서는 파따니 남쪽 15km 정도 떨어진 곳에 위치한 야랑(Yarang) 유적이 유력한 후보이다. 특히 반 왓(Ban Wat)이란 지점에 유적이 집중되며, 운하의 밀도가 높고 성벽과 해자로 구획된 넓은 방형 구획이 존재한다(Michel Jacq-Hergoualc'h, 2002: 166-191). 전돌로 만든 건물이 여러 채 발견되었는데『양직공도』와『양서』에서 전돌을 쌓아 성을 만들었다고 한 기사와 관련된다.

말레이반도 서안에서는 크다 주의 부장(Bujang) 계곡 일대가 유력하다. 이곳에서는 19세기 중엽부터 이미 다양한 유적의 존재가 알려져서, 1980년대에 총 87개소의 유적이 확인되었다(Jane Allen, 1991: 310). 2007년에는 숭아이 바투(Sungai Batu) 유적이 발견, 조사되면서 말레이 반도 서안에서 가장 중요한 항시의 존재를 보여주고 있다. 동남아시아에서 가장 오래된 시기로 간주되는 제의용 건물(2세기), 선착장(2세기), 제련시설(1세기) 등이 발굴조사되면서 유적의 출현시점이 1세기로 상향되었다(Mokhtar Saidin et al., 2011: 20). 이는 랑카수카의 등장이 참파나 푸난에 비해 늦었다는 종전 견해를 부정하는 것이어서 앞으로의 조사 성과가 기대된다.

부장 계곡일대에는 힌두교 – 불교 사원인 짠디(Candi)가 여럿 분포하며 그 내부에서는 사리신앙과 관련된 유물이 출토되고 있다(그림 4). 부장 벨리 박물관(Bujang Valley Museum)에는 짠디에서 출토된 각종 유물, 특히 유리구슬, 힌두교의 링가와 요니 , 이슬람 도자기와 유리병, 중국 자기류 등 다양한 유물이 전시되어 있다. 아직 그 실체가 분명치 않은 랑카수카를 규명하는 데에 중요한 정보를 갖고 있는 자료들이다.

그림 4 **부장 계곡의 짠디와 출토 유물**

IV. 동북아시아의 항시국가

1. 구야국(狗邪國)

한반도 동남부에 해당되는 김해를 무대로 성장한 구야국, 그리고 그 발전형태
인 금관가야는 동남아시아 항시국가와 유사한 면이 많다. 특히 한반도와 일본
열도에서는 전혀 보이지 않는 인도와의 관련성을 연상시키는 기사가 있다. 『삼
국유사(三國遺事)』가락국기(駕洛國記)에 의하면 초대 왕인 수로왕의 배필이 될 허
황옥(許黃玉)은 아유타국(阿踰陀國) 공주 출신으로서, 기원후 48년 가락국(駕洛國.
구야국)에 도착하였다고 한다. 그녀의 고향인 아유타국의 실체에 대해서는 인도
의 아유디아라는 주장, 타일랜드의 아유타야라는 주장, 중국의 쓰촨성(四川省)이
란 주장이 제기된 상태이다. 하지만 이 기록에 대해서는 회의적인 입장이 다수
이다. 이 이야기는 수로신화의 한 부분에 불과하여서 허황옥을 실존인물로 보
기 어려우며, 수천 킬로미터 떨어진 인도에서 이주하였을 리가 없다는 것이다.

하지만 이런 신중론은 지중해 세계와 중국 연안을 연결하는 바닷길이 기
원 전후한 시기에 이미 개통되어 있었음을 소홀히 하고 있다. 지중해에서 아
라비아반도, 인도, 벵골만과 말레이반도를 경유하여 남중국으로 이어지는 해
상교역로는 이미 개통되어 있었다. 이 길을 따라 인도와 중국의 교류는 이미
진행되고 있었으며, 영남구군에는 인도 넘어 파르티아의 도기까지 수입될 정
도였다. 영남칠군과 낙랑군 사이에도 직간접적인 교류가 있었던 것으로 보는
것이 자연스럽다(권오영, 2017: 54-56). 따라서 허왕후라는 한 여인이 인도를 출
발하여 수천 리를 항해하여 왔는지 여부를 규명하려고 하기 이전에 김해가 가
지고 있는 항시적 속성, 그리고 해상 교역로에서의 위상을 주목할 필요가 있다.

영남구군 중 베트남 북부에 위치한 교지삼군에서 중국을 거쳐 낙랑군에
도달하였을 옛 남월지역의 포타시 유리 구슬은 동경(銅鏡), 동정(銅鼎) 등 한식
(漢式) 물품과 함께 한반도의 영남지역에 도착하였다. 영남지역에서 김해지역
은 유리 구슬의 출토량이 압도적이며 절대 다수가 포타시 유리에 속한다. 김
해에 집중된 포타시 유리와 한식 물품은 바다를 건너 북부 규슈(九州) - 산잉

(山陰) – 단고(丹後)를 잇는 해안로를 통해 확산되었다. 이 루트는 영남산 철기가 확산된 경로이기도 하다.

한반도와 일본열도의 연안과 도서에서는 근거리와 원거리 교섭이 이루어지던 흔적을 남긴 유적을 많이 찾을 수 있다. 인천의 영종도, 사천 늑도와 같이 그다지 규모가 크지 않고 인구도 적은 섬에서 원거리를 이동해 온 물품이 많이 발견될 경우 이 섬에서 이루어지던 원거리 교역의 모습을 상정할 수 있고 이 지역은 창구나 교역장으로 이해된다(가와구치 요헤이·무라오 스스무, 2012: 243-244). 그런데 포구, 항구, 항만만이 아니라 내륙 쪽으로 농경, 산림자원 채취, 금속기 생산이 이루어지는 배후지를 가지고 있을 경우에는 적극적인 의미의 항시로 규정할 수 있다. 해남과 김해가 여기에 해당된다. 영종도, 늑도와 같은 도서에서는 식량, 산림자원 공급처가 결여되어 있기 때문에 성장에 한계가 있었을 것이다. 다양하고 다량의 외래 기성품의 존재에도 불구하고 이런 유적을 항시의 흔적으로 보기 어렵게 만드는 요인이다.

김해지역에서는 중국과 일본열도에서 생산된 물품이 발견되는 경우가 많다. 구야국의 후신인 금관가야 왕족의 공동묘역인 김해 대성동고분군에서는 중국 동북지방에서 생산된 선비계 물품, 서역산 유리용기까지 출토되어 동북아시아를 벗어나는 광역의 교섭이 진행되었음을 증명한다. 이뿐이 아니다. 김해 양동리와 창원 다호리 분묘군에서 다량 출토되는 포타시 유리구슬은(박준영, 2016: 98). 중국 광둥(廣東), 광시(廣西)에서부터 베트남 중부 – 인도에 이르는 다양한 유리공방에서 생산되었을 것이다(권오영, 2017: 61). 다양한 기원의 외래기성품과 특산물이 집중되는 항시였음을 보여주는 것이다. 그 결과 김해 일원에서는 농업보다 해상교류와 관련된 흔적이 많이 남아 있다. 봉황동과 관동리에서 조사된 선착장, 부산 – 김해일원에서 확인되는 왜인들의 취락, 창원 다호리 1호묘 출토 붓과 삭도, 저울용 환(環) 등은 김해가 동북아시아의 대표적인 항시였음을 말해 준다(권오영, 2017: 271).

따라서 구야국에서 금관국(金官國)으로의 전환은 항시에서 항시국가로 발전하는 과정을 의미한다. 복수의 항시들로 구성된 항시국가 내부에서는 항시 간 리더십의 변동이 자주 일어나게 마련이다. 바닷길로 연결된 항시국가 사이에서도 협조와 경쟁, 동맹과 반목이 빈발하게 마련이다. 가야사 연구에서 자주 언급하는 소재인 이른바 "포상팔국(浦上八國)의 난(亂)"이란 것도 실상은 남해안의 교역 주도권을 둘러싼 항시국가 간 분쟁이다. 신라의 탈해와 금관가야의 수로가 경쟁을 하거나, 동해안에 위치한 음즙벌국(音汁伐國)과 실직곡국(悉直谷國)의 분쟁을 신라(斯盧國)와 김해의 수로왕이 함께 해결한 사건[10] 역시 바닷길로 이어진 한반도 동남 해안부 항시국가 간 분쟁의 한 모습이다. 따라서 김해만이 아니라 한반도 남해안에서 성장하던 수많은 정치체들이 항시, 항시국가의 속성을 띠고 있었다고 판단된다.

항시는 해상 교역만으로 발전할 수는 없다. 단순한 교역장의 수준을 넘어서기 위해서는 배후에 채집과 생산의 기지를 두어야 한다. 바다에서는 구할 수 없는 산림자원을 채집하는 산악인, 늘어나는 인구를 부양할 농산물을 생산하는 농민, 철의 생산, 칠의 채집[11]에 종사하는 전문집단 등과 손을 잡아야 한다. 이런 점에서 김해의 위상을 관문 지역사회(Gateway Community)로 규정한 견해(이현혜, 1988: 164)는 주목된다. 영종도나 늑도같은 단순 교역장이 아니라 내륙과 해안을 연결하는 항시적 속성을 지적한 것이기 때문이다.

금관가야에서 야랑이나 앙코르 보라이와 같은 내륙 쪽의 또다른 중심, 즉 농경과 산악지대의 물산을 모으던 정치체가 존재하였을까? 이런 점에서 시간적인 차이는 있으나 고령이나 합천과 같은 내륙 정치체의 성격을 다시 생각하게 된다.

2. 규슈지역(九州地域)

김해만이 아니라 해남 군곡리, 쓰시마(對馬), 이키(壹岐), 카라쓰(唐津), 후쿠오

---

10 『三國史記』新羅本紀 第一 婆娑尼師今 23年條

11 창원 다호리분묘군에서 자주 발견되는 칠기의 존재를 고려할 때 김해 인근에서 칠의 채취와 칠기 제작이 이루어졌음을 알 수 있다.

카(福岡), 오카야마(岡山) 등 해상교통의 요충지에서는 수많은 항시가 발전하였
다. 동남아시아만이 아니라 동북아시아에서도 항시의 출현과 역사적 역할에
대한 관심이 필요하다. 수많은 항시 중에서 초기국가나 고대국가로 발전한 사
례로는 앞의 김해와 해남,[12] 쓰시마, 이키, 카라쓰, 후쿠오카 등을 들 수 있다.

『삼국지』왜인조에 등장하는 쓰시마의 대마국(對馬國), 이키의 일지국(一支
國), 카라쓰의 말로국(末盧國), 후쿠오카의 노국(奴國)과 이도국(伊都國) 등은 초
보적인 지배구조를 갖춘 초기국가로 볼 수 있는데 항시국가적 속성을 지니고
있다. 대마국의 경우 "절도(絕島)에 거주하며 한 변의 길이는 400여 리인데 토
지와 산이 험하고 깊은 숲이 많다. … 천여 호가 있는데 좋은 밭이 없어서 해산
물을 먹고 살며 배를 타고 남북으로 장사한다."라고 하였다.

일지국의 경우는 "삼천 家 정도가 있으며 제법 경작지가 있어 농사를 짓
지만 그래도 식량이 부족하여 대마국과 마찬가지로 남북으로 장사한다."고 하
였다. 농업조건은 이키가 상대적으로 양호하였으나 식량의 부족으로 인하여
배를 타고 해상교역에 나설 수밖에 없는 사정은 마찬가지였음을 설명하고 있
다. 영종도와 늑도보다는 상황이 낫지만 섬이라는 지형 조건, 자체 생산품의 한
계 등을 고려하면 본격적인 항시국가로 성장하기에는 한계가 있었을 것이다.

반면 항로, 해양성, 배후의 내륙기지를 두루 갖춘 규슈 북부의 항시들은
항시국가로 발전할 수 있었다. 『삼국지』에서는 지금의 카라쓰에서 발전한 말
로국에 대해 "4천여 호가 있으며 물고기와 전복을 잠수하여 잡는" 정도로 서술
하고 있을 뿐이다. 이도국과 노국에 대해서도 특별한 서술 없이 교통로와 관
련하여 설명하고 있을 뿐이다. 그러나 카라쓰와 후쿠오카일대에서 발견된 야
요이시대 무덤과 취락의 발굴조사 결과는 이 지역의 정치체들이 낙랑과 한반
도 서남부－동남부를 경유하는 바다길에서 중요한 역할을 하며 쓰시마와 이
키의 정치체보다 한단계 높은 단계로 발전하였음을 보여준다. '왕묘(王墓)'라

12　최근 해남일원에서 발전한 정치체를 마한의 중심 세력 중 하나인 忱彌多禮로 보려는 견해가
　증가하고 있다.

그림 5 요시노가리유적 전경

고 불릴 만한 지배자의 무덤이 등장하고 수많은 외래기성품의 부장이 성행하는 것이다. 『삼국지』에서 국명이 특기되지는 않았으나 사가현(佐賀縣) 요시노가리(吉野ヶ里)유적(그림 5)도 이 범주에 포함된다.

어업을 주된 생업으로 삼는 해촌의 수준을 넘어서서 해상교역에 적극적으로 참여하는 항시의 모습은 기원후 3‒4세기 무렵 해안가에 형성된 후쿠오카의 니시진마치(西新町) 유적을 들 수 있다. 재지인과 함께 한반도 남부 출신 주민들이 병존하던 취락인데 특히 마한계 주민의 흔적이 뚜렷하다(다카타 간타, 2019). 규슈의 해안가를 무대로 성장하던 항시와 항시국과의 발전과정, 동인, 그 한계는 한반도 남해안에서 성장한 삼한의 여러 정치체, 그리고 가야 여러 세력과 유사한 점이 많다.

V. 맺음말

이 글에서는 지중해 세계와 중국을 연결하는 고대 바닷길이 동북아시아까지 이어졌음을 강조하였다. 고고학적 발굴조사 과정에서 출토된 수많은 유물들이 이러한 추정을 뒷받침해준다. 중국 동남해안과 한반도, 일본열도를 연결하는 연안항로는 이미 기원전부터 작동하고 있었다. 중국 전국시대(戰國時代) 유리 제작기술의 계보를 잇는 푸른 색의 납-바륨계 유리구슬이 초기철기시대 한반도 중서부-서남부, 그리고 북부 규슈(九州)에서 공통적으로 출토되는 현상이 이를 증명한다. 기원 전후한 시점에는 중국 양광(兩廣)지역과 북부 베트남 일대에서 제작된 것으로 추정되는 포타시 유리구슬이 한반도와 일본열도에 대거 유입된다. 2-3세기 이후에는 동남아시아 각지에서 생산된 소다 유리구슬이 동북아시아에 널리 확산된다. 현재 그 흔적을 잘 남긴 것은 유리구슬이지만 향신료와 약, 바다거북 등껍질 등 다양한 동남아시아산 물품이 동북아시아로 확산되었다.

한반도와 일본열도를 무대로 성장한 다수의 고대 정치체, 국가들이 이 광역의 교역망에 참여하였음을 인정하게 되면 동북아시아와 동남아시아에 대한 비교 연구가 필요해진다. 지금까지 한국 고대와 관련된 국가들은 모두 동일한 배경에서 동일한 궤적을 밟으면서 성장한 것으로 이해하였다. 하지만 유라시아 세계의 동과 서를 잇는 해상 실크로드의 발달을 고려한다면 고대 동북아시아 정치체의 성장에 대한 인식의 전환이 필요하다. 백제와 구야국(금관가야)처럼 해양성을 지닌 경우에는 부여, 고구려와 같은 대륙성, 내지적 속성보다는 동남아시아 항시국가와 유사한 점이 많을 것이다. 남월국, 참파, 푸난, 랑카수카에 대한 이해는 동북아시아의 해양성 짙은 고대 정치체에 대해서도 새로운 면모를 보여줄 수 있다. 고대국가 발전의 길은 한 갈래만이 아니었다. 내륙에서 성장한 고대국가와 바다를 무대로 성장한 고대국가는 성장의 배경과 동력, 과정, 정치구조가 상이하였을 가능성이 매우 크다. 이런 점에서 동남아시아 항시국가에 대한 관심은 한국고대사에 대해서도 많은 영감을 줄 수 있다.

참고문헌

가와구치 요헤이·무라오 스스무. 2012. "항시사회론 – 나가사키와 광주 – ." 모모키 시
　　로 엮음, 최연식 옮김. 『해역 아시아사 연구 입문』. 서울: 민속원.

강희정. 2019. "해상 실크로드와 불교 물질문화의 전래: 동남아와 동북아." 강희정 편.
　　『해상 실크로드와 문명의 교류 – 동남아시아와 동북아시아 – 』, 85 – 122.
　　서울: 사회평론아카데미.

강희정·송승원. 2021. 『신이 된 항해자』. 광주: 국립아시아문화전당.

권오영. 2014. "백제와 동남아시아의 교섭에 대한 검토". 『충청학과 충청문화』. 충청남
　　도역사문화연구원.

______. 2016. "동남아시아 고대국가의 수리시설과 수자원 관리체계 – 메콩강유역을
　　중심으로 – " 『한국상고사학보』 92, 5 – 33.

______. 2017a. "狼牙脩國과 海南諸國의 세계". 『百濟學報』 20, 213 – 238.

______. 2017b. "한반도에 수입된 유리구슬의 변화과정과 경로" 『湖西考古學』 37, 38 –
　　69.

______. 2017c. "고대 동아시아의 항시국가와 김해." 인제대학교 가야문화연구소 편.
　　『가야인의 불교와 사상』, 245 – 279. 서울: 주류성.

______. 2019a. 『해상 실크로드와 동아시아 고대국가』. 서울: 세창출판사.

______. 2019b. "바닷길의 확장이 동북아시아에 미친 파급." 강희정 편. 『해상 실크로
　　드와 문명의 교류 – 동남아시아와 동북아시아 – 』, 51 – 83. 서울: 사회평론
　　아카데미.

김규호·윤지현·권오영·박준영·Nguyen Thi Ha. 2016. "베트남 옥 에오(Oc Eo) 유
　　적 출토 유리구슬의 재질 및 특성 연구." 『문화재』 49(2), 158 – 171.

다카타 간타 저. 김도영 역. 2019 『한반도에서 바라 본 고대일본』. 과천: 진인진.

동북아역사재단 편. 2011. 『新唐書 外國傳 譯註 下』. 동북아역사자료총서 31. 서울: 동
　　북아역사재단.

매리 하이듀즈 저. 박장식·김동엽 공역. 2012. 『동남아의 역사와 문화』. 동남아시아지
　　역연구총서 9. 서울: 솔과학.

모모키 시로, 야마우치 신지, 후지타 가요코, 하스다 다카시. 2012. "해역아시아사의

가능성”.

모모키 시로 편. 최연식 옮김. 『해역 아시아사 연구 입문』. 도서해양학술총서 25. 서울: 민속원.

박준영. 2016. “한국 고대 유리구슬의 특징과 전개양상.” 『중앙고고연구』 19, 71 – 109.

서규석. 2013. 『잊혀진 문명, 참파』. 파주: 리북.

유인선. 2002. 『새로 쓴 베트남의 역사』. 서울: 이산.

이현혜. 1988. “4세기 加耶社會의 交易體系의 變遷.” 『한국고대사연구』 1, 164 – 167.

주수완. 2012. “중국문헌을 통해본 중세 동남아의 불교문화(Ⅱ).” 『수완나부미』 4 – 1, 57 – 90.

藤田豊八. 1913. “狼牙脩國考.” 『東洋學報』 3, 121 – 131.

石澤良昭. 1996. 『アンコール・ワット』. 東京: 講談社 現代新書.

________. 2009. 『東南アジア多文明世界の發見』 興亡の世界史11. 東京: 講談社

石澤良昭・生田滋. 1998. 『東南アジアの傳統と發展』 世界の歴史13. 東京: 中央公論社

櫻井由躬雄. 1999. “南シナ海の世界 – 林邑.” 池端雪浦 編. 『東南アジア史Ⅱ 島嶼部』, 新版世界各國史6, 東京: 山川出版社

Allen, Jane. 1991. “Trade and site distribution in early historic – period Kedah: Geoarchaeological, historic and locational evidence”. *Indo–Pacific Prehistory Association Bulletin* 10, 307 – 319.

__________. 1997. “Inland Angkor, Coastal Kedah: Landscapes, Subsistence Systems and State Development in Early Southeast Asia”. *Indo–Pacific Prehistory Association Bulletin* 16, 79 – 87.

Carter. Alison. 2011. “Trade and Exchange Networks in Iron Age Cambodia: Preliminary Results from a Compositional Analysis of Glass Beads.” *Bulletin of the Indo–Pacific Prehistory Association* 30, 178 – 188.

Dzung, L.T. 2009. “SA HUYNH REGIONAL AND INTER – REGIONAL INTER-ACTIONS IN THE THU BON VALLEY, QUANG NAM PROVINCE, CENTRAL VIETNAM.” *Bulletin of the Indo–Pacific Prehistory Association* 29, 68 – 75.

Glover, Ian C. 1997. “The excavations of J. – Y. Claeys at Tra Kieu, Central Vietnam, 1927 – 28: from the unpublished archives of the EFEO, Paris, and records in the possession of the Claeys family". *Journal of The Siam Society* 85, 173–186.

Guillon, Emmanuel. 2001. *HINDU–BUDDHIST ART–Treasures from Champa–*. Trumbull: Weatherhill Inc.

Jacq–Hergoualc'h, Michel. 2002. *The Malay Peninsula: Crossroads of the Maritime Silk–Road*. Leidon; Boston: Brill

Le, Lien Thi Quynh. 2015. "HINDU BELIEFS AND THE MARITIME NETWORK IN SOUTHERN VIETNAM DURING THE EARLY COMMON ERA." *Indo–Pacific Prehistory Association Bulletin* 39, 1–17.

Lien, Le Thi. 2007. "Gold plaques and their cultural contexts in the Oc Eo culture." *Bulletin of the Indo–Pacific Prehistory Association* 25, 145–154.

Miksic, N. John. 2003. "The Beginning of Trade and in Ancient Southeast Asia: The Role of Oc Eo and the ower Mekong River" in Khoo, James C.M. ed. *Art & Archaeology of Fu Nan* 2–33. Bangkok: Orchid Press.

Nguyễn Thế Thục. 2007. *Champa Sculpture*. Ha Noi: Nhà xuất bản Thổng tấn

______________. 2010. *Champa old towers*. Ha Noi: NXB Thổng tấn

Nguyễn VĂN KƯ. 2012. *Chăm*. Ha Noi: THẾ GIỚI PUBLISHERS.

Saidin, Mokhtar., Jaffrey Abdullah, Jalil Osman & Azman Abdullah, 2011, "Issues and Problems of Previous Studies in the Bunjang Valley and the Discovery of Sungai Batu" in Stephen Ming Soon Chia and Barbara Watson Andaya eds. *Bujang Valley and Early Civilisations in Southeast Asia,* 16–26. Kuala Lumpur: Department of National Heritage, Ministry of Information, Communications and Culture.

Schweyer, Anne–Valérie. 2011. *Ancient Vietnam–History, Art and Archaeology–* Bangkok: River Books.

Stark, Miriam T. and S. Bong. 2001. "Recent Research on the Emergence of Early Historic States in Cambodia's Lower Mekong Delta." *Bulletin of the Indo–Pacific Prehistory Association* 21(5), 85–98.

Stark, Miriam T. 2006. "Pre–Angkorian Settlement Trends in Cambodia's Mekong Delta and the Lower Mekong Archaeological Project." *Bulletin of the Indo–Pacific Prehistory Association*. 26, 98 – 109.

______________. 2010. "From Funan To Angkor –Collapse and regeneration in Ancient Cambodia –." *After Collapse–The Regeneration of Complex Societies–*. Tucson: University of Arizona Press.

Tingley, Nancy . 2009. *Arts of Ancient Viet Nam–From River Plain to Open Sea–Asia Society.* Houston: The Museum of Fine Arts.

Toru, Funayama. 2008(2010), "The work of Paramārtha –An example of Sino –Indian cross –cultural exchange –"*JIABS* 31(1 –2), 141 –184.

Wheatley, Paul. 1956. "Langkasuka" *T'oung Pao 44*, 387 –412.

Yamagata, Mariko & Nguyên Kim Dung. 2010. "Ancient Rooftiles Found in Central Vietnam". in B. Bellina et al. ed. *50 Years of Archaeology in Southeast Asia–Essays in Honour of Ian Glover* Bangkok: River Books.

Yamagata, Mariko. 2011. "Trà Kiêu during the Second and Third Centuries CE: The Formation of Linyi from an Archaelogical Perspective". In Trâ`n Ky`Phương and B. M. Lockhart eds. *The Cham of Vietnam–History, Society and Art,* 81 –101, Singapore: National University of Singapore Press.

김규호(공주대학교 문화재보존과학과) · **박준영**(서울대학교 국사학과)

제3장

유리구슬을 통해 본 고대 해양 교류

I. 머리말

인류는 땅을 밟고 살지만, 언제나 물에서 주요한 자원을 얻었다. 의식주 행위가 모두 육지에서 이루어졌을 것으로 생각하지만, 늘 바다를 이용했다고 해도 과언이 아니다. 더 나아가 기원전 3,000년경의 오스트로네시아어족 사람들의 태평양과 인도양의 이주 사례를 살펴본다면 이미 해상 세계는 소수의 섬이 거대한 '청동의 벽(바다)'에 갇혀 지내는 고립된 공간이 아니라, 먼바다를 항해하고 이주하는 교류의 장이었다(주경철, 2022). 바다에서의 교류는 원거리 교역의 형태인 경우가 빈번하다. 원거리 교역을 통해 연결성이 증대되면, 비록 불균질하지만 세계적인 문화가 만들어진다(Hodos, 2017). 이 과정은 문화적으로 혼종되고, 그 결과 정체성을 찾아 새로운 문화가 창출하기도 한다. 싱가포르 페라나칸이 대표적인 사례이다.

한편 여러 민족과 문화들이 교차하는 바닷길에는 점차 중요한 거점이 만들어지고, 통제하기 위한 시스템이 발생한다. 그 결과 바닷길에서 중요한 노드에는 항시가 만들어지며, 여러 항시 네트워크를 아우르는 연합체인 항시국가가 등장하게 된다(권오영, 2019). 항시국가의 등장은 산발적으로 존재하는 네트워크의 연결성과 강도를 높여 원거리 무역과 무역(동)량을 증대하게끔 한다. 고대 인도-태평양에서 이와 같은 모습을 파악할 수 있는 대표적인 사례 중 하나가 바로 '유리구슬'이다.

일찍이 프렌시스 주니어(Francis Jr.)는 인도양과 태평양에 널리 퍼진 유리구슬에 대해서 '인도-태평양 구슬(Indo-Pacific Beads)'이라고 정의한 바 있다(Francis, 2002). '인도-태평양 구슬'은 '인도-태평양 단색 늘인 유리구슬(Indo-Pacific Monochrome Drawn Glass Beads)'의 줄임말로서, 구슬의 지리적(분포지)·고고학적(색상·제작기법·재질) 특징을 포괄하는 용어이다(Francis, 1990). '인도-태평양 구슬'로 명명된 유리구슬은 현재 연구 결과 동쪽으로는 아프리카 동부부터, 남아시아, 동남아시아, 동북아시아까지 분포하며, 특히 해안가를 집중적으로 분포하는 특징을 보인다.

이렇듯 넓은 지역에서 사용한 유리구슬에 관한 연구는 장신구 그 자체의 특성(색상·제작기법·조합방식)과 유통과정을 복원하기 위한 연구가 오래전부터 진행되었다. 더 나아가 유리구슬의 유통 방식이 단순히 호혜적 선물 교환이 아니라 지역 집단이 통제함으로써 권력을 창출하고 확장할 수 있다는 논의도 진행 중이다. 기원전 500년부터 기원후 500년사이의 동남아시아에 관한 연구들이 대표적이다(Bellina 외, 2004; Bronson, 1977; Carter, 2015; Francis, 2002; Higham, 2014). 따라서 유리구슬은 복식 연구를 넘어, 지역 간의 연결성, 국가 형성 과정 등을 이해할 수 있는 물질자료라고 할 수 있다.

본 장에서는 고대 '인도-태평양 구슬'(이하 유리구슬)이 어떠한 방식으로 인도양과 태평양에 널리 유통되었는지 거시적으로 살펴보고자 한다. 이를 위해서는 먼저 어떠한 유리구슬이, 어디서 생산되었고, 왜 유통되었는지에 관해 고고학과 고고화학적 연구 성과를 통해 조망하고자 한다.

II. 기본 전제: 유리구슬의 외형적 특성과 화학조성

'인도–태평양 구슬'은 '단색'이며, 유리를 '늘인기법(Drawn technique)'으로 제작한 둥근 또는 대롱 형태의 구슬을 지칭한다. 본 글에서 논의할 유리구슬의 외형적 특징과 유리의 화학적인 특성을 더불어 살펴보고자 한다.

1. 외형적 특징

유리구슬은 청색(감청색·벽색·청록색)·적(갈)색·주황색·황색·(연)녹색·흑색·백색 등 다양한 색상으로 구성된다. 여러 색상 중 특히 청색 유리구슬은 투명도에 따라서 더욱 상세하게 나누어지기도 한다. 다만 특별한 경우가 아니라면, 투명도는 구슬의 지름이 넓고 두꺼울수록 불투명한 것처럼 착시현상이 있을 수 있기에 큰 의미는 없다.

늘인기법은 유리덩어리를 길게 잡아당겨서 유리관(tube)을 만드는 방식을 통칭한다. 대표적으로 인도에서 '라다(Lada)'로 불리는 금속봉을 이용하는 방식이다. 유리덩어리를 라다 끝머리에 원뿔 모양으로 감고 가마 안에 넣은 뒤, U자형의 고리로 유리 원뿔 덩어리 끝을 움켜잡고 늘린다(Francis, 1990;

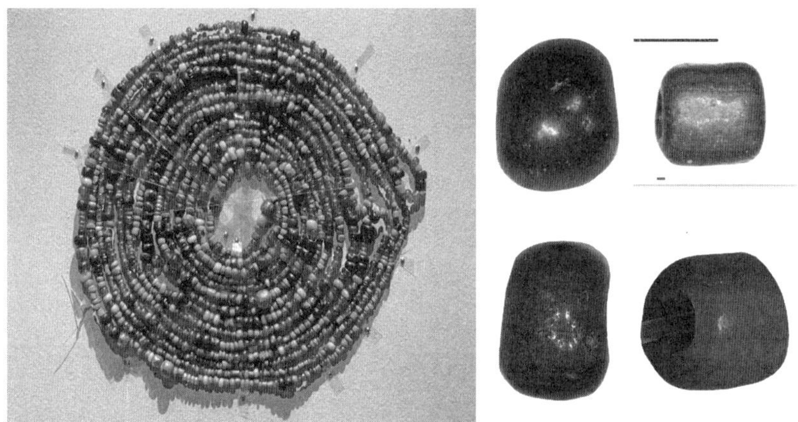

그림 1 **다양한 색상의 유리구슬(좌: 무령왕릉 출토품(박준영 촬영), 우: 각종 구슬)**
출처: 박준영 촬영

2002; Kanungo, 2004). 유리관의 두께는 장인이 당기는 속도에 따라 달라지는데, 속도가 빠를수록 얇은 유리관이 형성된다(Kanungo, 2021). 이후에 수수깡과 같은 모양의 유리관을 원하는 크기로 자르면 구슬의 형태가 만들어진다. 하지만 막 잘린 유리구슬은 끝단이 날카롭기에 구슬끼리 서로 붙지 않게 분비물 혹은 재와 함께 섞어 재가열이 이루어진다. 유리구슬은 이와 같은 과정을 거쳐야 비로소 모서리가 둥근 모양으로 완성된다.

늘인기법으로 제작된 유리구슬에서는 표면과 내부에 일정한 방향성을 띠는 기포와 불순물이 쉽게 관찰된다. 기포와 불순물의 방향은 유리구슬의 구멍 방향과 같다. 이와 같은 흔적은 모두 유리덩어리를 늘려서 유리관을 만들었기 때문에 남겨진 흔적이다(박준영, 2021).

늘인기법으로 제작된 단색의 유리구슬은 기본적으로 둥근 모양[丸玉]이다. 다만 유리관이 조금 길게 잘리거나 혹은 재가열의 정도에 따라서 유리구슬의 형태가 대롱 모양을 띠거나, 모서리가 각이 지기도 한다. 특별히 긴 원통형의 대롱구슬[管玉]을 의도하지 않는 한 모두 둥근 유리구슬을 만들기 위한 과정이므로 세부적인 형태 분류는 생략하도록 한다.

2. 화학조성

'인도-태평양 구슬'은 색상이 다양하지만, 그 모양이 단순하여 고고학적 연구 방법론을 적용하기에 한계가 명확하다. 즉 유물의 시공간적인 상사성과 상이성을 도출하고, 그 변화의 문화적 특성을 도출하는 방법론을 유리구슬에 적용하기에는 유물의 형태가 단순하다. 이와 같은 한계를 극복할 수 있는 방법론은 고고화학의 연구 성과를 받아들이는 것이다.

'유리'의 정의는 아직도 명확하지 않다. 그런데도 여러 연구자가 동의하는 최대 공약수를 정리하면 '유리는 결정화되지 않은 채 과냉각되어 준안정적인 액체이자 인공물'라고 할 수 있다(김병호, 2013; Fernández-Navarro 외, 2013; Henderson, 2013). 유리의 화학조성(化學組成, Chemical Composition)이란 여러 가지 화학적 성질이 혼합된 물질 성분의 종류·양·비율을 뜻한다. 고대 유리의 기본적인 뼈대는 실리카(이산화규소, SiO2)이다. 실리카를 녹여서 특정 형태·색상을 띠는 구슬로 만들기 위해서는 다양한 역할의 물질이 배합되어야 한다. 이산화규소의 녹는점을 낮추는 융제(Fluxes), 구조변화를 방지하기 위한 안정제(Stabilizers), 색상을 의도하기 위한 착색제(Colorant)가 그것이다(김규호, 2001; Brill, 1995; Dussubieux, 2001). 고대 유리는 유리원료를 만들기 위한 원료 소재의 종류와 배합 방식이 규격화되지 않고, 입수하기 적절한 물질을 선택하여 생산되었다. 따라서 유리의 화학조성은 생산지마다 지역적인 특색을 보인다. 이를 고려한다면, 특정 화학조성의 분포를 통해 곧 유리구슬의 생산지와 유통과정을 복원할 수 있다.

고대 인도양과 태평양에 분포하는 유리의 화학조성은 융제와 안정제의 함유량에 따라서 〈표 1〉과 같이 분류할 수 있다. 유리는 납유리와 알칼리 유리로 대별할 수 있다. 납유리는 바륨(Ba)이 화학조성에서 5~16%의 함유율을 보이는 납－바륨 유리(김규호, 2001; 조대연, 2007; Fuxi, 2009)와 납(Pb)이 60%이상을 보이는(고)납유리로 나뉜다.

알칼리 유리는 융제 작용을 하는 포타쉬(K2O, 산화칼륨)와 소다(Na2O, 산화나트륨)를 통해서 구분할 수 있으며, 안정제 역할을 하는 칼슘(CaO)과 알루미나(Al)의 함유량으로 세분화될 수 있다. 특히 소다유리의 경우에는 그 분류 기준이 상당히 복잡하다. 알루미나의 함유량이 5%이상이면 고알루미나(High Alumina)로 분류된다. 칼슘이 5% 이상에 칼륨과 마그네슘(MgO)이 1.5%를 기준으로 그 이하이면 네트론(Natron)유리이고, 이상이면 식물재(Plant Ash)유리로 분류된다(김규호, 2001; Lankton 외, 2006).

근래에 High Alumina 소다 유리는 미량원소를 통해 총 6가지로 세부적인 분류가 진행되었다. 그 기준은 우라늄(U), 바륨(Ba), 스트론튬(Sr), 지르코늄(Zr), 세슘(Cs)의 상대적인 비율이다(Dussubiex et al., 2010). 본 글에서 논의할 계통은 우라늄의 함유량은 적으나 바륨과 스트론튬은 높은 m－Na－Al 1과 그 반대인 m－Na－Al 3이다.

표 1 고대 유리의 화학조성

유형		회학적 특징	역사 · 고고학적 특징
한국	남아시아 · 동남아시아		
납 (Lead)			
Pb – Ba	–	– Ba 5~16%	– 중국에서 생산 – 한국 · 일본 · 베트남 일부 지역 유통
Pb	Lead	– Pb 60% ↑	– 한국, 중국 모두 생산
칼륨 (Potash)			
Potash – I	m – K – Ca – Al	– Al2O3, CaO 1~3%	– 대표적인 포타쉬유리 – 기원전~기원전후까지 남아시아 · 동남아시아 · 동북아시아 모두 유통 – 주로 감청색, 벽색구슬이 주류 – 생산지는 알 수 없음
Potash – II	m – K – Al	– Al2O3 3% ↑ 〉 CaO	– 기원전~기원전후까지 유통 – 주로 감청색, 벽색구슬이 주류
–	m – K – Ca	– CaO 3% ↑ 〉 Al2O3	– 기원전~기원전후까지 대량유통 – 동남아시아를 중심으로 유통.
소다 (Soda)			
High Alumina – 1	m – Na – Al 1	– Al2O3 5% ↑, CaO 5% ↓ – U ↓, Ba, Sr, Zr ↑	– 기원전후부터 기원후까지 인도양과 태평양에 대량 유통 – 인도 남부와 스리랑카에서 생산 – 동남아시아 생산가능성 – 벽색, 적갈색, 황색, 녹색, 흑색, 백색 등 다양함
	m – Na – Al 3	– Al2O3 5% ↑, CaO 5% ↓ – U ↑, Ba ↓	– 기원전에 유통 – 인도 북부와 태국 크라지협을 중심으로 유통 – 인도북부에서 생산가능성
High – Ca · Al	m – Na – Ca – Al	– Al2O3 CaO ≒ 5%	– 기원전 4세기~기원후 5세기 – K2O와 P가 좀더 추가된 'Arika' Glass와 유사 – 태국 Khlong Thom에서 생산가능성
Natron – I			– 한국에서는 기원후 3세기부터 검출
Natron – II	–	– Al2O3 5% ↓, CaO 5% ↑ – K2O, MgO 1.5% ↓	– 남아시아 · 동남아시아에서는 미검출? – 구슬보다는 용기를 주로 생산 – 지중해 주변(나일강?)에서 생산
Plant Ash – 1			– 한국에서는 기원후 3세기부터 검출
Plant Ash – II	v – Na – Ca	– Al2O3 5% ↓, CaO 5% ↑ – K2O, MgO 1.5% ↑	– 남아시아 · 동남아시아에서는 기원전과 기원후 3세기 이후에 검출 – 녹색, 황색이 주류 – 이집트, 사산페르시아에서 생산

*본 자료는 강형태(2004), 김규호(2001), 김나영(2013), 박준영(2016a), 이인숙(1990), Carter(2013; 2016), Dussubiex(2001), Dussubiex et al.(2010), Fuxi(2009), Henderson(2013), Lankton 외(2006; 2013)를 참고했다.

III. 생산체계와 생산지

유리는 자연에서 구할 수 없으며, 원료 소재를 적절히 배합해서 만드는 인공물이다. 따라서 원료를 구하고 완제품을 만들기까지 여러 생산 단계로 나누어진다. 전 과정이 단번에 이루어지기도 하지만 장소를 옮기면서 생산되는 경우도 빈번하다. 따라서 유리구슬의 생산지는 생산체계를 고려하면 모든 과정이 한 장소에 이루어지는 곳도 있고, 여러 단계 중 일부가 이루어지는 장소도 있다. 본 장에서 생산체계를 먼저 살펴보고, 여러 유형의 생산지 중 원료 소재를 배합하고, 완제품까지 성형이 가능한 유적을 중심으로 검토하겠다.

1. 생산체계

〈그림 2〉는 유리제품의 생산 과정이다[1]. 유리를 생산하는 과정은 그게 크게 두 단계로 나뉜다(이인숙, 2014). 1차 생산(primary production)은 입수한 원료 소재를 배합하고, 용융해서 유리 소재를 만드는 단계이다. 유리는 인공물이기에 자연 상태의 원석을 채취하는 것이 아닌, 다양한 원료 소재를 배합해서 유

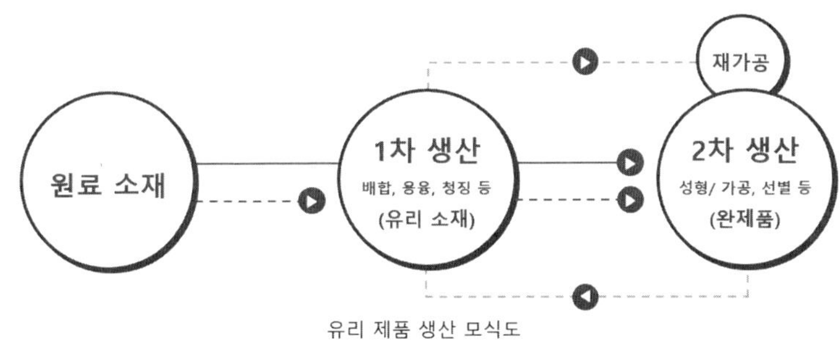

그림 2　유리 제품 생산 모식도

1　유리생산의 프로세스는 상당히 복잡하나, 본 글에서는 유리제품 생산의 이해를 돕기 위해 최대한 단순화하여 나타냈음을 미리 밝혀둔다. 생산 과정 모식도는 현대 유리 제조 공정을 참고했으며, 특히 김병호(2013)를 기초로 하였다.

리 상태인 물질로 만들어야 한다. 유리의 기본적인 원료는 모래(규사)이며, 여기에 추가적인 재료(식물재(Plant Ash), 네트론(Natron), 레(Reh) 등)가 배합되는 것으로 추정된다(Henderson, 2013).

유리 소재가 만들어지면 소비자가 원하는 형태로 성형한다. 이 과정을 2차 생산(secondary production)이라고 부른다. 유리를 원하는 형태로 성형하고, 추가로 가공을 하며, 제품으로서 가치가 있는 것만 출하하게 된다. 앞서 언급한 늘인기법으로 유리관을 만들고, 일정한 크기로 자르며, 재가열하는 과정이 2차 생산에 해당한다.

이와 더불어 2차 생산으로 만들어진 완성품이 또 다른 유리 소재가 되어 다른 형태로 성형되고 소비되었을 가능성도 있다. 기원후 6세기 이전 고대 한반도에서는 유리 거푸집이 출토된다. 서울 풍납토성의 사례를 볼 때(한신대학교박물관, 2004), 유리 분말을 거푸집에 넣어 유리구슬을 제작한 것으로 추정된다. 다만 6세기 이전까지 한반도에서 출토되는 유리구슬의 제작기법은 거푸집으로 만드는 방식이 아니라 늘인기법이고, 1차 생산이 이루어졌을 가능성은 상당히 낮다. 따라서 유리 거푸집이 출토된 사례는 늘인기법으로 만들어진 완제품을 재가공하기 위한 것으로 추정된다(박준영, 2016a).

2. 주요 생산지

인도양과 태평양에서 유리구슬이 생산되었을 것으로 논의되는 장소는 여러 곳이지만, 원료의 배합하여 유리 소재의 생산(1차 생산)부터 늘인기법을 이용해 구슬을 제작(2차 생산)하는 과정이 모두 이루어졌을 가능성이 큰 곳은 많지 않다. 유리구슬 생산의 중심지라고 선정하기 위해서는 수많은 구슬, 폐기물, 부산물 그리고 도구, 가마 등이 확인되어야 하는데(Kanungo, 2000), 이러한 조건을 충족시키는 대표적인 유적은 남아시아 인도 북부의 코피아(Kopia) 유적(Kanungo, 2013), 인도 남부의 아리카메두(Arikamedu) 유적(Francis 1990; 2002), 스리랑카의 기리바와(Giribawa) 유적(Bopearachcho, 2015), 만타이(Mantai) 유적(Carswell et al., 2013)이다. 코피아 유적을 제외하고 대부분 남인도 동부 해

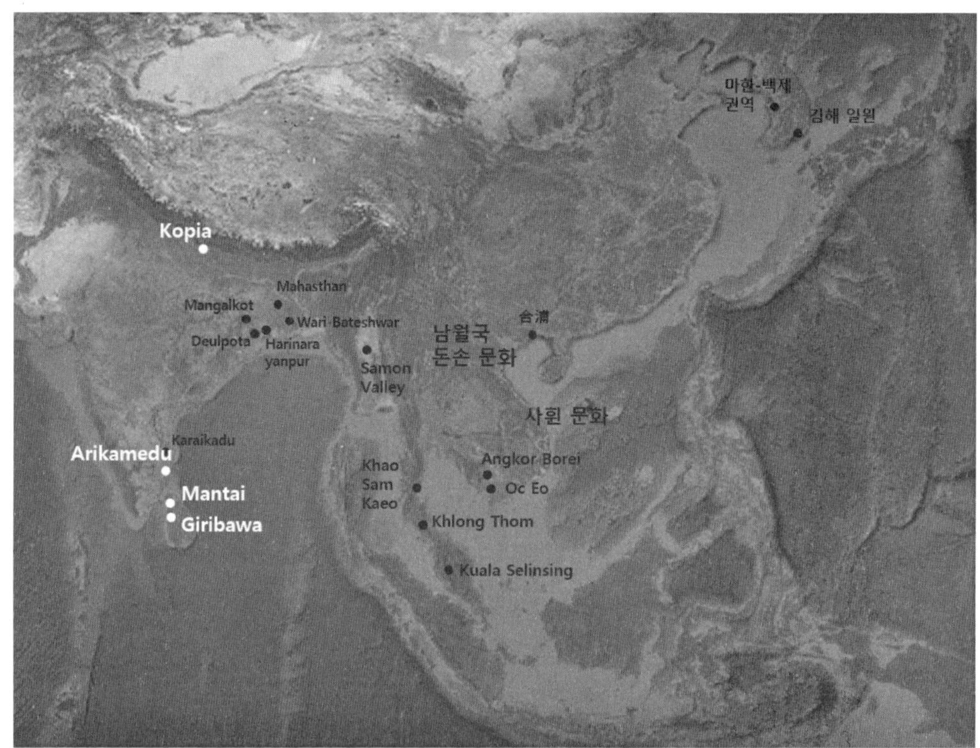

그림 3 유리구슬의 주요 생산지

안과 스리랑카에 집중되어있는 것이 특징이다.

1) 인도 코피아

코피아 유적은 인도 북부 우타르 프라데시(Uttar Pradesh)주에 위치하며, 기원 전후(기원전 1세기~기원후 1세기)한 시점에 해당하는 층에서 돔 형태의 가마와 수많은 유리구슬과 유리 부산물, 용융된 유리 부산물, 용광로 등이 발견되었다(kanungo, 2013; 2021). 코피아 유적 주변 강가에서 발견된 레(reh; 백화염(efflorescent salts)의 일종)를 분석한 결과, 코피아 유적에서 생산된 유리의 원료일 가능성이 있는 것으로 밝혀졌다(Kanungo, 2013).

이 유적지에서 출토된 유리구슬의 화학조성은 High Alumina 소다 유리 중 m – Na – Al 3인데, 동남아시아 말레이시아 크라지협에 위치한 카오 삼 케오(Khao Sam Kaeo) 유적(Bellina, 2017)과 관련성이 깊다. 카오 삼 케오에서 발견된 m−Na−Al 3 유리구슬은 늘인기법으로 제작되었지만, 이 제작기법을 이용했다는 흔적이 유적 내에서 발견되지 않았다. 따라서 카오 삼 케오 유적에서는 발견된 늘인기법으로 제작된 유리구슬은 유리원료부터 늘인기법으로 구슬 생산이 이루어진 코피아 유적에서 입수한 것으로 추정하고 있다(Dussu-biex 외, 2017; 2018). 흥미로운 점은 카오 삼 케오 유적의 연대는 기원전 4~1세기이다. 따라서 코피아 유적은 아직 발굴되지 않은 지점에서 기원전부터 유리구슬을 생산했을 가능성이 있으며(Kanungo, 2021), 많은 연구자가 코피아 유적을 m−Na−Al 3 유리구슬의 생산지로 다루고 있다.

2) 인도 아리카메두

인도 남부 타밀 나두(Tamil Nadu)주에 위치한 아리카메두 유적은 프렌시스 주니어에 의해서 상당히 많은 연구가 이루어졌다. 아리카메두 유적은 동−서 교역의 중심지로 암포라와 테라 시질라타(terra sigillata) 토기, 유리용기(glass ribbed bowl)가 발견되어 지중해와 교역한 것으로 추정된다. 기원전 2세기부터 기원후 2세기까지 아리카메두 유적에서는 무수한 유리구슬, 부산물(유리관, 덩어리 등), 폐기물 등이 발견되어 인도−태평양 구슬을 제작의 시작이자 중심지로 논의되었다(Francis, 1990; 1991; 2002). 특히 아리카메두 유적을 중심으로 남아시아와 동남아시아 유적[2]이 장인들의 이동으로 연결되었다는 '아리카메두 연합(league)' 이론이 제기되기도 하였다(Francis, 2002).

　아리카메두 유적에서 수습된 유리구슬의 화학조성을 분석한 결과, High Alumina 소다 유리 중 m−Na−Al 1은 소량이며, 포타쉬유리와 m−Na−Ca−Al이 검출되었다. 특히 아리카메두 유적에서 검출된 m−Na−Ca−Al은 일반 m−Na−Ca−Al보다 포타쉬와 인의 함량이 조금 높은 것으로 드러나서,

---

2　대표적으로 스리랑카 Mantai 유적, 베트남 Oc Eo 유적, 말레이시아 Klong Thom 유적, Kualla Selinsing 유적 등이 있다(Francis, 1990; 1991).

'아리카(Arika)'유리라고 명명된 바 있다(Dussubiex 외, 2013). 하지만 실제 기원 전후부터 기원후에 대유행한 유리는 High Alumina 소다 유리이며, 세부적으로 m－Na－Al 1이다. 따라서 아리카메두 유적이 유리구슬의 생산과 유통의 중심지였다는 의견은 다시 한번 검토할 필요성이 있다.

포타쉬유리 중 Potash－Ⅰ(m－K－Ca－al)도 아리카메두 유적에서 47%를 차지한다(Dussubiex 외, 2013). 하지만 남아시아·동남아시아·동북아시아에 골고루 분포하는 포타쉬유리의 다양한 색상과 화학조성을 고려할 때, 아리카메두 유적에서는 감청색과 Potash－Ⅰ(m－K－Ca－al)이 주류를 이룬다. 이와 같은 모습은 아리카메두 유적에서 특정 색상을 목표로 포타쉬유리를 생산했을 가능성과 다른 지역에서 수입했을 가능성 모두를 보여준다.

현재 아리카메두 유적이 유리구슬 생산의 중심지라는 프렌시스 주니어의 이론은 상당 부분 대체되고 있다. 그런데도 아리카메두 유적에서 풍부하게 발견되는 생산 관련 자료는 여전히 인도양과 태평양에 유통된 유리구슬 생산에 일정 부분 기여했을 가능성을 보여 준다.

3) 스리랑카 기리바와

기리바와 유적은 스리랑카 서북부 바다로 흐르는 칼라 오야(Kala Oya)강 왼쪽 제방에 위치한다. 유적의 연대는 기원전 3세기부터 기원후 2세기까지로 추정된다. 기리바와 유적은 기원후에 대유행한 High Alumina 소다 유리 중 m－Na－Al 1 생산의 중심으로 논의되고 있다(Bopearachcho, 2015; Carter, 2016; Dussubieux 외, 2013). 기리바와 유적이 주요 중심지로 언급하는 이유는 수천 점의 유리구슬과 미완성품, 유리 원료, 알루미나 모래 원료, 용해로가 발견되었기 때문이다(Bopearachchi, 2004). 특히 1차 생산과 긴밀하게 연결되는 용해로나 유리덩어리는 대부분 m－Na－Al 1이 검출되었고, 알루미나 모래 원료도 근처에서 발견되었다(Dussubieux et al., 2010). 따라서 기리바와 유적은 원료를 배합하여 유리 소재를 만들고, 완제품까지 생산한 곳임을 알 수 있다. 최근에는 동위원소(Isotope) 분석을 통하여 유적 주변의 지질환경과 유리를 비교

함으로써 해당 지역에서 1차 유리 소재 생산이 이루어졌다는 의견을 보강하고 있다(Dussubieux et al., 2021).

4) 스리랑카 만타이

기리바와 유적과 더불어서 주요 생산지라고 언급되는 유적은 스리랑카 만타이 유적이다. 만타이 유적은 발굴조사 결과 고대 항구로서 기원전후부터 10세기까지 운영된 것으로 추정된다. 오랜 기간 운영된 만큼 수많은 유물이 수습되었다. 특히 외래 물품이 풍부한데, 중국과 이슬람 도기 그리고 이슬람 유리 용기 또는 편이 다량 출토되었다. 이 중 이슬람 유리편은 새로운 유리 제품을 만들기 위한 원료일 가능성이 제기되기도 했다(Carboni, 2013). 이처럼 다양한 지역에서 수입된 유물이 수습된 만타이 유적은 동–서 교역의 주요한 중심지로 논의되고 있다.

만타이 유적에서도 앞선 생산 유적처럼 유리구슬을 생산했다는 여러 지표를 볼 수 있다. 2,000여 점의 유리구슬이 출토되었고, 유리덩어리를 늘리는 과정을 반영하는 부산물이나, 유리관을 자른 후에 재가열하지 않은 구슬, 재가열 후에 실패한 사례 등도 유리구슬 생산을 뒷받침한다. 따라서 프렌시스 주니어는 만타이 유적이 아리카메두 유적과 긴밀하게 연결되어 유리구슬을 생산하는 장소로 언급하였다(Francis, 2002). 만타이 유적에서 출토된 유리구슬의 분석 결과 High Alumina 소다 유리 중 m–Na–Al 1이 전체 유리 중 상당 부분 차지한다(Dussubieux, 2021).

IV. 유통 거점과 소비지

특정 생산지에서 만들어진 유리구슬은 인도양과 태평양에 고루 퍼진다. 다만 방향성 없이 유통되는 것이 아니다. 유통 당시 형성되어 있던 지역 간의 네트워크를 통해서 유리구슬이 오고 가는 것이다. 지역 간의 네트워크는 운영 주

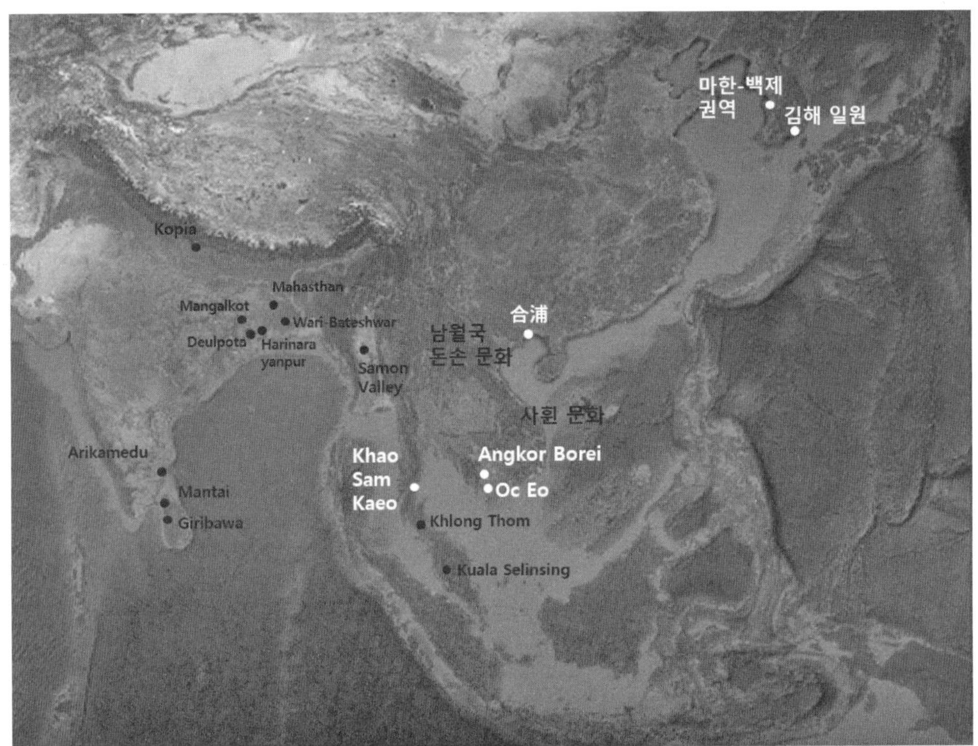

그림 4   주요 유통 거점과 소비지

체가 있고, 그 주체가 물자의 유통 거점 또는 거대 소비지이다. 또한 유통 거점에서는 여러 지역의 물산이 모이는데, 그것이 다시 다른 지역으로 유통된다. 그 과정에서 특정 물건이 유통 거점에서 생산 혹은 재가공되기도 한다. 본 장에서는 유리구슬의 유통 거점이자 유리구슬의 2차 생산이 이루어지는 생산지인 동시에 거대 소비지이기도 한 장소들을 다루고자 한다. 대표적으로 태국 카오 삼 케오 유적, 베트남 옥 에오(Oc Eo) 유적, 중국 남부 허푸(合浦), 한국 김해 일원과 마한 – 백제 권역이 있다.

1.   태국 카오 삼 케오

카오 삼 케오 유적은 말레이반도 크라 지협 동쪽에 위치한다. 이 유적의 중심 연대는 기원전 4세기부터 1세기이며, 구리 합금 주조, 철 세공, 각종 석재 장신구 생산·가공과 수입, 유리구슬 가공과 수입이 이루어진 흔적이 보여 전문 공방과 장인이 있었던 것으로 추정된다(Bellina, 2017). 각종 장신구는 인도에서 온 장인 혹은 이들에게 배운 현지 장인에 의해서 생산되었던 것으로 논의되고 있다. 이와 같은 공방과 장인의 존재는 곧 높은 수준의 조직을 갖춘 특정 집단에 의해 통제되고 운영되는 정치사회적인 구조를 의미한다고 한다(Dussubiex 외, 2018). 따라서 동남아시아 초기 도시화의 일면을 볼 수 있는 대표적인 사례로 손꼽힌다.

카오 삼 케오 유적에서는 2,472점의 유리가 발견되었다. 유리구슬 완제품, 폐기물과 파(破)유리, 열처리한 흔적들, 유리제작 도구와 관련 있을 물품 등을 보았을 때 각종 유리 제품을 생산했을 것으로 보인다. 현재 카오 삼 케오에서는 석재구슬을 투공하는 기술인 '세공술(Lapidary –technique)'을 사용하여 녹색 유리구슬을 제작했을 것으로 추정된다. 구슬은 아니지만, 유리를 이용한 팔찌 제작도 활발히 이루어졌다(Dussubiex 외, 2017). 하지만 이와 같은 공정은 모두 2차 생산에 불과하다. 즉 카오 삼 케오 유적 내 장인들이 유리 소재를 생산해서 유리 제품을 만드는 모든 과정을 소화한 것은 아니며, 유리 소재는 다른 곳에 입수한 것으로 보인다.

카오 삼 케오 유적에서는 유리 제품 162점이 선정되어 분석되었다. 그중 유리구슬은 92점인데, 82점이 늘인기법, 3점이 세공술, 나머지는 유리 용액을 감아서 만드는 기법(Wound technique)으로 제작되었다. 유리구슬을 제작하는 주요 기법은 늘인기법인데, 앞서 언급한 바와 같이 인도에서 제작할 수 있는 기법이며, 카오 삼 케오 유적 내에서 늘인 기법과 관련된 유리 부산물이나 폐기물이 출토되지 않았다(Dussubiex 외, 2017). 따라서 늘인기법으로 제작된 구슬은 모두 수입된 것으로 추정된다.

화학조성은 포타쉬유리가 55점, High Alumina 소다 유리 중 m –Na – Al 3이 19점으로 검출되었다. 포타쉬유리의 소재는 아직까지 어떠한 장소에서 생산되었는지 알 수 없다(Lee, 2009; Lankton 외, 2006; 2013). 카오 삼 케오 유적도 포타쉬유리의 생산 후보지이지만(박준영, 2016b; 이인숙, 2014), 포타쉬유리구슬 대부분이 늘인기법으로 제작되었기에 유리관 형태 또는 완제품으로 수입되었을 것이다.

m‒Na‒Al 3은 인도 북부 코피아 유적에서 생산했을 가능성이 크다. 따라서 m‒Na‒Al 3 구슬은 인도 북부에서 수입했을 것으로 추정된다. 흥미로운 점은 세공술로 제작한 유리구슬 3점이 모두 m‒Na‒Al 3이라는 점이다. m‒Na‒Al 3인 유리 소재 혹은 유리 완제품을 이용해서 재가공하여 새로운 구슬을 제작했음을 알 수 있다[3].

이와 같은 모습은 카오 삼 케오 유적이 유리구슬을 수입하는 주요 거점이자, 새로운 제품을 만드는 생산지였음을 보여준다. 인도 북부에서 수입한 유리구슬을 다른 지역으로 유통하거나, 혹은 재가공하여 다른 완제품과 같이 출하하는 복잡한 교환 네트워크가 작동하였을 것이다.

2. 베트남 옥 에오

옥 에오 유적은 베트남 서부 안장(An Jiang)성 바 테(Ba The)산 주변에 위치한다. 옥 에오는 동남아시아 고대 왕국인 푸난(扶南, Funan, 기원전후~기원후 6세기)의 외항으로 남아시아·동남아시아·동북아시아에 형성되어 있는 거대한 네트워크의 거점이다. 기원전 2세기 옥 에오 유적에서는 물류 창고와 숙소 등 항시를 건설하였다(권오영, 2019; 허진아, 2019b; Miksic, 2003). 이 지역이 점차 국제적인 교역 창구가 되면서 다양한 지역에서 제작된 물품이 이곳에 집중되었는데, 대표적으로 안토니우스 피우스(138~161)와 마르쿠스 아우렐리우스(161~180) 금화, 한경(漢鏡)이 있다. 거대 교역 창구가 된 옥 에오는 자연스럽게 생산 거점이 되었을 것으로 추정된다(Francis, 2002; Manguin, 2004). 한 예로 옥 에오 지역에서는 금이 채굴되지 않는데, 각종 세공술로 제작된 반지나 팔찌 등이 발견된 사례가 있다. 따라서 외부에서 금속 혹은 석재를 입수한 뒤, 옥 에오 내

3　유리 팔찌는 총 16점 분석되었는데, 그중 12점이 m‒Na‒Al 3으로 검출되었다(Dussubiex 외, 2017). 이 역시도 인도 북부에서 들여온 유리 소재 혹은 완제품을 재가공하였을 가능성이 높다.

공방에서 제조 혹은 재가공하여 다시금 다른 지역으로 유통했던 모습을 그려 볼 수 있다.

옥 에오는 운하 시스템을 통해 푸난의 수도일 가능성이 있는 내륙의 앙코르 보레이(Angkor Borei)와 주변 유적들과 긴밀히 연결되어 있다(Le, 2015). 해상 무역의 결과물은 자연스럽게 푸난의 수도인 앙코르 보레이로 흘러갔고, 결국 푸난이 초기 국가로 성장하는 데 결정적인 역할을 했다. 따라서 푸난은 기원후 1~6세기 동남아시아 해상국가로 불린다.

옥 에오 유적의 초기 발굴조사자인 루이스 말레렛(Louis Malleret)은 유리 파편, 부산물, 도가니를 발견하여 이 곳이 유리 생산의 가능성이 있음을 주장했고(Miksic, 2003), 근처 베트남 남부에서 유리의 원료가 되는 백화염(efflorescent salts)을 구할 수 있다고 언급하였다(Dussubiex, 2001; Lankton 외, 2006). 따라서 이 유적이 '인도－태평양 구슬'을 생산하는데 주요 중심지라고 논의된 바 있다(Francis 1990; 2002). 특히 옥 에오는 주변 유적(말레이시아 클롱 톰과 쿠알라 셀린싱 유적)에 강한 영향을 행사했다고 추정했다(Francis, 2002).

하지만 최근 연구 경향을 고려하면 옥 에오를 중심으로 한 푸난이 태국－말레이반도까지 영향을 미쳤을지도 미지수이며, 유리 원료를 생산하고 구슬을 제작하였는지도 불분명하다(Carter, 2016). 특히 유리구슬의 화학조성은 대부분 High Alumina 소다 유리이고(김규호 외, 2016; Brill, 1999; Carter, 2019), 미량원소가 밝혀진 13점 중 12점이 m－Na－Al 1이다(Carter, 2000: Glass Compositions: Glass context). 이와 같은 경향은 옥 에오 유적과 긴밀히 연결되는 앙코르 보레이 유적에서 더욱 명확히 드러난다. 앙코르 보레이에서 분석된 유리 중 87점이 이 유형에 해당하며, 전체 유리 중 80% 이상을 차지한다(Carter et al., 2021). 앞서 언급했듯이 이 유형의 유리를 생산한 중심지는 인도 남부 혹은 스리랑카이다. 따라서 옥 에오 유적과 앙코르 보레이 유적에서 발견되는 유리는 대부분 수입되었을 가능성이 크다. 따라서 옥 에오는 해양 교역을 통해 유리구슬을 대량으로 입수하여 동으로 유통하는 중개자이자, 동남아시아 내륙으로 향하는 유통의 거점이자, 내부적으로 유리구슬을 사용한 소

3. 중국 허푸

중국 광시성 남부에 위치한 허푸는 고대 국제 교류의 중심지였다. 허푸가 형성되기에 앞서 중국 남부는 월족의 본거지로, 광동의 중심인 판위(番禺, 현재의 廣州)는 조타(趙佗)를 중심으로 한중계 이주민집단과 재지의 월족에 의한 연합 왕조인 남월국(기원전 203~111년)의 왕성이었다(권오영, 2014; 박준영, 2016b). 한(漢) 무제는 남월을 멸망시키고 9개의 군현[嶺南九郡]을 설치하여 남방정책을 강화하였다. 한 무제가 남월국을 정복하고 베트남 북부까지 진출한 이유는 남방물산의 획득이 중요한 목적이었다(유인선, 2013). 군현의 설치 이후 한나라와의 관계가 깊어지는데, 이때부터 허푸는 『한서(漢書)』에서 보이듯 인도(스리랑카)와의 교류 중심지 였다. 이곳에서 발굴조사된 천여 기의 한묘(漢墓)(기원전 30~기원후 220)에서 로만글라스·파르티아 도기·마노와 홍옥수 구슬 등이 출토되었다. 하지만 단연 압도적으로 출토품은 유리구슬이다.

2004년도 중국 남방지구에서 출토된 유리구슬은 총 20,001점으로, 광시(廣西)에서는 13,407점, 광둥(廣東)에서는 5,271점, 윈난(雲南)에서는 1,151점으로 집계된 바 있다. 분석 결과 대부분 포타쉬유리 계통으로(권오영, 2017), 한나라의 유리구슬은 단연 포타쉬유리가 주류를 이룬다고 할 수 있다. 이와 관련하여 중국 자체 생산에 관한 논의가 계속 진행되었다

앞서 언급하였듯이 포타쉬유리의 생산지는 불명확하다. 포타쉬유리와 관련된 원료 소재, 가마, 도구, 부산물 등의 자료가 부재하기 때문이다. 다행히도 화학조성 연구가 누적되면서 포타쉬유리의 생산지는 아리카메두·동남아시아와 중국 남부로 대별된다. 아리카메두 유적에서는 Potash - I (m-K-Ca-Al)이 대부분을 차지하고, 이 유적에서는 생산 관련 자료가 풍부하기에 포타쉬유리 제작의 후보지로 논의되고 있다. 화학조성 비율(Lankton 외, 2006)과 감청색의 착색과 관련 있는 산화마그네슘(MnO)의 농도가 상당히 유사하다는 점(Lee, 2009)도 지적되었다.

　한편 중국 남부 자체 제작설은 중국 남부에서 출토된 포타쉬유리의 동위원소 분석결과 중국 남부 혹은 멀지 않은 장소에서 생산했을 가능성이 있다는 견해이다(Li, 1999). 더불어 중국 자체 제작품인 납-바륨 유리와 포타쉬유리가 공존하는 현상은 다른 두 계통의 유리가 서로 영향을 주면서 발전하였고, 중국 도자기와 금속기 생산에 기술적 연원이 있다는 것을 의미한다(권오영, 2017; Li et al., 2009).

　하지만 중국 남부의 양광(兩廣)지역은 포타쉬유리 분포권인 베트남의 돈손(Don Son) 문화와 사휜(Sa Huynh) 문화 권역과 중첩되고, 유리 이외에도 바다를 통해 다양한 외래문물이 다량 입수된 장소이다(권오영, 2017). 또한 포타쉬유리 구슬의 주요 제작기법인 늘인기법이 현지에서 직접 사용되었을지도 여전히 미지수이다. 따라서 중국 남부에서 1차 생산을 통해 유리 원료를 생산했을 가능성도 있지만, 유리 원료를 입수하여 완제품을 제작하거나 혹은 재가공하는 2차 생산이 있었을 가능성도 계속 고려되어야 할 필요성이 있다.

4.　한국 김해 일원과 마한-백제 권역

유리구슬을 통해 볼 수 있는 인도양과 태평양 네트워크에서 한국은 일본과 더불어 가장 동쪽에 위치한다. 이와 같은 지리적 위치를 반영하듯 고대 한반도는 유리구슬의 최대 소비지 중 하나이다. 한국의 원삼국-삼국시대에 구슬이 가장 집중적으로 출토되는 유적으로 논의되는 김해 양동리 고분군(기원후 2세기~5세기)과 대성동 고분군(기원후 2세기~6세기?)에서는 각각 37,000여 점과 10,000여 점의 유리구슬이 보고되었다. 마한-백제 권역의 오산 수청동 고분군(기원후 3~5세기)에서는 70,000여 점의 구슬이 출토되었는데, 유리구슬이 69,779점이다(경기문화재연구원, 2012). 6세기 전반에 해당하는 백제 무령왕과 왕비의 능에서는 30,741점의 유리구슬이 발견되었다(국립공주박물관, 2021). 영산강유역 지방 수장급의 무덤이자, 전방후원형 고분인 함평 예덕리 신덕 1호분에서는 유리구슬이 총 5,661점 출토되었다(국립광주박물관, 2021; 박준영, 2021). 단편적인 사례만 보아도 고대 한반도는 유리구슬의 최대 소비지 중 하나였음을 알 수 있다.

　기원후 6세기 이전 고대 한반도에서도 유리구슬을 생산했을 가능성은 있다. 그와 관련된 자료는 풍납토성 경당지구 9호 유구에서 출토된 유리 거푸집과 철침(한신대학교박물관, 2004), 광주 선암동 유적 주거지 내 부뚜막에서 출토된 거푸집과 유리 부산물(호남문화재연구원, 2012) 등이 있다. 하지만 이와 같은 모습은 유리구슬의 생산 과정 중 2차 생산, 특히 재가공의 흔적이다(박준영, 2016b). 유리구슬의 생산 과정에서 살펴보았듯이 유리는 여러 원료 소재를 적당한 비율로 배합해서 만드는 인공물이다. 원료는 생산지 주변에서 구하기에 화학적으로 지역적 특성을 보인다. 또한 유리구슬의 제작기법인 늘인기법은 도구와 각종 부산물이 동반되는데, 고대 한반도 내에서는 관련 자료가 부족한 실정이다. 따라서 수많은 유리구슬은 대부분 외부에서 입수했을 가능성이 크다.

　대표적인 소비지 중 하나는 김해 일원이며, 이와 같은 양상은 김해 대성동 고분군과 양동리 고분군을 통해 볼 수 있다. 김해 대성동 고분군은 구야국(狗倻國, 금관가야) 왕들의 묘역으로, 고(古) 김해만을 조망하기에 탁월한 곳에 있다. 구야국은 고 김해만 중심으로 한 연안항로의 거점이었을 것으로 추정되며(권오영, 2014; 홍보식, 2019), 항시국가로 성장했을 것으로 추정된다. 대성동 고분군의 서쪽으로 직선거리 7km에 조영된 양동리 고분군은 한정된 지역에 400여 기의 분묘가 밀집되어있다. 앞서 언급하였듯이 두 고분군에서만 유리구슬이 각각 37,000여 점과 10,000여 점 보고되었고, 아직 미보고 상태의 유리구슬도 존재한다.

　화학조성 분석은 양동리 고분군 출토품을 중심으로 이루어졌다. 분석된 유리구슬 62점은 Potash − Ⅰ(m − K − Ca − Al)이 30점, Potash − Ⅱ(m − K − Ca − Al)는 10점, High Alumina − Ⅰ은 4점, High − Ca · Al은 2점으로 분류된다(김규호, 2001; 2019). 이 중 연대 분류가 가능한 유리구슬 29점을 참고하면, 기원후 2세기까지 포타쉬유리 중 Potash − Ⅰ이 압도적인 비율(80%)을 차지하다가 3세기부터는 High Alumina 소다 유리가 검출된다. 다만 여전히 포타쉬유리가 4세기까지 검출되는 것이 특징이다(박준영, 2016a). 이와 같은 모습은 양동리 유적을 위시한 김해 일원이 포타쉬유리를 수입하고 분배하는 데 큰 역할을 했을 가능성을 보여준다.

고대 한반도(특히 기원전후~6세기)에 어떠한 유리구슬이 유통되고 소비되었는지 파악하기 위해서는 마한-백제 권역을 살펴볼 필요성이 있다. 다른 권역보다도 상대적으로 많은 화학조성이 검출되었기 때문이다(김규호, 2001; 김나영, 2013). 마한-백제 권역에서 유리구슬은 기원후 2세기까지 포타쉬유리 일색이지만, 3세기부터 급격하게 소다유리가 높은 비율을 차지한다. 소다유리는 여러 가지 계통으로 구성되지만, 단연 높은 비율을 차지하는 것이 High Alumina 소다 유리이다. High Alumina 소다 유리는 이후 마한-백제 권역의 대표적인 화학조성으로 자리매김한다(박준영, 2016b; 권오영, 2019).

이렇듯 High Alumina 소다 유리가 주류를 이루는 것은 색상구성과 관련이 깊다. 마한-백제 권역에서는 3~4세기까지는 주로 적갈색이 유통되지만, 5세기부터는 적갈색과 더불어 벽색, 황색, 녹색 등 색상구성이 다양해진다. 이와 같은 모습의 극단을 보여주는 것이 무령왕릉으로 주황색 8,338점, 황색 1,452점, 녹색 7,929점, 벽색 3,762점, 감청색 6,425점, 자색 844점, 적갈색 1,204점, 황갈색 1점으로 구성되어 있다(국립공주박물관, 2018). 이와 같은 유리구슬의 구성은 마한-백제 권역의 내부적인 수요 또는 취향이 반영된 결과이다.

V. 유리구슬의 유통과 해양 네트워크의 작동 방식: 맺음말을 대신하여

지금까지 인도-태평양 연안에서 언급되는 대표적인 유리구슬의 생산지와 주요 거점 그리고 소비지에 대해서 검토하였다. 본 장에서는 유리구슬의 화학조성을 통해 생산지와 거점 그리고 소비지를 연결하여 유통양상을 확인하고, 어떠한 맥락에서 해양 네트워크가 작동했는지 살펴보겠다.

1. High Alumina 소다 유리 중 m – Na – Al 3

기원전부터 기원전후까지 인도양과 태평양 유통되었던 유리는 m – Na – Al 3
과 포타쉬유리이다. 이 중 m – Na – Al 3은 기원전 5세기부터 1세기까지 주로
유통된 것으로 보인다. 주 검출지역인 인도 동북부의 망갈콧(Mangalkot) 유적,
둘포타(Deulpota) 유적, 찬드라케투가르(Chandraketugarh) 유적, 하리나라얀
퍼(Harinarayanpur) 유적과 방글라데시의 마하스탄(Mahasthan) 유적, 와리 – 바
테쉬와르(Wari – Bateshwar) 유적을 중심으로 화학조성을 분석한 결과 모든 유
적에서 m – Na – Al 3가 검출되는 특징을 보였다(Chakraborty, 2021). 조금 더
동쪽에 있는 미얀마의 경우 이라와디강 중류 서편에 위치한 사몬 계곡 지역의
분묘 유적들에서 적갈색의 m – Na – Al 3가 집중적으로 검출되었다(Dussubiex
외, 2016). 마지막으로 카오 삼 케오 유적에서 다량 검출되었다.

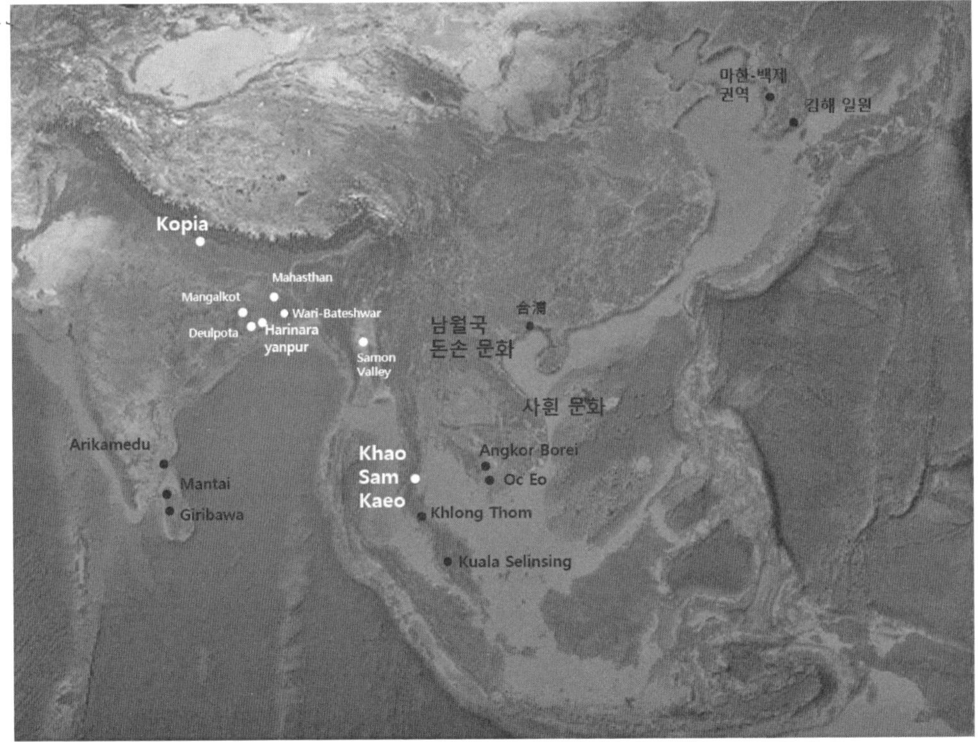

그림 5   High Alumina 소다 유리 중 m – N – Al 3의 유통

이와 같이 m－Na－Al 3는 인도 북부 코피아 유적에서 시작하여 인도 북동부와 방글라데시, 미얀마, 태국까지가 주 분포권이며, 동쪽 방향으로 유통되고 있었다. 즉 벵골만을 중심으로 형성된 네트워크 안에서 활발히 유통된 것을 알 수 있다. 그보다 동쪽에서는 캄보디아와 베트남 남부에서 확인되었는데(Lankton et al., 2008), 카오 삼 케오 유적에서 생산한 유리구슬(m－Na－Al 3, 세공술)이 유통된 결과물로 추정된다. 그렇지만 m－Na－Al 3의 집중도를 고려하면, 주요 유통처와 소비지는 벵골만으로 보인다.

2. 포타쉬유리 중 Potash － Ⅰ(m－K－Ca－Al)

포타쉬유리 중 Potash － Ⅰ(m－K－Ca－Al)은 기원전 3세기부터 기원전후까지 활발하게 유통된 것으로 보인다. 이 유형의 유리는 남아시아, 동남아시아, 동북아시아에서 모두 확인되고, 특히 주요 거점과 소비지에는 상당히 높은 비율을 차지한다. 생산지를 특정할 수 없기에 어떠한 방향으로 유통되었는지는 알 수 없다. 다만 인도 아리카메두 유적과 포타쉬유리가 집중적으로 분포하는 허푸를 중심으로 한 중국 남부－베트남 북부가 가능성이 있는 정도이다. 이 유형의 생산지는 여러 장소일 가능성이 있다.

동남아시아에서는 포타쉬유리가 유행했던 시점의 장신구 문화를 '남중국해 교환 네트워크' 문화라고 부른다(Bellina, 2014). 남중국해를 중심으로 동고(銅鼓; Don Son Drum), 사훤문화를 대표하는 연옥제 링링오(Lingling－O), 인도의 투공기술(매우 작은 투공)과 복잡한 형태로 만들어진 홍옥수 구슬과 같은 석재구슬을 공유하는 특징을 보인다(허진아, 2019a; Bellina, 2014; Carter, 2013). 이와 더불어서 포타쉬유리의 분포권은 석재 구슬의 분포권과 일치한다. 포타쉬유리는 '남중국해 교환 네트워크'에 편입되어 동남아시아에 활발에 유통된 것으로 추정된다(Carter, 2015). 다만 그 유통량은 많지 않으며, 연안을 중심으로 분포하는 점이 특징이다(Bellina 외, 2004).

동남아시아에서는 복합사회로 진입하는 시점(기원전 5~1세기, The very Early Period)에 권력 집단은 석재·유리구슬과 같은 새로운 수입품의 무역과

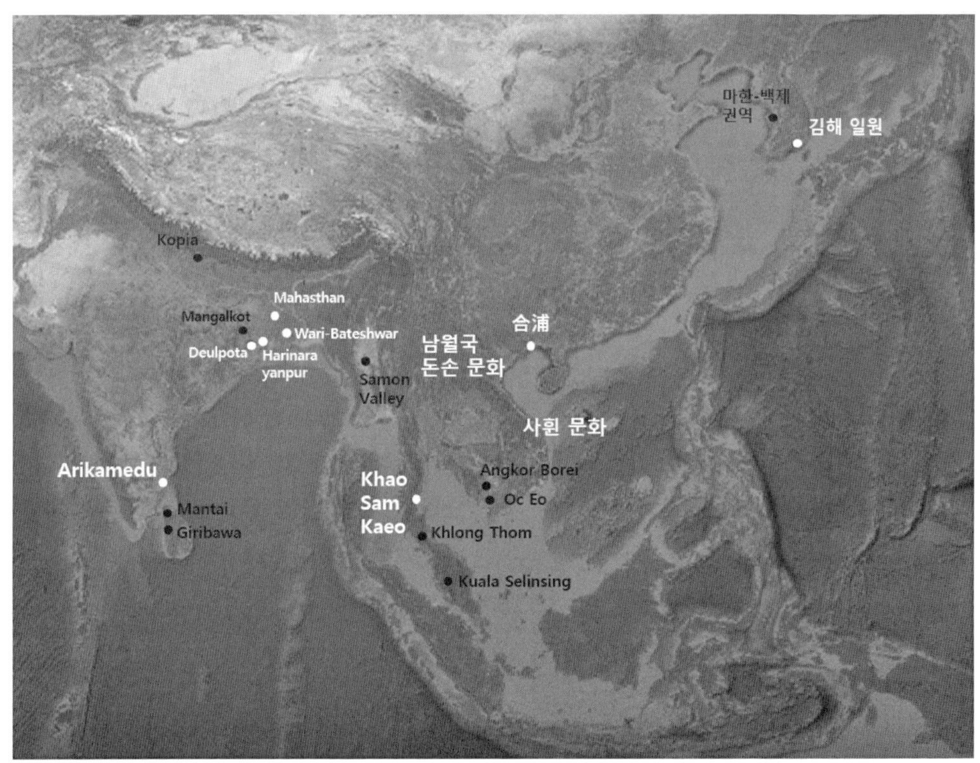

그림 6 　포타쉬유리(m－K－Ca－Al)의 유통

교환을 통제함으로써 권력을 확장할 수 있었다고 논의하고 있다(Bellina 외, 2004; Francis, 2002; Higham, 2014)[4]. 석재구슬과 유리구슬의 분포가 특정 유적에 집중된 모습을 쉽게 관찰할 수 있기 때문이다. 이는 일부 집단이 특정 유형 구슬에 더 쉽게 접근하고 입수하여 소비할 수 있었음을 나타낸다(Carter, 2015). 다만 구슬을 국제적으로 교환하고, 내부적으로 분배하는 과정을 담당하는 권력 집단의 통제는 어디까지나 관계를 맺고 있는 주변 집단과 좋은 관계를 맺

4　외부에서 수입된 물품이라면 당연하게도 가치가 상승할 수 밖에 없다. 생산지로 주로 거론되는 인도의 경우 유리 제품은 최상위 장신구는 아닌 것으로 보인다. 특히 유리 팔찌는 피지배층이 사용한 것으로 추정되며, 유리구슬은 수출용이라고 한다(Abraham, 2016). 다만 인도의 고고학적 연구는 아직 진행중이고, 아대륙이라고 할 정도로 땅이 넓다. 앞으로의 연구가 진행된다면 유리구슬의 가치를 심도 깊게 이해할 수 있을 것이다.

고 지지를 얻기 위한 정도이며(Bellina, 2014), 고대국가 단계의 위계화되고 효율적인 모습은 아니다. 따라서 유통량이 많지 않다. 이처럼 광역의 네트워크가 형성되고 복잡해지며, 점차 권력이 창출되는 과정에서 포타쉬유리는 동남아시아 전역에 광범위하게 유통되었다.

　동남아시아에서 활발히 유통되었던 포타쉬유리가 한반도까지 퍼질 수 있었던 이유는 중국 광시성 허푸의 역할이 크다. 한 무제는 남월을 멸망시켜 영남구군을 설치하고 남방정책을 강화하였다. 그 동인은 물소 뿔·상아·비취·진주 등 동남아시아산 물품의 수요와 획득이었다(유인선, 2013). 이 과정에서 허푸는 국제적인 시장으로 수많은 수입품이 집중되었고, 포타쉬유리도 자연스럽게 입수되어 활용되었다. 천여 기의 한묘에서 포타쉬유리로 제작된 유리구슬이 집중적으로 분포하는 이유가 그것이다.

　고대 한반도에서 포타쉬유리가 집중적으로 검출된 지역은 대부분 영남 지역이며, 특히 김해 일원이라고 할 수 있다. 김해 일원의 집단은 국제 교류의 중요 거점으로 역할을 하여 베트남과 영남구군 – 낙랑 – 한반도 동남부 – 쓰시마 – 북부 규슈 – 산잉 – 단고를 잇은 교환 네트워크를 유지했다(권오영, 2017). 이 과정에서 낙랑과 선비계 물품이 반입되었고(홍보식, 2019), 포타쉬유리도 자연스럽게 입수한 것으로 추정된다.

3.　High Alumina 소다 유리 중 m – Na – Al 1

기원 전후부터 기원후까지 대표적인 유리 유형은 High Alumina 소다 유리 중 m – Na – Al 1이다. 남아시아와 동남아시아 그리고 동북아시아까지 대유행한 유형이다. 생산지는 카라이카두(Karaikadu) 유적과 같은 남인도 일대와 기리바와 유적과 만타이 유적으로 대표되는 스리랑카이며, 점차 동쪽으로 퍼진 것으로 보인다[5].

5　본 글의 대상 범위가 남아시아, 동남아시아, 동북아시아이기 때문에 동으로 퍼졌다고 언급하였다. 서쪽으로는 아프리카 동부 해안까지 유통되었다(Then – Obłuska, 2021).

이 유형의 유리는 그 이전에 유행했던 포타쉬유리 혹은 High Alumina 소다 유리 중 m‒Na‒Al 3을 대체한 것으로 보이는데, 동남아시아에서는 기원전 200년에서 서기 200년 사이에 동남아시아 전역에서 발생했다(Lankton 외, 2013). 고대 한반도에서는 3세기부터 급격하게 포타쉬유리를 대체하는 모습을 보인다(김규호, 2001; 박준영, 2016a; 이인숙, 1990). 동남아시아에서 나타난 변화의 파동이 한반도까지 영향을 미치는 것이다.

High Alumina 소다 유리 중 m‒Na‒Al 1이 기존의 유리를 대체하고, 멀리 한반도까지 유통된 이유는 기원후 1세기 이후에 형성된 고대국가 푸난의 역할이 크다. 푸난은 당시 해상교역을 장악하고, 4대왕은 푸난대왕이라고 자칭하기도 했다. 외교범위는 상당히 넓었는데, 229년에는 동오에 사신을 보낸 이후 서진·동진·제에도 여러 번 조공한 것으로 보인다(권오영, 2014; 2019).

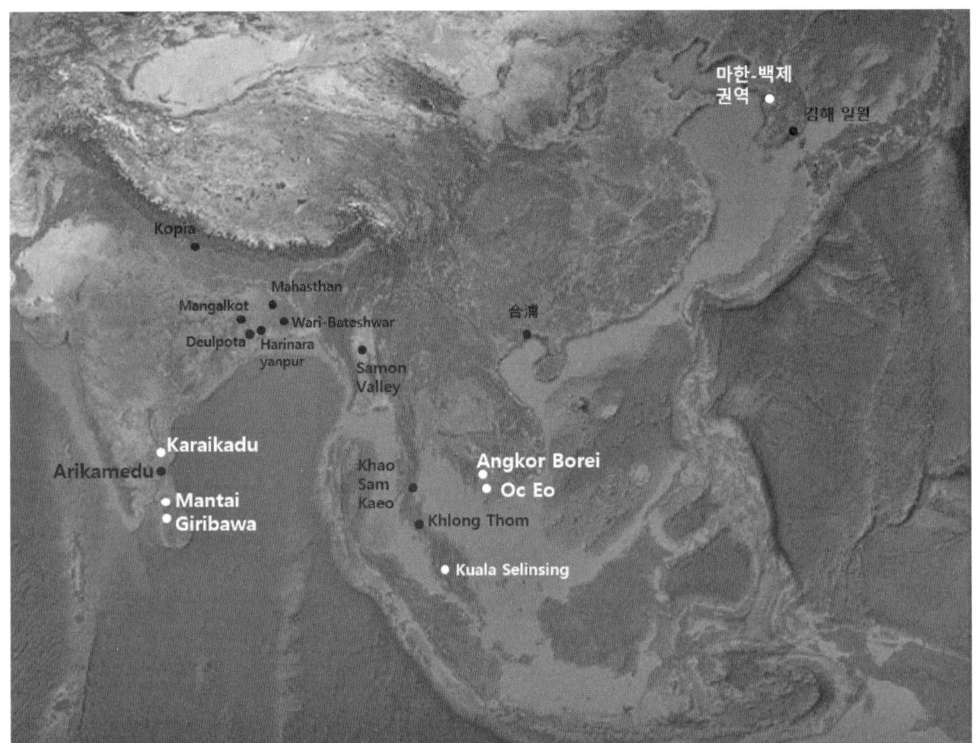

그림 7　High Alumina 소다 유리 중 m‒N‒Al 1의 유통

푸난의 외항 옥 에오에는 각종 물산이 집결했는데, 내부적으로 소비하기도 하고 또 재가공하여 주변 지역에 유통했을 것으로 추정된다. 이에 원거리 교역이 활성화되고 유통량도 확대된다(Carter, 2015).

푸난이 위치한 메콩삼각주 유역, 현재 캄보디아 남부와 베트남 서부지역의 경우 포타쉬유리의 검출 빈도는 상당히 낮지만 High Alumina 소다 유리 중 m−Na−Al 1은 상당히 높은 비율로 검출되었다(Carter et al., 2021). 특히 푸난의 핵심 지역인 옥 에오와 앙코르 보레이지역에서 명확하게 드러난다. 이는 기존 남중국해 네트워크와는 다른 네트워크가 작동한 것이며, m−Na−Al 1의 주요 생산지인 남인도와 스리랑카와의 교역의 결과로 추정된다. 더불어서 이와 같은 경향은 캄보디아와 태국 일부 내륙과 강한 유사성을 보이는데(Carter, 2013), 이와 같은 연결성을 메콩 상호작용 권역(MIS: Mekong Interaction Sphere)이라고 정의된 바 있다(Carter et al., 2021). 이는 푸난의 영역과 연동될 가능성이 크다. 이렇듯 푸난은 남인도와 스리랑카에서 대량 수입한 유리구슬을 다시 원거리 교역으로 동북아시아로 유통했다.

중국에서는 한의 붕괴 후 여러 국가가 병립하고 전란에 휩싸이는 위진남북조 시대에 접어든다. 계속되는 항쟁 속에서 자원 조달과 남방 물산에 대한 수요는 더욱 증가하였고, 각종 물산을 대거 수입하기에 이른다. 특히 동오(東吳)는 주응과 강태를 푸난에 파견하여 동남아시아에 오의 세력을 과시하며 본격적인 교류에 나서고, 이에 앞서 교지군의 태수였던 사섭이 매년 남해의 여러 산물을 동오에 바쳤다(권오영, 2014; 박준영, 2016b). 이와 같은 관계를 통해 동남아시아에서 유리구슬이 입수된 것으로 추정된다.

마지막으로 한반도에서도 고구려·백제·신라·가야가 서로 항쟁과 상생을 거듭하고 있었다. 내적 동력으로 국가를 성장시킬 수 있지만, 국제 외교 관계도 고대 사회에서는 상당히 중요한 작용을 한다. 고구려와 백제의 대결에서 볼 수 있듯이 국제 외교 관계를 통해 경쟁국을 견제할 수도 있으며, 최신 문물을 입수할 수도 있기 때문이다. 또한 구슬은 오래전부터 장신구로 사용하였기[6]에 기본적인 사회적 수요가 있었을 것으로 보인다. 따라서 외래 수입품인 유리구슬을 입수하고 유통을 통제하는 주체는 곧 정치 권력을 공고화하기에도 유리하다. 이와 같이 유통과 관계된 일련의 행위는 원삼국~삼국 단계에 산발적으로 존재하던 여러 소국이 통합되는 과정과 연동된다. 수입 주체와 최종 소비지의 문제는 국가형성과도 연관된다(박준영, 2016b). 이와 같은 복잡한 정치·사회적 역학 관계를 통해 유리구슬이 고대 한반도까지 유통된 것이다.

한반도에서 3세기부터 유행한 High Alumina 소다 유리는 특히 백제 중앙이 입수한 것으로 보이는데, 동진과의 교섭 창구의 일원화와 지배구조의 정비 등을 통해 백제국(伯濟國)이 점차 집권국가로 전환되는 시기와 연동된다(권오영, 1996). 그 이후 중국 남조와의 교섭은 백제 중앙에 의해서 이루어졌기에 남아시아에서부터 유통된 유리구슬은 백제 중앙에 의해서 입수되고, 분배되었으며, 백제 중앙도 주요 소비처로 작용하였다.

---

6 『三國志』魏書 東夷傳 韓條, "…以瓔珠爲財寶, 或以綴衣爲飾, 或以縣頸垂耳, 不以金銀錦繡爲珍…"

국립공주박물관. 2018. 『무령왕릉 신보고서IV』.

국립광주박물관. 2021. 『咸平 禮德里 新德古墳』.

권오영. 1996. "三韓의 「國」에 대한 硏究." 서울대학교대학원 박사학위논문.

______. 2014. "고대 한반도에 들어온 유리의 고고, 역사학적 배경." 『한국상고사학보』 85, 135–160.

______. 2017. "韓半島에 輸入된 琉璃구슬의 變化過程과 經路–초기철기~원삼국기를 중심으로–." 『호서고고학』 37, 38–69.

______. 2019. 『해상 실크로드와 동아시아 고대국가』. 서울: 세상출판사.

김규호. 2001. "한국에서 출토된 고대유리의 고고화학적 연구." 중앙대학교대학원 박사학위논문.

______. 2019. "김해 양동리 고분군 출토 유리로 본 가야 문화." 『금관가야 출토 옥을 통해 본 대외교류』. 국립김해박물관·동의대학교박물관 공동 심포지엄. 부산. 11월.

김규호·윤지현·권오영·박준영·Nguyen Thi Ha. 2016. "베트남 옥 에오(Oc Eo) 유적 출토 유리구슬의 재질 및 특성 연구." 『문화재』 49(2), 158–171.

김나영. 2013. "삼국시대 알칼리 유리구슬의 화학적 특성 고찰." 공주대학교대학원 박사학위논문.

김병호. 2013. 『유리공학』. 서울: 청문각

박준영. 2016a. "한국 고대 유리구슬의 특징과 전개과정." 『중앙고고연구』 19, 71–109.

______. 2016b. "한국 고대 유리구슬의 생산과 유통에 나타난 정치사회적 맥락." 『한국고고학보』 100, 134–173.

______. 2021. "함평 신덕 1호분 출토품을 통해 본 영산강유역 유리구슬의 역사적 함의." 『백제학보』 37, 97–129.

유인선. 2013. 『새로 쓴 베트남의 역사』. 서울: 이산.

이인숙. 1990. "韓國 古代 유리의 考古學的 硏究." 漢陽大學校大學院 博士學位論文.

______. 2014. "신라와 서역문물 ─유리를 중심으로." 중앙문화재연구원 편. 『신라고고

학개론 上』, 494 –548.

조대연. 2007. "초기철기시대 납 – 바륨 유리에 관한 고찰." 『한국고고학보』 63, 34 –
63.

주경철. 2022. 『바다 인류: 인류의 위대한 여정, 글로벌 해양사』, 서울: 휴머니스트

한신대학교. 2004. 『풍납토성Ⅳ – 경당지구 9호 유구에 대한 발굴보고』. 오산: 한신대
학교박물관.

허진아. 2019a. "초기철기 – 원삼국시대 구슬 해상교역과 환황해권 정치 경관의 변화."
『한국상고사학보』 106, 51 –79.

_____. 2019b,. "옥 에오의 구슬 생산과 교역, 동아시아 교류네트워크." 한성백제박물
관 편. 『베트남 옥에오 문화 – 바닷길로 연결된 푸난과 백제』. 서울: 한성
백제박물관, 196 –207.

호남문화재연구원. 2012. 『光州 仙岩洞遺蹟 I 』.

홍보식. 2019. "가야와 삼국의 유통 네트워크" 『가야가 만든 고대 동아시아 네트워크』.
국립중앙박물관 국제학술대회. 서울. 8월.

Abraham, Shinu Anna. 2016. "Glass beads and glass production in early South
India: Contextualizing Indo –Pacific bead manufacture." *Archaeo-
logical Research in Asia* 6, 4 –15.

Bellina, Bérénice. 2014. "Maritime Silk Roads' Ornament Industries: Socio –
political Practices and Cultural Transfers in the South China Sea."
Cambridge Archaeological Journal 24(3), 345 –377.

Bellina, Bérénice. ed. 2017. *Khao Sam Kaeo: An early port–city between the
Indian Ocean and the South China Sea*. Memoires Archeologiques
28. Paris: Ecole française d'Extrême –Orient.

Bellina, Bérénice and Ian Glover. 2004. "The archaeology of early contact with
India and the Mediterranean world, from the fourth century BC to
the fourth century AD." in Glover, I. and Bellwood, P., eds. *South-
east Asia: From Prehistory to History*, 68 –87. London and New
York: Routledge.

Bopearachchi, Osmund. 2004. "New archaeological evidence on cultural and
commercial relationships between ancient Sri Lanka and Tamil

Nadu.” *Journal for Interdisciplinary Studies in History and Archae-ology* 1(1), 60 –72.

_________________. 2015. “Port Sites and Emporia of Ancient Sri Lanka: New Archaeological Data.” in *From Bactria to Taprobane. Select-ed Works of Osmund Bopearachchi*(Vol. 2). New Delhi: Manohar, 344 –378.

Brill, Robert H. 1995. “Scientific research in early Asian glass. In Proceedings of XVII International Congress on Glass” *Chinese Ceramic Society* 1, 270 –279.

_________. 1999. “Chemical analyses of early glasses.” *Journal of Glass Studies.* New York: The corning museum of glass corning.

Bronson, Bennet. 1977. “Exchange at the upstream and downstream ends: Notes toward a functional model of the coastal state in Southeast Asia. Economic exchange and social interaction in Southeast Asia.” *Perspectives from prehistory, history, and ethnography* 13, 39 –52.

Carswell, John, Siran Deraniyagala, and Alan Graham. 2013. *Mantai: City by the Sea.* Aichwald: Lindensoft –Verlag.

Carter, Alison Kyra. 2013. “Trade, exchange, and socio –political development in Iron Age(500 BC~AD 500) mainland Southeast Asia: An exam-ination of stone and glass beads from Cambodia and Thailand.” Ph. D. Diss., Department of Anthropology, University of Wisconsin – Madison.

_________________. 2015, “Beads, exchange networks, and emerging complex-ity: A case study from Cambodia and Thailand(500 BCE –CE 500).” *Cambridge Archaeological Journal* 25(4), 733 –757.

_________________. 2016. “The production and exchange of glass and stone beads in Southeast Asia from 500 BCE to the early second millen-nium CE: An assessment of the work of Peter Francis in light of recent research.” *Archaeological Research in Asia* 6, 16 –29.

_________________. 2019. “Funan and the exchange of stone and glass beads:

Data from Ankor Borei, Canbodia and Oc Eo, Vietnam."『백제의 대
외교섭과 베트남 옥 에오 문화』. 한성백제박물관·국립해양문화재연구소·
백제학회 학술대회. 서울. 12월.

Carter, Alison Kyra, Laure Dussubieux, Miriam T Stark, and Albert H Gilg.
2021. "Angkor Borei and protohistoric trade networks: a view from
the glass and stone bead assemblage." *Asian Perspectives* 60(1),
32–70.

Chakraborty, Sharmi. 2021. "Glass Beads of Eastern India: Early Historic Peri-
od." in Kanungo, A. K. and Dussubieux, L., eds. *Ancient Glass of
South Asia*, 325–344. Singapore: Springer.

Dussubieux, Laure. 2001. "L'Apport de l'ablation laser couplée a l'ICP–MS à
lacaractérisation des verres: Application a l'étude du verre de l'océan
Indien." Ph. D. Diss., Department of Chemistry, Université d'Orléans.

Dussubieux, Laure, and Bernard Gratuze. 2010. "Glass in Southeast Asia." in
Bellina, B. ed. *50 Years of Archaeology in Southeast Asia: Essays in
Honour of Ian Glover,* 247–259. Bangkok: River Books.

Dussubieux, Laure, Bernard Gratuze, and Maryse Blet–Lemarquand. 2010.
"Mineral soda alumina glass: occurrence and meaning." *Journal of
Archaeological Science* 37(7), 1646–1655.

Dussubieux, Laure, and Bernard Gratuze. 2013. "Glass in South Asia". in Jans-
sens, K. ed. *Modern Methods for Analysing Archaeological and
Historic Glass,* 397–412. Chichester: John Wiley and Sons.

Dussubieux, Laure, and Thomas Oliver Pryce. 2016. "Myanmar's role in Iron
Age interaction networks inking Southeast Asia and India: Recent
glass and copper–base metal exchange research from the Mission
Archéologique Française au Myanmar." *Journal of Archaeaological
Science: Reports* 5, 598–614.

Dussubieux, Laure, and Bérénice Bellina. 2017. "Glass from an early Southeast
Asian producing and trading centre." in Bellina, B. ed. *Khao Sam
Kaeo:An Early Port-City between the Indian Ocean and the South*

China Sea. École Française d'Extrême-Orient, 549－585.

__________________________________. 2018. "Glass ornament production and trade polities in the Upper－Thai Peninsula during the Early Iron Age." *Archaeological Research in Asia* 13, 25－36.

Francis, Jr. Peter. 1990. "Glass beads in Asia part 2: Indo－Pacific beads." *Asian Perspectives* 29(1), 1－23.

__________________. 1991. "Beadmaking at Arikamedu and beyond." *World Archaeology* 23(1), 28－43.

__________________. 2002. *Asia's Maritime Bead Trade. 300 B.C. to the Present.* Honolulu: University of Hawaii Press,

__________________. 2013. "The beads." in J. Carswell, S. Deraniyagala, and Graham, A eds. *Mantai:the City by the Sea.* Linden Soft Verlag, 349－369.

Fuxi, Gan. 2009. "Origin and evolution of ancient Chinese glass." in: Fuxi, G., Brill, R. and Shoutun, T. eds. *Ancient Glass Research Along the Silk Road,* 1－40. New Jersey: World Scientific.

Henderson, Julian. 2013. *Ancient glass: an interdisciplinary exploration.* Cambridge: Cambridge University Press.

Higham, Charles 2014. *Early Mainland Southeast Asia: From first humans to Angkor.* Bangkok. River Books.

Hodos, Tamar 2016. "1: Globalization: some basics. An introduction to The Routledge Handbook of Archaeology and Globalization." in *The Routledge handbook of archaeology and globalization,* 27－35. London and New York: Routledge.

Kanungo, Alok Kumar. eds. 2013. *Glass in Ancient India: Excavations at Kopia,* Thiruvananthapuram: KCHR.

Kanungo, Alok Kumar. 2016. *Glass beads in ancient India: An Ethnoarchaeological Approach.* Oxford: British Archaeological Reports Series.

__________________________. 2021. "Glass in Indian Archaeology, ancient literature, historical records and colonial accounts." in Kanungo, A. K. *An-*

cient Glass of South Asia, 227 – 257. Singapore: Springer.

Lankton, James W., and Laure Dussubieux. 2006. "Early glass in Asian maritime Trade: A review and an interpretation of compositional analyses." *Journal of Glass Studies* 48, 121 – 144.

Lankton, James W., Laure Dussubieux, and Bernard Gratuze. 2008. "Glass from Khao Sam Kaeo: transferred technology for an early Southeast Asian exchange network." *Bulletin de l'École française d'Extrême-Orient* (93), 317 – 351.

Lankton, James W., and Laure Dussubieux. 2013. "Early glass in Southeast Asia." in Janssens, K., ed. *Modern Methods for Analysing Archaeological and Historic Glass,* 415 – 457. West Sussex: Wiley and Sons,

Le, Thi Lien. 2015. "History of maritime contacts between Vietnam and India: Archaeological evidence from Oc Eo culture in Southern Vietnam." in Tripati, S., ed. *Maritime Contacts of the Past: Deciphering Connections Amongst Communities,* 95 – 123. New Delhi: Delta Book World.

Lee, In Sook. 2009. "Characteristics of Early Glasses in Ancient Korea with Respect to Asia's Maritime Bead Trade." in: Fuzi, G. and Brill, R., eds. *Ancient Glass Research along the Silk Road,* 183 – 189. New Jersey: World Scientific Publishing Company.

Li, Feng. 1999. "Elemental and isotopic analysis of ancient Chinese glass." HKU Theses Online (HKUTO).

Manguin, Pierre – Yves. 2004. "The early maritime polities of Southeast Asia." in Bellwood, P. and Glover, I. *Southeast Asia: From Prehistory to History.* 282 – 313. London: Routledge.

Miksic, John N. 2003. "The Beginning of Trade in Ancient Southeast Asia: The Role of Oc Eo and the Lower Mekong River." in Khoo, J., eds. *Art and Archaeology of Fu Nan: Pre–Khmer Kingdom of the Lower Mekong Valley,* 196. Bangkok: Orchid Press.

Then – Obłuska, Joanna. 2021. "Indian Glass Beads in Northeast Africa between the first and sixth centuries CE." in Kanungo, K. and Dussubieux, L. *Ancient Glass of South Asia,* 533 –557. Singapore: Springer.

. . . . .

제4장

말레이 세계 이슬람 왕국들의 기원 신화에 나타난 이방인군주제 전통

송승원(한국외국어대학교 말레이 – 인도네시아어 통번역학과)

I. 머리말

고대 시대부터 인도양과 태평양은 동남아시아인들에게 무역로이자 이주의 통로였다. 바다를 건너 수많은 귀중품이 오갔을 뿐만 아니라 다양한 인종과 계층의 사람들이 범선을 타고 무역과 이주를 했다. 인종적으로 보면 중국인, 유럽인, 아랍인, 인도인뿐만 아니라 동아프리카인들도 동남아시아에 왔고 동남아시아인들도 이들의 지역을 방문했다. 이들 중 동남아시아에 도래한 외국인들의 신분을 살펴보면 인도의 바이샤 계층의 무역상들과 아랍과 중국의 상인들, 유럽의 동인도회사 무역상들을 비롯하여 종교와 법 등에 대한 고급 지식을 전수해 준 인도의 제사장 계급인 브라만(Brahmin) 이라던가 아랍의 이슬람 학자층이나 지배계층인 울라마(Ulama)나 쉐이크(Shaikh)들도 도래했다. 이들 중 많은 사람은 일정 기간을 방문하고 고향으로 돌아간 체류자들이었지만, 상당수는 동남아시아에 남아 현지 여성과 혼인하고 대를 이어 거주하기도 했다. 또한 이들 중 일부는 현지 사회에서 왕위에 오르기도 했다.

외국인을 왕으로 선출하는 전통은 "이방인 군주제(stranger – kingship)

라고 불린다. 동남아시아에서 널리 알려진 이방인 군주와 관련된 기원 신화는 메콩강 하류에 존재했던 고대 왕국 푸난(Funan)의 것을 들 수 있다. 신화는 인도의 브라만인 카운디냐(Kaundinya)가 꿈에서 계시를 받고 푸난으로 와서, 땅의 주인인 나가(naga)의 딸인 소마(Soma)가 이끄는 배를 신궁(神宮)으로 쏘아 물리치고 그녀와 결혼하여 푸난 왕국을 세웠다는 내러티브를 담고 있다(Gaudes, 1993: 338–341).[1] 외국인이 도래해 현지 유력 가문의 여성 또는 공주와 혼인하여 왕조가 시작되었다는 내러티브는 동남아시아의 이방인군주제 신화에서 보편적으로 나타나는 특징이다.

그런데 이방인 군주제가 가장 많이 발견되는 지역은 대륙부 동남아시아가 아니라 바다를 면하고 있는 말레이 세계였다.[2] 말레이 세계는 15세기 초부터 본격적으로 이슬람을 수용되어, 유명한 이슬람 국제무역 왕국이 번성한 지역이다. 이 이슬람 왕국들의 수많은 기원 신화는 왕실 시조가 외국인, 특히 아랍 이슬람 세계 영웅들의 직계 후손이었다고 설명하고 있다. 특히 마케도니아의 군주 알렉산더 대왕은 항시(巷市)를 중심으로 일어난 말레이 세계의 수많은 왕가의 기원으로 묘사된다. 알렉산더 대왕은 기원전 4세기(356–323 BC)의 인물로 다신교도였지만, 말레이 세계 기원 신화에서는 이슬람 문화권의 영웅으로 간주되면서 중요성을 가진다. 동남아사 연구자인 앤서니 리드(Reid, 2008: 254)는 이를 다음과 같이 설명했다.:

[말레이 세계] 연안 항구 왕국들의 거의 모든 군주가 그들의 기원을 강력한
외국인 군주로 자랑스럽게 추적하고 있으며, 그중에서도 무슬림 군주들은
조상으로 세계의 정복자 알렉산더 대왕을 꼽고 있다. 말레이 군주들은 중
동(Raja Rum), 인도 칼링아(Kalinga)나 비자야나가르(Vijayanagar) 출신

---

1 나가는 인도 신화에 등장하는 머리가 아홉 개 달린 뱀 신을 의미하는데, 동남아시아에서 토착 세력을 상징하는 경우가 많다. 카운디냐는 훈 티안(Hun–tian)으로, 소마는 리우 예(Liu–ye) 라고 불리기도 한다. 소마는 '달의 딸(moon daughter)' 라는 뜻이다(Gaudes, 1993: 338).

2 현재의 말레이시아, 인도네시아, 브루나이, 싱가포르 지역이 이 세계권에 속한다.

등 [시조라고 여겨지기에] 더 그럴듯한 선조들도 섞어 이야기하지만, 보다 궁극적인 기원 [알렉산더를 의미] 에서 혈통을 추적한다. 심지어 고지대(高地帶) 비국가 사회(stateless societies)의 구성원들도 머나먼 궁극적인 초자연적 권력에 대한 지식을 공유하고 있다.

인용문에 등장하는 룸의 군주(Raja Rum)란 인도양 국제무역의 강력한 참여 세력이었던 오스만투르크와 이를 계승한 튀르키예(구 터키)의 군주들을 의미하며, 인도의 칼링아나 비자야나가르는 인도 동부에 있었던 항구를 중심으로 발전한 왕국이었다. 앤서니 리드는 이러한 아랍인이나 인도인들이 실제로 말레이 세계에 많이 유입되어 살아왔으므로, 이들이 이방인 군주가 되었다는 내러티브가 기원전 마케도니아의 영웅이었던 알렉산더를 기원으로 삼는 것보다는 훨씬 있을 법한 이야기라고 말하고 있는 것이다.

알렉산더 대왕과 더불어 말레이 세계의 무슬림 군주들이 왕실의 기원으로 소급하고 있는 또 다른 신성한 인물은 이슬람의 창시자, 무하마드의 직계 후손을 일컫는 사다(sada) 들이다.[3] 말레이반도의 페락(Perak), 리아우 제도의 시악(Siak), 칼리만탄 북서부의 폰티아낙(Pontianak), 북말루쿠의 터르나테(Ternate), 티도레(Tidore), 자일롤로(Jailolo), 바찬(Bacan) 등 수많은 왕실은 무하마드의 직계 후손을 왕국의 시조로 여긴다. 알렉산더나 무하마드를 중심으로 하는 기원 내러티브는 그 역사적 객관성을 떠나 왕실들이 신성한 기원을 강조함으로써 신생 왕조의 정통성과 명성을 확보하는 수단으로 사용한 것으로 보인다.

토착인들이 외부 인종이나 종족 등의 "이방인"을 군주로 옹립하는 이방인 군주제 전통은 사실 동남아시아뿐만 아니라 오세아니아와 아프리카, 그리고 고대 유럽에서도 일부 나타난 범지구적인 문화였다. 푸난과 캄보디아 등지에서 군주로 추대된 인도의 브라만, 탕가니카, 이집트, 투르케스탄, 터키, 말레이반도에서부터 계보를 추적하는 피지인들, 하와이의 군주가 된 수평선 너

---

3 사다는 복수형 명사로, 단수형은 사이드(sayyid)이다.

머에서부터 도래한 피부가 하얀 '서양인,' 술라웨시의 왕조를 이어받은 마자파히트의 왕자들 등이 그 예이다(Druce, 2009; Fox, 2008; Gibson, 2008; Henley and Caldwell, 2008; Lewis, 1988). 근대로 들어오면 칼리만탄의 사라왁에서 100여 년간 대를 이어 백인왕(White Rajah)으로, 군림한 영국인 제임스 브룩(James Brooke) 일가가 이방인 군주에 해당한다. 심지어 아프리카와 마야, 잉카, 아즈텍 등의 미 대륙에서도 이방인군주제의 패턴이 발견된다(Sahlins, 2008: 178). 유명한 세계 신화 모음집인 프레이저(Frazer, 1890)의 『황금가지』에도 전 세계의 이방인군주제에 대한 신화들이 언급되어 있다.

그러나 이방인군주제의 전통은 말레이 세계를 비롯하여 태평양의 수많은 섬에서는 만연한 전통이었다. 이것은 이 문화가 신석기 시대부터 대만에서 카누를 타고 남하하여 태평양 섬들과 마다가스카르로 이주한 오스트로네시아인들(Austronesian-speaking people)이 견지한 문화이기 때문이다. 오스트로네시아어족은 남부 몽골로이드(southern Mongoloid)계 인종을 뜻하며, 신석기 시대에 중국 남부에서 농경과 가축업을 시작하였고, 대만으로 이주한 후 오스트로네시아어를 발전시켰다. 이들 중 말라요-폴리네시아 하위 언어를 사용하는 무리가 기원전 3000년경부터 카누를 타고 기원후 1200년경에 이르기까지 동남아시아-태평양-마다가스카르를 잇는 거대한 해양 삼각 라인을 따라 이주했다. 이들의 이주 지역은 필리핀, 인도네시아, 말레이시아가 속한 해양부 동남아, 캐롤라인과 마셜 제도 등이 속한 미크로네시아, 하와이, 통가, 사모아, 이스터섬 등이 속한 폴리네시아와 아프리카 동부의 마다가스카르섬을 포함한다.[4] 수많은 학자는 이 광대한 지역에서 이방인군주제의 전통이 다양하게 나타남을 보고하고 있다(Bellwood, 2006; Druce, 2009; Fox, 2008; Gibson, 2008; Henley, 2002; Howard, 1985; Sahlins, 1985; Sudo, 2006). 이들의 지속적인 원거

4　오스트로네시아인들은 지역의 주요 인구가 되는 데는 실패했지만 인도네시아 동쪽에 위치한 멜라네시아권역(파푸아, 피지, 바누아투, 뉴칼레도니아 등을 포함)의 해안가와 대륙부 동남아 일부 지역에도 거주하고 있다.

리 이주 문화는 이방인군주제의 형성에 영향을 미친 것으로 보인다.

이 연구는 말레이 전통 사회에서 토착인들이 아랍 이슬람 문화권의 영웅의 직계 후손들을 군주로 추대하던 이방인군주제를 둘러싼 관념에 대해 살펴보는 것을 목적으로 한다. 이 연구에서는 말레이 세계에서 알렉산더와 무하마드의 직계 후손들을 시조로 하는 지역의 기원 신화를 살펴보고, 이방인군주제가 가지는 의미와 목적, 양상 등을 간략하게 분석해 보고자 한다. 이를 통해 이 지역에서 알렉산더 대왕과 무하마드가 가진 중요성을 이해하고, 이를 통해 아랍 이슬람 문명과 관련된 기원이 왕국의 발전에 있어 가지는 함의를 알아보고자 한다. 이 과정에서 실제로 이슬람 세계의 영웅이 아니었던 알렉산더가 이슬람의 성인으로 해석된 이유를 살펴볼 예정이다. 또한 이 연구에서 오스트로네시아인들의 '이주(migration)'를 둘러싼 전통이 이방인군주제의 배경이 되었음을 분석할 예정이다.

구체적으로 본 연구는 다음과 같은 순서로 구성된다. 제2장에서는 이방인군주제를 오스트로네시아어족의 문화적 상관성 속에서 살펴보아 그 정치적, 사회적 의미를 밝히고자 한다. 제3장은 이슬람 왕조에서 이슬람 문명권을 대표하는 인물을 왕으로 추대하는 전통이 가지는 의미를 살펴려 한다. 그리고 제4장에서는 말레이 세계의 이슬람 왕국과 관련한 두 개의 기원 신화를 살펴 이방인 군주 양상이 어떻게 묘사되고 있는지를 분석하려고 한다.

II. 오스트로네시아어족의 이주 문화와 이방인군주제

이방인군주제의 발전 이면에는 오스트로네시아인들의 '이주'를 둘러싼 관념과 계급 구조가 자리를 잡고 있었다. 오스트로네시아어권의 지역에는 귀족－평민－노비로 이어지는 엄격한 계급 구조가 발달했다. 특히 인도네시아, 말레이시아, 하와이, 통가 등에는 고도로 발달한 계급 문화가 존재했다. 이러한 계급 문화는 멜라네시아 권역이 빅맨(big man)이라고 불리는 부족장들을 중심으로 한 평등한 사회라는 점에서 대비된다. 망망대해에 무수하게 떠 있는 무인도에 차례차례 이주한 오스트로네시아인들은 한 원칙을 엄격하게 지켰는데, 그것은 바로 '도래 우선순위의 법칙(precedence order of arrival)이라는 것이다 (Druce, 2009; Fox, 1994; Lewis, 1988; McWilliam, 1989; Vischer ed., 2009). 이것은 무인도에 먼저 도래하는 그룹이 영토와 자원의 소유권을 인정받고 계급의 상층을 차지하는 반면, 후속 이주그룹일수록 계급 사다리의 낮은 위치를 차지한다는 것이다. 다시 말하면, 하와이나 통가 지역에 가장 먼저 도착한 이주 세력이 지역의 엘리트 세력이 되었다는 의미이다. 물론 경우에 따라 후대 이주자 그룹이 반역을 일으켜 계급이 바뀌는 경우가 발생했지만, 그럴 때 반역을 일으킨 그룹은 기원 신화의 조작을 통해 자신들이 지역에 최초로 도래한 사람들이라고 말해야만 했다. 이주 순서가 늦은 그룹은 평민이 될 수밖에 없었으므로, 계급 이동의 가능성을 높이기 위해 새로운 무인도를 찾아 나서는 것이 바로 오스트로네시아인들의 이주의 동기였다. 이런 사회적 분위기 속에서 "누가 지역에 최초로 도래했는가?"에 대한 질문은 사회 질서에 매우 중요해서, 기원 신화와 구전을 통해 이주그룹들의 도래 순서에 대한 내러티브가 지금까지 전수되고 있다.

인도네시아의 경우에 인도와 아랍의 영향을 비교적 적게 받은 동부 인도네시아(술라웨시, 말루꾸 제도 등)에는 오스트로네시아인들의 원문화에서 비롯된 관념들이 아직 살아있다. 이 지역에서는 마을마다, 혹은 이전 왕국의 단위마다 존경을 받는 소위 "영토 주인(lords of the land)"라고 불리는 씨족 가문이 존재하는데, 이는 영토에 최초로 진입해 땅을 개간한 사람들의 후손을 의미한다. 현재의 인도네시아인들이 누가 자신들의 땅에 최초로 도래했는가를 여전히 기억하고 있는 것이다. 그러나 오스트로네시아어권의 계급은 듀몽(Dumont, 1980)이 설명한 인도의 카스트 제도와 같이 고정되고, "순수하거나 오염된" 개념으로 사람들을 구분하는 것이 아니다. 그것은 후대 이주자 세력이 선대 이주자 세력을 제압하고, 자신들을 '최초의 이주자' 세력으로 '선포'함으로써 우선순위가 뒤집힐 수 있는 '비(非) 고정적이고 역동적인' 체제였다. 최초로 도착한 씨족의 후예는 토착인으로, 땅의 주인이자 '관습을 주관하는 수호자(the guardians of adat)'로 불리면서 사회의 엘리트가 되었다.

그런데 사회가 확장되고 촌락 연맹이 왕국으로 발전할 때, 오스트로네시아 사회에서는 왕으로 토착인이 아닌 타 종족이나 타 인종, 또는 하늘에서 내려오거나 대나무 줄기나 알을 깨고 나온 신인(神人) 등의 '이방인'을 군주로 추대하는 이방인군주제 전통이 광범위하게 나타난다(Bellwood, 2006; Forth, 1981; Sahlins, 1985; Vischer, 2009). 부족 사회가 점차 발전하면서 이들이 연맹을 맺고 국가가 수립되는 과정에서 왕으로 이방인을 선호했다는 것이다. 인도네시아와 말레이시아, 하와이와 마다가스카르 등의 수많은 왕실 기원 신화에서 빈번히 등장하는 패턴에 따르면, 신성한 이방인이 홀연히 신비로운 방법으로 산의 정상이나 해안가에 도래하여, 토착 씨족의 딸과 결혼 후 왕위를 계승하거나 초대 왕에 오른다.

인류학자 마셜 살린스(Sahlins, 1985)는 『역사의 섬들』이란 저서를 통해서 하와이를 포함한 폴리네시아에서 나타나는 이방인군주제를 처음으로 학문적 이론으로 정리했다. 이후 제임스 폭스(James Fox)를 위시한 일련의 인류학자들은 태평양과 동부 인도네시아 지역의 비교 연구를 통하여 이방인군주제에 관한 수많은 연구 성과를 발표했다(Druce, 2009; Fox, 2008; Gibson, 2008; Henley and Caldwell, 2008; Lewis, 1988). 살린스(Sahlins, 2008: 189)는 폴리네시아의 이방인 군주 연구에서 실제로 이방인이 군주가 된 사례 이외에 토착인들이 외국인이라는 가짜 정체성을 내세우며 왕위에 오른 사례들에 대해서도 분석했다. 그의 주장을 요약해 본다면 이방인군주제가 나타나는 문화권에서는 '외국(foreign)의 것'이 신비한 권력의 원천으로 인식되었고, 토착인들이 외국인들과 인척 관계를 맺음으로써 혈연관계가 되거나, 때에 따라서는 정체성까지 조작하여 외국인 행세를 하는 것이 통치와 지배의 원칙이 되었음을 살펴볼 수 있다.[5]

---

5 다른 동남아시아 지역에서도 외국인들이 군주로 추대되거나, 높은 관직을 하사받고 왕실에

일부 학자들(Howard, 1985; Sahlins, 1985: 73)은 이방인 군주란 다름 아닌 폭력과 반역을 동반한 외부 세력에 의한 권력의 교체를 의미한다고 설명했다. 그러나 이방인들은 권력을 찬탈하는 데 성공했을지라도 상징적인 죽음 의례를 통해 이방인으로서의 정체성을 버리고 토착 사회의 일원으로 재탄생했다는 점을 보여주고 나서야 비로소 군주가 될 수 있었다. 그러나 말레이 세계에서 대부분의 이방인군주제 신화를 살펴보면, 이것이 이방인에 의한 권력 찬탈의 결과라기보다는 토착 세력에 의한 자발적인 정치 권력 이양인 경우가 많다는 것을 알 수 있다. 예를 들어보자면 누사텅가라(Nusa Tenggara)의 타나 아이(Tana' Ai)와 시카(Sikka) 지역의 기원 신화는 토착 세력인 타나 푸앙(tana pu'an) 들이 이방인을 자발적으로 왕으로 추대하여, 이방인의 후손이 라투(Ratu), 즉 새로운 지배 엘리트가 되었음을 암시한다(Lewis, 2006: 169).

이방인군주제 전통은 이방인들이 토착인 왕보다 이점을 지닌 존재로 여겨졌음을 암시한다. 이에 대해 데이비드 헨리(Henley, 2002: 65)는 토착 사회에서 이방인 군주는 서로 경쟁적인 관계에 놓인 토착 세력들에게 있어 상호 질투로 인한 경쟁을 막을 수 있는 세련되고 이상적인 해결책이었다고 설명했다. 특히 당시 왕들은 재판장으로서의 역할이 중요했는데, 토착 사회를 잘 알지 못하는 이방인들이 객관적이고 공정한 판단을 해 주리라는 기대가 존재했다는 것이다. 마샬 살린스(Sahlins, 2008)는 문명권에서 도래한 이방인 군주들이 혈족 정치(consanguineal kindred)를 고수했을 때 발생할 수 있는 다양한 사회악(社會惡)을 방지하고, 세계적 문명 도입을 통한 새로운 질서와 부를 가져올 수 있는 존재들이었다고 설명했다. 즉 혈족 정치와 인척정치(affinal kindred)

서 활약한 예가 발견된다. 중국 차오저우(Teochew) 출신으로 태국 여성과 결혼하여 왕에 오른 탁신(Phraya Taksin, 재임 1767-82), 페르시아 무역상으로 17세기에 태국 아유타야 왕실의 관료가 된 아카 무하마드(Aqa Muhammad), 그리스인으로 아유타야의 나라이 왕(King Narai, 재임 1656-1688) 때 무역·외교부 장관의 위치를 차지했던 프라클랑(Phrakhlang Constantine Phaulkon) 등이 대표적이며, 인도네시아에서도 네덜란드 행정가들이 중재인(arbiters), 재판관으로 활약했다(Duil, 2020: 568).

간의 교통을 통하여 생동감 있는 정치를 구현할 수 있다는 것이다(Sahlins, 2008: 177). 제니퍼 노스(Nourse, 2008)는 술라웨시 고산지대에 사는 라우제 (Lauje)족의 역사에 등장하는 이방인 군주에 대해 분석하며, 저지대에서 온 말레이족 출신의 군주가 교통어로 사용되던 말레이어 구사 능력을 이용해 라우제족을 노예로 잡아가던 저지대 종족들과의 대화를 통해 노예사냥을 막았다는 점을 순기능으로 설명했다. 그러나 노스는 곧 이방인 군주가 토착인들을 억압하고 착취한 "도둑왕(rogue king)"으로 불리게 되었다면서 그는 라우제인들에게 있어 필요악(必要惡)이었다고 설명했다. 그러나 전반적으로 살펴보았을 때, 인도네시아인들이 이방인을 군주로 앉히는 데에는 별다른 저항감이 없었고, 오히려 이를 환영한 것으로 보인다.

무엇보다 이방인군주제는 국제무역의 발전과 밀접한 관련이 있었다. 남부 술라웨시의 마카사르족(Orang Makassar)은 해안가에 주로 거주하며 국제무역에 종사했는데, 기원 내러티브는 하늘에서 신비로운 여성 토마누룽 (Tomanurung)이 하강해 머나먼 문명권의 왕실에서 마법의 배를 타고 온 외국 왕자와 혼인하여 왕족이 탄생했음을 알리고 있다.[6] 천상의 여인과 해상 왕자의 결합은 농업과 국제무역에 기반을 둔 왕국의 시작을 알리는 것이다(Gibson, 2005: 138–41). 여기서 여성은 토착인, 농업, 영토를 상징하고, 외국인 왕자는 이방인, 해상 국제무역 등을 상징한다. 깁슨(Gibson, 2008: 314)은 이에 대해 이렇게 설명했다:

간략히 이야기해서, 항시들은 거의 전적으로 번영과 군사력을 위해 무역에 의존했으므로, 권력과 권위는 무역과 연관되어 있었다. 대부분의 통치 왕조들은 실제로 외국 무역상으로부터 일어났고, 현지인들은 외국 무역상을 이용하는 데 능했다. 외국인과 토착인 간 결혼도 일어났다. 15세기 초의 토메

---

6 토마누룽 신화는 남부 술라웨시에 폭넓게 발견되며 부기스인, 마카사르인, 토라자인들의 공통된 신화이다. 지역에 따라 토마누룽은 남성으로 묘사되기도 한다.

피레스(Tome Pires)는 자바의 해안 연안의 군주들이 자바인들이 아니라 중국인, 페르시아인, 클링스인(Klings)...이라고 언급하고 있다.[7]

그런데 이방인군주제가 가능했던 더욱 중요한 사회적 배경으로는 여성을 바라보는 사회적 관념을 들 수 있다. 거의 모든 이방인군주제에 관한 신화에서 낯선 이방인은 무리와 함께 등장하는 것이 아니라 홀연히 등장하며, 토착 수장들이 이들을 그들의 딸들과 혼인시켜 왕으로 앉힌다. 이것은 오스트로네시아 문화권에서 귀족 가문의 계보를 잇는 "계보의 수호자"가 아들이 아닌 딸이었다는 인식과 연결되어 있다. 오스트로네시아 세계에서는 유독 모계 전통을 가지고 있거나, 여성의 권리가 강한 지역이 많았는데, 이것은 "이주"를 둘러싼 관념에 바탕을 두고 있다고 보인다. 이주의 시대에 남성들이 언제나 돌아다니는 반면, 여성들은 고향에 남아 가문의 대를 이을 수 있었기 때문에 형성된 전통으로 파악된다. 마치 농경이 시작되기 이전의 고대 사회에서 사냥과 채집 때문에 이동과 위험 요소가 많았던 남성 대신 여성들이 가문을 잇는 모계 전통이 많이 발견되었던 것과 비슷한 이치인 셈이다. 어차피 귀족의 고귀한 피는 공주나 딸을 통해 계승되므로, 이방인의 피가 중요하지 않다는 점이 이방인군주제의 핵심이라는 의미가 된다. 동부 인도네시아의 수많은 왕조에서는 귀족 여성이 신분이 낮은 남성과 혼인하는 것을 금기시했고, 이를 어길 시 사형에 처할 만큼 엄하게 다스렸지만, 귀족 남성이 평민 여성과 결혼하는 것에는 관대했던 것도 이런 배경 속에서 이해할 수 있다.

이방인군주제에 있어 토착 여성의 중요성은 곧 토착 엘리트들의 중요성을 나타낸다. 토착 세력은 이방인을 군주로 추대한 이후에도 여전히 관습을 관장하며 사회에 또 다른 엘리트로 기능했다. 이들은 이방인의 후손으로 세속

---

7 토메 피레스는 포르투갈의 약제상으로, 1512 – 1515년까지 포르투갈이 점령한 믈라카 왕국에 거주하면서 아시아에 대한 관찰 기록인 수마 오리엔탈(Suma Oriental)을 저술했다. 클링스인들은 인도인을 일컫는다.

정치를 담당한 귀족 세력과 소위 양두정치(diarchy)를 펼쳤다. 토착 그룹과 이방인 그룹은 각각 권위(authority) 와 권력(power)를 상징하는데, 땅의 주인인 관습 세력이 이방인을 군주로 추대하는 것은 바로 "권위와 권력에 있어서 전자가 후자에 우선한다"라는 오스트로네시아인들의 토착 관념에서 비롯되었다. 또한 여성이 가문의 혈통을 계승하기 때문에 이방인의 혈통이 가문 잇기에 문제가 되지 않는다는 관념도 이 제도를 뒷받침하고 있다. 인도네시아 누사텡가라 지역의 로티(Roti) 섬의 토착 엘리트들은 다에 랑각(dae langgak) 이라고 불렸고, 이들이 이방인 군주를 추대하여 왕인 마넥(manek)으로 삼았다. 다에 랑각은 관습 의회를 통하여 왕의 권력을 견제했다(Fox, 2008: 204-206). 술라웨시 동남부에 있었던 부톤 왕국(Kesultanan Buton) 의 토착 엘리트들인 왈라카(walaka)는 관습의 수장으로, 이방인 군주의 후손들인 카오무(kaomu)는 정치를 담당하는 세력으로 기능이 분화되었고, 현재까지 이 두 그룹이 지방 정치에서 경쟁적인 관계에 있다(Song, 2018).

이방인 군주들은 토착인 원로들로 구성된 관습 의회의 결정에 따라 선출되고 해임될 수 있는 존재였다. 실제로 부톤 왕국의 역사를 살펴보면 권력 남용을 일삼던 이방인의 후손인 왕이 관습 의회의 결정에 따라 처형되고 해임된 사례가 여러 건 발견된다(Song, 2018). 이것은 왕과 귀족 세력의 존재에도 불구하고 토착 엘리트들이 여전히 실질적인 권력의 원천이었음을 방증한다. 그러나 세월이 흐르면서 이방인 귀족 세력의 파워가 공고해졌고, 더구나 아랍과 유럽의 강력한 왕권의 영향을 받아 귀족이 관습 세력을 누르고 제1의 권력 그룹을 형성하게 된 경우가 많다. 서부 술라웨시에 세워졌던 발라니파(Balanipa) 왕국이 그 대표적인 경우로, 식민 시대를 통해 이방인 군주의 후손들이자 귀족 세력인 다잉(Daeng) 이 토착 관습 세력인 푸앙(Puang) 을 완전히 누르고 유일한 통치 엘리트화한 사례를 들 수 있다.

이방인 군주의 개념은 인도네시아 전통 정치체제를 바라보는데 새로운 시각을 제시해 준다. 기존에 자바 왕권을 연구한 베네딕트 앤더슨(Anderson, 1972)은 자바의 군주를 무한정한 권력을 지닌 독재자로 묘사했지만, 인도네시아 동부의 외곽 도서(outer islands)의 군주 대부분은 토착인들과 사회 계약을 체결하고 권력에 제한을 받는 존재들이었던 이방인 군주들이었다. 이방인 군주들은 자바의 군주들처럼 절대권력을 휘두르지 못했고, 지방 토후들의 관계를 조율하는 역할을 담당했다고 보인다. 아래에서는 이슬람 문화권과 맞닿아 있는 인물들을 이방인 군주로 앉히는 전통이 실제로 왕국들의 계보에 어떻게 나타나고 있는지를 살피고, 왜 다른 지역의 이방인보다 아랍 세계 출신의 이방인 군주의 수가 압도적으로 많은지에 대해 살펴보도록 하겠다.

III. 아랍 이슬람 문명과 말레이 세계의 이방인군주제

군도부 동남아시아에서 대략 5세기부터 시작된 인도 힌두-불교의 영향력은 13세기 말에 수마트라 북부에 상륙한 이슬람의 확장으로 서서히 감소하기 시작했다. 수백 년에 걸친 군도의 점진적인 이슬람화는 19세기 식민기에 이슬람이 저항의 이데올로기로 부상하면서 급진적으로 퍼지기 시작했다. 수백 개에 달하던 군도의 왕국들은 대부분 이슬람을 수용했다. 이슬람 세계와 관련된 신성한 인물들이 말레이 세계의 시조로 등장하는 것은 이 지역이 아랍 세계와 인도양 국제무역을 통해 공고한 무역 관계를 맺게 된 이후이다.

　말레이 세계에는 약 10세기부터 '아랍인 마을(Kampong Arab)'이 곳곳에 만들어진 것으로 보인다. 당시 토착 군주들은 아랍으로부터 세련된 샤리아법과 문화, 지식과 종교를 수입했을 뿐만 아니라 이슬람을 수용한 후 '술탄'이라는 칭호를 사용할 수 있게 됨으로써 아랍의 술탄들과 동등한 위치에서 국제무역을 할 수 있었다. 1605년에 이슬람을 수용한 인도네시아 남부 술라웨시의 탈로(Tallo')와 고와(Gowa) 왕국에서 술탄은 "우주의 축 또는 못(qutub atau paku alam semesta)"으로 비유되면서, 신성한 세계와 인간의 세계를 중재하는 중재자이자 샤리아법을 수호하는 종교적 지도자로 여겨지게 되었다(Lombard, 1967: 158; Woodward, 1989: 155). 더구나 '무슬림 형제애(Muslim Brotherhood)'

라는 관념 속에서 아랍이나 인도의 무슬림 상인들은 인도네시아의 힌두-불교 왕국보다는 이슬람 왕국과의 무역을 선호했다. 이러한 분위기 속에서 토착 엘리트들에게는 아랍 세계로부터 온 인물을 사위로 맞아들인다는 것은 국제적으로 왕국의 명망을 드높이는 일일 뿐만 아니라 아랍과의 국제무역 네트워크 수립에도 실질적인 도움을 받는 일이었다. 또한 외국인 사위와 이국적 교역품을 왕실에 쌓아두는 것은 군주가 코스모폴리탄적 능력이 있음을 대외적으로 과시할 수 있는 일이었다. 깁슨(Gibson, 2008: 312)은 다음과 같이 이방인 군주 옹립의 장점에 관해 설명했다:

> 만일 인도로부터 온 이국적인 불교도 혹은 힌두교도 왕자가 동남아시아 왕실의 사위가 된다면 그의 존재 자체는 토착 오스트로네시아계 왕이 가진 코스모폴리탄적인 능력을 증명하는 일이 된다....외국인 왕자를 사위로 맞이하지 못했을지라도 왕실 의례나 상징체계가 현지 주민들의 눈에 이국적으로 보일수록 왕실은 코스모폴리탄적인 능력을 갖추고 있다고 여겨졌다. 왕실에서 시행되는 의례나 상징체계가 이국적일수록 왕실은 외국 무역상들로부터 이국적인 무역품을 조달받을 가능성이 커졌고, 왕실은 이 무역품들을 [외국과 직접 무역을 하지 못하는] 변방 국가에 재분배 해줌으로써 왕실 간 계급 관계에 있어서 특권적 위치를 차지할 수 있었다… 점차 왕실의 혼인 동맹은 인도 모델 대신 중동과 맺게 되었다. 동남아시아의 섬들에서 무슬림 쉐이크들과 울라마들은 새로운 신비롭고도 코스모폴리탄적인 법의 원천으로 받아들여지게 되었다.

앞서도 설명했듯, 기원신화에서 말레이 세계의 많은 군주는 아랍에서 건너온 사다, 즉, 무하마드의 직계 후손들이라고 묘사된다(Duil, 2020: 568). 아랍 출신 이방인군주제의 확장은 아마도 18세기에 현재의 예멘 지역에 거주하던 하드라미(Hadhrami) 인들의 말레이 세계로의 이주 물결을 타고 진행된 것이 아닌가 싶다. 동남아시아에 이주한 하드라미인들은 알라위 가문(Alawi Family)

이라고 알려졌다(Kathirithamby-Wells, 2009: 567). 알라위 가문의 시조는 알라위라는 인물이었는데, 그는 무하마드의 10대 손인 아흐마드 빈 이사 알 무하지르(Ahmad bin Isa Al-Muhajir)의 손자라고 알려졌다. 아흐마드는 956년경에 이라크의 바스라(Basrah) 지역에서 하드라마웃(Hadhramaut) 지역으로 이주했다고 전해진다(Aljunied, 2013: 2). 네덜란드령 인도네시아에 거주하던 아랍인들의 수는 1883년에 2만 명가량으로 추정되고, 이들 중 절반은 자바섬에 거주했다(Kathirithamby-Wells, 2009: 567).

무하마드의 후손들이라 알려진 사다의 독보적인 종교적 지위와 문화적, 사회적 명성은 이들이 현지 유력 가문의 여성과 혼인했을 때 이방인 군주가 될 자격을 획득하게 하였다. 이들은 혼인을 통해 퉁쿠(tengku, 말레이 귀족)라는 타이틀을 획득하고, 권력을 쥐게 된 것이다(Sahlins, 1981; Kathirithamby-Wells, 2009: 568). 게다가 17세기 중반이 되면 인도네시아의 현지 왕국들에게 네덜란드 동인도회사의 경제적, 정치적 압박이 거세지기 시작했다. 외부의 도전을 받자 현지 사회에서는 새로운 영적인 힘을 받아 왕권을 재강화시키려는 움직임이 일었고, 메카의 성직자, 학자, 상인들과의 접촉이 증가하면서 사다들을 선호하는 경향이 생겨나면서 이들이 정치적으로 중요하게 된 것도 아랍 이방인군주제의 배경이 되었다(Kathirithamby-Wells, 2009: 571). 아래에서는 인도네시아의 신화 중 아랍 이슬람 세계의 영웅으로 간주된 무하마드와 알렉산더 대왕의 직계 후손을 시조로 하는 신화의 텍스트 분석을 통하여 이방인 군주제의 맥락을 고찰해 보도록 하겠다.

IV. 무하마드와 알렉산더 대왕을 중심으로 한 왕실 기원 내러티브

무하마드와 알렉산더 대왕의 직계 후손을 왕실 시조로 삼는 지역들은 공통적으로 해안가에 위치해 있었고, 인도양 국제무역에서 중요한 지정학적 위치를 바탕으로 강력한 해상 왕국으로 성장했다. 우선 살펴볼 것은 북말루쿠의 자파르 사딕(Jafar Sadik 또는 Jafar Sadek) 신화이다. 북말루쿠의 일부 섬에서만 자라던 값비싼 향료인 정향과 육두구가 중국, 동남아, 인도, 아랍, 동아프리카, 유럽을 잇는 인도양 국제무역의 주요 무역품이 되면서 항시들이 발전했다. 이를 바탕으로 북말루쿠의 군주들은 1400년대 중반 이후 이슬람을 일찍이 수용했고, 필리핀 남부와 브루나이 등에 이슬람을 전파했다(Baker, 1988: 25).[8] 터르나테, 티도레, 자일롤로, 바찬의 4개 왕실은 키에 라하(Kie Raha: '4개의 산'이라는 뜻) 라고 불리면서 말루쿠 전역과 술라웨시, 파푸아의 라자암팟(Raja Ampat) 지역으로부터 조공을 받는 정치·경제적 센터로 발전했다. 16세기 초부터 유럽 상인들이 유입되면서 향료 무역이 더 발전했고, 가장 강력했던 터르나테와 티도레는 말루쿠 세계를 실질적으로 콘트롤했다.[9]

북말루쿠인들은 자신들의 지역을 메카의 베란다(Veranda of Mecca) 라고 부르는 등 오랜 이슬람 전통에 대한 자부심이 크다. 그러나 사실상 동남아시아에는 순니파 중 혼합주의적 성격의 신비주의가 대대적으로 유행했고, 북말루쿠의 이슬람도 토착 조상신 숭배와 강하게 결합되어 있다. 말루쿠인들은 이슬람에서 알라가 불로 창조한 존재인 진(jin)을 숭배하는데, 토착적 맥락에서 진은 다름 아닌 조상신을 의미한다(Probojo, 2010). 그들은 진들이 말루쿠의 토착 주민들이라고 여기며, 진들의 세상(dunia hakikat)이 인간 세상(dunia shari-ah)과 공존한다고 믿는다(Song, 2020: 5).

현재 북말루쿠에 상징적으로 복구된 키에 라하의 4개 왕실에서 공통적으로 채택하고 있는 기원 신화는 한국의 선녀 신화와 매우 유사하다.[10] 말루쿠 연구자인 판 프라센(van Fraassen, 1987: 16-18)이 이 신화를 다음과 같이 채록

---

8 현재 북 말루쿠 인구의 75%는 무슬림이며, 터르나테와 티도레의 주민들은 거의 모두 무슬림이다.

9 17세기 이후 향료가 다른 지역에서도 재배되면서 말루쿠는 쇠락하기 시작했고, 19세기 네덜란드 식민을 거쳐 20세기 중반에 공화국에 편입되었다.

10 인도네시아 왕실들은 공화국의 수립과 더불어 역사의 뒤안길로 사라졌지만 개혁기(1998년 이후)에 수많은 왕실이 상징적으로 복구되었다.

했다:

자파르 사딕은 아라비아에서 배를 타고 와 터르나테에 정착했다. 어느 날 그는 7명의 선녀(bidadari)가 하늘에서 내려와 센토사 강에서 새의 모습으로 목욕을 하는 것을 목격했다. 선녀 중 막내의 이름은 누르사파(Nurus Safa)였다. 사딕이 그녀의 날개옷을 훔쳤으므로 누르사파는 하늘로 올라가지 못했다. 그녀는 사딕과 결혼 후 세 명의 아이를 낳았는데 그 이름은 부카(Buka), 다라잣(Darajat), 사하밧(Sahabat)이었다. 어느 날 누르사파는 지붕 위에 숨겨진 날개옷을 찾아내어 하늘로 돌아가 버렸다. 사딕은 이를 알고 구헤바(Guheba)라는 이름의 물수리의 등에 올라타고 하늘로 갔다. 천상의 왕은 그에게 여러 시험을 거치게 했는데, 그중 마지막 과제는 왕의 요술로 다 똑같은 모습으로 변신한 일곱 선녀 중 누르사파를 찾아내라는 것이었다. 자파르가 근심하고 있는데 구푸상(Gufu Sang)이라는 커다란 푸른 파리가 나타나 출산한 지 얼마 되지 않아 젖 냄새가 나는 누르사파의 몸 위에 앉음으로써 무사히 누르사파를 찾을 수 있었다. 그러자 천상의 왕은 딸과 사딕의 혼인을 재가했다. 사딕과 누르사파는 하늘에서 네 번째 아이를 출산했는데, 그의 이름은 마슈르 말라모(Mashur Malamo)였다....이들은 지상으로 내려갔다. 장성한 사딕의 아이들은 사딕에게 물건을 하나씩 받았다. 부카는 나무 그루터기를 받고 마키안(Makian, 이후 바찬)으로 떠나 왕국을 세웠다. 다라잣은 유목(driftwood)을 받고 모티(Moti, 이후 자일롤로)로, 사하잣은 돌을 받고 티도레로, 마슈르 말라모는 의자를 받고 터르나테로 가서 각각 건국왕이 되었다.[11]

---

11 마키안섬과 모티섬은 티도레섬의 아래에 있는데, 화산이 폭발하자 주민들이 아래쪽의 바찬과 할마헤라의 서쪽으로 각각 이동하여 바찬과 자일롤로 왕국을 세웠다고 알려졌다. 사딕의 아이들이 받은 물건은 왕실의 가보가 되었다.

현지 사회에서 자파르 사딕은 무역상이자 무하마드의 직계 후손, 즉 사이드로 말루쿠에 이슬람을 최초로 전파한 인물이라고 알려져 있다. 사딕과 누르시파의 결합에 관한 신화는 이방인 군주 신화의 전형을 따르고 있다. 사딕이 아랍 무역상이라는 것은 이방인군주제에서 등장하는 남성의 패턴, 즉 항해와 무역을 하는 외국인 남성상을 보여준다. 한편 선녀인 누르시파는 다름 아닌 토착 세력을 상징하며, 이방인들이 토착세력과 인척 관계의 형성을 하게 만드는 존재이다. 그러나 앞서도 설명했듯, 그녀는 단순히 인척 형성에만 도움을 주는 존재가 아니라 토착 사회를 대표하는 존재이다. 즉, 왕실의 혈통이 여성을 통해 계승되며, 그녀는 이방인에 대비되는 토착 사회의 권위를 나타낸다. 앞서 깁슨(Gibson, 2005: 114－141) 이 설명했듯, 신성한 여성과 해양 왕자 간의 결합은 토착 농업의 영역(여성적 요소) 과 국제무역과 전쟁(남성적 요소)의 결합을 의미한다. 자파르 사딕이 왕실의 기원이 되는 것은 북말루쿠가 농업 위주의 촌락 사회에서 점차 국제무역 왕국으로 부상하고 있음을 보여주고 있는 것이다.

또한 자파르 사딕이 이슬람을 대표하는 인물이라면 누르사파는 토착 신앙, 즉 조상 숭배와 토착 관습을 상징한다. 외지인과 혼인하는 토착 공주는 보통 현지의 관습을 대표하는 인물이자, 지역의 수호자 역할을 수행한다. 앞서 살펴보았던 인도네시아의 술라웨시의 라우제 사례에서 주민들이 기억하는 이방인 군주가 포악하고, 주민들을 착취하는 도둑왕이었는데 반해, 이방인과 혼인한 토착인 공주는 주민들을 보호한 여신과 같은 존재였다. 노스(Nourse, 2008: 239)는 이에 대해 다음과 같이 설명했다:

신성한 인간인 왕비는 토착, 풍요, 평화와 양육의 구현체이다. 궁정의 관료들이 지역 사회를 위해 일하지만, 신성함을 통해 그들을 고무시키는 것은 그녀였다. 정치적이고 영적인 이원화(dualism)－도둑이자 수호자인 이방인 군주와 평화와 양육자를 상징하는 신성한 여왕－은 내가 추정하기로 17세기부터 20세기 초까지 구전 신화에서 지배적인 담론이었다.

북말루쿠에서 식민시기 이전까지 사딕의 후손들인 왕과 귀족들은 왕실을 중심으로 한 수도에서만 영향력을 끼쳤을 뿐, 이를 제외한 영토는 보바토(bobato)라고 불리는 토착 수장들이 다스리고 있었다. 토착 수장들은 18명의 원로로 구성된 관습 의회인 '보바토 18(bobato delapan belas)'을 통해 술탄들을 견제했고 국제무역을 주관했다(Andaya, 1993: 60, 174-175). 보바토의 씨족 가문들은 술탄에게 딸을 시집보내어 동맹을 맺었다. 귀족의 아이가 태어나면 보바토의 여성들이 아이에게 젖을 물리는 유모(milk-mothers)의 역할을 하던 전통은 토착세력과 귀족 세력 간의 연결 고리를 상징적으로 보여주는 것이었다. 토착 보바토 세력과 이방인 귀족세력 간의 견제와 균형은 북말루쿠 사회에서 매우 중요한 정치적, 사회적 이데올로기로 간주되며, 왕실이 공화국에 편입된 20세기 중반까지 줄곧 유지되었다.

두 번째로 살펴볼 기원 내러티브는 알렉산더 대왕을 시조로 삼는 유형으로, 수마트라 북부의 아체(Aceh), 말레이반도의 믈라카(Melaka), 페락(Perak) 왕조 등 유명한 이슬람 왕국들에서 발견된다. 알렉산더는 아랍어로 이스칸다르(Iskandar)라고 불린다. 17세기 아체 왕국의 전성기를 이끈 대왕은 술탄 이스칸다르 무다(Iskandar Muda, 재위: 1607-1636)로 '젊은 알렉산더'라는 뜻이었고, 18세기 페락의 술탄의 이름은 이스칸다르 줄카르나인(Iskandar Zulkarnain, 재위: 1752-1765)이었다(Reid, 2008: 254; Koo, 1986: 3-4).

알렉산더와 관련하여 소개할 왕실 기원 신화는 말레이 연대기인 스자라 멀라유(Sejarah Melayu, '멀라유 역사'라는 뜻)에 수록된 것으로, 싱가포르와 믈라카의 기원을 설명한다.[12] 믈라카는 15세기에 동남아시아에서 가장 유명한 국제무역 국가로 성장했다가 16세기 초에 포르투갈에 의해 멸망했다. 스자라 멀라유의 원문은 믈라카 왕실이 15-16세기에 기술한 것으로 보인다. 1810년경에 스코트랜드 출신의 시인이자 언어학자였던 존 레이든(John Leyden)이

---

12 스자라 멀라유는 수알랏 알-살라틴(Sulalat al-Salatin: '왕들의 계보'라는 뜻)이라고도 불린다.

스자라 멀라유를 영어로 번역했고, 그의 사후 번역본이 1821년에 런던에서 출판되었다. 스자라 멀라유의 초반 내러티브에는 마케도니아의 알렉산더 대왕, 남부 인도 촐라 왕국(Chola Dynasty)의 출란 왕(Raja Chulan), 그리고 팔렘방의 왕자인 상 닐라 우타마(Sang Nila Utama) 등이 등장한다. 레이든의 영어본을 바탕으로 내용을 축약해 보면 다음과 같다(Leyden, 1821):

마케도니아의 알렉산더 대왕(Iskandar Shah/Secander Zulkarneini 라고도 알려져 있음)은 인도 대륙에 군사 원정을 하던 중, 복속한 왕국의 공주와 혼인했다. 이 혼인으로부터 촐라 왕국의 출란 왕을 비롯한 여러 후대 왕이 태어났다. 출란 왕은 벵갈만을 거친 군사 원정의 끝에 말레이반도에 도착했다. 전설에 따르면 그는 바다 밑으로 내려가 바다 민족(marine people)의 공주와 혼인했다. 그들은 세 명의 아들을 낳았는데, 이들이 천상에서 하강해 팔렘방의 신성한 스군탕 언덕(Bukit Seguntang)에 모습을 드러내었다.[13]

이후 내러티브에 따르면 세 명의 아들 중 비치트람 샤(Bichitram Shah)[14]는 팔렘방의 토착 군주였던 드망 레바르 다운(Demang Lebar Daun)의 폐위 후, 공주와 혼인해 팔렘방의 군주가 되었다. 비치트람과 공주가 낳은 아이 중 한 명이 상 닐라 우타마였는데, 그가 븐탄(Bentan, 현재의 빈탄) 여왕의 딸과 혼인한 후 싱가포르를 세우고, 스리 트리 부아나(Sri Tri Buana)라는 칭호를 사용하게 되었다. 스리 트리 부아나는 이후 믈라카를 수립했다.

스자라 멀라유에서는 닐라 우타마는 크게 두 방향으로 세계 문명권과 계보가 연결되고 있음을 보여준다. 하나는 알렉산더 대왕으로 대표되는 헬레니

즘의 세계이며, 또 다른 하나는 촐라의 왕으로 대표되는 간다라 문화권이다. 후자는 불교의 중심지였고, 역시 촐라 왕국에서 힌두 문명도 성장했으므로, 불교와 힌두교의 전파와 말레이 반도가 연결되어 있음을 보여준다. 실제로 기원전 100년 후반부터 인도와 말레이 세계는 긴밀한 무역 관계가 수립되어 있었다. 그러나 역사적으로 알렉산더 대왕이 헬레니즘 문명을 대표하는 인물이긴 하지만, 사실상 말레이 왕국들과 스자라 멀라유에서는 그는 이슬람 문명권의 영웅으로의 중요성을 가진다. 그리스와 이집트의 신들을 섬겼던 다신교도였던 알렉산더가 서기 7세기에나 수립된 이슬람교 신자였을 리는 만무하지만, 그는 후대의 아랍 무슬림들의 역사 해석에 따라 이슬람의 사도로 해석되기 시작했다(Winstedt, 1938).

이런 해석은 알렉산더의 사후 직후부터 회자되기 시작한 알렉산더 로맨스(Alexander Romance)의 비역사적인 내러티브가 각 지역에 재생산되면서 일어났다(Windstedt, 1938). 알렉산더 로맨스는 중세의 판타지 소설이라 볼 수 있는데, 알렉산더가 주인공이긴 하지만, 전혀 역사적 사실과 상관없이 수많은 지역에서 초자연적인 능력을 지닌 영웅으로 재탄생한 모험담들을 총칭한다.[15] 특히 시리아 버전(629-623년 경의 것으로 추정)의 알렉산더 로맨스에서 알렉산더는 코란 18장에 등장하는 줄카르나인(Zul-Qarnain, Dhul-Qarnayn, 또는 Zulqarnain)과 동일한 인물로 해석되면서 수 세기 동안 이슬람 세계의 영웅으로 간주되었다. 줄카르나인은 '두 개의 뿔을 가진 사람'이라는 뜻이다. 이 전설에 의하면 줄카르나인은 세상의 끝으로 여행을 가서 코카서스산맥에 악의 세력인 고그(Gog)와 마고그(Magog) 인들을 문명권과 차단하기 위한 벽을 쌓았다. 그러나 어떤 학자들은 줄카르나인을 페르시아 제국의 기틀을 다진 아케

---

15 기원전 3세기에 알렉산드리아에서 프톨레미 1세, 2세(Ptolemy I, II)가 통치의 공고화를 위해 알렉산더를 높이면서 서술되기 시작한 것으로 보인다. 서기 3세기쯤부터 라틴 세계에 유행했고, 5세기에 유럽, 중동 지방의 언어로 기록되기 시작했다(내용에 대해서는 Stoneman, et al., 2012 참조).

메네스 왕조의 키루스 대제(Cyrus the Great) 라고 해석하기도 한다(Al - Mahalli, 2013). 코란에 등장하는 줄카르나인이 실제로 누구냐에 대한 역사적 사실에 관계없이 말레이 세계에서는 알렉산더를 이슬람의 수호자로 여기고, 그의 후손을 왕국의 시조로 여겨온 것이다.

　　말레이 세계의 알렉산더 신화에서도 이방인과 토착 여성과의 혼인이라는 중요한 서사가 등장한다. 알렉산더 대왕은 인도의 공주와 혼인해 출란 왕을 낳았는데, 출란이 말레이 세계에서 바다의 공주와 혼인하고, 이들의 세 아들이 말레이 세계의 군주가 되었다는 서사는 바로 토착 여성이 외지인 남성과의 혼인을 통한 인척 형성을 통한 정치적 권위의 생성을 가능하게 만들어주었음을 알려준다. 또한 상 닐라 우타마는 븐딴 여왕의 딸과 혼인하여 왕이 된다는 내러티브에서도 새로운 지역인 싱가포르의 왕이 되는 과정에서 토착 세력과 혼인하는 과정을 통한 것이다. '바다의 공주'는 앞선 말루쿠 신화 속 선녀와 마찬가지로, 토착 여신으로 지역을 수호하는 이미지가 중첩되어 있음을 알 수 있다. 즉 바다 민족의 공주와 혼인했다는 서사도 토착 여성이 수호신의 역할과 더불어 관습과 토착 신앙의 상징이었음을 의미한다.

V. 결론

말레이 세계의 수많은 이슬람 왕국의 기원 신화는 시조를 무하마드의 직계 후손인 사다 또는 마케도니아의 군주 알렉산더 대왕의 후손들로 소급한다. 알렉산더는 이슬람권에서 코란에 등장하는 줄카르나인과 동일시되면서 무하마드와 마찬가지로 이슬람 세계의 신성한 인물로 간주되었다. 이슬람화된 동남아시아에서 아랍인들은 두 세계를 잇는 문화적, 무역에서의 브로커 역할을 수행했다. 이들은 이방인군주제가 보편화된 군도부 동남아시아에서 공주나 유력 가문의 토착 여성들과의 혼인을 통해 정치적인 권위를 부여받고 왕위를 이어받기도 했다. 국제무역으로 성장한 해안가 왕국들에서는 외국에서 온 물건

뿐만 아니라 사람들도 권위를 가진 존재로 여겨졌다. 이슬람이 세계의 중심이 된 이후, 아랍과의 국제 무역이 증가했고, 이슬람이 군도부 동남아시아에 크게 유행하면서, 아랍인들이 가진 종교적인 권위까지 이들의 정치적 영향력을 획득할 수 있게 한 것이다.

이런 배경으로는 이방인 군주가 가진 여러 순기능을 들 수 있는데, 무엇보다 국제무역의 증진, 이슬람과 샤리아법의 도입과 더불어 인척 정치를 통한 활기찬 정치 문화의 형성 등을 꼽을 수 있다. 그러나 오스트로네시아 세계에서 가문의 혈통을 잇는 여성들, 그리고 여성으로 상징되는 토착사회의 정치적 권위 등이 이방인 군주제를 가능하게 한 배경이었다. 토착 세력은 이방인을 군주로 옹립한 이후에도 관습과 토착 종교를 관장하며, 또 다른 엘리트 세력으로 기능했다.

참고문헌

Aljunied, Z. S. 2013. "The Genealogy of the Hadhrami Arabs in Southeast Asia —the 'Alawi family.'" *IFLA WLIC*, 1−10.

Al−Mahalli, J. ad−Din. Trans by F. Hamza. 2013. *Tafsir al–Jalalayn*: *Surah 18, Ayah 83*. Amman, Jordan: Royal Aal al–Bayt Institute for Islamic Thought.

Anderson, B. R.O'G. 1972. "The Idea of Power in Javanese Culture." in Clare Holt, Benedict Anderson, and James Seigel, eds. *Culture and politics in Indonesia,* 1−69. Ithaca: Cornell University Press.

Baker, J. N. 1988. "Descent and Community in Tidore." Ph. D. Diss., University of Michigan.

Bellwood, P. 2006. "Hierarchy, Founder Ideology and Austronesian Expansion." in James J. Fox and Clifford Sather, eds. *Origins, Ancestry and Alliance*: *Explorations in Austronesian Ethnography,* 19−41. Canberra: ANU Press,

Druce, S. C. 2009. *The Lands West of the Lakes*: *A History of the Ajattappareng Kingdoms of South Sulawesi 1200 to 1600 CE*. Leiden: KITLV Press.

Duile, T. 2020. "Kuntilanak: Ghost Narratives and Malay Modernity in Pontianak, Indonesia." *Bijdragen tot de Taal–*. *Land–en Volkenkunde,* 176, 279−303.

Dumont, L. 1980. *Homo Hierarchicus*: *The Caste System and Its Implications*. Chicago: University of Chicago Press.

Forth, G. R. 1981. *Rindi*: *An Ethnographic Study of a Traditional Domain in Eastern Sumba*. The Hague: Nijhoff.

Fox, J. J. 1994. "Reflections on 'Hierarchy' and 'Precedence'." in M. Jolly and M. Mosko, eds. *Transformations of Hierarchy*: *Structure, History, and Horizon in the Austronesian World,* Special issue. *History and An-*

thropology, 7, 87 – 108.

________. 2008. "Installing the 'Outsider' Inside: The Exploration of an Epistemic Austronesian Cultural Theme and Its Social Significance." *Indonesian and the Malay World*, 36(105), 201 – 218.

Frazer, J. G. 1890. *The Golden Bough: A Study in Comparative Religion*, Vol. 2. London: Macmillan.

Gaudes, R. 1993. "Kauṇḍinya, Preah Thaong, and the" Nāgī Somā": Some Aspects of a Cambodian Legend." *Asian Folklore Studies*, 333 – 358.

Gibson, T. 2005. *And the Sun Pursued the Moon: Symbolic Knowledge and traditional Authority among the Makassar*. Honolulu: University of Hawai'i Press.

________. 2008. "From Stranger – king to Stranger – shaikh. *Indonesia and the Malay World*, 36(105), 309 – 321.

Henley, D. and Caldwell, I. 2008. "Kings and Covenants: Stranger – kings and Social Contract in Sulawesi." *Indonesia and the Malay World*, 34(105), 269 – 291.

Henley, D. 2002. *Jealousy and Justice: The Indigenous Roots of Colonial Rule in Northern Sulawesi*. Amsterdam: VU Uitgeverij.

Howard, A. 1985. "History, Myth and Polynesian Chieftainship: The Case of Rotuman Kings. in A. Hooper and J. Huntsman, eds. *Transformations of Polynesian Culture*, 39 – 78. Auckland: Polynesian Society.

Kathirithamby – Wells, J. 2009. "'Strangers' and 'Stranger – kings': The Sayyid in Eighteenth – century Maritime Southeast Asia." *Journal of Southeast Asian Studies*, 40(3), 567 – 591.

Koo, K. K. 1986. "The Perak Sultanate: Ancient and Modern." *Malaysian Branch of the Royal Asiatic Society*, 59(1), 1 – 26.

Leyden, J. 1821. *Malay Annals*: Translated from the Malay Language by the Late Dr. John Leyden with an Introduction by Sir Thomas Stamford Raffles. London: Longman, Hurst, Rees, Orme, and Brown.

Lewis, E.D. 1988. *People of the Source*. Dordrecht: Foris. KITLV. Verhandelingen.

__________. 2006. "Origin Structures and Precedence in the Social Orders of Tana' Ai and Sikka." in James J. Fox and Clifford Sather, eds. *Origins, Ancestry and Alliance: Explorations in Austronesian Ethnography,* 157－177. Canberra: ANU Press.

McWilliam, A.R. 1989. "Narrating the Gate and the Path: Place and Precedence in South West Timor". Ph. D. Diss., Australian National University.

Nourse, J.W. 2008. "Rogue Kings and Divine Queens in Central Sulawesi and Guinea－Bissau," *Indonesia and the Malay World,* 36(105), 235－52.

Probojo, L. 2010. "Ritual Guardians versus Civil Servants as Cultural Brokers in the New Order Era: Local Islam in Tidore, North Maluku." *Indonesia and the Malay World,* 38(110), 95－107.

Reid, A. 2008. "Merchant Princes and Magic Mediators: Outsiders and Power in Sumatra and Beyond." *Indonesia and the Malay World,* 36(105), 253－267.

Sahlins, M. 1981. "The Stranger‥king or Dumézil among the Fijians." *The Journal of Pacific History,* 16(3), 107－132.

__________. 1985. *Islands of History.* Chicago: University of Chicago Press.

__________. 2008. "The Stranger－king or, Elementary Forms of the Politics of Life." *Indonesia and the Malay World* 36(105): 177－199.

Song, S. W. 2018. "Origin Narratives, Origin Structures, and the Diarchic System of Buton Kingdom, Indonesia." *Indonesia and the Malay World,* 46(135), 135－153.

__________. 2020. "A Heavenly Nymph Married to an Arab Sayyid: Stranger－kingship and Diarchic Divisions of Authority as Reflected in Foundation Myths and Rituals in North Maluku, Indonesia." *Indonesia and the Malay World,* 48(140), 116－135.

Stoneman, R., Erickson, K., & Netton, I. R., eds. 2012. *The Alexander Romance in Persia and the East.* Vol. 15. Groningen: Barkhuis.

Sudo, K. 2006. "Rank, Hierarchy and Routes of Migration: Chieftainship in the Central Caroline Islands of Micronesia." in James J. Fox and Clifford Sather, eds. *Origins, Ancestry and Alliance: Explorations in Austronesian Ethnography*, 57–72. Canberra: ANU Press.

Van Fraassen, Ch. F. 1987. "Ternate, de Molukken en de Indonesische Archipel. Van soa–Organisatie en Vierdeling: Een Studie van Traditionele Samenleving en Cultuur in Indonesië. 2 vols," Ph. D. Diss., Leiden University.

Vischer, M. P., ed. 2009. *Precedence: Social Differentiation in the Austronesian World*. Canberra: ANU E Press.

Windstedt, R.O. 1938. "The Date, Authorship, Contents and Some New Mss. of the Romance of Alexander the Great." *Journal of the Malayan Branch of the Royal Asiatic Society*, 16(2), 1–23.

제5장

네덜란드동인도회사가 아시아 해양 세계의 발전에 미친 영향*

주경철(서울대학교 서양사학과)

I. 들어가며

1602년에 설립되어 1799년까지 존속한 네덜란드동인도회사(Vereenigde Oostindische Compagnie, 이하 VOC)는 세계 최초의 주식회사이며, 약 2세기 동안 세계 최대의 기업이었다. 이 회사는 아시아 각지에 20곳이 넘는 상관(商館)과 요새를 건설하고 이곳들을 연결하는 해상 네트워크를 구축하여 사업을 펼쳤다. 그 양상은 무력행사와 기업 활동이 혼재한 특이한 성격이었다. 특히 주목해야 할 점은 VOC가 아시아-유럽 '간' 무역보다도 아시아 '내' 무역을 더 많이 수행했다는 점이다. 그만큼 이 회사는 광범위하고 복합적인 방식으로 아시아 각 지역과 조우하고 영향을 주고받았다. 이 회사는 근대 초 아시아와 유럽이 만나는 가장 중요한 창구 중 하나였다. 그런 점에서 아시아 해양 세계에

---

* 이 글은 이미 발표한 논문의 내용을 본서의 취지에 맞게 변형한 것이다. 원 논문의 출처는 다음과 같다: 주경철. 2021. "네덜란드동인도회사와 아시아 해양 세계의 변화."『서양사연구』 65집, 159-190.

지대한 영향을 미쳤고, 그들 또한 아시아 세계로부터 큰 영향을 받았다.

　근대 초 유럽 해양 세력의 아시아 진입 현상에 대해서는 그동안 많은 연구가 진행되었다. 20세기 전반기 연구의 주된 흐름은 강력한 서구 세력이 동남아시아의 교역을 지배했다는 식이었다. ‘서구의 지배(Western Dominance)’를 운위하는 모어랜드(Moreland, 1920)와 파니카(Panikkar, 1959)가 대표적인 학자들이다. 이에 대해 처음 중요한 수정 견해를 제시한 사람은 반 뢰르(van Leur, 1955)다. 그는 포르투갈이 아시아 경제를 ‘약탈’했지만 그 영향은 그리 크지 않았으며, 18세기 중엽까지 아시아에서 유럽 세력은 주변적이었다고 주장했다. 유럽 세력이 들어온 이후에도 아시아 교역에서 현지 상인들이 더 큰 비중을 차지했다는 사실을 밝힌 것이다. 이러한 주장은 이제 모든 역사가들이 이의 없이 받아들인다. 다만 반 뢰르 자신이 아시아 상업 세계에 대해 왜곡한 점들이 문제가 되었다. 그의 주장은 첫째, 아시아의 상인들은 수많은 보부상(pedler)들로 이루어졌을 뿐 대상인·대기업이 없으며, 둘째, 아시아에서 교역하는 상품은 대개 사치품이었다는 것이다. 그가 그리는 아시아 상업 세계는 ‘작은 가방에 향신료, 후추, 진주, 향수, 약품, 다이아몬드 등 부피는 작으나 가치가 큰 물품을 가지고 다니는 수많은 보부상’의 활동 무대다. 그렇지만 실증적인 연구 결과 반 뢰르의 주장은 반박되었다. 아시아 사업 세계에도 대상인들이 존재하며 유럽과 유사한 수준의 사업 조직과 금융 기술 등이 발전해 있었다는 점이 밝혀졌다. 인도양 세계에는 유럽의 지중해, 북해, 대서양과 마찬가지의 다양성과 규모를 가진 해상 교역 네트워크가 발전해 있었다(브로델, 1997: 676-677).

　오늘날 근대 초부터 유럽이 아시아 해양 세계를 지배했다든지, 혹은 아시아의 교역 체계가 초보적 수준에 있었다는 견해는 통용되지 않는다. 피어슨은 아시아의 상인층이 탄탄하게 성장해 있었으며, 유럽인들이 아시아에서 성공을 거두려면 반드시 아시아 상인들의 협조가 필요했다는 점을 강조한다. 유럽 상인들과 아시아 상인들이 ‘파트너’ 관계였다는 것이 그의 주장이다. 유럽 세력이 들어온 16세기 이후에도 큰 변화가 없고 그보다는 연속성이 강하다는 것이다(Pearson, 1979: 'Introduction'). 이 주장은 타당할까? 유럽인들의 영향을 과대평가하면 안 되지만 그렇다고 거의 아무런 영향이 없었다는 주장도 사실과 맞지 않아 보인다. 연구자들은 피어슨이 이전의 유럽중심적 견해를 반박하려다 너무 급진적인 반론을 제기했다고 판단한다.

여기에서 스틴스고르(Steensgaard, 1976)의 주장을 주목할 만하다. 그는 포르투갈의 해외 팽창 방식과 네덜란드·영국의 해외 팽창 방식 간에 질적인 차이가 있다는 주장을 편다. 포르투갈은 아시아에서 광범위한 지역에 걸쳐 해상 무역로를 건설하였으나 그 방식은 아시아의 기존 상업 네트워크의 일부를 빼앗은 다음 군사력을 이용하여 강제 교역을 수행하거나 통행료를 징수하는, 소위 재분배(redistrbution) 방식이었다. 이것은 곧 '근대적인' 자본의 운동 법칙보다는 정치·군사적 힘을 통한 '약탈·수취'의 성격이 강하다는 의미다. 반면 네덜란드와 영국의 동인도회사는 포르투갈과 질적으로 다른 새로운 체제를 아시아에 구축했는데, 이것은 정치·군사적 힘이 곧바로 잉여 수취에 쓰이기보다는 새로운 교환체제를 구축해 가는 데에 사용되었음을 의미한다. 어느 경우든 무력을 사용했다는 점은 같다. 다만 포르투갈은 폭력을 사용해 통행허가증(cartaz)을 발행하여 약탈적 이윤을 얻든지 그들의 교역에 유리한 방향으로 교역로(carreira)를 만들어가는 식이었다(Prakash, 1999: 176-177). 이로 인해 아시아 현지 세력은 물론 피해를 입었으나 그 정도는 미미하고 따라서 아시아 경제에 끼친 영향도 크지 않았다는 것이다. 이에 비해 VOC 경우는 약탈을 하는 것이 아니라 시장경제를 확대하여 이윤을 얻기 위해 폭력을 사용했다. 아래에서 살펴보듯 VOC는 국가 기능과 비즈니스 기능이 결합되어 있고, 정치적 결정과 비즈니스 결정을 같은 집단, 즉 회사 경영인과 관리들이 수행하였으며, 성공과 실패는 최종적으로 이윤에 따라 결정한다. 네덜란드와 영국이 아시아에 비해 우위를 차지하게 된 이유에 대해 스틴스고르(Steensgaard, 1982: 237)는 "폭력의 사용이 합리적인 이윤 추구에 종속되는" 조직을 창조해냈기 때문이라고 설명한다.

이 글은 이 문제를 연구의 출발점으로 삼고자 한다. 과연 VOC는 '합리적 폭력'을 행사한 조직인가? 그것이 이 회사가 2세기 동안 존속하며 아시아에서 대규모 사업 활동을 성공적으로 수행할 수 있었던 기본적인 요인인가? 그리고 그 결과 아시아의 경제 운영 방식에 지대한 변화를 초래했는가? 아래에서는 VOC의 아시아 내 활동을 조명한 연구 성과물들을 분석하여 '스틴스고르 테제'를 비판적으로 분석하고자 한다.

II. 초기 네트워크의 구축 과정

1. 교역과 폭력

1602년 VOC가 설립된 것은 포르투갈이 아시아 교역을 거의 100년이나 독점적으로 운영한 이후의 일이다(주경철, 2002). 왜 네덜란드를 비롯한 여타 유럽 국가들은 그동안 아시아 사업에 뛰어들지 않았을까? 포르투갈 왕실이 아시아 산물들을 들여온 다음 유럽 내 판매 사업을 다른 나라 대상인들에게 위임했기 때문이다. 후추와 향신료 도매 사업 부문을 담당하여 큰 이익을 얻을 수만 있다면 굳이 비용도 많이 들고 위험한 아시아 항해를 할 필요가 없다. 사실 아시아 항해는 결코 쉬운 일이 아니었다. 16세기 말에 가서야 드디어 네덜란드와 영국이 아시아 항해를 직접 시도하기로 결정하는데, 그 이유는 이즈음 포르투갈 왕실이 이전과 달리 유럽 내 후추 판매를 제한하여 여기에서 배제된 상인들이 기존에 누리던 사업 수익을 잃게 되었기 때문이다.

네덜란드에서는 동인도 사업 열기가 끓어올라서 모험적인 회사들이 다수 만들어졌는데, 1602년 VOC가 형성되기 이전에 활동한 이 회사들을 선구회사(先驅會社; voor-compagnien)라고 부른다(Jacobs, 1991: 10, Bruijn, 1979-1987). 1598~1601년 중 15개의 선구회사가 총 65척의 선박을 아시아에 보냈다. 문제는 이 회사들 간 경쟁이 워낙 치열해서 모든 참여자들이 공멸할 위험성이 컸다는 점이다. 이 문제를 해결하기 위해 정부가 나서서 하나의 큰 연합 회사로 뭉치도록 만들었다. 이를 주도한 요한 판 올덴바르너벨트(Johan van

Oldenbarneveldt)는 정치적 수단들을 동원해서 지역간·집단간 갈등을 강제로 조정하고 1602년에 '하나로 통합된(vereenigde)' 회사를 출범시켰다. "통합 동인도회사를 설립해서 적에게 타격을 가하고 조국의 안보에 도움이 되도록 한다"는 올덴바르너벨트의 주장을 보면 그의 본래 의도는 경제적이라기보다 정치적이었음을 짐작할 수 있다(Boxer, 1979: 1).

1602년 3월 20일, 21년간 유효한 회사 특허장이 발부되었고, 최초의 근대적인 주식회사가 탄생하였다. 다만 VOC는 현대 주식회사와 전적으로 똑같은 게 아니라 매우 특이한 성격도 갖추고 있었다. 이것은 특허장 34조와 35조에서 확인할 수 있다(Van der Chijs, 1857: 118 – 135). 제34조는 동인도회사의 독점권 관련 내용이다. 희망봉 동쪽과 마젤란해협 서쪽 사이의 지역에 대한 항해권을 동인도회사에만 독점적으로 부여하고 이를 어긴 다른 선박의 경우 그 선박과 상품을 압수할 것을 규정하고 있다. 국가가 개별 회사에게 명시적으로 독점권을 공인해준 것이다. 이 독점권을 잘 지킬 수 있도록 국가는 이 회사에 매우 강력한 특권들을 인정해주었다. 그 내용은 제35조에 담겨 있다. 동인도회사가 네덜란드 전국의회를 대신하여 아시아의 국가 및 영주들과 조약 체결, 전쟁 선포, 요새와 상관 건설, 군인 충원 등의 업무를 대신할 수 있다는 내용이다. 이상의 내용들은 분명 국가의 관할 사항이다. 그것을 민간 회사에게 허락했다는 것은 동인도회사가 '국가 밖의 국가'가 되었음을 말해 준다. 다시 말해 VOC는 자본과 국가 기능이 결합한 사례다. 특히 중요한 것은 군사력의 사용에 관한 내용이다. 군사력은 아시아의 지방 세력들 및 유럽의 경쟁 세력들과 동시에 싸워야 하는 이 회사로서는 핵심적인 요소였다. 이 회사가 충원한 군인의 수는 17세기 초에 3,000명 정도였으나 1750년경에는 1만 7,000명에 이르렀다(Jacobs, 1991: 38). 네덜란드 정부는 아시아로 가는 선박에 무장도 갖추어주었다. 이런 배들은 강력한 대포들을 가지고 있는 데다가 속도도 빨라서 '치명적인 전함이자 동시에 효율적인 상선'이었다. 반면 아시아의 상선들은 무장이 부실하거나 아예 없는 경우가 많아 유럽 배들의 공격에 속수무책으로 당하곤 했다. 아마도 이것이 유럽 상인이 아시아에 성공적으로 진입할 수 있었던 가장 기초적인 요인이었음은 부인할 수 없다.

1614년 12월 27일 반탐에서 쿤(Coen) 총독이 본국 이사회에 보낸 서한은 아시아에 진입한 네덜란드인들이 자신들이 가진 강점을 잘 인식하고 있음을 말해 준다. "인도에서 교역은 당신의 무기의 보호와 호의 하에 이루어지고, 마찬가지로 무기는 교역의 이익에서 제공되니, 교역은 전쟁 없이는 유지가 안 되고 전쟁은 교역 없이는 유지가 안 됩니다(Tracy, 1991: 1에서 재인용)."

2. 향신료 독점 체제의 추구

이미 탄탄하게 조직되어 있는 아시아의 상업 네트워크 속으로 새로이 들어가서 경쟁자들을 눌러 이긴다는 것은 쉬운 일이 아니다. VOC는 여러 경쟁 세력들과 동시에 치열하게 싸우면서 자기 영역을 확보해나갔다. 게다가 같은 시기에 영국 동인도회사(East India Company, 이하 EIC)라는 강력한 경쟁자와 경쟁했다. 이런 힘든 상황에서 VOC는 17세기 초반 약 50년에 걸친 악전고투 끝에 아시아 상업 세계에 성공적으로 자리를 잡았다. 그 과정은 극히 폭력적인 방식으로 여러 지점들을 차지해나가는 방식이었다.

VOC는 우선 전통적으로 중요한 상품인 후추와 향신료 교역에 집중했다. 후추는 1619~1621년에 전체 교역액 중 56.4퍼센트, 1648~1650년에는 50.3퍼센트의 비중을 차지했다. 후추는 오랫동안 아시아에서 유럽으로 판매하는 가장 중요한 상품이었지만, 수입량이 워낙 많다 보니 가격이 장기적으로 하락했다. 1620~1638년에 네덜란드의 후추 수입량은 연평균 250만 파운드였으나, 1664년에는 620만 파운드, 1670년에는 920만 파운드가 되었다(Glamann, 1958: 78–83). 이 시기가 되면 후추는 더 이상 최고 수준의 사치품이 아니라 대중 소비품이 되었다. 한편 정향이나 육두구 같은 향신료는 고급 상품의 지위를 유지했지만 유럽 내 소비가 감소했다. 정향의 수요는 1620년에 약 50만 파운드였으나 1740년대에는 30만 파운드로 감소했다(Steensgaard, 1993: 121–122).

이 문제에 대한 해결책으로 VOC는 후추·향신료의 매매에 대해 독점 규제를 시도했다. 말라카를 군사 거점으로 삼아 후추 거래를 통제하여 다른 경쟁자들을 배제하려고 했다. 그러나 이런 시도는 처음부터 불가능한 꿈에 불과했다. 후추는 워낙 많은 곳에서 생산하기 때문에 그 모든 생산지를 다 통제한다는 것은 불가능했다. 후추 이외의 다른 향신료들은 생산 지역이 한정되어 규제가 상대적으로 수월했다고 하지만, 그럼에도 모든 밀수 행위를 막을 수는 없었다(Das Gupta, 1987: 267). 따라서 군사력을 동원해서 향신료 생산 지역들을 완전히 점령하고 생산을 통제하여 최대한 이익을 얻을 구상을 하였다. 1609년, 페르후프(Pieter Willemszoon Verhoeff)가 지휘하는 선단이 반다에 뚫고 들어가 요새를 지으려 했으나 그와 부하들이 학살당했고, 이후 현지인들과 전투 상태에 들어갔다. 이런 상황에 직면하여 본국의 이사회는 반항하는 현지 지도자들을 살해하든지 축출하고 다른 지역 주민들을 거주시키라는 지시를 내렸다. 상황은 갈수록 폭력적으로 변해 갔다.

　1620년 반다 제도 주민이 향신료 인도를 거부하는 사태가 벌어졌다(마사시, 2012: 86-87). VOC는 경쟁 상대인 영국인이 사주한 것으로 판단하고 토벌군을 파견했다. 섬들을 차례로 점령하고, 특히 영국 동인도회사의 거점이었던 룬 섬에서는 800명 가까운 사람들을 포로로 잡아 바타비아로 보내 노예로 삼았다. 남은 주민들이 저항하자 47명의 지도자들을 학살했다. 주민이 사라진 섬에는 VOC 고용인이 파견되어 노예를 이용하여 육두구를 생산했다.

　다음 해인 1621년, 반다에서 유사한 사건이 일어났다(Meilink-Roelofsz, 1962: 207). 쿤 총독은 87명의 일본인 사무라이를 포함하여 2천 명의 병사를 이끌고 반다 섬에 상륙하여 주민들을 살해했다. 그의 추산에 의하면 반다인 1,500명이 굶거나 혹은 칼에 맞아 죽었다. 그 외에 3,000명을 축출했으며, 불탄 마을에는 다른 지역 사람들을 데려와서 살게 했다. 이로 인해 쿤은 '반다의 살육자'라는 별명이 붙었다. 네덜란드는 분명 포르투갈과 다른 태도를 취하였다. 포르투갈 역시 처음에는 정향 거래를 왕실 독점화하려 했으나 그렇게 하는 것이 현실적으로 불가능하다는 것을 인정하고 1540년경 모든 상인들에게 거래를 개방하기로 결정했고, 이후 아시아 상인들이 이곳에 와서 활발하게 사업을 했다. 다시 말해 포르투갈은 기존 교역체제를 그대로 유지하고 단지 지배력을 강화하는 데 그쳤을 뿐이다. 반면 네덜란드는 이 지역의 교역체제를 자신들의 요구에 맞춰 변화시키려 했다.

이 과정에서 쿤은 요새가 필수적이라고 판단했다. 그의 사고방식은 현재 우리와는 매우 다르다(Tracy, 1991: 9-12). 현대의 역사가들은 평화로운 아시아 교역 체제에 이방인인 유럽인이 들어와서 폭력을 행사하며 안정을 깬 것으로 파악할 것이다. 그렇지만 당시 VOC는 오히려 무고한 자신들이 흉악한 이교도들에게 포위되어 있다고 생각했다. 신용 없는 '무어인'들은 외국인과의 약속을 전혀 지키지 않는다는 것이다. 술탄은 방탕하고, 주민들은 욕심 많고 살인을 저지르며 선량한 이웃 섬 사람들을 노예화한다. 네덜란드인들은 심지어 동맹 관계인 트르나트 인들에 대해서도 술책과 속임수에 능하고 사악하고 신뢰감 없고 배은망덕하며, 전쟁을 걸어와서 자신들의 정직한 노동의 성과를 빼앗는다고 생각했다. 게다가 같은 유럽인이라고 해도 포르투갈이나 에스파냐 인들은 신앙의 원수인 가톨릭 신도들이다. 따라서 자신들은 지극히 위험한 상황에 처해 있다는 강박증에 시달렸다. 결국 강력한 요새를 건설해야만 그들의 정당한 이해를 지킬 수 있다고 판단했다.

사업을 원활하게 수행하기 위해서는 선박들이 안전하게 머물며 상인과 선원들이 위협을 느끼지 않고 교역할 수 있는 장소, 그리고 광범위한 교역 활동 전체를 통괄하는 일종의 수도 역할을 하는 곳이 필요했다. 처음에는 자바섬 서부의 반텐(Banten) 왕국의 수도인 반텐을 선택했으나, 사정이 여의치 않자 더 안전한 곳을 물색하다가 1619년 바타비아를 거점으로 삼았다. 반텐 왕국 내의 항구도시였던 이곳을 빼앗은 다음 요새를 건설하고 네덜란드인들의 전설적인 선조 바타부스(Batavus)의 이름을 따서 바타비아(Batavia)라고 명명했다(인도네시아 독립 이후 '자카르타'로 재명명했다). VOC가 해결해야 할 또 다른 문제는 EIC와의 갈등이었다. EIC가 성장함에 따라 VOC와의 갈등은 필연적이었다. 다만 유럽 본국과 아시아 현지 분위기는 딴판이었다. 당시 네덜란드는 에스파냐로부터 독립을 쟁취하려는 80년전쟁(네덜란드 독립전쟁, 1568~1648)

의 와중에 있었는데, 1609년부터 1621년까지 12년간의 휴전에 들어갔다가 휴전 기간이 끝나가는 시점에 다시 전쟁 분위기가 달아올랐다. 이 시기에 영국과 네덜란드는 모두 에스파냐와 적대관계에 있었다. 양국 간 협력의 필요 때문에 1619년 협정을 체결하여 아시아에서 VOC와 EIC 두 회사 간의 적대 행위를 중단하고, 심지어 두 회사를 합병하자는 안도 나왔다. 그러나 서로 극심한 경쟁 관계에 있던 아시아 현지에서는 분위기가 완전히 달랐다. VOC 지사 쿤은 오히려 합병 안을 확실하게 거부하기 위해 1623년 '암본 학살' 사건을 일으켰다(Bassett, 1960; Cullow, 2007: 15–31). 현지의 상관장(商館長)이었던 헤르만 판 스퓔트(Hermann van Speult)의 명령으로 EIC의 암본 상인 총책이었던 가브리엘 타워슨과 10명의 다른 영국인, 10명의 일본인, 그리고 한 명의 포르투갈인을 참수했다. 네덜란드 측은 영국인들이 모반을 저질렀기 때문이라고 주장하지만, 가혹한 고문 끝에 유죄를 이끌어낸 후 곧바로 사형을 집행한 이 사건은 아시아 각지와 영국 내에 엄청난 적대적 여론을 조성했다.[1] 이 사건으로 인해 양국 관계는 19세기 말까지 개선되지 않았다는 평가를 받는다(Morineau, 1994: 24). 양국 간 상업 관계 또한 결정적 전환점을 맞았다. 인도네시아에서 입지가 약해지고 향신료 시장에서 거의 완전히 밀려나게 된 EIC는 인도 쪽으로 관심을 돌렸다. 또 한 가지 특기할 점은 사무라이 용병 문제다. 아시아에서 필요한 군사력을 충분히 갖추지 못했던 VOC로서는 현지 용병을 사용할 수밖에 없었는데, 이때 일본 사무라이는 싼 값에 고용할 수 있으면서도 극히 용맹스러운 군인으로 정평이 나 있었다. 쇼군은 VOC에 사무라이들을 얼마든지 제공하려고 했으나 암본 사건으로 인하여 VOC의 일본 사무라이 고용 계획은 종말을 맞았다.

---

1   암본에서 영국인들이 무참히 살해된 사건은 큰 충격을 안겨주었다. 영국인들은 암본 사건을 일으킨 네덜란드인들을 '도살자(butcher)' 혹은 '식인종(cannibal)'이라 불렀다. 이 사건이 'massacre(대량학살)'라는 단어가 일반화하는 계기가 되었다고 한다(Games, 2020).

3. 폭력 체제의 불완전성

1641년 말라카 점령은 VOC의 아시아 체제 성립과 발전에서 하나의 중요한 계기였다. 말라카해협은 전통적으로 아시아 해상 교역의 중요한 길목이자 핵심적인 전략 지점이다. 이곳을 통제함으로써 VOC는 교역의 주도권을 장악하리라 기대했다. 그들은 경쟁자들을 통제하려는 목적으로 이전 시대에 포르투갈이 행했던 것과 유사한 통행증 제도를 만들었다(Gaastra, 1999: 191 – 194).

이 방식은 회사 운영에 도움이 되었을까? 실상을 보면 그런 것 같지는 않다. 원래의 이상적인 안에 따르면 주요 품목의 생산을 확고하게 지배하고 독과점을 이루어서 다른 유럽 상인들이나 아시아 상인들이 마음대로 구입할 수 없도록 만들어야 했다. 그렇지만 이는 불가능한 꿈에 불과했다. 일부 지역이 폐쇄되었다고 해서 아시아 상인들의 활동 전체가 쇠락한 건 아니다. 예컨대 코로만델 상인들은 유럽 상인들에 대해 계속 우위를 누렸다. 이들이 타이와 거래하는 네트워크에 유럽인들이 뚫고 들어오지 못했고 결국 1700년경 모두 축출되었다. 또 VOC는 말레이반도에서 수라트 상인의 주석 구매를 막지 못했다. 현지인들은 EIC 혹은 프랑스의 통행증을 얻어 우회하는 게 가능했다(Gaastra, 1999: 191 – 194). VOC가 우위를 누리는 곳은 그들의 무력행사가 가능한 지역에 국한되었다. 예컨대 1663년 술라웨시 섬의 마카사르 자유항을 공격한 후 후추를 준(準) 독점한 경우가 그런 사례다(Tracy , 1991: 9 – 10, 주 41). 반대로 말하면 무력으로 통제하지 못하는 곳에서는 회사가 원하는 식의 이익 추구가 힘들었다. VOC가 유럽인들을 배제했다 하더라도 중국 및 동남아시아 등 아시아 상인들의 무역까지 배제하지는 못했다. 유럽 상인들 또한 VOC 지배 하에 있지 않은 섬에서 정향과 육두구를 구매할 수 있었다. VOC가 압력을 가하면 영국, 프랑스 회사와 현지인들이 결탁하곤 한다. 피어슨이 강조하듯 흔히 아시아 상인들과의 협력이 유럽 상인들이 성공을 거두는 중요한 요소였다(마사시, 2012: 88).

VOC는 딜레마에 빠졌다(Gaastra, 1999: 198 – 199). 말라카의 통제를 통해 다소간의 이익을 얻는 것은 분명하지만 대신 수마트라와 자바 등지에서 손해를 볼 수밖에 없다. 그렇다면 통제 정책을 수행할 가치가 있는가? 본국의 이사진은 통제를 더욱 강화하라고 지시하지만, 사실 그것은 현지 사정을 제대로 파악하지 못하고 내린 결정에 불과하다. 예컨대 인도와 동남아시아 상인들은 VOC 만큼 많은 비용을 들이지 않고도 충분히 효율적으로 사업을 수행하고 있는데, 그 많은 현지 상인들을 전부 통제에 따르게 한다는 것은 불가능하다. 무력 사용도 늘 유리한 것만은 아니다. 반탐이 그와 같은 사례다. 술탄 아궁(Sultan Agung, 1613–1645)이 통치하던 1660–70년대에 반탐은 자바나 수마트라 등 각지로 직물과 아편 등을 배분하며 번영을 누렸고, 그 결과 바타비아의 VOC 사업에 큰 손실을 입혔다. 현지에서는 반탐을 봉쇄하는 계획은 실현 불가능하고 실익이 없으리라 판단해서 1675년 일종의 자유무역 정책으로 방향을 잡으려 했다. 그런데 현지 정보에 어두운 본국의 이사회는 "경멸, 비통 그리고 손해(Soveel hoon, smart en nadeel)"를 입히는 반탐을 공격하라고 지시했다. 할 수 없이 VOC는 1678년부터 바타비아와 반탐 간 교역을 강하게 통제했으나 결과적으로 바타비아의 관세 수입만 줄어들 뿐이고 반탐은 계속 번영하여 원래 계획은 사실상 실패로 끝났다.

　　무력을 통한 통제 체제는 장기적으로 어떤 결과를 가져왔을까? 군사력을 동원하여 강력한 저항을 잔인하게 억누르고 지배한 말루쿠제도의 상황은 무모하고 비합리적인 과정의 연속이었다. 정향 생산이 세계 수요의 두 배를 넘길 정도로 과도하게 많아지자 정향나무를 뽑아버리는 과격한 대응을 했고, 여기에 저항하는 사람들에게는 식량 공급을 끊는 식의 보복을 가했다(Das Gupta, 1987: 268). 이러한 행위는 18세기에도 지속되어 1716년 한 해에만 15만 그루의 어린 정향나무를 뽑아버렸다. 그런데 이 때문에 정향의 공급이 지나치게 감소하자 1720년대부터는 오히려 새로운 정향 재배 플랜테이션을 조성해야 했다(Glamann, 1958: 92). 식민 지배자들의 이와 같은 횡포는 지역 주민들을 큰 고통 속으로 몰아넣었다. 그런 대가로 구축한 독점 체제를 통해 1650–1780년 기간 향신료 매출액이 전체의 24–28%를 차지하게 되었지만, 유럽에서 향신료 수요가 줄어들자 회사에 적자를 초래했다. 오히려 이 부문에 거액이 물려 있어서 운신의 폭을 줄여 놓는 결과만 초래했다(Steensgaard, 1993: 121 – 122).

큰 불확실성에 직면하여 VOC 상인들이 성공을 거둔 이유로 "무력 사용이 합리적 이윤 추구에 복종"하였다는 점을 들곤 한다(Steensgaard, 1982: 255). 그렇지만 실제 상황을 보면 무력행사가 결코 합리적인 방향으로 이루어진 것은 아니었다.

III. 역내무역: 상품, 서비스, 화폐의 중개

1. 아시아 내 교역 네트워크의 확대

1641년 말라카 점령은 VOC의 아시아 교역 구조가 변화해 가는 중요한 전환점이다. 이 시기까지 장악한 대략 20여 곳의 상관들을 연결하는 네트워크를 건설한 후 재화와 화폐 및 귀금속이 교환되는 소위 '역내무역'을 구축해 갔다.[2] 전체 교역 거점들을 통할하는 본부는 바타비아가 맡았다. 이런 네트워크 건설과 유지에는 무력 외에 외교 그리고 정교한 교역 기술을 종합적으로 구현해야 했다. VOC는 이와 같은 체제를 전체 아시아 세계로 확대하고자 했다. 이사회는 1648년 역내무역이 VOC의 영혼이며, 이것이 쇠락하면 육체 전체가 썩는다고 표현했다(Prakash, 1999: 181 – 182).

역내교역의 효율적 운영을 위해서는 후추·향신료 외에 면직물이 핵심 상품이었다. 이제 시대의 대세는 후추가 아니라 면직물이었다. 전체 교역액

---

2 'country trade'의 번역어는 아직 완전히 정착되지는 않은 것 같다. 이 글에서는 '역내무역'이라는 용어를 쓰기로 한다. 이 방식은 아시아 내 여러 지점들을 연결하는 네트워크를 구축한 후 한 지점에서 구매한 상품을 다음 지점에서 판매하고, 그 대금으로 그 지역 상품을 구매한 후 다시 다음 지점으로 이동하여 같은 방식으로 매매를 지속하는 교역 체제를 가리킨다. 그런 면에서 불어 'le commerce d'Inde en Inde', 즉 '인도(아시아)에서 인도로 향하는 교역'이 조금 더 정확한 표현으로 보인다.

중 직물이 차지하는 비중은 17세기 전반에는 20%를 넘지 못했으나 이후 점차 커져 18세기에는 50%에 이르러 가장 중요한 품목으로 떠올랐다. 쉽게 표현하면 17세기에는 후추, 18세기에는 직물이 대표적 상품이었다. 면직물은 언제나 아시아 내 가장 중요한 상품 중 하나였다. 아시아 교역에서 면직물은 그 자체로도 좋은 상품이지만 다른 상품을 구입할 때 일종의 상품화폐로도 유용했다(Prakash, 1999: 182 – 184). 인도의 면직물을 확보하는 것이 핵심 과제인 이유다. 그렇다면 인도의 면 생산지역들을 어떻게 통제할 것인가?

사실 인도 면직물 확보를 위한 상관 건설은 이미 이전부터 시도했었다. 1606년과 1618년에 코로만델과 구자라트 지역에 상관을 건설했다. 1612년, 장래의 동인도회사 총독 헨드릭 브라우어(Hendrick Brouwer)는 코로만델이 말루쿠의 '왼쪽 팔'이라 칭했다. 향신료와 면직물을 연동한 교역이 아시아 사업의 핵심 요소라는 사실을 파악한 것이다. 1619년 쿤 총독은 이 아이디어를 발전시켜 이렇게 청사진을 만들었다. 구자라트에서 면직물(향신료 등 다른 상품과 교환하거나 레알 은화를 사용한다)을 얻은 다음 수마트라 해안에서 후추 및 금과 교환한다. 코로만델의 면직물(향신료, 중국의 상품들과 금, 레알 은화와 교환하여 얻는다)을 반탐의 후추와 교환한다. 샌달우드, 후추, 레알 은화는 중국의 금 및 상품과 교환하며, 또한 중국 상품으로 일본 은을 얻는다. 마지막으로 레알 은화는 아라비아에서 향신료 및 잡다한 상품들과 교환하여 얻는다. 이처럼 복잡하고 정교한 사업을 어떻게 실천해 나갈 것인가? 청사진을 실제로 구현하려면 우선 적절한 수의 선박과 자본이 필수적이다. 당시 회사는 250만~350만 길더 정도의 유통자본을 가지고 있었으나 쿤은 더 많은 금액을 원했다. 그리고 아시아에 들어온 선박들은 귀환하지 않고 현지에 남아 아시아 내 교역에 투입되었다(Prakash, 1999: 184).

그러나 이런 정도로는 인도의 주요 직물 생산지를 지배 혹은 통제할 수는 없었다. VOC는 직물을 공급받는 수많은 경쟁자 중 하나에 불과했다(van Santen, 1991: 87 –88). 시장 상황을 훨씬 잘 아는 현지 대상인들, 그리고 엄청나게 많은 소상인들을 상대한다는 것은 애초에 가망 없는 일이었다. 게다가 무굴제국 황제 또한 자신의 이익을 먼저 챙기기 위해 자의적으로 시장에 개입하곤 했다. 예컨대 황제 아우랑제브도 수라트(Surat)와 제다 간 순례 겸 교역 행위에 기꺼이 투자했다(Prakash, 1997: 95).

비즈니스로 이 문제를 해결하기 힘들고 그렇다고 군사력으로 누를 수 없는 상황에서 해결 방법은 현찰, 다시 말해 귀금속을 사용하는 것이다. 회사는 본국에서 다량의 은을 가지고 와서 무역망을 개설하고 거래를 원활하게 만드는 데 사용하였다. 당시 유럽 국가들의 일반적인 경제적 사고는 귀금속이 곧 국가의 부라고 간주하고, 어떻게든 많은 귀금속이 자국에 남도록 해야 한다는 중금주의(重金主義: bullionism)에 머물러 있었다. 이에 비해 네덜란드는 귀금속을 수출함으로써 더 많은 부를 얻을 수 있다고 판단했다. 이들은 은을 가지고 코로만델 해안에서 직물을 사고, 이 직물을 인도네시아에서 팔아 후추를 얻는 식의 거래를 개척했다(Arasaratnam, 1967: 325-346).

그러나 엄청난 양의 귀금속을 계속 아시아로 송출하는 것은 지극히 힘든 일이다. 따라서 가장 긴급하게 해결해야 할 과제는 아시아 내에서 금은을 얻는 것이다(Prakash, 1999: 185-186). 금은 중국과 수마트라 서안에서 일부 얻을 수 있고, 은은 일본과 아라비아에서 얻을 수 있다. VOC는 1616년 모카에 상관을 건설한 후 인도네시아의 향신료를 모카로 보내 은과 교환했다. 그렇지만 1624년 다불 선박 2척의 나포 문제가 발생하여 이곳이 폐쇄되어 더 이상 아라비아 은을 얻는 게 불가능해졌다. 은 공급지로서 남은 곳은 일본뿐이다. 이 시대에 일본의 은 생산량은 크게 증가하여 아메리카에서 유럽에 수출하는 은 공급량의 2/3 수준으로 추산한다. 게다가 교환비율의 차이 때문에 일본에서 은을 얻어 타이완에 가지고 가서 금과 교환하면 환차익을 누릴 수 있다는 이점도 있었다(Flynn, 1991: 333-336). 문제는 일본 진입 여부다.

2. 동아시아로 들어간 VOC

17세기 중엽 이후 VOC는 아시아의 광대한 지역들을 무대로 삼아 다양한 품목들을 취급하며, 동시에 귀금속 거래를 연동시키는 복잡한 시스템을 만들어

갔다. 이때 핵심 요소는 향신료 독점과 일본 은의 확보였다. 일본에 진입해 들어가서 은을 확보하는 것이 무엇보다 중차대한 과제였다.

동남아시아와 인도에서 사업을 시작한 VOC와 EIC는 중국과 타이완, 일본 등지로도 활동 반경을 넓히고자 했다. 그러나 중국은 완강하게 서구 오랑캐들에게 문호를 닫아걸었다. 그들이 볼 때 네덜란드인들은 해적이나 밀수업자에 불과했다. 동아시아 해역에서는 무력행사가 통하지 않았다. 1604년 이후 몇 번 중국 남부의 광주에 가서 공식 무역 관계를 요구했으나 조공관계가 없다는 이유로 거절당했다. 남중국 항구들에 접근이 막히자 파타니, 시암, 캄보디아, 안남, 통킹 등지에서 중국 상품을 얻으려 했지만 큰 소득이 없었다. 하는 수 없이 밀무역을 하거나 포르투갈과 에스파냐 배를 습격해서 중국 물품을 얻었다. 1622년에는 12척의 선단을 파견하여 포르투갈의 거점인 마카오를 공격했으나 300명을 잃고 돌아왔다. 본토에 진입하는 데 실패한 대신 네덜란드인들은 1624년 타이완에 젤란디아(Zeelandia)성[熱蘭遮城]을 건설했다(Paine, 2013: 448). 원래 이 섬은 사슴 가죽을 얻으려는 소수 상인들이 찾아올 뿐 거의 버려진 곳이었고, 16세기에는 해적 소굴로 변모했다. 그런데 젤란디아성을 세운 후 타이완은 중국, 일본, 필리핀, 동남아시아, 바타비아 간 교역의 집산지 역할을 하게 되었다. 중국은 이곳에 자국 배들이 가서 네덜란드인들과 교역하는 것을 암묵적으로 승인했다. 그리하여 타이완에서 얻은 중국 비단을 일본에 보내고 이것으로 은을 구득한 다음, 이것으로 일부는 다시 타이완에서 비단과 금을 얻는 식의 거래가 가능해졌다.

일본 교역을 먼저 개척한 것은 포르투갈이었다(Gerritsen, 2019: 246). 포르투갈인들은 1557년 마카오에 거래 거점을 얻은 후 중국과 일본 사이에서 밀무역을 했다. 1570년부터 나가사키가 교역을 개방한 후 포르투갈은 이곳에 중국 비단, 화기 등을 들여오고 은을 받아 갔다. 일본 교역은 포르투갈의 전체 사업 영역 가운데 가장 이윤이 큰 부문으로 성장했다(Subrahmanyama, 1991: 314-315).

1600년 젤란드 선단에서 일하는 영국인 윌리엄 애덤스(William Adams)

일행이 파선 사고로 우연히 일본에 도착하면서 네덜란드의 일본 진입이 시작되었다. 이미 일본에 들어와 있던 포르투갈인들의 기독교 전도 문제에 비판적이었던 일본 정권은 네덜란드 상인들 쪽으로 방향 전환을 했다(Kouamé, 2019: 259-260),(Plutschow, 1983: 18-19). 1609년 히라도에 네덜란드 배 2척이 입항하여 도쿠가와 이에야스에게 상관 설치 허가를 받았다. 원래 네덜란드인들은 히라도를 군사 목적으로 활용하려 했다. 당시 VOC는 말루쿠의 사업을 놓고 포르투갈, 에스파냐, 영국 등과 대립하고 있었기 때문에 여기에 필요한 식량, 무기류, 목재, 용병 등을 히라도에서 얻어 동남아시아로 보내고 있었다. 이곳에서 중국 상인과 교역하는 동시에 이곳을 마카오, 마닐라, 나가사키를 오가는 포르투갈 선박들을 공격하는 기지로 삼으려는 의도도 있었다. 그러나 일본 측이 그와 같은 정책을 그만두라고 강하게 압박하자 VOC는 평화적 교역에 집중하는 쪽으로 방향을 바꿔야 했다. 본국의 이사회 또한 조심하라고 지시를 내리면서 겸손, 우애, 예의 등을 극구 강요했다. 일본에서는 폭력적인 태도를 완전히 버릴 수밖에 없었다.

1620년대에 타이완에 젤란디아성이 설치되어 일본 은과 중국 생사를 교환하는 중개무역 체제가 확립된 이후 일본과의 교역이 발전했다. 1630년대부터는 대만 외에 바타비아, 시암, 교지, 캄보디아, 통킹 등지로부터 특산품을 일본에 대량 들여왔다(마사시, 2012: 129). 도쿠가와 정권이 볼 때 VOC의 장점은 교역은 하되 기독교 전도를 완전히 포기했다는 것이다. 네덜란드인들은 무역을 위해 일본의 요구 명령에 순순히 응했다. 무기와 용병 수출을 금하자 즉시 지시에 따랐다. 1633년부터는 교역 허락에 감사를 표하기 위해 히라도 상관장이 쇼군을 예방했다. 사마바라 사건 때에는 도쿠가와 정권의 요청으로 배를 시마바라 반도까지 파견해 대포를 발사하기까지 했다(Howes, 1995: 78). 심지어 쇼군이 히라도의 창고 건물 문틀에 기독교 표식인 'Anno Domini 1639('주님의 해 1639년'의 의미)'라고 쓰인 것을 보고는 즉시 허물라고 지시하자 네덜란드인들은 곧바로 건물을 부수었다. 네덜란드인들은 매년 에도로 가서 참배를 했는데, 이 기회를 이용해서 자신들의 상품 판매 권리를 요청했다. 이것이 결실을 맺어 1641년 나가사키의 작은 인공 섬 데지마로 거류지를 옮겨가게 되었다.

데지마는 1641 – 1860년 서구인들에게 열린 유일한 창구였다. 인공 섬 데지마는 축구장 2개 크기의 작은 규모인데, 이곳에 머무는 외국 상인들은 현지인들과 접촉을 철저히 금지당했다(Gerritsen, 2019: 246 – 248). 마을 끝자락에 무역을 관리하는 나가사키 지방관리[奉行]의 관청을 설치하여 네덜란드인들의 동정을 감시했다. 상관장이 에도를 방문할 때나 스와신사(諏訪神社)의 제례처럼 특별한 경우를 제외하고는 네덜란드인들이 섬을 벗어나 시내로 들어갈 수는 없었다. 섬과 나가사키 지역 사이를 연결하는 통로는 오모테몬바시(表門橋) 한 곳인데, 1년에 한 번 이 다리를 넘어 의식에 참석할 수 있었을 뿐이었다. 이때에도 상관장 외에는 아무도 무기를 소지하지 못했다. 다리 옆에는 유녀(遊女; 매춘부)와 승려 외에는 출입을 금한다는 내용의 게시판이 있었다. 네덜란드 선박은 도착 후 대포를 떼어 내야 상륙이 가능했고, 다른 지역 상관과 달리 병사가 한 명도 없었다. 이는 실로 중요한 차이다. 이처럼 굴종적인 자세를 감내한 이유는 VOC 사업에 나가사키가 그만큼 중요하기 때문이다. 나가사키에서 얻는 은과 구리는 전체 역내무역 운영에 핵심적인 역할을 했다(마사시, 2012: 276).

1660년대부터 상황이 다시 변했다(클레멘츠, 2008: 6 – 7장). 정성공이 선박 400척과 1만 5,000명의 병력으로 네덜란드군 2,000명이 지키는 요새를 9개월간 포위하자 네덜란드 측은 더 이상 버티지 못하고 항복했다. 살아남은 네덜란드 병사들은 바타비아로 후퇴했다. 이로써 38년에 걸친 네덜란드인의 타이완 식민 지배가 종식되었다. 이렇게 중국 무역 거점을 상실한 데다가 일본에서 도쿠가와 정권이 무역량 제한 정책을 펴서 일본에서 은과 구리의 유출이 어려워졌다. 18세기에는 페르시아에서 정세가 불안해져 이곳에서도 금과 은 유출이 불가능해졌다. 1689 – 1700년 이후 역내무역은 적자로 돌아섰고, 이제 본국의 귀금속을 더 많이 들여와야 했다. 즉, 경쟁자들에 대한 강점이 사라진 셈이다.

이런 측면들을 놓고 볼 때, VOC의 군사력이 통상 이야기하는 것만큼 강하지 않다는 것을 알 수 있다. 1662년 정성공 군대에 패하여 대만에서 축출된 것이 단적인 예다. 따라서 이 회사가 합리적으로 무력을 행사하며 사업을 운영했다는 것은 결코 아시아 사업 전체에 대해 타당한 말이 아니다. 이 회사는 단지 각 지역마다 제일 적합한 방식을 따른 셈이며, 무력행사는 일부 지역에서만 가능한 일이었다.

3. 역내무역은 성공적이었는가?

VOC의 사업은 어느 정도 잘 수행되었을까? 다음 표가 사업의 성공 정도를 어느 정도 보여준다(Steensgaard, 1993: 110, 표 1).

이 표를 보면 VOC의 사업은 1630년 이후 상승하다가 1680년대에 1차 정점을 맞았고, 그 후 약간 쇠락했다가 1710년대 2차 정점을 맞았으며, 이후 1730년대까지 높은 수준으로 유지하다가 그 이후 쇠퇴했음을 알 수 있다. 그러므로 17세기 중엽에 구축된 VOC의 역내무역 체제는 전반적으로 보면 성공적으로 자리를 잡고 잘 작동하고 있었다고 할 수 있다. 그렇지만 그 사업의 실

표 1 아시아로부터의 연평균 수입액(송장금액 invoice value 기준)　　　（단위: 천 페소）

	VOC	EIC	두 회사 합계
1621 −30	402.8		
1631 −40	870.5		
1641 −50	954.5		
1651 −60	1,017.2		
1661 −70	980.8	437.2	1,418.0
1671 −80	1,299.2	1,215.8	2,515.0
1681 −90	1,669.8	1,634.7	3,304.5
1691 −1700	1,592.9	744.2	2,337.2
1701 −10	2,015.8	1,161.4	3,197.1
1711 −20	2,370.0	2,056.7	4,426.7
1721 −30	3,176.8	2,723.2	5,900.0
1731 −40	2,506.6	2,820.3	5,326.9
1741 −50	2.418.7	3,345.0	5,763.7
1751 −60	3,163.9	3,348.2	6,512.1

상이 어쩌했는지는 조금 더 내밀한 고찰이 필요해 보인다. 과연 역내무역 체제는 VOC 이사진들이 그리던 원래 계획대로 움직이고 있었던 것일까?

실상은 많이 다르다. 사실 아시아에 들어온 많은 유럽인들은 현지 사회에 뒤섞여 들어갔다. 예컨대 영국동인도회사 직원들은 걸핏하면 회사 활동 영역 바깥으로 나가서 현지인들과 합류하곤 했다. 마술리파트남(Masulipatnam) 지역에서 동인도회사는 직원들에게 인도 영주들에 봉사하지 말라고 자주 경고해야 했으나 그들은 들으려 하지 않았다. 네덜란드인들도 마찬가지로 흔히 회사에서 이탈했고, 많은 경우 심지어 무슬림으로 개종했다(Scammell, 1992: 643-644). 이것이 가능한 이유는 현지 세력이 유럽인들의 서비스를 기꺼이 이용하려 했기 때문이다. 유럽인들이 항해와 군사 부문에서 실력이 뛰어났기 때문에, 현지 영주들은 유럽인들이 개발한 네트워크를 이용하려 했다. 유럽인 선장, 선원, 도선사, 군사 기술자, 특히 포병이 환영받았다. 아우랑제브는 영국 동인도회사 출신 용병들을 많이 고용했고, 특히 유럽인 포병('Frank gunners')을 선호했다. 유럽인 선원들이 아시아 배에 승선한 기록도 자주 접할 수 있다. 일본 배에 포르투갈 도선사들이 타고 있고, 페트루 로베이루(Petro Loveyro) 같은 포르투갈인이 벵골 선박을 타고 스리랑카와 몰디브에서 활동했으며, 프랑스 선장이 수라트와 다만(Daman) 사이를 오가는 선박을 지휘하는 식이다. 여행자 타베르니에(Tavernier)는 현지 지배자들이 항해에 대해 잘 몰라 유럽 인력을 많이 고용했다고 설명한다. 유럽인들이 아시아 각지를 돌아다니다 보니 역설적으로 아시아 바다에 대한 항해 지식이 더 나을 수 있고, 여기에 더해 무장 능력도 더 뛰어나기 때문이다.

현지 상인들과 선원들은 VOC의 금지를 어기고 해상 교역 활동을 하고 있었으며, 네덜란드인들은 현지 상인들과 비밀리에 협력하고 있었다. VOC의 통제는 무용지물에 가까웠다. VOC가 군사력을 동원하여 통제하고 있다고 하는 지역에서도 실제로 현지 상인들은 얼마든지 우회로를 찾아 그들에게 유리한 방식을 추진할 수 있었다.

IV. 평가와 비판

서론에서 제기한 질문은 스틴스고르의 주장이 과연 타당한가였다. 그 주요 내용은 이렇게 정리할 수 있을 것이다(Steensgaard, 1982: 255). "포르투갈이 먼저 아시아에 들어와 자리를 잡았지만, 포르투갈의 무역 체제는 기존의 아시아 교역 체제를 대체했다기보다는 그것과 적절한 공생관계를 유지한 것에 가깝다. 그런데 포르투갈 체제가 위기에 빠지고 난 후 네덜란드는 매우 강력하고도 이질적인 해상 무역 체제를 아시아에 부과했다. 아시아 세계에 미치는 영향력도 포르투갈 에스타도에 비해 더 강력했다. 물론 아시아 세계 전체를 일거에 바꾼 것은 아니지만, 장기적으로 VOC는 강력한 무력으로 시장경제 질서를 강요한 셈이다." 리드(A. Reid) 또한 VOC가 무력을 잘 사용한 것이 승자가 된 이유라고 해석했다(Reid, 1995: 290). 아시아 전체에 대해 무력을 행사할 수는 없었지만, 필요한 곳에 선택적으로 무력을 효과적으로 사용했다는 것이다. 특히 '합리적으로' 폭력을 사용했다고 말하는데, 이는 이윤 가능성을 계산하고 거기에 맞춰 무력을 행사했다는 의미다(Pearson, 1991: 111).

이 주장에 대해 여러 연구자들은 기본적으로 동의하면서도 과도한 일반화의 위험성에 대해 비판하곤 한다. 스틴스고르의 정리에 따르면, 네덜란드인들은 근대 합리적인 이윤극대화주의자이고 포르투갈인들은 중세적 권력추구자들인데, 네덜란드의 '호모 에코노미쿠스(*Homo Economicus*)' 방식이 승리함으로써 17세기 중 아시아에서 대전환이 일어났다는 식이다. 이는 분명 과도한 해석으로 보인다(Subrahmanyam 1991: 328, 주 73). 최근 연구자들은 두 나라의 차이점보다는 공통점을 더 부각시키곤 한다. 사실 포르투갈 역시 합리적 시장경제 운용을 통해 이익을 추구하는 측면이 없지 않으며, 반대로 VOC 또한 포르투갈과 마찬가지로 약탈적 방식으로 폭력을 행사하는 경향이 없지 않다는 것이다.

이 주제와 관련하여 이 글에서 검토한 사항들을 정리해 보도록 하자. 우선 네덜란드의 무력이 그렇게 일방적으로 강하지는 않았다는 점을 들 수 있다.

그들이 무력으로 경제 부문을 통제하는 데 성공한 곳은 향신료 생산 섬들처럼 일부 한정된 곳이었다. 그리고 이곳에서 그들이 수행한 독점 규제 정책이 성공했는지 묻는다면 그 역시 긍정적이지 않아 보인다. 아시아 상인들은 통제에서 벗어나 대체 루트를 이용하는 방도를 가지고 있었다. 반탐 사례를 보면 VOC는 무력 사용 방침을 정하고 현지 상인들을 배제하려 했으나 실제로는 그들의 무능력만 확인했을 뿐이다. 일부 지역에서 아시아 상인들의 우회로를 막으려면 더욱 가혹한 통제와 억압을 해야 했는데, 그 결과는 회사의 운영에 그리 큰 도움을 주지 못했다. 말루쿠의 정향 통제가 대표적인 사례다. 앞서 이야기한 대로 지나치게 생산이 많다고 생각하여 정향을 뿌리 뽑았다가 오히려 생산이 지나치게 감소하자 다시 힘들게 나무를 심어야 했다. 이런 방식은 시장경제를 위한 '합목적적 무력'과는 거리가 멀어 보인다.

그나마 무력을 행사한 곳은 일부 지역에 한정되었을 뿐 대부분 지역에서는 아예 무력행사가 불가능했다. 면직물을 생산하는 인도와 견직물을 생산하는 중국, 은을 공급하는 일본에 대해서는 전혀 무력행사가 통하지 않았다. 일본 경우를 보면 오히려 극도로 몸을 사리며 굴종적으로 처신해야 했다. VOC의 역내무역은 무력으로 아시아 세계를 통제한 게 아니라 반대로 아시아 상황에 최대한 적응하는 체제였다.

사실 역내무역 자체가 유럽 상인들이 아시아에 들어와 창안해 낸 것이 결코 아니었다. 기실 이런 정교한 교역 체제는 일찍이 아시아 해양 세계에 작동하고 있었다는 점을 염두에 둘 필요가 있다. 이란 해안에서 20킬로미터 떨어진 키시 섬이 그런 사례다(Paine, 2013: 362-364). 13세기에 키시 상인들은 교역 방식을 극도로 발전시켰다. "페르시아 사프란을 중국으로 가져가면 비싼 값에 팔 수 있다. 그러면 중국 도자기를 그리스로 가져오고, 그리스의 양단(洋緞)을 인도로, 인도의 철을 알레포로, 알레포의 유리를 예멘으로, 예멘의 줄무늬 직물을 페르시아로 가져온다." 페르시아에서 출발한 선박이 여러 거점들을 돌아다니며 거래를 이어가다가 최종적으로 페르시아로 귀환하는 거대 순환의 교역 방식은 VOC의 교역 체제와 판박이로 똑같다.

다시 말해 유럽 상인들이 아시아 경제를 시장경제 쪽으로 인도하는 방향으로 영향을 미쳤다는 주장은 과도해 보인다. 물론 유럽 상인들의 등장으로 인해 생겨난 해외 수요가 아시아 각지의 생산에 분명히 영향을 미쳤으리라고 생각할 수 있지만 문제는 그 정도이다. 중국 경우는 영향을 받은 정도가 5% 미만 부분만 관계된다고 보는 견해가 일반적이다(Tracy, 1993: 6). 옴 프라카시의 추산에 따르면 17세기 말 벵골에서 생산하는 초석의 30%를 VOC가 차지했다고 하는데, 이처럼 상대적으로 비율이 매우 높은 부문은 예외적인 현상에 불과하다. 직물업에서 유럽 수요로 인해 생겨난 고용은 10%라고 본다(Prakash, 2014: 60). 10%면 물론 적은 수치가 아니다. 그렇지만 중요한 점은 이런 정도로 생산 체제가 구조적 변화를 초래하지는 않았다는 사실이다(Pearson, 1979: 106).

유럽 상인들의 아시아 진입이 아시아 경제를 글로벌 세계 체제와 연결시킨 것은 분명하다. 강력한 무력으로 아시아의 사회와 경제에 큰 영향을 미친 것 또한 부정할 수 없을 것이다. 그렇지만 스틴스고르가 주장하듯 무력을 통해 아시아 경제체제를 유럽식 시장경제 방식으로 이끌었다고 할 수는 없다. 실제 상황은 VOC가 아시아에 자신의 힘을 강요한 게 아니라 전력을 다해 아시아 체제에 적응해야 했다는 것이다. 오히려 최근에는 VOC를 비롯한 유럽 상인들이 아시아 사업 현장에서 살아남기 위해 격렬한 경쟁을 벌이며 새로운 사업 방식을 배우는 과정에서 자본주의가 만들어졌다고 보기도 한다(Rielo, 2021). 19세기 제국주의 시대 이전에는 유럽 상인들과 아시아 해양 세계는 한편으로 협력하고 한편으로 갈등을 벌였는데, 이 말은 아시아와 유럽 문명이 만나 대등하게 공존했음을 의미한다(Tracy, 1993: 11).

참고문헌

마사시, 하네다 저. 이수열·구지영 역. 2012. 『동인도회사와 아시아의 바다』. 서울: 선인.

브로델, 페르낭 저. 주경철 역. 1997a. 『물질문명과 자본주의 2 - 2』. 서울: 도서출판 까치.

__________. 1997b. 『물질문명과 자본주의 3 - 2』. 서울: 도서출판 까치.

주경철. 2002. "네덜란드 동인도회사의 설립 과정." 『서양사연구』 25집.

클레멘츠, 조너선 저. 허강 역. 2008. 『해적왕 정성공, 중국의 아들, 대만의 아버지』. 서울: 삼우반.

Arasaratnam, S. 1967. "The Dutch East India Company and Its Coromandel Trade 1700 - 1740." *Bijdragen tot de Taal, Land-en Volkenkunde.* CXXIII(3), 325 - 346.

Aymard, Maurice, ed. 1982. *Dutch Capitalism and World Capitalism.* New York: Cambridge University Press.

Bassett, D. K. 2009. "The "Amboyna Massacre" of 1623." *Journal of Southeast Asian History* 1(2), 1 - 19.

Bertrand, Romain ed. 2019. *L'Exploration de Monde, Une Autre Histoire des Grandes Découvertes.* Paris: Seuil.

Boxer, C. R. 1979. *Jan Company in War and Peace 1602–1799, A Short History of the Dutch East India Company.* Hongkong: Heinemann Asia.

Bruijn, J. R., F. S. Gaastra, I. Schöffer. 1979 - 1987. *Dutch-Asiatic Shipping in the 17th and 18th Centuries.* The Hague: Martinus Nijhoff.

Chaudhury, Sushil and Michel Morineau, ed. 1999. *Merchants, Companies and Trade, Europe and Asia in the Early Modern Asia.* London; New York: Cambridge University Press.

Cullow, Adam. 2007. "Unjust, Cruel and Barbarous Proceedings; Japanese Mercenaries and the Amboyna Incident of 1623." *Itinerario.* XXXI(7), 15 - 34.

Gupta, A. Das, 1987. "The Maritime Trade of Indonesia: 1500 - 1800." In Gupta, A. Das, Pearson, M.N. ed. *India and the Indian Ocean 1500–*

1800, 240-275 Calcutta: New York: Oxford University Press.

Flynn, Dennis O. 1991. "Comparing Tokugawa Shogunate with Hapsburg Spain: Two Silver-Based Empires in a Global Setting." In Tracy James D., ed. *The Political Economy of Merchant Empires. State power and world trade 1350–1750*, 332-359, New York: Cambridge University Press.

Gaastra, Femme S. 1999. "Competition or Collaboration? Relations between the Dutch East India Company and Indian Merchants around 1680." In Chaudhury, Sushil and Michel Morineau ed. *Merchants, Companies and Trade, Europe and Asia in the Early Modern Asia*, 189-201, Cambridge: Cambridge University Press.

Games, Alison. 2020. "Making Massacre." *History Today,* https://www.historytoday.com/archive/history-matters/making-massacre(검색일: 2022. 11. 15)

Gerritsen, Annem. 2019. "Deshima, base de commerce des Hollandais au Japon." in Bertrand, R., ed. *L'Exploration du monde*, 244-248. Paris: Le Seuil.

Glamann, K. 1958. *Dutch Asiatic Trade, 1620–1740*. Copenhagen: Danish Science Press.

Haellquist, Karl R. 1991. *Asian Trade Routes*. London: Curzon Press.

Howes, John. 1995. "Japanese Christianity and the State: From Jesuit Confrontation/Competition to Uchimura's Noninstitutional Movement/Protestantism." in Kaplan, Steven ed. *Indigenous Response to Western Christianity*, 75-94. New York: New York University Press.

Jacobs, M. Els. 1991. *In the Pursuit of Pepper and Tea, The Story of the Dutch East India Company*. Zutphen: Walburg Pers.

Kaplan, Steven ed. 1995. *Indigenous Response to Western Christianity*. New York: New York University Press.

Kouamé, Nathalie. 2019. "La mort de l'apostat Christóvão Ferreira au Japon." in Bertrand, R., ed. *L'Exploration du monde*, 259-267. Paris: Le Seuil.

Meilink –Roelofsz, Marie Antoinette Petronella. 1962. *Asian Trade and European Influence in the Indonesian Archipelago between 1500 and about 1630*. The Hague: Martinus Nijhoff.

Moreland, W. H. 1920. *India at the Death of Akbar*. London: Macmillan.

Morineau, Michel. 1994. *Les Grandes Compagnies des Indes Orientales(XVIe–XIXesiècles)*. Paris: Presses universitaires de France.

Paine, P. Lincoln. 2013. *The Sea and Civilization, A Maritime History of the World*. New York: Knopf.

Panikkar, K. M. 1959. *Asia and Western Dominance*. London: George Allen & Unwin.

Pearson, M. N. 1979. "Introduction." in King, Balir B. and M. N. Pearson eds. 1979. *The Age of Partnership*: *Europeans in Asia before Dominion*, 1 –14, Honolulu: University Press of Hawaii.

__________. 1991. "Merchants and States." Tracy James D. ed., *The Political Economy of Merchant Empires. State Power and World Trade 1350–1750*, 41 –116, Cambridge: Cambridge University Press.

Plutschow, Herbert E. 1983. *Historical Nagasaki*: *with Illustrations and Guide Maps*. The Japan Times.

Prakash, Om. 1997. *European Commercial Expansion in Early Modern Asia*. USA: Variorum.

__________. 1999. "The Portuguese and the Dutch in Asian maritime trade: a comparative analysis." In S. Chaudhury & M. Morineau eds., *Merchants, Companies and Trade*: *Europe and Asia in the Early Modern Era*, 175 –188. Cambridge: Cambridge University Press.

__________. 2014. *The Dutch East India Company and the Economy of Bengal, 1630–1720*. Princeton, N.J.: Princeton Legacy Press.

Reid, Anthony. 1995. *Southeast Asia in the Age of Commerce, 1450–1680*: *Volume 2, Expansion and Crisis*. New Haven: Yale University Press.

Riello, Giorgio. 2021, "Le capitalisme est né en Asie." *L'Histoire*, 489.

Scammell, G. V. 1992. "European Exiles, Renegades and Outlaws and the Maritime Economy of Asia c.1500 – 1750." *Modern Asian Studies.* 26(4), 641 – 661.

Steensgaard, Niels. 1976. *The Asian Trade Revolution of the Seventeenth Century: The East India Companies: And the Decline of the Caravan Trade.* Chicago: Chicago University Press.

__________. 1982. "The Dutch East India Company as an Institutional Innovation." Aymard, Maurice ed., *Dutch Capitalism and World Capitalism,* 235 – 257, New York: Cambridge University Press.

__________. 1993. "The Growth and composition of the Long – Distance Trade of England and the Dutch Republic before 1750," In James D. Tracy ed., 102 – 152. Cambridge: Cambridge University Press.

Subrahmanyama, Sanjay and Luís Filipe, F. R. Thomaz. 1991. "Evolution of Empire: The Portuguese in the Indian Ocean during the Sixteenth Century." In J. Tracy ed., *The Political Economy of Merchant Empires: State Power and World Trade, 1350–1750,* 298 – 331, Cambridge: Cambridge University Press.

Tracy, James ed. 1991. *The Political Economy of Merchant Empires, State Power and World Trade 1350–1750.* New York: Cambridge University Press.

__________. 1993. *The Rise of Merchant Empires, Long–Distance Trade in the Early Modern World, 1350–1750.* New York: Cambridge University Press.

Van der Chijs. 1857. *Geschiedenis van de stichtingen van de VOC.* 2nd imp. 1857.

Van Leur, C. 1955. *Indonesian Trade and Society.* The Hague.

Van Santen, H. W. 1991. "Trade between Mughal India and the Middle East, and Mughal Monetary Policy, c.1600 – 1660." in Karl Reinhol Haellquist ed. *Asian Trade Routes,* 87 – 95, London: Curzon Press.

. . . . .

제6장

혼례용 시각문화로 본 말레이 바바문화의 혼종성:
믈라카를 중심으로

강희정(서강대학교 동아연구소)

I. 화인들의 동남아 이주와 혼인

사람은 무엇으로 사는가? 해묵은 이 질문에 답하기는 쉽지 않다. 사람이 동물
과 다른 점은 가정을 이루고, 공동체를 형성하여 이를 지키기 위해 노력한다
는 점이다. 가정을 사회의 기초로 여기는 동아시아적인 사고는 결혼을 통한
가족의 형성을 모든 위계질서의 근본으로 삼는다. 중국인들의 동남아 이주와
'교역하는 디아스포라'라는 성격으로 규정된 화인 이주공동체도 가정에서 시
작되는 친족 공동체를 기본으로 한다. 하지만 화인 이주 초기부터 이것이 가
능하지는 않았다.

　　명대는 정화의 원정 이후, 엄격한 해금령으로 도해(渡海)가 쉽지 않았던
까닭에 중국인들의 본격적인 동남아 이주는 명청교체기부터 본격적으로 진
행되었다. 동남아 각지의 항구도시는 중요한 교역항이 되어 동남아의 향신료
와 중국의 비단 및 도자기 교역이 이뤄지는 곳이 되었다. 1323년에 침몰된 신
안선 수중발굴에서 이미 정향단지가 발견된 것에서 알 수 있듯이 동남아와 중
국, 중국과 동북아 간의 후추, 정향 등의 향신료 교역은 계속 확대되었고, 중국

계 이주민, 현지인들이 교역의 주체로 활동했다(이즈미다 히데오, 2014). 유럽인, 인도인들이 여기 참여하면서 인도, 서아시아, 중국과 동남아의 교역량과 횟수가 늘어났고 그 과정에서 중국인들의 역할이 커지면서 동남아 각지에는 중국인 마을과 공동체가 생겨났다. 유럽의 식민주의자들은 다루기 어렵고 예측 불가능한 현지인들보다 위계에 복종하는 관습이 있는 중국인을 상대하는 것을 선호했고, 이내 중국인들은 그들이 진출한 현지 어디에서나 제국과 식민지를 이어주는 중간관리자 역할을 하게 됐다(메리 하이듀즈, 2012). 안정적인 현지 정착을 위해서는 공동체의 기본 단위가 되는 가정을 꾸려야 하고 후손이 있어야 한다. 반면 중국에서 이주할 때 여성들은 함께 오지 못했다. 배로 몇 달씩 걸리는 항해 기간도 문제였고 무엇보다 여성들이 배에 타는 걸 금기시했던 풍습도 무시할 수 없었다. 중국에서 여성이 오는 것을 신기하게 여겨 항구로 구경을 나갔다는 기록이 이를 단적으로 보여준다(강희정, 2019).

명·청 교체기에는 청이 건국되자 명나라에 충성을 맹세한 병사와 장군들이 다수 이주를 했지만, 이 시기 이후에 이뤄진 이주의 역사는 유럽의 식민 도시 건설과 밀접하게 관련이 있다. 특히 네덜란드가 바타비아를 건설하기 위해 부족한 노동력을 메우기 위해 중국인들의 대이동을 촉진한 것은 잘 알려졌다(피터 리, 2013). 네덜란드의 자료와 무역 기록에서 말라카 항구를 이용한 교역업자의 대다수는 말레이 상인들이었는데 이들은 말라카 해협은 물론, 마카사르, 서보르네오, 자바의 항구도시, 거리식, 치레본, 스마랑 등 지역을 망라했다(Hussin, 2001). 말레이계 상인들의 주 교역물품은 라탄제품과 같은 밀림의 산물, 사고야자, 쌀, 벼 등 먹을거리, 주석과 금 등이었다. 이들은 한 번 항해에 단일 품목을 싣고 페낭으로 와서 수마트라로 돌아갈 땐 인도산 의류나, 설탕, 소금, 담배 등을 사가는 방식으로 교역을 했다.

이들이 교역에 집중한 데 비해 식민주의자들의 필요에 의해, 혹은 자발적인 이유로 고향을 떠나 현지에 필요한 노동력을 제공한 것은 중국인들이었다. 주로 복건, 광동, 해남 등에서 이주한 중국인 남성들의 태반은 가난에서 벗어나려는 사람들이었다. 남양 화인 이주민 대부분은 중국사회의 하층계급 출신이었고, 문화적 수준이 낮았으며, 향토 관념이 강하고 보수적이었다(駱靜山, 2002). 형편이 나은 사람들은 제대로 여성을 만나 혼인을 해서 가정을 꾸리고 싶어했지만 중국인 여성을 만날 수 없었고, 중국식으로 중매를 할 수도 없었으므로 가장 손쉬운 방법으로 여자노예를 사는 길을 택했다.[1] 노예를 사고파는 일이야 흔한 일이었으므로 돈만 있으면 언제든 여자노예를 살 수 있었다. 그들은 인도네시아 발리인이나 수마트라의 바탁족의 여자 하인이나 노예를 선호했고, 때로는 미얀마나 이리안자야 출신 여성 노예를 사서 면천(免賤)시키고, 부인으로 삼기도 했다. 여기 그치지 않고 더 나아가 어린 여자아이를 노예로 사서 역시 면천하고 중국식 이름을 부여하여 양녀로 들이기도 했다(피터 리, 2013). 노예에서 풀려난 여성들은 힌두교 신자거나 토착종교, 때로 불교를 믿었기에 중국인 남성이 이슬람교도처럼 개종을 할 필요가 없었다. 이 여성들은 중국식 가부장제에 맞추어 여느 '중국인 가정'에서 흔히 하는대로 중국식 도관(道觀)이나 제단(祭壇)에 제물을 올리는 일도 마다하지 않았다. 아쉽게도 이들에 관한 기록이 제대로 남아있지 않고, 있다 하더라도 중국식 이름으로 불렀기 때문에 문헌 기록만으로는 실제 노예 출신 중국 부인들의 실상을 알기에는 어려움이 많다. 따라서 풍습이나 각종 미술에 남아있는 문화적 특징을 통해 유추하는 방법이 그나마 가능한 일이다.

중국인과 결혼한 현지인, 혹은 팔려 온 부인들은 중국식 가정을 꾸리는 데 주력한 것으로 보인다. 인도식 관습이 남아있었던 현지에서는 나뭇잎이나 대나무 등을 이용해 각종 용기로 사용한 것과 달리 흙으로 빚어 만든 그릇을 썼고, 중국식 음식을 만들었으며 장사를 하러 남편이 멀리 떠나면 그 자리를 대신해 자신들이 직접 상업의 길에 나서거나 현지 가게를 지키는 역할까지 했다. 어느 정도 부를 축적한 이후에는 중국에서 물건을 사오거나, 도자기·공예품 등을 주문해 현지에서 만들어 오게 했다. 그러므로 면천하여 중국인 가

정의 일원이 된 여성들은 공동체를 이루는 작은 단위인 가정에서 이미 중국식 상징과 기호, 의례에 익숙한 환경에 있었다. 하지만 음식의 경우도 중국에 있는 재료와 현지의 재료는 달랐기 때문에 같은 음식이라고 해도 변용이 불가피한 경우가 많았다. 공예품이나 복식의 경우도 현지 문화와 풍습에 익숙한 여성들의 취향과 선호가 어느 정도 반영될 수밖에 없었고, 이것이 오늘날 우리가 동남아 문화의 혼종성이 어떻게 형성되었는지 추정할 수 있는 배경이다.

II. 믈라카의 바바와 뇨냐

믈라카는 믈라카 해협의 말레이 반도 남부에 위치한 유서 깊은 도시이다. 믈라카와 중국의 교류는 기록상 15세기까지 소급된다. 정화가 7차례의 항해 가운데 12번을 믈라카에 방문해서 항해와 교역의 거점으로 삼았던 만큼 중국계 문화가 뿌릴 내릴 토양은 충분했다. 믈라카에 정착한 중국인들은 중국인의 인종적, 문화적 정체성을 유지하면서도 현지 문화를 적극적으로 수용해 독특한 중국인 이주민 사회를 형성했는데, 이들을 가리켜 '바바'(Baba; 峇峇)라고 부른다. 바바는 본디 인도의 힌디어에서 온 말이라고 알려져 있으며 주로 남성 어른을 지칭하는 존칭어이다(Tan, 2016). 바바가 남성을 지칭한다면, 그에 대응하는 여성에 대한 호칭은 뇨냐(Nyonya; 娘惹)가 있는데 뇨냐의 기원에도 여러 설이 있다. 주로 영국 해협식민지에 살고 있었던 여성을 부르는 말로 결혼한 외국인 여성을 부르는 말레이어 존칭이라는 설이 가장 널리 받아들여지고 있다. 포르투갈말로 귀부인을 부르는 돈나(donha)가 와전되어 뇨냐가 된 것이 그 기원이라는 설도 있다. 오랫동안 포르투갈 식민지였던 마카오에서 부인을 논나(nhonha)라고 부르는데 이것이 마카오 크레올이라는 것이다. 페낭을 비롯한 말레이 반도 곳곳에서는 처음에 외국인 부인을 전부 뇨냐로 부르다가 점차 중국인들의 부인으로 그 의미가 제한되었기 때문에 일각에서는 바바와 뇨냐 모두 원래 민남 방언에서 나온 말이라는 주장도 한다(Khoo, 1996). 그러나 복장이나, 음식, 언어, 교육, 종교, 이념적 지향 등에서 특징이 있을 때 바바·뇨냐로 부른다는 점은 해협식민지의 중국인들을 아무나 무조건 바바 뇨냐라고 부르지는 않았음을 시사한다(Willmott, 1967). 이는 바바·뇨냐라는 말이 모종의 정체성을 포함한 호칭으로 쓰였음을 의미하며, 특히 그 정체성은 이주 중국인의 특정한 문화적 성격에서 왔다고 볼 수 있다.

말라카 바바의 기원에 관해서는 여러 설이 있다. 영국의 해협식민지 관리로 말레이시아 역사를 전공한 빅터 퍼셀은 말라카의 중국인 이주 역사를 1511년까지 말라카 술탄국 시절, 1641년까지의 포르투갈의 말라카 점령시절, 그리고 1941년 일본군 점령기까지 네덜란드와 영국 지배기의 세 시기로 구분한다(Purcel, 1947). 퍼셀에 따르면 말라카 술탄국 당시 말라카에 중국인들이 있었지만, 항구적인 중국인 정주 사회에 관한 기록은 없다. 이 시기 말라카의 중국인은 '철새'와 같은 존재였다는 것이다.[2] 북동 계절풍이 끝나기 직전까지 말라카에 머물다 중국으로 돌아가는 상인들이 말라카에서 유동적인 중국인 사회를 구성하고 있었다는 것이다. 정주하는 사회가 아니라는 지적인데, 고향으로 돌아가겠다는 중국인들의 귀향 의식은 근대기까지도 이어지는 것이기 때문에 이를 "정주하지 않는 이주민"이라 칭하기도 한다. "정주하지 않는 이주민"으로서의 중국인은 동남아의 디아스포라 연구에 적합한 이주공동체를 이뤘다고 볼 수 있다.[3]

말레이시아에는 말라카의 술탄 만수르 샤(Mansur Shah, 재위 1459 – 1477)

---

2   철새와 같은 존재라고는 해도 18세기 동아시아의 해상교역을 지배했기 때문에 이 시기를 "중국인의 세기"라고 하고(Reid, 1997) 중국인 교역상들을 "제국 없는 상인들(왕궁우, 1991)이라고 규정했다.

3   디아스포라는 고향을 떠나 '타향에 머무는 자'로 체류자(sojourner)와 영주자(settler)를 포괄한다. 동남아 역사 연구자인 왕궁우는 체류자를 화교, 영주자를 화예라고 호칭한다. 단순히 고향을 떠난 자를 에미그리(emire)라 하는데 디아스포라와 에미그리의 차이는 정체성이 분명한 공동체를 구성하는가 여부에 따른다. 근대 이전 동남아로 이주한 화인들은 공동체를 형성한 디아스포라로 보는 편이 옳다.

시기 믈라카에 중국인 공주 항리포를 따라온 500명의 젊은이들이 믈라카 도시 인근 언덕에 중국인 마을을 만들어 정주했다는 전설 같은 이야기가 전해진다. 하지만 명사(明史)를 비롯해 중국의 정사에는 항리포라 불리는 공주의 기록도, 공주가 믈라카로 혼인을 하기 위해 떠났다는 기록도 전혀 남아있지 않다. 오늘날의 부킷 시나(Bukit Cina)라고 불리는 곳은 근대 이전에 오랜 시간에 걸쳐 이주한 중국인들의 집단 묘지이나 현지에서는 항리포와 중국인 시종들이 묻힌 묘라고 전한다. 여기에서 믈라카 바바는 당시 중국에서 건너간 500명의 젊은 중국인 남자의 후예라는 설이 나온다. 이것이 단지 "전하는 이야기"에 불과한 것은 명나라 사람들의 믈라카 대거 이주에 관한 문헌 기록은 사실 남아있지 않기 때문이다. 부킷 시나의 중국인 공동묘지는 중국 본토 외부에 있는 중국인들의 묘지 중에서는 최대 규모로 알려졌다. 고향에서 멀리 떨어진 낯선 땅 남양에서 중국인들이 가장 두려워한 것은 객사해 고향으로 돌아가지 못하고 무주고혼이 되는 것이다. 그러다 보니 이주 중국인들은 마을공동체를 형성하면서 일찍부터 공동묘지를 세웠다. 실제로 페낭에 있었던 의총(義塚), 공총(公塚), 의산(義山) 등의 공동묘지 결사가 화인 최초의 지연과 혈연에 따른 사회조직이었다. 믈라카의 묘지 역시 중국인들의 믈라카 집단 거주로 인해 생긴 것이라는 점은 분명하다. 대규모 묘지가 형성됐다는 것은 오랜 기간 귀향을 꿈꾸었던 중국인들이 자신들의 꿈을 이루지 못했다는 것을 의미한다. 그런 의미에서 본다면 중국인 공동체는 "정주하는 사회"가 아니었다고만 볼 수도 없다. 귀향을 목표로 하고, 언제든 떠날 준비를 하고 있었던 것은 중국인 이주민 공동체의 보이지 않는 지향이었음이 분명하다. 그러나 이들이 정주하는 사회와 다르지 않았다는 현실을 인정할 필요가 있다.

포르투갈의 옛 지도에는 믈라카 도심에 '캄퐁 차이나'(Kampong China)라는 표기가 있기는 하지만 이 지도는 위치만 확인시켜 줄 뿐, 이곳의 규모는 물론이고 그곳에 살았던 중국인이 정주자인지 임시 거주한 상인인지는 확인되지 않는다. 하지만 실제 명·청교체기부터 이후 청의 세력이 확장되는 과정에서 명의 유민이나 해금령을 피해 도주하다가 해적이 되거나, 해상을 떠돌다 필리핀, 말레이 반도로 피신하거나 이주한 사람들이 적지 않았을 것이다. 이를 미화하기 위해 항리포 공주 이야기가 만들어졌을 수도 있다.

정화의 원정 당시, 믈라카의 라자 파라메슈와라(Parameśvara)가 500여 명의 수행원을 동반하여 명의 영락제를 알현한 일은 『명사』와 『영애승람(瀛涯勝覽)』 등에 기록이 나온다. 영락제는 이들의 방문을 환영하는 연회를 크게 베풀었다고 하며, 파라메슈와라는 무려 1년 반을 명에 머물다가 귀국했고, 이때 명나라 정부에서는 그에게 특별히 한 척의 배를 증정했다. 믈라카의 라자가 명에 왕복하고 황제의 하사품을 가지고 돌아온 것은 국가 간 공적인 관계의 시작이지만 이 시기부터 본격적으로 중국과 동남아의 관계가 확대됐다고 볼 수 있다. 그 이전까지 중국과 긴밀한 관계를 맺어온 곳은 베트남의 여러 왕조와 베트남 중부의 점성(占城), 캄보디아의 크메르 제국이었고, 이들은 이미 얼마간 조공 체제 안에 편입되어 있었다. 말레이 반도에 있었던 소국들이나 인도네시아도 중국과 관계를 맺지 않았던 것은 아니지만 정기적으로 조공을 하거나 외교 사절을 보내는 정도는 아니었다.

그런데 네덜란드가 믈라카를 지배하면서 상황이 바뀌었다. 네덜란드는 바타비아에서 그랬던 것과 마찬가지로 믈라카에도 중국인 이주를 적극적으로 권장했다. 네덜란드 동인도회사는 이미 바타비아 건설과 그 이후 중국인들의 노동력과 통제 가능성을 확인했을뿐더러 그들에게는 중국인의 교역망을 활용하겠다는 의도가 명확했다. 더불어 믈라카 확보를 둘러싼 포르투갈과의 전투 과정에서 파괴된 믈라카의 도시 재건을 위해서도 중국인의 노동력이 필요했던 것이다. 네덜란드인들의 적극적인 이주 권장으로 믈라카에 중국인 정착촌과 문화가 빠르게 확대된 것은 사원 건립에서 확인되는데 이들의 당시 주거지는 남아있지 않고 근대기에 건설된 샵하우스만 남았기 때문이다. 이주한 말레이 화인은 중국의 문화를 현지에 가지고 갔다. 이들은 중국적 종교 관념이 강했고, 말레이 이주 생활에서 종교 활동에 별다른 규제를 받지 않았을뿐더러 종교적 결사도 어렵지 않았다. 이들은 자신들의 전통 종교 활동에 필요한 제구를 가지고 갔기에 중국 전래의 종교 전통이 부단히 지속되어 말레이 화인들의 종교 문화는 화인사회를 지탱하는 가장 중요한 지표가 되었다(駱靜山, 2002).

그에 따라 출신 지역을 막론하고 동남아로 이주한 화인들은 중국 본토 자신들의 고향의 신과 함께 이주했고, 이주지에 고향의 종사(宗祀)와 묘당(廟堂)을 건설했다. 말라카의 동안현 자초[自礁鄉]의 호해전(湖海殿)이나 페낭의 장주(漳州)부 해징(海澄)현 산사인 수미궁(水美宮)이 좋은 예이다(駱靜山, 2002). 아직까지 네덜란드가 점령하고 있었던 1704년 믈라카에 건설된 중국인 사원 쳉훈텡(Cheng Hoon Teng; 靑雲亭)도 그 중 하나이다. 쳉훈텡에서는 중국식으로 가짜 종이돈과 향을 태우며 절하고 기도하는 사람들을 볼 수 있다. 가짜 종이돈을 태우는 일은 중국식 장례 풍습에서 중요한 행위라는 점에서 21세기 오늘날에도 이들이 여전히 자신들의 고유 관습을 지키고 있음을 알 수 있다. 중국의 유·불·도 3교, 즉 유교, 불교, 도교의 신을 모시는 쳉훈텡은 믈라카에 대규모 중국인 정주 사회가 형성되어 있었다는 것을 의미한다. 후술하겠지만 쳉훈텡 사원을 건립하고 보수하는 데는 당시 중국인 이주민 사회의 지도자 꺼삐딴이 큰 역할을 했다. 그들은 중국에서 건축자재를 실어 왔을 뿐 아니라 중국의 장인을 직접 불러다 건립하게 만들었는데 이는 믈라카의 중국인 사회가 그만한 재력을 확보했고, 그만큼의 영향력을 발휘할 수 있었음을 의미한다. 소수의 인원으로 사원을 건립하는 일은 상당히 어려울 뿐만 아니라 사원의 유지 및 관리 자체가 어렵기 때문이다.

쳉훈텡 사원은 믈라카 강 서쪽에 위치하며 한눈에 중국계 사원이라는 것을 금방 알 수 있을 정도로 중국식 목조건축물의 외형을 그대로 따랐고, 외벽도 중국풍으로 장식되어 있다. 지금은 오랜 시간이 흘렀고, 사원의 기능이 약화되어 원래와는 비교가 안될 정도로 규모가 축소되었지만, 사원 영역에 속했던 정문 길 건너편에는 중국식 연극 공연을 하는 오페라극장 건물이 아직 남아 있다. 처음에는 고향을 그리워하던 사람들이 모여 향수를 달래고, 기도도 하는 복합적인 종교와 문화 공간이었던 것이다. 쳉훈텡 사원의 문에는 중국식 무관의 복장을 하고 위풍당당하게 손에 칼과 도끼를 든 두 장군의 그림이 그려졌다. 양쪽 주련(柱聯)에는 "오백년전유승적, 사방계내현영령(五百年前留勝

그림 1　**쳉훈텡 사원, 18세기, 믈라카**
출처: 필자

跡 , 四方界內顯英靈)"이라고 썼는데 이곳이 오백 년 전부터 이어져 온 우수한 유적이고, 사방 모든 곳에서 영웅의 정신을 보여준다는 의미로 해석된다.

지금까지도 미미하게 사원으로서의 역할이 유지되고 있는 믈라카의 쳉훈텡 사원은 전형적인 중국 남부식으로 건축된 사원 건물이다(그림 1). 공식적으로는 본당에서 관음보살을 모시고 있고, 또 공자, 관우, 정화를 섬긴다고 하지만 그 어느 쪽도 정통 종교의 틀을 따른 것으로 보이지 않으며 딱히 어떤 신을 모시는 종교적 공간이라고 보기도 어렵다. 관음보살을 모신 주전 좌우에 있는 작은 예배당에는 부와 장수, 자손의 번창을 위한 문구를 걸어놓은 데서도 현세구복적인 중국식 종교와 신앙의 일면이 보인다. 관음보살은 불교의 보살이지만 공자는 유교의 창시자, 관우는 도교에서 신격화한 인물이라는 점에서 쳉훈텡 사원이 유, 불, 도 삼교가 융합된 곳임을 알 수 있다. 중국에서는 이미 삼교융합이 오랜 시간 지속되었고 그 나름의 이유와 사상적인 배경, 종교적인 논쟁이 있었다. 하지만 그 모든 과정을 건너뛰고 말레이시아에 세워진 챙훈텡의 삼교융합은 분명 흥미로운 부분이라고 하지 않을 수 없다. 원래 페낭, 말라카, 싱가포르의 초기 해협식민지 화인사회는 복건인들이 주도했으므로 화인 사당 대부분은 복건인들이 건립한 데서 시작했다. 복건인의 악습으로 방파간의 무력 갈등인 계투(械鬪)와 음사(淫祀), 즉 사치스럽게 도를 넘는 제를 올리는 풍습이 꼽힌다. 하문에서는 신을 모시는 데 많은 비용을 들이며, 병이 들면 의원을 찾지 않고 신에게 제사를 올리고, 죽어서도 이를 뉘우치지 못한다. 이는 악습 중에서도 최악이라고 『하투지(厦鬪志)』는 지적한다(駱靜山, 2002).

챙훈텡 사원은 처음에 네덜란드의 지배 아래 있었던 1646년, 떠이 홍용(Tay Hong Yong)으로도 알려진 꺼삐딴 떠이 키에 키(Tay Kie Ki)가 정화를 기리며 지은 사당에서 시작되었다(이태희, 2013). 1673년에는 꺼삐딴 리 웨이킹(Li Wei King)이 중국에서 건축에 필요한 다양한 자재들을 대거 배로 수입해서 사원에 딸린 부속건물들을 옆에 지어 사당을 확장했다. 그의 후대인 꺼삐딴 찬 키록(Chan Ki Lock)은 1704년 오늘날 챙훈텡 사원의 주전(主殿)을 다시 짓도록 했고, 1801년에는 톡 핑(Tok Ping)의 꺼삐딴 초어 수청(Choa Su Cheong)이 지휘하여 대대적인 보수공사를 벌였다. 초어 수청은 훗날 싱가포르의 첫 번째 꺼삐딴이 된 초어 총롱(Choa Chong Long)의 아버지가 되는 인물이다. 현재 사원 입구 정면에 중심이 되는 주전 왼편에 7미터 높이의 깃대를 두었는데 이 깃대에는 위에서 언급한, 챙훈텡 사원을 건설하고 유지하는데 크게 기여한 세 명의 꺼삐딴 중 두 명의 유해를 여기 모셨음을 상징하는 붉은 깃발을 꽂았다. 처음 건설된 이후, 몇 십년 간격으로 신축과 보수가 계속됐다는 점에서 챙훈텡은 믈라카로 이주한 화인공동체의 종교적 구심점 역할을 충실히 수행했음을 짐작하기 어렵지 않다. 현지 화인공동체의 우두머리인 꺼삐딴이 중국에서 자재를 실어올 정돌로 신축과 개축 및 보수에 신경을 썼다는 점도 주목된다.

챙훈텡 인근의 캄퐁 클링 모스크(Kampong Kling Mosque)와 힌두교 사원인 스리 포야타무르티 사원(Sri Poyatha Moorthi Temple)은 이슬람교 사원과 힌두교 사원, 중국식 불교사원이 같은 지역에 공존하고 있음을 보여준다. 여러 종교 시설의 공존은 자신들이 어떤 종교를 가지고 있느냐와 관계없이 동남아

외부인 서아시아, 인도, 중국 등지에서 건너온 이주정착민들이 비슷한 지역에 모여들어 큰 마찰 없이 살았음을 알려준다. 영국이 개발하여 해협식민지로 만든 싱가포르와 다른 점이다. 이 지역은 해운(海運)과 하운(河運)을 이용할 수 있는 중요한 지리적 위치에 자리하며, 교역이 가장 활발했던 곳으로서 중국이나 인도에서의 출신 지역이나 종교, 전통과 문화가 달라도 공존의 길을 찾을 수 있었기 때문으로 보인다. 출신과 종교, 문화가 다른 사람들이 모여 정착촌을 이루고, 상호 배타적인 문화를 유지한 것이 아니라 적어도 포용적인 공동체의 기반을 형성했던 것이다. 이를 입증하듯 현재까지도 종교적 기능을 유지하고 있는 쳉훈텡 사원과 캄퐁 클링 모스크는 이 지역의 융합적이고 포용적인 태도를 짐작하게 한다.

청대에도 해금령(海禁令)이 상당기간 지속되었기에, 본토를 떠난 중국 이주민들은 고향으로 귀환하기 어려운 상황이었다. 해금령이란 법을 어긴 이들은 동남아 현지에 정착해야만 했는데, 이들이 페라나칸이 되었다고 보는 시각도 있다(Tan, 2003). 중국의 복건·광동·해남 등 남방에서 집중된 동남아 이주는 중국 내부적인 상황에서만 비롯됐다고 볼 수는 없다. 바타비아 건설 당시 이미 뿌리 깊었던 네덜란드 동인도회사의 현지 말레이–인도네시아인 불신과 상대적인 중국인 신뢰가 동남아 전역으로의 폭넓은 이주를 촉진하는 계기가 되었다. 네덜란드는 믈라카로의 중국인 이주만 장려한 것이 아니었다. 네덜란드령 동인도, 즉 지금의 인도네시아 지역의 발리인, 자바인, 암본인, 순다인을 비롯해 수마트라의 말레이인들도 다수 믈라카에 이주시켰다. 자신들의 필요에 따라 네덜란드는 다양한 종족 출신의 이주를 독려했는데, 이들은 비단 네덜란드인 뿐 아니라 당시 상당한 부를 축적하고 있었던 중국인 상인들을 위해 일하기도 했다. 그 외에도 교역을 위해 다양한 종족들이 믈라카를 찾았다. 그런데 중국인과 발리인, 수마트라의 바탁족을 제외하고 믈라카로 온 아시아계 이주자들은 대부분 무슬림이었다. 중국 이주민들 중에 이슬람으로 개종한 경우도 있었지만 무슬림과의 혼사를 피하는 경우도 많았다. 이러한 상황에 근거한 믈라카 바바의 기원에 관한 유력한 설은 믈라카 바바가 중국인과 말레이인의 혼혈이라고 보는 것이다. 중국인 남성과 네덜란드 동인도 출신의 비무슬림 말레이인 여성의 혼인으로 혼종적인 문화를 지닌 혼혈 바바가 탄생했다는 주장이다(West, 2009). 믈라카 바바의 가정에는 발리인과 바탁족 여성의 전통문화가 같이 남아있으며, 이러한 혼혈의 결과 형성된 문화와 사회적 특성이 말레이시아와 인도네시아 현지에서 사회적으로 멸시되거나 조롱의 대상이 되지 않았다는 점이 이 설을 뒷받침한다(Cheo, 2009).

또한 믈라카에는 고국인 인도와의 연계가 끊어진 채 인도에서 믈라카로 이주해 정주한 힌두교도의 후예들도 있었다. 이들은 대체로 인도에서의 모국어를 잊고 말레이어를 모어로 구사했는데 이들은 따로 믈라카 치티(Chitty)라고 한다. 이들은 말레이인과 뚜렷이 구별되지 않았을 것이다. 결국 바바는 중국인 남성과 발리인, 혹은 바탁족, 때로 믈라카 치티 여성 사이의 결합에 의한 혼혈과 그들의 후예를 지칭하는 개념이라고 볼 수 있다(Cheo, 2009: 4). 당시 이주 화인들의 출신지로 미루어, 믈라카 바바의 조상은 중국 남부 복건성 출신이 압도적으로 많았을 것이다. 하지만 이들은 민남어를 사용하지 않고, 주로 말레이어에 민남어가 대폭 수용된 바바 말레이어를 구사했다. 바바 말레이어에는 말레이어와 민남어가 섞여 있지만 포르투갈어와 힌디어의 흔적도 엿보인다고 한다(Tan, 2016). 따라서 페라나칸과 달리 바바는 믈라카의 중국인 남성을 지칭하는 말로 개념화되었다고 보아야 하며, 이들은 말레이 반도에서 가장 이른 시기에 현지에 정착해 중국적이면서 또한 말레이적인 독특한 문화집단을 이루는 데 기여했다. 다음 장에서는 믈라카 바바의 혼례와 관련된 문화를 살펴봄으로써 이를 확인하려고 한다. 믈라카 바바의 혼례는 바바 문화의 혼종적인 특징을 가장 압축적으로 드러낸다는 점에서 주목할 만하다.

III. 말레이 바바의 전통 혼례와 복합문화

일반적으로 믈라카 바바 사회의 특성으로 문화적 관용성을 꼽는다. 중국인 고유의 정체성을 유지하면서도 현지 문화와 관습을 적극적으로 수용했다는 의미에서 관용성이 높다고 이야기되는 것이다. 앞에서 거론했듯이 믈라카에서는 혼혈이라는 이유로 특별한 차별이나 사회적 제약이 없었기 때문에 본토 중국 대륙에서보다 수용적인 태도를 지닐 수 있었을 것이다. 워낙 세계 각지에서 이주한 사람들이 모여 사는 공간이다보니 배타적인 태도보다 수용적, 긍정적인 자세가 더욱 필요했을 수도 있다. 말라카 바바 사회는 말레이인과의 혼혈을 인정하지만, 필리핀의 메스티조나 인도네시아의 페라나칸보다 혼혈 요인이 강하지 않다. 문화적으로 바바의 언어와 의식주는 중국 전통의 것은 아니며, 그렇다고 말레이 양식을 그대로 수용한 것도 아니다. 중국적인 것과 말레이적인 것이 미묘하게 결합한 독특한 혼종성을 보인다.

말라카의 바바 사회는 중국의 혼례를 바탕으로 말레이 혼례 관행을 흡수해, 중국적이면서도 중국 고유의 것과 다르고, 또한 말레이의 양식이라고도 할 수 없는 혼종적인 혼인 의례를 구축했다. 신랑의 의례가 중국적이라면, 신부의 그것은 말레이적이다. 바바 혼인 의례는 대단히 정교하고 복잡할뿐더러, 신랑과 신부가 혼인식 이전 의례를 각자의 집에서 치러, 사실상 성혼이 이뤄진 상태에서 혼인식은 신랑과 신부가 신부 집에서 첫 대면을 하고 신방을 꾸리는 것으로 대신한다. 바바 혼례의 혼종성을 살펴보기에 앞서 먼저 중국과 말레이의 전통 혼례는 어떻게 진행되었는지 알아볼 필요가 있다. 이에 대해서는 1879년 초 중국의 광둥성 광저우(廣州)와 말레이 반도의 술탄국 페락(Perak)을 여행했던 이사벨라 버드 비숍의 기술이 실마리를 준다. 비숍은 1879년 1월 6일자 편지에서 광저우의 혼례 풍경에 대해 다음과 같이 기술했다.

"우리 일행이 방문한 한 아문의 현관에는 진홍색 띠가 걸려 있었다. 진한 다홍색은 관리의 색이자 혼례의 색이기도 하다. 문 안쪽에는 혼례에 온 하객들을 위한 "혼례복"이 걸려 있는데, 오글오글 골이 지게 짠 다홍색 비단에 화려하게 수를 놓은 것이다. 잠시 뒤 거리에서는 온통 다홍색의 혼례 행렬이 시작됐다. 맨 앞에 다홍색 혼례복을 입은 한 무리의 남자들이 저마다 신부의 아버지와 할아버지의 학문을 과시하는 다홍색 깃발을 들고 행진했다. 이어 금색으로 화려하게 장식된 10개의 천막이 그들의 뒤를 따랐다. 하인들이 기둥을 어깨로 받치고 이동하는 천막들 안에는 혼례 선물이 가득 쌓여 있었다. 이어 신부가 탄 가마가 신랑의 집으로 향했다. 15센티미터 깊이의 부조로 조각되고 금색과 청색 물감으로 화려하게 칠한 신부의 가마는 아무도 가마 안을 볼 수 없도록 창을 가렸다. 다홍색 예복을 제대로 갖춰 입은 남자들이 신랑의 학문을 보여주는 깃발을 들고 신부의 가마를 뒤따랐고, 마지막으로 온갖 악기로 구성된 취주악대가 행렬의 대미를 장식했다. 이상이 외래 문물을 접하면서도 별로 바뀌지 않은 채 수천 년을 이어 온 중국 전통 혼례의 모습이다(비숍, 2017)."

반면 비숍은 1879년 말레이시아 페락을 여행하며 적은 2월 18일자 편지에서 말레이 전통 혼례를 보고 아래와 같은 기록을 남겼다.

"(말레이인의) 결혼 준비는 절차가 매우 복잡하다. 보통은 신랑과 신부의 양쪽 지인들이 모여 결혼을 하기로 "약혼"을 먼저 한다. 약혼이 이뤄지면 신랑의 지인들이 신부의 아버지를 찾아가 지참금과 혼수품, 결혼 비용 등을 상의한다. 일반적으로 상위 계층일수록 신랑은 혼례 당일까지 신부가 될 여자의 얼굴을 보지 못하게 되어 있다. 양가가 종교의례를 마치면 결혼은 말레이 사회에서 법적으로 효력을 갖는다. 하지만 신부가 충분히 성장한 뒤에야 남편이 처가로 가서 그녀를 자기 집으로 데려간다.(바꿔 말해서 결혼이 성사된다고 해서 바로 가정을 이루고 같이 살지는 못한다는 이야기다.) 여자들은 열넷이나 열다섯 살에 결혼을 하며, 마흔 살이 되면 노인처럼 보인다. 신랑이 결혼 비용을 지불하기 전날, 예비 신부의 치아를 줄로 갈아 버리는 의식이 치러진다. 어릴 적엔 그렇게 예쁜 말레이 여성들이 혼인을 하면서 무척 흉한 모습으로 바뀌는 건 바로 이 때문이다. 일본인이 치아를 검게 물들여 웃는 모습을 흉측하게 만든다면, 말레이 여성들은 멀쩡한 이를 줄로 갈아 버리는 것이다. 말레이 여성들은 어려서는 빈랑(베텔) 씹기가 금지되어 있어 치아가 희고 반짝인다. 그런데 전통적으로 말레이인은 하얀 치아를 짐승의 이빨로 간주한다. 그렇기 때문에 예비신부의 고운 이를 딱딱한 수마트라산 숫돌이나 쇠줄로 갈아내서 원래 치아의 4분의 1만 남게 만든다. 이를 가는 데는 한 시간 정도밖에 걸리지 않지만, 그로 인해 부은 잇몸과 통증은 며칠간 계속된다. 통증이 가시면 예비신부는 빈랑을 씹어 이를 검게 물들인다. 더 빨리 치아를 더욱 검게 물들이기 위해 코코넛 껍질을 태워서 만든 먹물을 그 위에 덧바르기도 한다. 혼례 사흘 전에는 손톱과 발톱, 손바닥을 헤나로 검게 염색한다. 머리카락은 이마까지 짧게 자르는데, 마치 띠 아래로 매듭을 가지런하게 이은 "게인즈버러 수술 장식"과 비슷하다.

혼례의 피로연은 매우 성대하게 치른다. 염소와 물소를 잡고 신부의 친구와 친지들이 음식을 나른다. 혼례 장식은 가족마다 고유한 것을 대대로 물려서 어머니에게서 딸에게로 대물림된다. 신랑과 신부는 꽃과 보석, 화려한 자수 장식으로 뒤를 덮인다. 신부는 눈부시게 차려입고 의자에 앉아서 하객을 맞는다. 모든 혼례 의식이 끝나면 신랑 신부는 하객들 앞에 별도로 마련된 높은 연단에 앉아 베텔넛을 시리에 싸서 빈랑 씹기를 한다. 이때부터 "꽃잎이 뿌려지고" 풍악이 울리면서 피로연이 시작된다. 결혼 피로연에는 누구든 참가할 수 있다. 젊은 사내들은 게임을 즐기는데, 그중 닭싸움이 가장 인기 있다. 미혼의 젊은 여성들은 집 한쪽에 다른 사람들이 볼 수 없도록 커튼을 치고 자기들끼리 매우 흥겨운 시간을 보낸다(비숍, 2017)."

비숍이 기술한 중국과 말레이 혼례의 풍속은 그녀가 의례를 속속들이 들여다 보고 참여했다기보다는 그저 스케치하듯이 목격한 풍경과 현지에서 전해 들은 이야기를 옮긴 것에 불과하다. 이방인으로서 자신이 보고 들은 것을 기술했을 뿐이며, 여기에 특별한 평가나 판단을 하지 않고 철저한 관찰자 시점을 유지한 것이다. 하지만 플라카 바바 혼례의 성격을 살펴보는 데 유용한 정보를 제공한다는 점은 분명하다(그림 2).

그림 2 혼례용 침대와 침실, 19세기, 싱가포르 아시아문명박물관
출처: 필자

여기서 흥미로운 점은 구장목 열매인 빈랑 씹기 풍속이다. 한자로 빈랑
이라 번역했기 때문에 빈랑씹기라 하지만 통상 베텔 씹기(betel chewing)라고
한다. 현재는 베텔을 씹는 것이 금지된 나라도 있지만 베텔 씹기는 동남아 거
의 전역에서 홍콩과 마카오, 중국 남부까지 퍼졌다. 특히 가장 오래된 베텔 씹
기의 증거는 베텔의 원산지인 필리핀에서 발견된 것으로 미루어 베텔 씹기가
도서부 동남아시아에서 시작되어 남아시아와 중국 남부까지 퍼진 것으로 보
고 있다(Zumbroich, 2008). 특히 태국, 베트남, 미얀마 등 대륙부 동남아와 말
레이시아에서는 베텔 씹기가 중요한 관습이자 문화로 자리 잡았다(IARC Work-
ing Group, 2004). 베텔, 즉 구장목은 말레이시아가 원산지로 25m이상 자라는
큰 나무이다. 그 열매인 베텔넛(빈랑자, 구장 열매)에는 탄닌과 알칼로이드 성분
이 들어 있어 두통, 설사, 피부병, 구충 제거 등에 효과가 있다고 한다. 하지만
처음에는 이것이 약용으로 쓰였다 하더라도 나중에는 약용보다 기호품으로
애용되었다

말레이 관습법에서는 원래 베텔을 씹지 않는 사람이라도 베텔 접대를 받

게 되면, 접대하는 이의 환대에 감사한다는 뜻으로 베텔에 손대는 시늉이라도 해야 한다고 한다. 신분의 고하를 막론하고 남녀 모두 즐기던 풍습이기 때문에 동남아 가정에서는 방문객을 위해 접대용으로 베텔을 준비해두기도 했다. 그런 의미에서 베텔 씹기는 동남아의 보편적인 관습이기도 했지만 사람들을 환대하고 선의의 접대를 하는 호의의 제스처이기도 했다. 베텔 씹기는 베텔을 그냥 통으로 입에 넣고 씹는 것은 아니다. 넓은 베텔후춧잎에 조개껍질을 갈아서 개어 만든 석회를 얹고 다시 베텔넛을 쌈처럼 싸서 씹는 것이다. 여기에 경우에 따라 여러 종류의 향신료를 추가하기도 한다. 베텔을 즐기는 사람들에게 베텔은 긴장을 풀어주고 피로를 회복시켜 주며, 중독성이 강한 기호품이라고 한다. 기분을 좋게 하는 마약 같은 성격의 베텔을 즐기면 이가 붉거나 검어지기 때문에 현재 동남아 각지에서는 금지하거나 규제하는 곳이 늘어나고 있다.

　　말레이 세계에 널리 퍼져 있었던 베텔 씹기의 관습이 페라나칸의 전통 혼례에서도 중시된 것은 실제 말레이 문화와 중국계 이주민의 문화가 융합되었기 때문으로 보인다. 앞에서 인용한 비숍의 기술에서도 베텔 씹기가 나오지만 중국의 혼례를 묘사하는 부분에서는 베텔 이야기가 나오지 않는다. 전근대 사회에서 매파를 중간에 두고 혼담이 오가고, 혼례가 성사되는 단계에 이르면 남자 쪽 집에서 혼담을 계속 진전시키기 위해 아가씨 집으로 사람을 보내는데, 이때 아가씨 집에서는 신랑측 손님에게 다과와 함께 베텔을 대접한다. 뜸빳 시리(tempat sirih)라 불리는 베텔 접대용 그릇에 시리라 불리는 베텔후춧잎과 잘게 썬 베텔넛, 베텔넛을 베텔후춧잎에 올려 떨어지지 않게 고정할 석회, 갬비어와 자바 담배를 같이 담아 내간다. 어떤 의미에서 베텔은 혼인의 성사를 가늠할 환담을 이끌어낼 중요한 접대품이 된다고 할 수 있다. 혼인을 약조하고, 혼례가 본격적으로 진행이 될 때도 베텔은 다시 등장한다. 양쪽 집안의 신랑·신부 어머니는 청첩을 할 때, 여성 친지나 집안의 여성 지인들을 따로 불러 청첩을 한다. 이때 직접 여성 친지들의 집을 방문하는데 이때도 역시 베텔을 가지고 간다. 이를 한타르 시리(hantar sirih)라고 부르는데, 한타르 시리는 시리를 나른다는 뜻이고, 시리는 베텔을 베텔후춧잎에 올린 것을 일컫는

그림 3　베텔박스, 19세기, 페낭주립박물관
출처: 필자

다(Cheo, 2009). 양가의 어머니들은 베텔씹기를 위한 만반의 준비를 해서, 베텔후춧잎에 석회와 얇게 썬 베텔넛을 넣어 삼각형으로 곱게 싼 것을 작은 은제 그릇에 담아 비단 보자기에 싸서 여성 친지와 지인들에게 건네준다. 일종의 선물이자, 혼례를 잘 부탁한다는 의미를 담아 시리를 전하는 셈이다.

　　집집마다 여성 친지와 지인에게 직접 시리를 건네며 따로 청첩을 한 것을 보면 당시 여성들에게도 베텔씹기는 보편적인 일이었음을 짐작할 수 있다. 사실상 베텔씹기는 동남아를 식민 지배했던 유럽사람들에게도 널리 퍼졌다고 한다. 하지만 한타르 시리를 하던 혼주 어머니들이 베텔을 싼 베텔후춧입잎을 어떤 종류의 은제 그릇에 담았는지는 확실하지 않다. 그러나 이와 유사한 가정용 베텔 용기세트는 동남아 여러 곳에 남아있다. 말레이시아 국립박물관, 페낭주립박물관, 싱가포르 국립박물관 등에는 정교하고 호화찬란하게 만든 베텔 용기세트가 남아있다. 현재 남아있는 그릇들을 보면 금, 은, 동 등을 재료로 만든 값비싼 용기와 나무 쟁반, 그릇 받침 세트를 볼 수 있으며 때로는 당시에도 가격대가 높았던 중국 수입 도자기까지 다양하다. 그릇을 만든 재료도 다양하지만 베텔용기의 종류는 더욱 다양해서 이들을 특별히 어떤 유형으로 분류하거나 일반화하기는 어렵다. 하지만 분명한 것은 각 그릇들의 용도에 맞게 베텔후춧잎을 담는 그릇과 베텔넛을 담는 그릇, 석회 담는 그릇들을 각기 다른 형태로 만들어 이를 구분했다는 점이다.

페낭주립박물관 소장의 베텔 용기세트는 구리로 만든 단순한 형태의 박스에 작은 꼭지가 중앙에 달린 놋그릇으로 이뤄져 있다(그림 3). 그릇에는 연고처럼 굳어 있는 하얀 석회, 베텔넛 껍질 자른 것, 베텔 커터가 들어있어서 실제로 사용된 물건임을 알 수 있다. 또 다른 베텔 용기세트 역시 동으로 만들었고, 그릇은 소박하지만 베텔 커터의 용처럼 생긴 앞머리 부분은 이 용기 세트가 말레이계 문화에서 만든 공예품은 아니라는 것을 말해준다. 말레이시아의 유물은 아니지만 싱가포르 아시아문명박물관 소장의 베텔 용기세트는 더욱 중국적인 색채가 강하다(그림 4). 역시 베텔 전용 세트로 구성되어 있으며, 베텔 용기들을 담은 나무상자는 위가 약간 넓은 목제박스에 칠을 하고 자개로 장식을 한 것이다. 자개로 만든 문양은 고목처럼 보이는 나무 줄기에 꽃과 잎, 넝쿨을 표현하고 곳곳에 나비가 날아다니는 모습이다. 중국 전통에서 나비의 한자어 접(蝶)의 발음이 80세를 뜻하는 질(耋)자와 같기 때문에 장수를 상징한다. 그러므로 이 용기 세트는 가정의 장수와 번영을 기원하는 의미가 담긴 중국의 일상적인 생활용품과 유사하다. 목제상자 안에 담겨있는 베텔 그릇들도 금과 은도금으로 호사스럽게 치장을 한 것이다. 볼록한 꽃처럼 만든 팔각의 그릇 뚜껑에 인물과 꽃을 번갈아 돋을새김으로 새겼고, 뚜껑 한가운데는 부귀를 상징하는 모란꽃을 표현했다. 전형적인 중국식 부귀 장수의 상징들이 묘사된 베텔 그릇이다.

베텔 씹기라는 관습화된 전통은 말레이계 사람들의 문화지만 이것이 중국계 이주민과 그들의 후손들에게도 보편적으로 퍼짐으로써 혼례 절차 중에도 포함되었다. 중국계 이주민과 그 후손들이 사용한 베텔 용기 세트에 중국적인 상서의 문양들이 표현된 것에서 베텔 씹기 문화의 복합적, 융합적인 성격을 짐작할 수 있다. 베텔 씹기의 관습은 중국 이주민 사회가 말레이 문화를

그림 4 베텔박스, 19세기, 싱가포르 아시아문명박물관

출처: 필자

그림 5 뇨냐웨어, 19세기, 페낭주립박물관

출처: 필자

받아들였음을 보여준다. 베텔을 씹다가 뱉기 위한 용도로 쓰는 타구, 즉 침뱉기용 그릇도 주목된다. 페낭과 믈라카를 포함하여 말레이시아 현지에 전해지는 타구는 소위 페라나칸 도자기, 혹은 뇨냐 웨어(Nyonya Ware)라 불리는 중국산 도자기가 많다(Kee, 2017). 양질의 태토를 이용해 백자를 만들고 두꺼운 유약을 입힌 그릇들이다(그림 5). 대개 중국 남부 복건성이나 절강성에 주문, 생산해 수입하는 자기이다. 유약을 두텁게 입혀서 바탕이 드러나지 않고, 화려하게 그림을 그려 눈에 금방 띄는 특징이 있다. 무엇보다도 채도가 높은 밝은 핑크색, 연두색, 옥색, 노란색 등을 써서 채색을 하고 그림을 그리는데 이런 유형의 색감과 두꺼운 유약은 중국 현지에서는 선호하지도 않았으며 중국인들의 고급자기로 쓰이지 않았다. 명도와 채도가 모두 높은 색으로 보나, 실용적인 기형으로 보나 동남아적인 특징이 강하게 드러나기 때문에 이들은 따로 뇨냐웨어라고 분류된다. 하지만 이 양질의 고급 백자 위에 값비싼 안료로 그려진 문양들은 상서로움을 뜻하는 봉황이나 연꽃, 용 등으로 매우 중국적이다(Chan, 2011). 그릇의 형태와 색감은 동남아적이고, 그려진 문양들은 중국적이라는 점은 상당히 흥미롭다. 말레이시아 페라나칸 문화의 혼종성을 압축적으로 보여주기 때문이다.

베텔 씹기가 말레이 관습의 수용이라면 중국식 관습은 ˝떡 돌리기˝에서 드러난다. 혼인이 결정되면 예비 신랑이 붉은색 청첩장을 붉은 봉투에 넣어 집집마다 찾아다니며 혼례를 알린다. 청첩장을 돌릴 때는 현대식으로 ‘웨딩 플래너’ 역할을 하는 남자 친지가 청첩장과 함께 ‘꿰’를 같이 나눠준다(Cheo, 2009). 꿰는 과자의 호키엔(福建) 방언으로 떡에 해당한다.

그림 6　뇨냐 꿰, 현대, 싱가포르

출처: https://citynomads.com/best-nonya-kueh-in-singapore-where-to-get-layers-of-pure-peranakan-goodness/

중국에서는 대보름날에 탕원이라고 부르는 찹쌀떡을 먹는 풍습이 있는데 이것이 꿰의 기원이 되었다고 한다(그림 6). 그러므로 청첩장을 돌리는 날, 붉은색과 흰색으로 만든 꿰를 달콤하게 만들어 친지들에게 대접하는데, 붉은색의 꿰는 복(福)을 의미하고, 하얀색 꿰는 혼인하는 사람들의 순결을 뜻하며, 꿰에서 나는 단맛은 혼인이라고 하는 신랑·신부의 결합이 달콤하다는 것을 뜻한다(Cheo, 2009). 앞에서 살펴본 대로 여성 친지들에게 베텔을 주며 혼례에 참석해달라고 초청하는 것은 말레이식 풍습이고, 신랑 집안에서 친지들에게 꿰를 돌리는 관습은 중국식 절차에서 비롯됐다. 혼례를 하기 전에 진행되는 이 절차들은 말레이식과 중국식 전통과 관습이 한데 어우러져 복합적인 문화로 변했음을 알려준다.

꿰에도 여러 종류가 있고, 색도 다양하지만 이를 만드는 방식은 중국식과 현지식이 결합한 방식이다. 애초에 혼례라고 하는 인간 세상의 큰 절차에 떡을 빚어 잔치를 하는 것은 쌀을 주식으로 하는 문화권에서 자연스러운 일로 보인다. 꿰는 주로 페라나칸 여성을 지칭하는 뇨냐란 말을 써서 ‘뇨냐 케이크’라고도 부른다. 꿰를 만들어 돌리는 풍습은 쌀로 떡과 과자를 만들던 중국의 다과 전통에서 시작됐지만 재료에서 차이가 나는 것은 당연한 일이다. 중국이나 우리나라와 달리 말레이시아에서는 판단(Pandan)이라 불리는 식물의 잎을 이용해 떡을 찌기 때문에 이를 판단 케이크(pandan cake)라고 부르기도 한다. 순 쌀이나 찹쌀로 떡을 만드는 중국이나 우리와 달리 꿰는 녹말과 고구마류인 얌을 섞어 반죽하기도 한다. 거기에 말레이시아에서 나는 열대의 재료들을 이용해 꿰를 만들기 때문에 파인애플, 바나나, 코코넛 등의 다양한 열대과일과 코코넛 밀크, 야자 시럽 등 현지 재료를 최대한 활용해 꿰를 만들고 색색으로 물을 들인다. 파인애플 과자인 꿰 타르를 비롯해 무지개떡을 닮은 꿰 경강, 쌀가루에 코코넛 밀크와 야자 시럽, 바나나 조각을 넣은 아쁨 브르꾸아 등이 모두 중국식 떡 만드는 방법과 현지의 재료가 결합된 산물이다.[4]

IV. 전통이 사라진 시대의 토생화인(土生華人)

페라나칸과 바바·뇨냐는 시대의 변화에 따라 사라지는 역사적 개념이 될 수밖에 없다. 순혈주의적 관념에 따라 인종, 혹은 종족에 따라 나눈 구분이고, 더는 동남아 현지인과 중국인, 혹은 유럽이나 인도인, 일본인과의 혼인에 의한 가족 및 친인척 공동체라는 구분이 의미를 갖지 못하는 시대이기 때문이다. 실제로 페라나칸이라는 명칭은 이주민들이 이미 현지에 정착한 지 수 세기가 지났고, 근대 이후 가속화되었던 중국인들의 이주는 20세기초에 신케(新客)라는 새로운 존재를 부각시켰다. 남성에 국한되었던 여성들의 이주 역시 출신 지역과 종족을 막론하고 광범위하게 진행되어 현지인 여성과의 결혼이 더 이상 유일한 대안이 되지 못했다(강희정, 2019). 근대 이전에 먼저 동남아로 이주한 소위 라오커(老客)의 문화와 집단적 지향은 굳건한 중국적 정체성을 지닌

---

4 https://www.timeout.com/kuala-lumpur/restaurants/ultimate-guide-to-malaysian-kuih(검색일: 2022. 03. 04)

신케와는 판이하게 달랐다. 라오커와 그들의 후손에 해당하는 페라나칸들은 영국의 식민지였던 말레이시아에서 영국적인 신식 교육을 받고 영어를 중시하여 이중언어를 구사했고, 영국으로 유학을 가거나 관리나 법조계 등으로 진로를 잡았다. 신케들이 중국어를 쓰고, 중국적 전통과 문화를 유지하며, 중국인 학교를 선호한 것과 대조적이다(Yen, 1982).

혈연과 지연을 중심에 둔 공동체의 관념이 익명의 세계로 대체되는 디지털 시대에 더 이상 분류의 의미가 없는 페라나칸과 그 문화가 여전히 일부 지역에서 소환되고 있다. 그 이유는 싱가포르처럼 역사의 재구축을 통한 정체성 확립에 목적을 두거나 푸켓이나 페낭처럼 관광이라는 실용적인 목적에서의 유용성 때문이다. 이 두 가지 측면이 현실적인 중심축으로 작용한다. 최근 태국 푸켓에서는 매년 6월마다 페라나칸 결혼식을 재현하는 이벤트성 행사를 개최하고 있다.[5] 태국 관광청의 후원으로 이뤄지는 이 행사는 사전에 희망자를 받아서 진행하는 관광유인책의 일종이지만 여기 호응하는 사람들이 적지 않아서 인근 페낭과 싱가포르로 일부 확산되고 있다. 푸켓 역시 말레이시아 페낭, 인도네시아 아체와 함께 주석 광산 개발로 인한 중국인들의 집단 이주가 많았던 곳으로 지역 내 교역망이 확고했던 곳이라 페라나칸 문화의 전통이 남아있다.[6] 혼례는 인류의 대표적인 풍습이자 보수성이 높은 의례지만 상장례와는 달리 전통적인 관념이 변화된 현재도 일부 이벤트성으로, 혹은 축약된 형태로 형식적인 재현이 가능하다. 하지만 형식만 남은 전통이라 하더라도 그 뿌리가 어디에 있는지 확인하는 것은 여전히 의미 있는 일이다. 중국에서는 사라진 역사 속의 전통들이 혼종화된 상태로 이어진 페라나칸 혼례는 말레이 바바 문화의 복합성을 잘 보여주는 의례라 하겠다.

---

5   https://www.phuket.net/articles/2019/06/phuket-baba-wedding/(검색일: 2020. 08. 30)

6   중국계 이주민, 페라나칸 공동체의 전통이 있는 곳은 세부적으로는 달라도 이와 유사한 중국식과 말레이식을 중심으로 하는 혼례, 상장례 등의 전통의례와 세시풍속이 유지되고 있다. 각 지역마다 고유의 특징이 추가되어 풍성한 혼종문화를 이루고 있는데 믈라카와 반대편 말레이 반도 동쪽 해안에 위치한 뜨렝가누(Terengganu)의 사례도 보고된 바 있다(Tan, 2015).

강희정. 2013. "아편, 주석, 고무: 페낭 화인사회의 형성과 전개, 1786 – 1941." 『동남아시아연구』 vol.23, no.3, 93 – 134.

______. 2019. 『아편과 깡통의 궁전』. 서울: 푸른역사.

국립중앙박물관 편. 2013. 『싱가포르의 혼합문화 페라나칸』. 서울: 국립중앙박물관.

다뚝 자이날 아비딘 빈 압둘 와히드 편저. 소병국 편역. 1998. 『말레이시아史』. 서울: 오름.

메리 하이듀즈, 박장식 번역. 2012. 『동남아의 역사와 문화』. 서울: 솔과학.

신윤환. 1995. "동남아의 화인(화교): 아세안 4개국 사례 비교연구 시론." 고우성 외 7인. 『한국과 동남아시아 교류사동남아의 정치경제: 산업화와 발전전략』, 41 – 90. 서울: 21세기한국연구재단.

오명석. 2000. "말레이시아 화인사회: 다종족국가 내에서의 공존과 갈등." 박사명 · 박은경 · 신윤환 · 오명석 · 전경수 · 조흥국. 『동남아의 화인사회』, 186 – 312. 서울: 전통과 현대.

유인선. 2012. 『베트남과 그 이웃 중국』. 파주: 창비.

이사벨라 버드 비숍 저. 유병선 역. 2017. 『이사벨라 버드 비숍의 황금반도』. 대구: 경북대학교 출판부.

이즈미다 히데오 저. 김나영 · 안미정 · 최낙민 · 이명권 · 김봉경 옮김. 2014. 『해역아시아의 차이나타운 華人街 – 이민과 식민에 의한 도시형성 – 』. 서울: 선인.

이태희. 2013. "페라나칸의 역사". 국립중앙박물관 편. 『싱가포르의 혼합문화 페라나칸』, 148 – 167. 서울: 국립중앙박물관.

조흥국. 2009. 『한국과 동남아시아 교류사』. 소나무.

피터 리. 2013. "사룽과 케바야, 페라나칸의 패션과 정체성에 보이는 혼합성의 스펙트럼, 1600 – 1950.", 168-176. 서울: 국립중앙박물관.

駱靜山. 「檳城華人宗教的今昔」. Proceeding in 檳城古蹟信託會主辦, 各姓氏青年委協辦, "檳城嶼華人事跡" 學術研討會(2002.1.5.~6).

Carstens, Sharon A. 1999. "DANCING LIONS AND DISAPPEARING HISTORY: The National Culture Debates and Chinese Malaysian Culture."

Crossroads: An Interdisciplinary Journal of Southeast Asian Studies, 13(1), 11 –63.

__________. 2005(reprint 2016). Histories, Cultures, Identities: Studies in Malaysian Chinese Worlds. Singapore: National University of Singapore Press.

Chan, Suan Choo. 2011. The Pinang Peranakan Mansion: A Museum of Straits Chinese Cultural Heritage. Media Art Printing Centre.

Cheo, Kim Ban. 2009. A Baba Wedding. Singapore: Marshall Cavendish Editions.

Ch'ng Kim See. 2009. "A Survey of the Literature on Chinese Peranakans and the Case for a Regional Resource Centre." JMBRAS. 82(2), 179 –191.

Choo, Chan Suan. 2011. The Pinang Peranakan Mansion: A Museum of Straits Chinese Cultural Heritage. Media Art Printing Centre.

Cushman, J. W. 1991. Family and State: The Formation of a Sino–Thai Tin Mining Dynasty, 1797–1932. Singapore: Oxford University Press.

DeBernardi, Jean. 1984. "The Hungry Ghosts Festival: A Convergence of Religion and Politics in the Chinese Community of Penang, Malaysia." Southeast Asian Journal of Social Science 12(1), 25 –34.

__________. 1992. "Space and Time in Chinese Religious Culture." History of Religions, 31(3), 247 –268.

Fels, Patricia Tusa. 2002. "Conserving the Shophouse City." Proceedings in The Penang Story –International Conference 2002.

Hirschman, Charles. 1986. "The making of Race in Colonial Malaya: Political Economy and Racial Ideology." Sociological Forum, 1(2), 330 –361.

__________. 1987. "The Meaning and Measurement of Ethnicity in Malaysia: An Analysis of Census Classifications." The Journal of Asian Studies, 46(3), 555 –582.

Horstmann, Kurt. 1980. "The Nanyang Chinese — History and present Position of the Chinese in SE Asia." GeoJournal, 4(1), 64 –66.

Hussin, Nordin. 2005. Trade and Society in the Straits of Melaka: Dutch Mela-

ka and English Penang, 1780–1830. Singpaore: National University of Singapore Press.

IARC Working Group. 2004. *Betel–quid and areca–nut chewing and some areca–nut–derived Nitrosamines*. The World Health Organization.

Kee, Ming –Yuet. 2017. *Peranakan Chinese Prcelain*. New York: Tuttle Publishing.

Khoo, Joo Ee. 1966. *The Straits Chinese*: *A Cultural History*. Amsterdam: Pepin Press.

Khoo, Kay Kim. 1998. "MALAYSIA: IMMIGRATION AND THE GROWTH OF A PLURAL SOCIETY." *JMBRAS,* 71(1), 1 –25.

Knapp, Ronald G. 2010. *Chinese Houses of Southeast Asia*. Singapore: Tuttle Publishing.

__________. 2013. *The Peranakan Chinese Home*: *Art & Culture in Daily Life*. New York: Tuttle Publishing.

Purcell, Victor. 1947. "Chinese Settlement in Malacca", *JMBRAS,* XX(1), 115 –125.

Rashid, Mohd. Razha and Wazir –jahan Karim. 1988. "Ritual, Ethnicity, and Transculturalism in Penang." *Journal of Social Issues in Southeast Asia,* 3(1), 62 –78.

Tan, Chee Beng. 2003. "People of Chinese Descent: Language, Nationality and Identity". *The Chinese Diaspora*: *Selected Essays,* Vol.1. Singapore: Eastern University Press.

Tan, Siew Imm. 2016. *Penang Hokkien–English dictionary*: *with an English– Penang Hokkien glossary*. Sunway Education Group.

Tan, Yao Sua. 2015. *Culture, Identity & Foodways of the Terengganu Chinese*. Selangor: SIRD.

West, Barbara A. 2009. *Encyclopedia Of The Peoples Of Asia And Oceania*. New York: Facts On File .

Willmott, William E. 1967. *The Chinese in Cambodia*. Vancouver: Publications Centre, University of British Columbia.

Yen, Ching-Hwang. 1982. "Overseas Chinese Nationalism in Singapore and Malaya 1877~1922". *Modern Asian Studies,* 16(3), 397-425.

Zumbroich, Thomas J. 2008. "The origin and diffusion of betel chewing: a synthesis of evidence from South Asia, Southeast Asia and beyond." *eJournal of Indian Medicine.* 1(3), 87-140.

제7장

남중국해 화인 네트워크 속 사람, 자본, 물자, 그리고 문화의 이동:
근대 화교 송금 네트워크의 형성과 이동의 구조

김종호(서강대학교 동아연구소)

I. 머리말 – 송금으로 보는 화인(華人) 네트워크의 상호 연결성

남중국해 해역공간을 중심으로 형성된 중국계 이주민 활동의 핵심은 소위 '네트워크'로 대표되는 상호 연결성이다. 그리고 네트워크의 핵심 작동 기제는 화인들이 그들끼리 '꽌시(關係)'와 '신용(信用)'을 맺고 유지할 수 있도록 해주는 혈연·지연 기반 공동체 단위의 멤버십이다. 기존 많은 연구들이 이 혈연·지연 기반 네트워크를 활용하여 화인들의 공동체성이나 남중국해 해역공간에서 보여준 그들의 번영을 설명하여 노력해왔다. 무엇보다 네트워크가 가장 많이 활용되는 순간이 바로 그 경제적 역량인데, 특히 일군의 일본 학자들이 남중국해와 동북아시아에서 화인들이 보여준 경제적 네트워크에 주목해 왔고, 이는 근대 아시아 역내 무역 공동체의 형성을 주장할 때 가장 중요한 증거로 연구되었다(杉原 薫, 1996; 濱下武志, 2013; 古田和子, 2000; 籠谷直人, 2000). 또 다른 한편으로 이민자로서 화인들의 정체성에 주목하는 경우 그 네트워크가 출신 지역인 중국 대륙과의 관계와 이주 지역인 동남아시아의 여러 국가와의 관계라고 하는 두 가지 측면이 있다는 점에 주목하여 혈연, 지연을 중심으로 출신지와의 네트워크에 집중함으로서 중화인(中華人)이라는 정체성을 강조하기도 한다(Wang Gungwu, 1990; 1991a).[1]

다만 기존 연구들은 '네트워크'를 피상적으로 이해하면서 화인들의 중요성을 강조하기 위한 도구로서 활용하고 있을 뿐이다. 네트워크 자체에 주목하여 이 연결망이 화인들의 초국적/초지역적 존재 양태에 끼친 영향이나 실질적으로 어떠한 과정을 거쳐서 작동하였기에 그들이 남중국해 해역공간에서 중요한 비중을 차지할 수 있었는지에 대한 연구는 드물다. 눈에 보이지는 않지만, 그리고 실질적으로 발을 디딜 수는 없지만, 바다를 건너는 화인들에게 뚜렷이 상상되고 있었던 네트워크가 이주민의 보이지 않는 영토로서 어떻게 형성되었는지, 그 연쇄작용에 대한 면밀한 연구는 그리 많지 않다.[2]

본장에서 다룰 송금은 이민, 무역과 함께 화인들의 대표적인 네트워크지만, 국내에서는 그리 많은 주목을 받지는 않았다. 근대 시기 적게는 수백만, 최대 2,000만이 건너왔다는 동남아시아의 화인들은 대부분 도시와 농촌의 하층 노동자들이었고, 그 험난한 노동의 목적은 고향의 가족들을 먹여 살리는 것이었다. 그렇기 때문에 그들은 정기적으로, 상황에 따라서는 비정기적으로 그들의 고향에 다양한 목적으로 송금하기 시작했고, 최대 2,000만의 화교 노동자들이 정기적으로 보내는 돈은 거대 자본이 되어 남중국해 해역공간을 다른 차원으로 변모시키기 시작한다. 본 연구는 그 과정을 네트워크의 형성과 그 연쇄작용으로 이루어지는 연결망의 중첩 과정으로 분석함으로써 중첩된 네트워크가 이주민인 화인들에게 '상상의 영토'가 되어가는 과정을 추적해 보고자 한다.

---

1   중화인이라는 개념에는 현재 중국 대륙에 성립된 중화인민공화국을 본국으로 보는 관점과 현재 성립된 정권을 넘어선 중화 정체성을 강조하는 경우가 모두 포함되어 있다.

2   최근 남중국해 해역공간을 하나의 무대로 상정하여 중국 동남연해 지역과 동남아시아 사이에서 이루어진 다양한 활동들을 하나의 단위로 설정함으로써 그들의 활동을 연구하려는 경향이 강해지고 있다. 본 연구 역시 그 일환으로 진행된다는 점을 밝혀둔다(Derek Heng, 2013; Jack Meng-Tat Chia, 2020; Ma Guoqing, 2017).

송금에 주목한다면 1차원적으로는 자본이 어떻게 이동하는지를 볼 수 있지만, 결국에는 그와 연결지어 사람이 어떻게 이동하는지, 물자가 어떻게 이동하는지, 그리고 사상과 문화는 어떻게 이동하는지를 볼 수 있다는 점이 중요하다. 이 모든 이동, 움직임들이 얽히고설켜 화인들의 영토, 네트워크가 된다는 관점이다. 본 연구는 이를 보다 선명하게 살펴보기 위해 남중국해 해역사상 가장 역동적인 시기이자 처음으로 많은 인구가 오고 간 근대, 즉 1840년대부터 1960년대까지에 주목하여 분석해 보고자 한다.[3]

1. 역사적 · 공간적 배경

이 글은 19세기에서 20세기까지만을 다루고 있지만, 사실 남중국해를 중심으로 형성된 화인 공동체는 그 기원을 중국 당(唐)대까지 거슬러 올라가야 할 정도의 긴 문명사적 시간 아래 형성된 집단이다. 그런 이유로 전근대 해상 실크로드의 전개와 함께 시작된 중국 동남부 푸젠(福建)과 광둥(廣東)인들의 이주와 경제활동, 문화적 융합과 혼종을 이해하기 위해서는 역사적, 공간적 배경에 대한 이해뿐 아니라 몇몇 용어에 대한 설명도 필요하다. 본 장에서는 특히 19세기에서 20세기까지의 화인 이주를 이해하기 위한 장치들을 설명한 뒤에 본격적인 논의를 이어가고자 한다.

중국인의 동남아시아 이주는 천 수백년에 걸쳐 진행된 문명사적 현상이고, 이슬람, 유럽, 동북아시아의 역사직 변화와 연계된 세계적(global) 단위의 문명간 교류 현상이기도 하다. 그럼에도 불구하고, 동남아시아로의 중국인 이주는 광둥과 푸젠 지역과의 교류가 대부분이었다는 점에서 지역(local) 단위의 교류로 볼 수 있다는 점도 염두에 두어야 한다. 이주 그룹의 특성상 이들

---

3   일반적으로 중국과 동남아시아 화인 연구에서 근대 시기는 난징조약이 맺어지는 1840년대에서 아시아 태평양 전쟁기인 1940년대까지지만, 화교 송금의 경우 2차 대전 이후 국공내전기와 중화인민공화국의 성립을 거쳐 문화대혁명 직전인 1960년대 중반까지도 꾸준히 이어지고 있었기 때문에 연구 시기를 이처럼 설정하였다는 점을 밝혀둔다.

이 보여주는 다양한 현상들은 출신지(home country)의 정치체와 이주지역(host country)의 정치체를 동시에 살펴봐야 할 필요가 있다. 출신지인 중국 대륙의 경우 본 연구는 청(淸)대, 중화민국(中華民國), 난징국민정부(南京國民政府), 중화인민공화국(中華人民共和國)에 걸쳐있고, 이주지역의 경우 근대 식민시기(네덜란드령 동인도(Dutch East Indies), 영국령 말라야(British Malaya), 해협식민지(Straits Settlements), 영국령 버마(British Burma), 프랑스령 인도차이나(French Indochina), 시암(Siam)), 현대 국민국가시기(싱가포르, 말레이시아, 인도네시아, 태국, 미얀마, 베트남, 캄보디아, 라오스, 필리핀, 티무르 레스떼)로 나눌 수 있다.

중요한 점은 중국계 이주민들 사이에도 지역에 따른 구분이 존재하고, 이것이 동남아시아 이주민 사회의 구조를 파악하기 위한 핵심단위라는 것이다. 흔히 동남아시아로 이주해 온 중국계 이주민들은 지역에 따라 크게 다섯 종류로 나누는데, 호키엔(福建; Hokkien), 캔터니즈(廣東; Cantonese), 떼오추-스와터우(潮州; Teochew-汕頭; Swatow), 하카(客家; Hakka), 하이난(海南; Hainan)이다. 각각 푸젠 남부지역, 광저우를 중심으로 한 광둥지역, 광두 동북부 차오저우-샨터우 지역(줄여서 차오샨 지역), 푸젠과 광둥 배후지에 분산되어 거주하는 커지아, 하이난섬 출신이다.

20세기 초중반 신해혁명(辛亥革命)의 발생과 쑨원(孫文)의 노력으로 조금씩 중화민족으로서의 내셔널리즘을 깨달아가기 전만 해도 이들은 확실하게 구분되어 있었고, 방언도 서로 달랐으며, 문화와 쓰는 용어 역시 달랐다. 그들에게는 오로지 지역성에 기반한 정체성이 강했기에 서로 경쟁하기도 하고, 심지어는 전쟁을 벌이는 사이이기도 했다. 그들 사이에는 단지 같은 문자를 공유한다는 것과 청이라고 하는 대륙의 제국으로부터 건너 온 사람들이라는 매우 느슨한 공유의식만이 존재하고 있었을 뿐이었다. 이러한 지역에 따른 인식은 국민국가 시대로 접어든 지금도 희미하나마 각 지역 방언으로, 지명으로, 문화적 관습으로 남아있다.

또한 중국인의 동남아시아 이주를 이해하기 위한 개념에는 난양(南洋; South Seas), 화교(華僑), 화인(華人), 화예(華裔), 페라나칸(Peranakan), 메스티조

(Mestizo), 신객(新客), 싱커(Sinkeh), 토톡(Totok), 교권(僑眷), 교향(僑鄉), 교비(僑批) 등이 있다. 우선 난양이라는 단어는 그 자체로 남쪽 바다라는 뜻을 가지고 있는데, 이는 중국 대륙에서 바라본 관점이다. 중국학에서의 난양이란 동남아시아와 그 부속 섬들 및 주변 바다를 일컫고, 역사적으로는 당송(唐宋) 시기부터 대륙의 중국 무역업자들이 진출한 남쪽 구역을 통칭하는 개념이었다. 인도차이나반도의 해안 지역, 필리핀, 영국령 보르네오, 네덜란드령 인도네시아, 영국령 말레이시아 반도, 해협식민지 등이 해당된다. 다만 난양 화교라고 지칭되는 이들은 이들 지역 내의 중국계 이주민들뿐만 아니라, 인도차이나반도 내의 이주자들까지 포함하는 개념이다.

1870년대 청의 관리들은 재외 중국인에 대한 처우를 자국민과 동일한 수준으로 끌어올릴 필요성을 끊임없이 제기하였고, 이에 청 조정은 해외 영사의 설치 및 1893년 해외여행 금지령을 해제하는 일련의 조치를 취함으로써 그에 응답하였다. 그전까지 청조의 백성으로 여겨지지 않던 이들이 갑자기 청조가 관리해야 할 존재가 되자 그들을 지칭할 명칭이 필요하게 되었고, 또 일정한 지위를 부과해야 할 필요성도 제기되었다. 그전까지 청 제국 출신의 해외 거주 중국인들은 호키엔, 캔터니즈, 떼오추, 하이난, 하카 등 그 출신 지역에 따라 각기 따로 불리거나, 혹은 화상(華商), 화공(華工), 쿨리(coolie) 등으로 그 직업에 따라 다르게 불려왔다. 이러한 상황에서 이들을 하나의 정체성으로 묶을 수 있을 만한 용어로 선정된 것이 바로 '화교(華僑)'라는 단어였다. 청말에 선포된 국적법에 명시된 것이 그 시작이다. '교(僑)'의 의미는 '일시적으로 자리 잡는다'는 뜻으로 4-6세기 남북조 시기부터 쓰이던 단어다.

그러므로 화교라고 지칭되는 이들은 귀향 혹은 귀국을 담보로, 잠시 머무르기 위해 난양 및 홍콩으로 진출하여 무역과 노동에 종사하는 중국계 이주자를 의미한다. 반면 화인이란 잠시 머무르기 위함이 아니라 - 자의 혹은 타의로 - 영구적으로 해외에 거주하게 된 중국계 이주자들을 뜻한다. 이들 화인과 그 후예들은 말레이시아-싱가포르-인도네시아 문화권에서는 페라나칸, 필리핀 문화권에서는 메스티조로 분류된다. 19세기 후반부터 1949년 이전까지 대부분의 중국인 이주자들은 민족주의 혹은 화교들의 고향인 교향과 가족인 교권에의 소속감에 기대어 귀국을 담보로 일시적인 해외 이주를 시도하는 경향이 강했기 때문에 '화교'로 분류되는 반면, 1949년 중화인민공화국의 성립과 1955년 반둥회의를 거치면서 동남아시아에 불어 닥친 독립운동과 대륙의 이중국적 금지 선언으로 인해 그대로 해외에 정착하게 된 이들의 경우 '화인'으로 분류된다. 물론 이는 대체적인 경향에 따른 구분으로 실제 화교와 화인은 전 시기에 걸쳐 혼재한다.[4] 오히려 난징조약(南京條約) 이전에 건너간 다수 무역업자들은 청 제국의 해금(海禁)으로 인해 강제적으로 동남아시아에 영구 정착하게 된 이들로 '화인'으로 분류될 수 있을 것이다. '화예'는 이들 화인들이 19세기 전후, 혹은 1949년 이후 '난양' 지역에 영구 정착하면서 발생한 2세대, 3세대 후예들을 의미한다.

또한 19세기 후반에서 20세기 초중반에 걸쳐 대량으로 유입되는 신이민자들은 신객으로 불렸고, 말레이 및 싱가포르에서는 싱커, 네덜란드령 인도네시아의 자바섬에서는 토톡으로 불렸다. 이들은 그 대량의 숫자만큼이나 이미 형성된 화인 공동체에 새로운 바람을 불러일으키는 존재였고, 2세대, 3세대에 걸쳐 동남아시아에 뿌리내린 화인 및 화예들로 하여금 그들의 교향, 더 나아가 '조국'에 대해 생각해 보게 만드는 존재였다. 물론 그 바람에는 민족주의적 인식뿐 아니라 계층간, 세대간 극심한 갈등 역시 존재했다. 마지막으로 동남아시아의 화인 공동체와 그들의 교향을 물질적으로, 그리고 정서적으로 이어주는 것이 바로 교비였는데, 교비란 본문에서 중점적으로 다룰 화교 송금을 의미한다. '비'는 호키엔(푸젠) 방언으로 송금과 편지를 가리키고, 몇 달에 한 번, 혹은 일 년에 한 번 보내는 가족 송금은 수백만에 이르는 화교 노동자들의

4　이는 역사적인 측면에서의 구분이고, 현재 학술 공간에서 화교와 화인의 구분은 중국의 국적을 지닌 채 해외에 거주하는 경우 화교, 이주국의 국적을 가지고 살아가는 경우 화인으로 보는 것이 일반적이다. 그런 의미에서 본문에서도 엄밀히 말하면 대부분 '화교'와 화인을 구분해야 하지만, 그런 구분이 가능하지 않을뿐더러 주관적 해석에 따라 달라지기 때문에 대략 노동자들을 지칭할 때는 '화교', 나머지는 일반적으로 쓰이는 '화인'을 쓰는 것으로 통일하고자 한다.

숫자만큼이나 푸젠과 광둥의 지역경제를 지탱하는 기둥이었다.

2. 화교 송금의 시작, 노동자의 이동

교비, 즉 화교 송금의 핵심은 노동을 목적으로 동남아시아로 건너온 이민자들의 임금이다. 중국 동남 연해에서 남중국해를 건너 동남아시아로 건너간 이민자의 수가 얼마나 되는지는 불확실하다. 통계마다 수치가 다르고, 출발지 항구와 도착지 항구에서의 출입구 인구조사를 통한 인구 예측은 워낙 밀입국이 많았던 당시 상황을 감안한다면 그리 정확하다고 볼 수 없다. 다만 대략적인 규모와 흐름 정도는 파악할 수 있는데, 세계적인 화교사 연구자인 애덤 맥퀀(Adam McKeown)은 주요 출발지인 샤먼(廈門), 산터우(汕頭), 하이난(海南), 홍콩의 해관 자료와 주요 도착 항구인 싱가포르의 해관 자료를 중심으로 기존 여러 관련 연구들을 종합함으로써 1840년에서 1940년까지 남중국해 중국인 이주의 숫자를 지역별로 추산한 바 있다(Adam McKeown, 2019: 98).

〈표 1〉의 통계 역시 정확한 데이터라고 할 수는 없지만, 대강 전체 이민자 수가 2천 만에 달한다는 정도의 규모를 짐작하게 해 주는 데이터라는 점에서는 유의미한 통계라고 할 수 있다. 물론 이 숫자가 시대적 흐름에 따른 이민자 숫자의 증감이나 패턴을 보여주지는 않는다. 다만 다른 통계들을 함께 참고할 경우 이 시기 동남아시아 이주에는 크게 두 가지 특징이 있다는 것을 알 수 있는데, 우선 이민자의 수가 20세기를 전후로 크게 증가한다는 점이다. 이

표 1   동남아시아 중국인 이민자 수, 1840 – 1940

이주지역	이주 인구
해협식민지 & 영국령 말라야	6백반 – 7백만
네덜란드령 인도네시아	4백만 – 5백만
시암(현 태국)	350만 – 4백만
프랑스령 인도차이나(베트남, 라오스, 캄보디아)	2백만 – 4백만
필리핀	75만 – 백만
한계	1,625만 – 2,100만

출처: Adam McKeown(2010: 98)

시기 동남아시아 이민 네트워크의 중심이었던 싱가포르의 중국계 인구 증감을 보면, 1871년 5만이던 인구가 1891년 12만, 신해혁명이 일어나던 1911년 21만, 1921년 31만, 1931년 41만, 1957년 100만의 급격한 증가 추세를 보인다(Brenda Yeoh, 2003).

이주 경향의 두 번째 특징은 중국 동남부의 푸젠과 광둥 지역을 통해 동남아시아로 나가는 인구도 많았지만, 그에 못지않게 들어오는 인구도 많았다는 점이다. 애덤 맥퀸의 연구에 따르면 1840년에서 1940년 사이 2,000만의 중국계 이주가 있었지만, 1948년 아시아 전체 화인 인구는 830만 정도에 불과하다. 이 가운데 화인들이 대부분 동남아시아에 몰려있었다고 가정해도 800만 정도일 것이다. 분명 엄청난 숫자지만 2,000만의 누적된 이주 규모에 비해서는 적은 숫자인 것은 분명한데, 이는 곧 그만큼 많은 이들이 돌아왔다는 것을 의미하기도 한다. 일례로 1914년 일본의 타이완은행 조사과(臺灣銀行調査課)에서 보고한 1913년 동남아시아 중국 이주자의 출입국 추산치를 보면 그 경향을 더욱 분명하게 파악할 수 있다.

〈표 2〉를 통해서도 알 수 있듯이 출국자 수와 입국자 수가 극적으로 차이가 나는 것은 아니었다. 이는 곧 나가는 숫자도 많고, 들어오는 숫자도 많다는 것을 의미한다. 이러한 결과는 다른 연구에서도 공통으로 지적하고 있는 사항

표 2 1913년 남중국해 해역 공간 출입국자수 통계[5]

이주 지역	출국자수	입국자수
해협식민지	249,475	144,830
방콕	49,817	37,840
네덜란드령 인도네시아	16,506	12,171
필리핀 루손섬	8,214	5,818
사이공	3,581	15
계	327,593	200,674

출처: 楊建成(1914: 22)

---

5 해당 통계는 타이완은행 조사과에서 이 지역을 오가는 증기선 중국계 탑승객 수를 파악하여 낸 결과다.

이다. 샤먼대학의 저명한 화교사학자인 따이이펑(戴一峰)의 연구 역시 1841년에서 1949년 사이 푸젠 지역 중국계 인구의 출입국 수를 5년 단위로 비교하고 있는데, 해당 통계에서도 20세기 이후 급증하는 경향과 더불어 출국자 수와 입국자 수의 증감 경향이 비슷한 것을 발견할 수 있다(戴一峰, 2004: 13). 즉, 1948년 800만의 동남아시아 화인 인구 숫자는 곧 출국자 수와 입국자 수 사이의 차이가 나타내는 숫자라고 할 수 있다.

이러한 통계들이 의미하는 바는 분명하다. 당시 남중국해 해역을 둔 중국계의 인적 유동성이 일방향이 아닌 쌍방향이었다는 것과 더불어 대부분의 이주가 장기 거주라기보다는 단기이주였다는 것이다. 즉, 대부분의 이주가 서구 제국의 수요로 인한 노동 이주였다는 점을 감안한다면, 그 성격이 일시적 거주를 목적으로 하는 노동 이주였음을 알 수 있다. 그리고 첫 번째 특징인 20세기를 전후한 인구의 증가는 우선 청말 난양 화교들의 경제적 역량과 엄혹한 노동환경에 주목한 청조가 싱가포르에 영사를 설치하고, 이전까지는 엄금했던 해외여행을 자유화해 준 것이 가장 결정적이었다. 이후 이주의 규모가 급증한다.

또 한 가지 이민자의 증가에는 기선회사의 설립과 그들에 의한 남중국해 기선 네트워크의 영향도 지대했다. 남중국해는 해안선이 복잡해 과거에는 항로가 매우 험했고, 해적도 많았으며, 안전이 담보되지 않은 불확실한 항로였다. 거기에 정크(Junk)선이나 일반 범선을 이용할 경우 비정기적 항로였을 뿐 아니라 시간도 오래 걸렸다. 그러나 증기선에 의한 항로는 중국 동남 연해와 동남아시아 각 항구(싱가포르, 방콕, 마닐라, 바타비아 등)로의 정기항로임과 동시에 '양행(洋行, 서구기업을 의미)'에 의해 이루어지는 항로였기 때문에 서구 제국의 보호로 인해 안전하다는 인식도 있었다.[6] 이는 곧 노동력의 안정적인 수급

---

6 실제 영국은 싱가포르를 식민 항구도시로 삼고, 홍콩을 할양받은 뒤, 이 구역 해안에 난립하던 해적일 일시에 소탕하는 작전을 펼치기도 했다. 물론 그렇다고 해서 해적이 아예 없어진 것은 아니었지만, 그 세력이 침체기를 맞은 것을 분명했다(C. Nathan, Kwan, 2019).

이 가능해질 기술적 기반이 마련되었다는 것을 의미했다. 또한 싱가포르나 마닐라 등에 모이는 새로운 노동자들이 주변 지역으로 퍼지는 데에도 편리함을 제공해 주었다. 기선의 도입은 중국 동남 연해에서 동남아시아로의 노동력 수급 및 각 지역 대농장이나 광산으로의 재분배가 정기적으로, 시스템적으로 이루어질 수 있도록 한 기술적 진보였다.

이러한 조건들이 해외에서 직업을 구하려는 푸젠, 광둥의 많은 젊은 이민자들을 끌어들였다. 특히 이들 노동자들을 대량으로 원한 서구 기업들과 그들의 의뢰를 받은 중국계 이민 브로커들이 이민자들을 정기적으로 끌어들이기 위해 비용이 좀 들더라도 기선회사를 적극적으로 활용하였다. 그런 이유로 19세기 후반, 20세기 초반 이 해역에서의 기선 네트워크를 보면 곧 그 인적 이동이 어떻게 이루어지고 있었는지를 알 수 있다(楊建成, 1984: 28 – 30).

샨터우 – 홍콩 – 하이커우(海口) – 하이팡(海防) – 사이공 – 싱가포르
샤먼 – 샨터우 – 홍콩 – 싱가포르 – 페낭 – 랑군(샤먼 – 미얀마 루트)
샤먼 – 샨터우 – 홍콩 – 싱가포르 – 바타비아(Batavia, 현 자카르타) – 시레본(Cirebon) – 스마랑(Semarang) – 수라바야(Surabaya)(샤먼 – 자바 루트)
샤먼 – 샨터우 – 홍콩 – 마닐라(샤먼 – 필리핀 루트)

그리고 이 라인들을 운용하는 것은 이화양행(怡和洋行)이라고도 불렸던 자르딘 – 메디슨사와 같은 서구기업들이 세운 기선회사들이었다. 서구기업들은 기선회사가 다닌 항구 사이사이에 현지 브로커로 중국계 상인들을 두어 네트워크를 더욱 촘촘히 하는 모습을 보이기도 했다. 그들 역시 이 이민 네트워크의 주요한 행위자였다(楊建成, 1984: 28 – 30).

이러한 인적 이동이 대부분 노동 이주였던 이유는 무엇인가. 이는 당시 동남아시아의 경제를 장악하고 있던 서구 제국들의 수요가 그랬기 때문이다. 그들이 세계 시장 수출 및 역내 삼각무역을 위해 만들어 놓은 대농장(Plantation)과 광산에서의 대량 1차 산품 생산(쌀, 고무, 주석, 팜오일, 코코넛, 담배, 아편,

커피 등)에는 대량의 노동력이 필요했다. 그러나 동남아시아의 경우 고대부터 벼농사를 중심으로 성장해 온 버마 남부 에야와디강 델타 지역, 태국 차오프라야강 유역, 메콩강 델타 지역, 베트남 북부 홍강 델타 유역, 자바섬 일부 지역 정도를 제외하면 대부분 인구 밀집도가 낮았다. 특히 말레이시아 반도, 인도네시아군도, 보르네오섬, 필리핀처럼 셀 수도 없을 정도의 많은 섬과 복잡한 해안선을 가진 해양부 동남아시아의 경우 인구가 밀집하기도 어려워 기본적으로 중앙의 통제력이 약했다. 게다가 일 년 내내 열대기후라는 점과 풍부한 수자원, 그리고 밀림의 존재는 밀집하지 않아도 가족 단위, 소수의 부족 단위만으로 충분히 생존을 가능하게 해주었기 때문에 더욱 그런 특징이 강화된 측면이 있다(Anthony Reid, 1983).

그러나 서구 제국들이 계획한 대농장과 광산에서의 생산은 대량의 밀집된 인구가 발휘하는 노동력이 필요한 구조였고, 당시 동남아시아의 서구 식민정부는 퍼져있는 현지인들을 대량으로 동원할 만한 행정력을 가지고 있지 않았다. 이 때문에 서구 제국들은 대농장 및 광산의 노동자로 동원할 인력을 외부에서 구하려는 경향이 강했는데, 마침 양옆에 당시 전 세계에서도 가장 많은 인구를 가지고 있었던 중국과 인도가 있었던 것이 서구 제국 및 기업들에게는 행운이었을지도 모른다. 인도의 경우 영국의 식민지였기에 영국 기업들이 독점적으로 행정, 경찰, 상업, 노동력으로 인도인들을 동원하고 있었고, 네덜란드, 스페인, 미국, 프랑스, 독일 등의 기업들은 누구의 독점도 아니었던 중국인들을 동원의 대상으로 삼았다. 물론 인도인들로는 부족했던 영국 역시—오히려 더욱 적극적으로—동참했다.

이러한 서구의 수요에 대응한 이들이 후술할 중국계 상인들이었는데, 주요 이주 패턴은 혈연과 지연에 의한 동원이었다. 이민 브로커인 객두(客頭) 및 수객(水客), 노동 계약이 이루어지는 객잔(客棧), 이들을 옮기는 기선회사, 각 항구를 연결하는 푸젠, 광둥 등 각 지역별 협회 조직(회관(會館), 방(幇), 혹은 삼합회, 천지회 등으로 대표되는 비밀결사조직)의 네트워크야말로 서구 수요에 대한 중국인들의 대응이었다. 더 나아가 서구기업들은 몇몇 범죄조직에 가까운 중국계 브로커 및 조직을 활용하여 불법적, 비인권적 노동력 동원을 시도하기도 한다. 이른바 '쿨리(coolie)'라 불리던 계약화공(契約華工)으로 청 정부의 방치 아래 19세기 초중반에 성행한 이민의 형태다. 그러나 이는 중국 본토뿐 아니라 정치적, 사회적으로 동남아시아 식민지와 식민본국에서도 심각한 문제로 제기되었다. 청 정부 역시 이들이 받는 비인간적 대우에 대해 끊임없는 상소가 올라오는 모습을 보이는데, 이후 19세기 말, 20세기 초가 되면 중국 현지 당국과 서구 국가들의 철저한 단속과 더불어 국제사회의 여론으로 인해 서서히 '줄어들고', 대부분은 혈연, 지연으로 인한 이민이 대세가 된다(필립 A. 쿤, 2014).

결국 핵심은 이들이 일시적 거주의 노동자라는 것으로 그들의 목적은 당연히 임금을 받아 고향의 가족들을 부양하는 것이었다. 이른바 가족 부양 송금이 목적이었던 것이다(泉州市檔案局編, 2015: 167).

1929년 시에자이카오(謝再考) → 푸젠 난안(南安) 모친(母親)
잘 지내셨는지요. 방금 집에서 1월 29일에 온 소식(玉音)을 접하고, 삼가 읽어보아 모든 사정을 다 알게 되었습니다. 아울러 집안이 평안하다는 것도 알겠습니다.(중략) 아울러 대은(大銀) 20위안을 드리니 도착하면 잘 받으시길 바랍니다. 그중 2위안을 빼내어 중(仲)숙부에게 주시고, 다시 2위안을 빼내어 정(正)숙부와 연(連)숙부에게 각각 주시길 바랍니다.

가족 부양을 목적으로 보내는 송금과 동반된 편지에서 공통적으로 얘기하고 있는 부분이 바로 송금액이 얼마라는 이야기다. 이렇게 돈을 부치면서 가족들에게 안부를 전하고 묻는 편지를 함께 보내는 것이 일반적이었기에 화교들과 그 가족들은 이 둘을 세트로 생각하여 교비라고 지칭하는 경우가 많았다. 물론 교비뿐 아니라 민신(民信), 비신(批信) 등 지역에 따라 다양하게 불렸지만, 현재 학술적으로는 대부분 교비라고 지칭하는 것이 일반적이다. 용어 자체는 푸젠어에서 온 것으로 결국 이들에게 송금은 단순한 돈의 이동이 아닌,

가장 혹은 자식의 안부, 안부와 더불어 접하게 되는 외국의 소식들, 독특한 문물들이 들어오는 창구이기도 했다. 이것이 이 시기 노동자들의 송금이 가지는 가장 중요한 특징이다.

　　그리고 이 돈의 용처는 대부분 생활 및 주방용품, 자식 교육, 경조사, 재산 축적, 부동산 구입, 주변 가족 친척들에 대한 용돈 발급 등이 있었다(張美生 編著, 2017: 82).

> # 1939년 태국 잉지에(應杰) → 유모(姆母), 부모님(双親)
>
> 보내주신 답장 잘 받았습니다.(중략) 이에 중앙폐(中央幣) 10위안을 보내
>
> 드리니, 도착하면 잘 받으시길 바랍니다. 그중에서 2위안을 빼내어 유모가
>
> 휴대용 차(茶)를 받을 수 있도록 해주시고, 2위안을 어머니께 드리시길 바
>
> 랍니다. 나머지는 모두 집안 생활비로 쓰시길 바랍니다.

　　그렇다면 동남아시아에서 화교 이민자들이 보내는 이 돈은 어떻게 이동하는 것일까. 송금 절차가 간단한 지금과는 달리, 당시 바다 건너 다른 국가에 돈을 보낸다는 것은 결코 쉬운 일이 아니었다. 매우 복잡한 문제였을 것이다. 바로 그 초국적 자본이동에 핵심적인 역할을 하는 것이 바로 상인들의 네트워크였다.

3.　상인의 네트워크와 자본의 이동

근대 남중국해 중국계 이주 노동자들의 급증하는 이동과 송금은 이를 둘러싼 상인들의 네트워크가 이전 시기에 비해 더욱 면밀해지는 효과를 낳았고, 더 나아가 교비 기반 무역업의 발전, 신용기반 금융 관행의 변화, 은행업까지 포괄하는 상인 네트워크의 형성을 이끌어 낸다. 무엇보다 화교 송금을 둘러싼 상인들의 네트워크는 시간이 지날수록, 즉 이민과 송금이 증가할수록 철저히 분업에 기반한 네트워크로 변모해가고 있었다. 이민 브로커인 객두, 교비 배달부이자 무역업자인 수객, 노동자 집결, 수용 및 계약의 기능을 하는 항구도

시 속 객잔, 송금 처리 전문 기업인 교비국(僑批局), 신용기반 자본의 출처인 은행이 분업에 기반하여 네트워크를 형성하게 된다. 결국 이 네트워크가 이후 자본의 이동, 물자의 이동, 사상 및 문화의 이동을 이끌게 되는 것이다.

새로운 이민자들인 신객을 모집하는 객두와 화교들의 고향 지역[僑鄕]과 동남아시아를 오가며 행상을 하는 소상인인 수객의 경우 실질적인 송금(편지 포함) 배달부의 역할을 담당하였다. 객잔은 보통 샤먼, 샨터우와 같은 항구 도시들에 모여있는데, 객두가 데리고 온 신객들은 이곳에 모여 다음 정기선을 기다리며 숙박한다. 그 과정에서 객두의 주도하에 노동 계약을 맺는데, 여기에 객잔의 주인이 관여되기도 한다. 다만 초기 정착자금이나 이민의 과정에서 발생하는 비용을 신객들이 지불할 수는 없기에 객잔 주인이나 객두가 대신 내주면서 이들과 대부 계약을 맺는다. 혹은 신객들의 고용주에게 받는 경우도 많은데, 고용주가 처음 몇 달의 월급을 신객으로부터 차압하는 식이다(Lynn Pan ed., 1999).

19세기 초중반까지만 해도 화교 노동자들의 송금은 거의 전적으로 수객의 담당이었다. 현지의 노동자들은 같은 지역 출신 소무역상인 수객이 바다를 건너는 길에 자신들의 편지(대부분 대필하는 경우가 많다)와 일정량의 수수료를 포함한 현금을 위탁하는 경우가 대부분이었다. 수객들은 동향의 여러 송금들을 모아 수수료 이득도 얻는 동시에 모인 자금으로 무역업도 함께 함으로써 차익을 얻었다. 일부 객두의 경우에는 수객과 이민 브로커의 역할을 동시에 수행하는 경우도 있었다. 객잔은 중간에서 수객들이 받은 송금 위탁을 다시 위탁받아 자체적으로 고용한 수객들에게 전달하면서 이득을 얻기도 했다. 즉 초기의 이민과 송금은 수객, 객두, 객잔의 네트워크가 중요한 작용을 한 것으로 볼 수 있다.

그러나 19세기 후반, 20세기 초반이 되면서 노동이민이 급증하고, 그에 따라 송금의뢰 역시 급격히 늘어나게 된다. 이 늘어난 송금액을 기존 객두, 수객 중심의 원시적인 송금 시스템이 감당할 수 없었고, 이는 그대로 송금업만으로, 혹은 송금업을 주요 업무로 하면서 사업을 유지할 수 있는 교비 전문 처리 기업, 교비국의 탄생을 유도하였다. 사실 교비국의 탄생은 수객, 객두, 객잔과 깊은 관계가 있다. 초기 송금을 위탁받던 이들이 늘어나는 송금의뢰에 힘입어 상점을 개설하기 시작했기 때문이다(中國銀行泉州分行行史編委會編, 1994: 5－6). 그 가장 전형적인 경우가 바로 송금업 역사상 가장 규모가 큰 교비국이라 알려져 있는 천일신국(天一信局)이다. 천일신국은 1892년 푸젠성에서 개업한 교비국으로 창업자는 객두이었던 궈요핀(郭有品 1853－1901)이다(中國銀行泉州分行行史編委會編, 1996: 175－177). 그는 1870년대 말에 필리핀 마닐라와 샤먼을 오가는 객두의 조수로 있으면서 송금, 편지, 물자를 전달해 주는 역할을 하였다. 이후 객두가 되어 독립하였고, 자신의 고향에서 천일신국을 개업하게 된다.

애초에 노동이민과 연계된 송금 자체가 네트워크를 기반으로 이루어지는 것이기 때문에 이를 처리하는 교비국 역시 네트워크에 기반하고 있다. 천일신국처럼 본국(本局)을 중심으로 푸젠과 동남아시아 각지에 자체 네트워크를 광범하게 형성해 놓고 있는 경우도 있었지만, 교비국은 대부분 소규모 상점으로 도시간 위탁/대리관계를 통한 네트워크가 핵심이다. 중국 동남 연해 도시(샤먼, 샨터우, 광저우, 홍콩) 중심의 교비국과 동남아시아 주요 도시 중심의 교비국으로 나뉘고, 교비국 간의 연계를 매개로 송금이 이루어지는 방식인 것이다.

근대적 금융기관인 은행이 교비업에 개입하게 되는 것은 교비국의 송금 전달방식과 관계있다. 전문화된 송금 처리 기업인 교비국은 크게 3가지 방식으로 송금을 보내는데, 각각 신회(信滙), 표회(票滙), 전회(電滙)로 나뉜다(王朱唇·張美寅, 2006). 차례로 현금을 통한 직접 송금, 교비국에서 발행한 환어음[滙票]을 통한 송금, 전보를 통한 교비국 간 송금을 활용하는 방식이다. 전회의 경우 전보를 보내는 비용이 비싸 거의 1960년대 이후에나 자주 쓰이고, 보통은 매우 급한 일이 필요하거나 교비국 간 상업 거래 정도에 쓰이는 방식이었다. 19세기 후반에서 20세기에 가장 많이 쓰인 방식은 신회와 표회다. 신회의 경우 소액 송금에 주로 쓰였고, 은행과 연결되는 것은 표회 방식과 연계되어 있다.

교비는 기본적으로 외국인 노동자에 해당하는 화교 노동자들이 해외에서 돈을 벌어 본국 고향의 가족들에게 생활비를 보내는 과정이다. 그 과정에서 외환을 받은 노동자들의 송금을 처리해 주는 상인들은 이 외환을 가족들이 쓸 수 있도록 환전해 주어야 했다. 이때 교비국이 발행하는 것이 환어음이다(王朱唇·張美寅, 2006: 142). 이 환어음을 편지와 함께 받은 가족들이 어음에 적힌 대로 현지의 교비국에 가서 돈을 받는 방식으로 송금이 이루어진다. 실질적인 태환은 교비국이 계좌를 개설한 은행을 통해 이루어진다. 특히 싱가포르와 홍콩 사이의 금융 네트워크가 주요 자금의 흐름이었다.

은행 기업의 입장에서 이 교비 네트워크는 거대한 외환 자본이 움직이는 시장이었고, 이 외환을 처리하면서 얻을 수 있는 환차익에 주목하고 있었다. 20세기 초까지만 해도 이 교비 네트워크에 개입하는 은행은 대부분 외국계 은행이었다. 특히 홍콩상하이은행(HSBC), 스탠다드 차터드 은행(Standard Cahrtered Bank) 등 영국계 은행이 주도하고 있었다. 화교들에게는 각각 회풍은행(匯豐銀行), 사타은행(渣打銀行)으로 불리던 외국은행은 현지 교비국의 태환 과정을 대리하면서 교비 네트워크의 주요 행위자로 기능하게 된다. 외국은행 특유의 광대한 외환 자본이 가장 큰 강점이었다.

그러나 20세기 초중반이 되면, 서서히 중국계 자본의 근대 은행 기업들

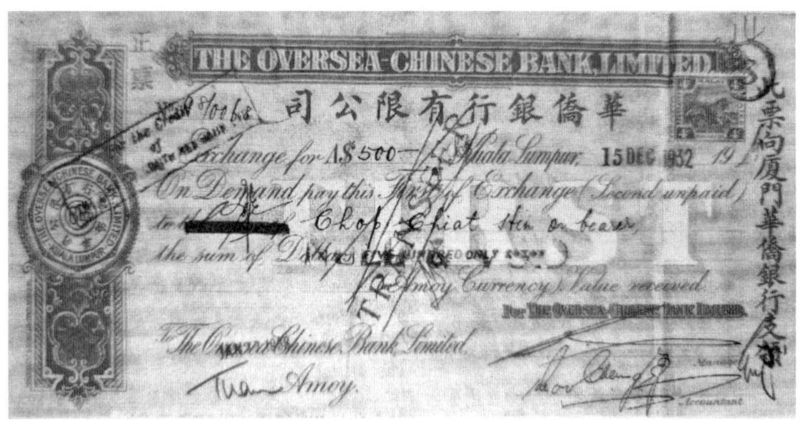

사진 1 교비국 발행의 환어음 예시(OCBC 華僑銀行 발행)
출처: 김종호 제공

이 탄생하게 되는데, 이들이 기존 외국계 은행의 역할을 서서히 대체해가는 흐름이 1941년 아시아 태평양 전쟁 직전까지의 교비업과 은행 사이의 관계였다. 중국의 대표적 정부계 은행인 중국은행(中國銀行), 푸젠계 화인 자본의 거대 금융 기업인 화교은행(OCBC; 華僑銀行), 중남은행(中南銀行)이나 광둥계 이화은행(Lee Wah Bank; 利華銀行) 등 각 방언 그룹별로 다양한 화자(華資)은행이 개설되어 교비 네트워크에 진입하는 모습을 보인다(김종호, 2016; 2018).

교비국은 기본적으로 적은 자본으로 사업을 시작할 수 있었고, 기존 무역업자나 전혀 관계없는 상점이라도 수객과 같은 배달원이나 다른 지역 교비국과의 위탁 관계만 맺을 수 있다면 간판만 내걸어 쉽게 겸업할 수 있는 사업이었기에 20세기 이후 이민의 급증과 함께 그 숫자가 급격히 증가하는 모습을 보인다. 실제 20세기 초중반에는 많은 교비국이 다른 업종을 겸업하기도 하고, 혹은 그 반대의 경우도 많았다. 그 때문에 이 시기 남중국해 화인 네트워크에서 교비국은 흔히 볼 수 있는 업종이었다. 실제 1947년 싱가포르의 차오샨 출신 화인 집단이 고향과의 소식을 공유하기 위해 발간하기 시작한 잡지인 『조주향신(潮洲鄕訊)』 첫 호(8월 16일 발행)의 광고 페이지를 보면, 대부분 교비국인 것을 발견할 수 있다.

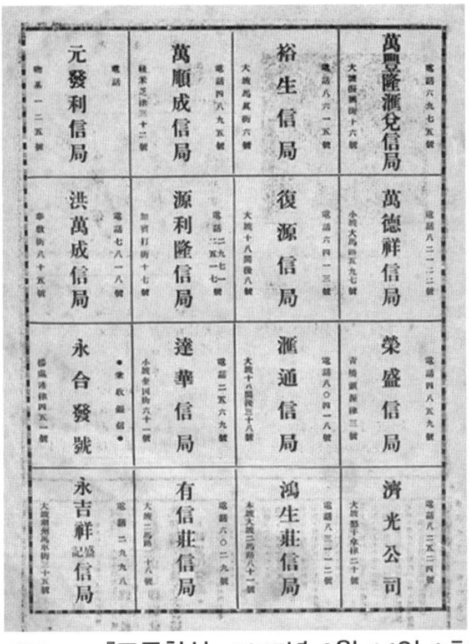
萬豐隆滙兌信局
裕生信局
萬順成信局
元發利信局
萬德祥信局
復源信局
源利隆信局
洪萬成信局
榮盛信局
滙通信局
達華信局
永合發號
濟光公司
鴻生莊信局
有信莊信局
永吉祥盛記信局

사진 2 『조주향신』 1947년 8월 16일 1호 광고 페이지
출처: 김종호 제공

푸젠 지역 송금 네트워크의 핵심 노드(node)였던 샤먼의 경우 지역 내 교비업이 절정이던 1932년의 통계를 보면, 당시 샤먼 내에만 총 104개의 교비국이 등록되어 있었다. 이 104곳의 교비국들이 푸젠 배후지역의 각 현(縣)급 마을 및 동남아시아 마닐라, 싱가포르, 페낭, 믈라카, 방콕, 바타비아, 수라바야, 랑군 등 도시의 교비국들과 맺은 송금의 대리/위탁/분업 네트워크를 고려하면 그 망(網)의 면밀함을 짐작할 수 있다. 이민의 증가는 곧 송금의 증가를 이끌고, 송금의 증가는 곧 교비국 네트워크의 긴밀함으로 이어진다. 그리고 이 교비국 네트워크를 따라 이동한 자본이 고향의 가정경제와 지역경제를 넘어 국가 경제에 끼친 영향이 컸다.

> "푸젠성은 예전부터 지역이 안정하지 못하여 강도를 당하거나 살인을 당하는 일이 자주 발생하였지만, 배달원은 이 지역에서 동남아로부터 오는 현금의 원천이라고 여겼으므로, 도적들은 서로 규칙을 세워 배달원의 물건은 뺏지 않았는데, 어쩌다 배달원을 만나면 이 문건만을 살펴보고, 수금인을 적어두었다가 이후에 수금인에게 가서 강탈하였기 때문에 여러 해 동안 배달원의 송금은 강탈당하는 일이 매우 적었습니다. 지방관 역시(배달원을) 보호하였는데, 이전에 강탈당하는 일이 있으면 매번 향촌의 보갑(保甲)에게 배상하도록 함으로서 지방 세수의 원천이 끊기는 것을 면하였습니다."

화교 송금에 관심이 많았던 중국은행의 샤먼 분행에서 총행으로 보낸 1937년의 해당 보고는 당시 지역사회에서 화교 송금이 얼마나 중요한 비중을 차지했는지 잘 알려주고 있다(中國銀行廈門市分行行史資料匯編, 1999: 157–158). 또 다른 1940년의 통계자료에 따르면, 당시 푸젠의 화교 가정들이 대략 생활비의 80% 이상을 동남아시아의 화교들이 보내오는 송금에 의지하고 있었다고 한다(鄭林寬, 1940).

푸젠과 광둥의 지역사회에서 화인 네트워크가 차지하는 비중은—지역적 편차가 있을 수 있지만—일반적으로 크다. 이를 짐작해 볼 수 있는 부분으로 푸젠 지역 대표적 화교 배출지였던 진지앙(晉江)현의 1987년 인구통계를 보면, 귀국화교 및 화교가족들의 숫자가 전체 인구 107만 가운데 73만에 달할 정도로 높았다(晉江市檔案局, 2014: 20). 이는 곧 그만큼 일반 가정이 화교 송금에 의존하는 경향이 강했음을 알 수 있다. 당시 화교들이 보내는 송금 자본은 국가 단위 및 지역사회 단위의 경제뿐 아니라 각 가정 사이 빈부격차를 유발하거나 삶의 질을 올리는 역할을 하기도 했다.

　이러한 당시의 기록들은 교비로 불리던 화교 송금이 푸젠과 광둥 지역 가정경제의 중요한 부분이었다는 것, 더 나아가 지역 현금 순환의 원천, 소비 시장의 주요 자금원, 지방 관료의 입장에서는 세금의 원천이기도 했다는 부분을 잘 보여준다. 더 나아가 이 거대한 자본의 유입은 19세기 말에서 20세기 중반까지 청말에서 중화민국을 거쳐 난징국민정부 시기에 이르는 기간 동안 끊임없이 국가 경제를 괴롭히던 만성적인 무역 입초(入超)를 평균 20% 정도 메워주는 역할을 했다(Kim JongHo, 2016). 청말 푸젠과 광둥의 지방관들이 황제에게 끊임없이 동남아시아 화인들의 존재를 어필한 것에는 이런 이유도 있었을 것이다. 그리고 이 현금의 유입은 소비시장의 형성과 더불어 화교 가족들의 구매력을 높여주었기 때문에 후술할 물자의 이동을 유도하는 것이었다.

　이러한 자본의 이동은 역시나 이민과 마찬가지로 증기선이 송금선에 활용되면서 더욱 적극적으로 이루어진 측면이 있다. 특히 20세기 초중반 그런 증기선의 정기항로를 기다렸다가 돈을 보냈다는 편지의 기록들을 빈번하게 발견할 수 있다(張美生, 2017: 8).

> # 1928년, 아들 정이 차오샨의 어머니에게
> 여기 샨터우로 가는 서양 윤선(輪船; 증기선)이 있어 신국(信局; 교비국)을
> 통해 편지 한 장과 더불어 대양(大洋; 은화의 한 종류) 50위안을 보내니 도
> 착하면 받으시길 바랍니다.

　상술한 것처럼 은행업의 개입은 기본적으로 교비로 대표되는 화교 송금이 19세기 말에 들어오면 대부분 은화의 송금뿐 아니라 외환의 환전이라고 하는 영역이 추가되기 때문이었다. 실제 대부분의 교비국들이 발행하는 신용기반 환어음인 '회표(滙票)'의 자금원은 HSBC, 차터드 은행과 같은 영국으로 대표되는 외국계 은행이었고, 20세기 초중반에 들어서면 중국 자본의 중국은행이나 화인 자본의 화교은행이 경쟁적으로 뛰어드는 구조가 이루어진다. 이러

한 은행의 개입은 교비국이 보내는 지역 화폐나 각 은행의 배경이 되는 국가의 화폐가 동시다발적으로 현지에서 유통되는 현상을 불러일으키는데, 시기에 따라 가장 신뢰감 있는 화폐가 각광을 받는 경향성을 보인다.[7]

　　※ 교비 네트워크 속 화폐의 종류
　　# 은화: 대양(大洋), 대양은(大洋銀), 중광은(中光銀), 양은(洋銀), 용은(龍銀), 영은(英銀 鷹銀), 청은(淸銀), 화은(華銀), 대광은(大光銀), 광양(光洋)
　　# 해외 발행 화폐: 홍콩 달러, 해협식민지 달러, 스페인 달러(佛銀), 미국 달러
　　# 중국 현지 발행 화폐: A$(아모이 달러), 광동법폐(廣東法幣), 중앙폐(中央幣), 국폐(國幣, 법폐法幣), 금은권(金圓券), 인민폐(人民幣)

그리고 이러한 다양한 화폐들은 송금을 받는 가족의 수요에 따라 싱가포르와 홍콩 사이에서 환전되는 것이 대부분이고, 그 외에도 상하이를 통해 환전되거나, 샤먼 혹은 샨터우 등에서 직접 환전되기도 한다(楊建成, 1984: 99). 1930년대까지 화교 송금에서 가장 많이 전달된 화폐는 홍콩 달러와 법폐(法幣 혹은 國幣)로 홍콩 달러의 경우 홍콩에서 중앙은행의 역할을 하던 홍콩상하이은행(HSBC)이 발행하는 영국령 홍콩의 법정화폐라는 사실과 영국의 스털링 화폐에 연결되었다고 하는 신뢰로 인해 홍콩을 넘어 중국 화남(華南 푸젠, 광둥) 지역에서 가장 신뢰받는 화폐였기 때문이다. 법폐의 경우 1927년 전국을 통일한 난징국민정부가 1935년 화폐 개혁 이후에 발행한 화폐이기 때문에 공식 국가의 법정화폐로 신뢰받았다.[8] 그 이전 교비에 쓰인 법폐, 혹은 국폐는 각 지방에서 쓰인 화폐를 가리키는 경우다. 혹은 1940년대 후반, 2차 대전이 끝

7　상기 화폐의 종류는 참고문헌의 사료집에 수록된 교비들을 분석한 결과다.

8　난징국민정부 발행의 법폐 혹은 국폐는 심지어 일본이 침략하여 일부 지역을 점령한 중일전쟁 및 아시아 태평양 전쟁 기간에도 중요하게 쓰이던 화폐였다.

나면서 임금을 미국달러로 환전하여 보내면서 가족들에게 보관하라고 당부하는 편지도 눈에 띈다(晉江市檔案局, 2014: 86). 이 시기 화교들은 이미 미국 달러의 가치와 중요성을 알고 있었던 듯하고, 그래서 이를 최대한 보관하려 했던 것을 관찰할 수 있다.

> #1948년 필리핀 우위엔카이(吳元凱) → 부인
>
> (중략) 지난 날 보낸 미국 달러는 향후 송금이 이어지지 않을까 걱정될 때를 위한 것이니, 결코 평상시의 용품을 사는 데에 쓰지 않아야 하네. 일상비용을 쓰는데 피할 수 없을 경우에도 결코 마음대로 쓰지 말아야 하네.

4. 화교 송금의 효과, 물자의 이동

자본의 이동과 함께 이루어지는 것이 바로 물자의 이동이다. 무엇보다 자본이 고향의 가족들이나 지역의 시장으로 들어가기에 현지인들의 구매력, 소비 욕구를 불러일으켰다, 아울러 편지 및 수객들이 전달해 주는 외국의 문물들 역시 이를 자극하였고, 그에 따라 다양한 물자들이 들어오고 전시되는 효과를 보인다. 바로 자본의 이동이 물자의 이동을 이끈 것이다. 교비의 이동과 함께 진행되는 상인들의 무역품 가운데에는 고향의 가족들에게 쓰일 물자의 이동이 있었다. 주로 서구의 근대 물품이나, 동남아시아의 열대 산품들이었다.

그리고 이러한 물자의 이동은 기본적으로 송금 네트워크를 형성해 놓고 있는 교비국들이 담당하는 경우가 많았다. 물론 기존 무역업자가 교비업을 겸업하는 경우도 있었다. 대표적인 케이스로 중국의 특산인 차를 다루는 상인들이 있었다. 특히 대표적 화교 배출지인 푸젠성 남부 지역은 차의 주산지로 화교들뿐 아니라 서구인들에게도 팔 수 있는 차를 대량 재배하는 지역이다. 그렇게 푸젠과 차오샨 지역의 많은 교비국들이 송금을 처리하면서 이 찻잎을 함께 판매하고 있었다.

그 외에 1920–30년대 홍콩에 본점을 두고 싱가포르와 송금 및 무역 네트워크를 형성해 놓고 있던 광둥 출신 화상 위엔상(Eu Yan Sang; 余人生) 역시

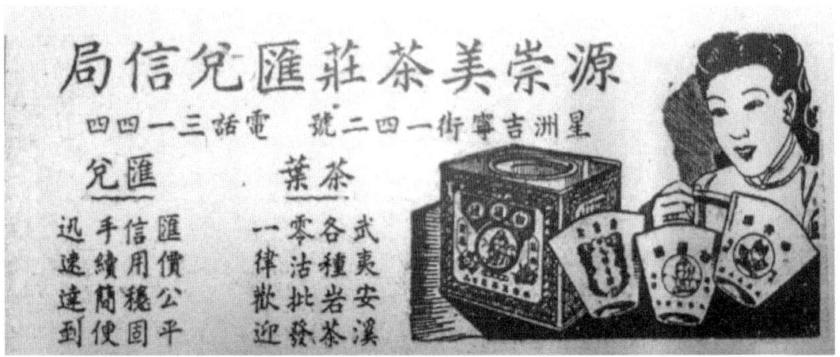

사진 3　싱가포르[星洲] 기반 원숭미다장회태신국(源崇美茶莊匯兌信局) 광고

출처: 泉州市檔案局編(2015: 17)

중국 본토의 약재를 취급하였지만, 이후에는 송금업이 주요 수입원이 된다. 위옌상은 송금업을 통해 대량 자본을 모아 금융과 부동산으로 거부가 되는 대표적 케이스였다(Stephanie Po-Yin Chung, 2002; 2005). 다른 한편으로 싱가포르에 근거를 둔 조주계 상점 관리룽(Guan Lee Loong; 源利隆)의 경우 싱가포르와 홍콩, 샨터우 사이에서 동남아시아 각 항구의 특산품과 홍콩 및 샨터우의 잡화를 취급하면서 송금 업무를 겸업하고 있었다(『潮州鄉訊』 第一卷 第十二期: 1947).

또한, 중국 및 서양 주류, 각종 잡화 등을 취급하는 정금발(鄭錦發), 유럽 물품, 통조림 식품, 주류, 담배, 석유 등을 대리 판매하는 광태륭신국(廣泰隆信局), 신식 건축을 시공하는 진영걸 건축공사(陳英傑建築公司), 포목 및 철기를 취급하는 무흥리(茂興利) 등의 1940-50년대 차오샨 기반 싱가포르의 화상들 역시 무역업과 교비 업무를 동시에 수행하고 있던 경우다(『潮州鄉訊』 第一卷 第十二期: 1947, 第二卷 第九期: 1948). 이러한 다양한 상품들을 취급하고 있던 교비업 겸업 상호들이 중국 물품과 서구 물품, 특히 근대화된 물품들의 남중국해 유통을 송금과 함께 진행하고 있었다는 점을 알 수 있다.

다른 한편으로 서구의 동남아시아 식민지에서 노동을 하는 화교 노동자들이 그들이 경험한 해외 물질문화(서구 및 열대의 산물들을 포함)를 가족들도 경험해 봤으면 하는 의도로 물자들을 직접 보내는 경우도 많았다. 이 경우 직접 수객들에게 부탁해서 물자를 가져다 주는 경우도 있고, 상술한 이주지의 도시 지역에 있는 무역상을 통해 가족들에게 전달하는 경우도 있었다. 이 경우 화교 노동자 송금의 일부는 이 무역업자에게로 향하게 된다. 결국에는 이 역시 무역업, 상인들의 활동과 연계되어 있었던 것이고, 거대기업이 아닌 수객과 같은 소상/행상인, 즉 보따리 상인들이 중요한 역할을 했을 것이다.

당시 화교들이 송금과 함께 보낸 편지에는 각종 동남아시아산 물품들이 다양하게 나열되어 있는 것을 발견할 수 있는데, 푸젠지역으로 향하는 물자의 경우 주로 필리핀에서 온 것이 많았다. 1889년 필리핀에 거주하는 아들이 석사(石獅)의 아버지에서 보낸 편지에는 초콜렛[支居力], 주전자[土瓶], 손톱깎이[甲把末], 비누[雪文] 등의 물자를 보낸 기록이 있다(晉江市檔案局, 2014: 60). 물품의 종류나 양적인 측면에서 가장 주목할 만한 자료로는 필리핀 마닐라에 기반을 두고 무역상을 하던 황카이우(黃開物)의 교비 자료가 있다. 그는 무역업을 하면서 보내는 무역품 외에 부인과 자식에게 보내는 주방용품이나 각종 생활용품들도 편지에 기록해 놓았다(黃淸海, 2016; 刘伯擎, 2011).

그의 교비에는 그가 주로 취급하는 직물 외에도 자식과 부인에게 보내는 물품뿐만 아니라 친인척들에게 보내는 물품들도 있었는데, 우비[雨衫], 가죽끈[皮带], 소매단추[袖口钮], 신문[报纸], 열쇠[正白铜汤匙大小], 못과 망치[钉子锤], 흰목이버섯[白木耳], 아동용 검은색 가죽 신발[小儿黑皮鞋], 붉은 색 털신[红绒鞋拖], 초상[影像], 대구기름[鳘鱼油], 거대 거울[大影镜], 우산, 비누, 양말, 외국 화폐, 철통, 공예품, 유리병, 일본산 부채 등이 발견된다. 1907년부터 1916년까지의 교비를 통한 물자 배송 기록은 이 물자의 이동이 정기적으로 이루어지고 있었다는 점을 짐작할 수 있게 해 준다.

비슷한 예는 또 있다. 1917년 필리핀 화교 쉬징만(許經滿)이 진지앙의 모친 채씨에게 보낸 편지를 보면 역시나 송금와 함께 외국 물품을 보낸 기록이 있는데, 거울[大鏡], 신발[鞋], 양삼[洋參] [9], 각종 화장품[凸粉, 水粉], 과일 및 야

---

9   양삼의 경우 'American Ginseng', 즉 화기삼일 가능성이 높다. 북미 특산의 삼 제품으로 미국

채 가루[靑果散], 차유[茶油] 등을 나열하고 있다(泉州市檔案局, 2015: 187). 그 3년 뒤, 1920년 필리핀 화교 쉬슈리엔(許書璉)이 진지양의 조모 채씨에게 보낸 편지에도 비슷한 종류의 물자(신발, 양삼, 과일 가루 등)이 전달된 것으로 보면, 아들과 손자가 번갈아 가며 몇몇 물품을 일정하게 전달해 주고 있는 것을 발견할 수 있어 이와 같은 물자의 이동이 일회성이 아니었다는 점 역시 관찰할 수 있다(泉州市檔案局, 2015: 43). 또 다른 교비를 보면, 1948년 12월 14일 필리핀 화교 우위엔카이(吳元凱)가 그의 부인에게 보내는 물자로 수건[布汗巾], 비누[臭雪文], 시계[時鐘] 등을 나열하고 있다(晉江市檔案局, 2014: 86). 편지 내용을 보면 일전에 고향의 친구인 장궈전(張國禎)에게 해당 물품들을 보내어 주도록 했는데, 잘 받았는지 확인하는 내용과 혹시라도 받지 못했으면 종이등(紙灯) 상점에 있는 장궈전에게 물건을 받으라고 당부하고 있는 내용도 발견된다.

이와 같은 교비를 통한 물자는 주로 필리핀 거주 화교들에게서 발견된다는 점이 흥미롭다. 20세기 초중반 필리핀은 스페인의 식민지에서 미국의 식민지로 넘어간 시기로 당시 미국은 세계의 공장으로써 동남아시아를 비롯한 다양한 1차 산품을 수입해 자체 공장에서 2차, 3차 가공품을 대량생산하여 세계시장에 수출하는 방향으로 경제 성장을 이룩하였다. 필리핀은 당시 전 세계 유일한 미국의 식민지로 미국산 가공품의 주요 수출지역이었고, 그에 따라 당시 현지의 푸젠 출신 화교들 역시 이러한 문물을 쉽게 접할 수 있었을 것이다. 필리핀 화교들이 보내는 물자를 보면 주방용품을 포함한 일상생활용품이 많고, 간혹 장식을 위한 물품도 눈에 띈다.

5. 무형적 요소의 이동 – 사상, 문화, 정보의 이동

노동 이주와 함께 시작된 송금은 상인, 자본, 물자의 이동이라는 경제적 측면뿐 아니라 뜻하지 않은, 예상 밖의 작용을 하게 되는데, 바로 각종 사상 및 문

이 1700년대부터 가공하여 아시아 지역, 특히 광저우와 마카오를 통해 판매해 왔고, 지금도 북미의 화상들이 취급하는 주요 삼 제품이다.

화, 정보의 이동이다. 가장 대표적인 경우가 바로 20세기 이후 동남아시아의 화인 공동체와 '교향' 지역사회의 연계에 중대한 영향을 미치는 민족주의다. 19세기까지만 해도 푸젠, 광둥, 차오샨, 커지아, 하이난 등 방언 및 지역적 구분에 따른 지역성이 강조되던 남중국해의 화인 공동체는 쑨원의 끈질긴 설득과 1911년 신해혁명으로 인한 공화국 설립을 계기로 서서히 중화민족으로서의 공통된 민족적 정체성에 대해 생각하기 시작한다. 그런 그들을 하나로 묶을 수 있었던 것이 바로 20세기 들어 서서히 중국에 대한 이권을 타겟으로 진출하기 시작한 일본에 대한 반감이었다.

1928년 제남사변(齊南慘案) 이후 화교들은 그들이 보내는 편지나 편지봉투의 겉면에 일본 상품에 대한 보이콧을 강조하면서 반일감정에 기반한 애국주의를 고취하는 모습을 보인다.[10] 이후 1932년 '9.18 사변(만주사변)'과 1937년 중일전쟁에 대해서도 일본 상품에 대한 보이콧 운동과 더불어 일본에 대한 반감을 드러내는 문구들을 편지봉투에 찍어내는 화교들의 모습도 확인할 수 있다(泉州市檔案局, 2015: 152 – 153).

다만 이 경우 이 화교들의 반일감정이 일본산 공업제품과의 경쟁에서 밀리게 된 동남아시아 화교들이 화교 기업의 제품을 국화(國貨)로, 일본산 제품을 원수의 제품으로 상정하면서 민족주의에 기반한 이익추구를 꾀하고 있다는 점도 염두에 두어야 할 것이다(Kuo Huei Ying, 2006). 그런 면에서 아래의 예시들이 화교 송금자가 직접 찍은 것인지, 화상들이 교비를 처리하는 과정에서 임의로 찍은 것인지는 불분명하다. 분명한 것은 이러한 문구들이 편지를 받는 고향의 가족들에게는 영향을 주었을 가능성이 있다는 점이 중요하다. 또한, 남중국해의 화인 공동체가 혈연, 지연 및 방언그룹 기반의 연계에서 반일감정으로 촉발된 민족주의적인 측면을 보여주고 있다는 점도 짐작할 수 있

---

10 제남사건, 혹은 제남참안이라 불리는 이 사건은 국민당이 1928년 2차 북벌을 시행하던 와중 산둥선 지난에서 일본군과 충돌한 사건이다. 당시 일본군의 기습으로 지난의 민간인들이 다수 사망하여 전 정국의 공분을 사게 된다.

다.[11]

> \# 1928년 5월 3일 필리핀 화교가 보낸 편지봉투의 뒷면에 새겨진 문구
> "바라건대 모든 이들이 기억해야 하는 바, 동양의 물품은 절대로 사서도 않
> 되고, 만일 동양의 물품을 사면, 노예이자 나라를 팔아먹는 적도인 것이다."

> \# 1932년 필리핀 화교가 푸젠성 진지앙의 친지에게 보낸 편지 봉투의 뒷면
> "원수의 물자를 억제하고, 계속해서 팔리지 않도록 해야하며, 와신상담의
> 의지로 국가의 치욕을 설복해야 한다."

> \# 1937년 필리핀 화교가 진지앙의 친지에게 보낸 편지 봉투의 뒷면
> "망국의 노예가 되는 것이 두렵다면, 절대 일본의 물자를 사지 말아야 한다"

또 다른 한편으로 보다 직접적으로 민족주의적 관점을 편지에 투영하는
경우도 발견된다. 우선 신해혁명의 지지자이자 쑨원이 세운 동맹회(同盟會) 회
원이었던 황카이우가 그의 동료들에게 송금하면서 보낸 편지가 대표적이다
(黃淸海, 2016: 73).

> "아울러 루손의 중국인 모두 혁명을 지지한다고 하는데, 이들은 일단 독립
> 기를 보기만 하면, 아주 열광한다고 합니다. 신문들이 경쟁적으로 신기를,
> 루손 화교들은 공연의 시작부터 끝까지 혁명군을 돕기 위한 지원금으로 10
> 만 위안을 낸 이가 900여 명에 달하고, 그 밑으로 단 5위안을 낸 사람들도

11　이러한 변화는 사실 20세기 초중반 동남아시아의 화교 노동자들이 대부분 건너온 지 몇 년
되지 않은 신이민자들이었기 때문인 측면도 있다. 사실 현지에서 오랫동안 거주한 구이민자들이나
2세대, 3세대의 엘리트 관료 및 상업 계층 화인들의 경우에는 중화민족이라는 개념보다는 방언그
룹이나 이주민으로서의 정체성에 더욱 집중하는 모습도 관찰된다. 그리고 이 간극은 사회주의 사
상이 동남아시아 화교 노동자 계층 사이에 광범하게 퍼지는 계기이기도 하다.

찬탄을 받았습니다. 중국인들의 근래의 애국심이 이리 밝으니, 우리들도 비록 그 수에는 미치지 못하지만,…(하략)"

그 외에도 고향의 부인에게 항일전쟁을 맞아 전심전력을 다해 국가를 도와야 한다는 당부가 들어 있는 편지도 있다(泉州市檔案局, 2015: 150). 1939년에 보낸 이 편지에서 남편은 부인에게 "현재 항전 중이므로 무릇 중국 국민이라면 돈이 있으면 돈을 내고, 힘이 있으면 힘을 써야 하는 즉, 이것이 곧 당연한 직책이"라는 당부와 함께 200위안에 해당하는 회표(환어음)와 은화 20위안을 부치는 모습도 확인할 수 있다.

민족주의의 고취에는 몇몇 인물이나 상징들이 활용되기도 하는데, 인물에는 대표적으로 쑨원이 있다. 1948년 홍콩에서 차어저우(潮州)의 차오안(潮安)에 보내는 편지지에는 쑨원의 사진과 함께 그의 유명한 선언인 "혁명은 아직 성공하지 못했다! 동지들이여 계속해서 노력해야 한다!(革命尙未成功 同志仍須努力)"라는 내용이 적혀 있다(張美生, 2017: 133). 쑨원의 이 명언은 여러 편지지에서 자주 보이는 글귀로 당시 화교들 사이에 유행하는 문구였다. 그 외에도 난징국민정부의 총통, 장제스의 사진이 새겨져 있는 편지지(晉江市檔案局, 2014: 163), 중화민국의 국기가 새겨진 편지지, 의용군의 존재를 보여주는 듯한 그림이 인쇄된 편지지["義勇賤"]도 있다(張美生, 2017: 54).

다른 한편으로 가장, 자식, 혹은 손자들을 이역만리 타국에 보낸 '교향'의 가족들은 그들이 보내주는 교비를 통해 타국의 문물들을 직·간접적으로 접하기도 한다. 상술한 물자의 이동을 통하는 경우 직접적인 경험이라고 할 수 있고, 간접적인 경험은 편지봉투, 혹은 편지지의 그림이나 사진을 통하는 방식이었는데, 세계정세나 인물을 접하는 경우도 있었다. 예를 들어 편지지 상단에 샨터우와 싱가포르를 오가는 증기선 정기항로를 광고하면서 증기선의 사진을 붙여놓은 것이 그런 케이스일 것이다(張美生, 2017: 84). 1939년 11월 9일 싱가포르의 한 화교가 광둥성 차오샨 지역의 아내에게 보내는 편지지의 상단에 찍힌 해당 광고에는 영성공사(榮成公司) 라는 송금 대행 업체가 싱가포르에

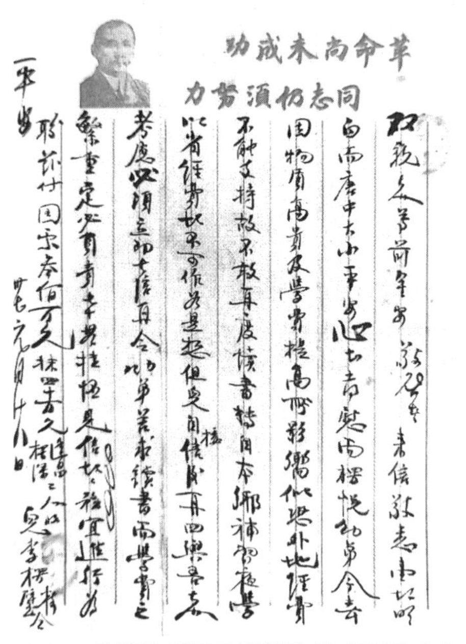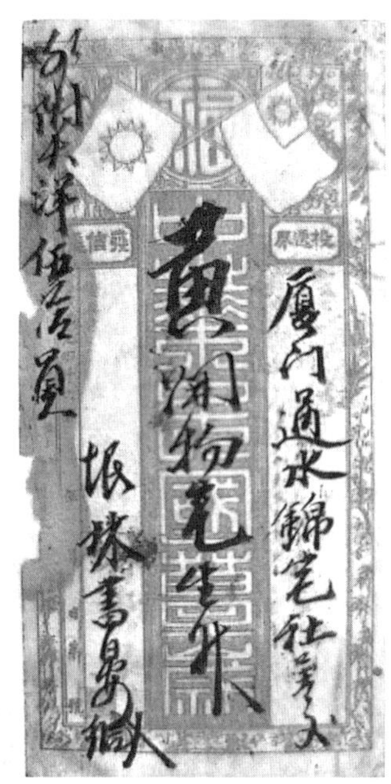

사진 4   쑨원의 얼굴과 명언이 새겨진 편지지
출처: 張美生(2017: 133)

사진 5   중화민국의 국기인 청천백일기와 국민당 당기의 사진이 교차되어 새겨진 편지지[12]
출처: 張美生(2017: 54)

서 샨터우로 귀국하고자 하는 화교들에게 격주로 목요일마다 싱가포르에서 출발하는 네덜란드 정기선의 표를 대리 구매해 주겠다는 내용이 인쇄되어 있다.

시각적인 측면에서 이를 가장 직접적으로 보여주는 것은 봉투의 우표에 묘사된 외국의 유명인들이다. 필리핀 화교들이 보내는 교비의 우표에 가장 많이 그려진 인물은 호세 리잘(Jose Rizal)이다(泉州市檔案局, 2015: 71). 호세 리잘은 스페인령 필리핀의 중국계 혼혈인 메스티조로 19세기 후반 필리핀 민족주의 운동을 주도적으로 펼쳐 민족주의의 영웅으로 불리는 인물이다. 동시에 필리핀 민족주의 독립운동 및 독립을 상징하는 우표가 쓰이기도 한다(泉州市檔案

---

12   청천백일기는 1928년 장제스가 처음으로 창안한 것이기도 하다.

局, 2015: 118). 또한, 1946년 즉위하여 70년간 왕위에 있었던 태국 푸미폰 국
왕의 젊은 시절 사진이 새겨진 우표가 태국 출신 화교들의 교비 봉투에서 자
주 보인다(張美生, 2019: 131). 싱가포르에서 보내는 교비의 경우 영국령 싱가포
르를 상징적으로 지배하는 영국 왕실의 웨일스 왕자(Prince of Wales)의 젊은
시절 사진이 들어간 우표가 눈에 띄고(張美生, 2019: 129), 자바에서 온 교비 봉
투에는 1930년대 당시 네덜란드 여왕인 빌헬미나 여왕(Queen Wilhelmina)의
초상이 새겨진 우표도 발견된다(張美生, 2019: 113).

그리고 해외의 소식들을 전달해 주거나 관련 정보를 교환하기도 하는
데, 예를 들어 1938년 일본 고베에서 일어난 수재 관련 소식을 전해주면서 그
곳으로 건너간 가족 친지를 걱정하는 내용의 편지가 있다(泉州市檔案局, 2015:
137). 특히 1930년대 후반에서 40년대 전체에 걸쳐서 전달되는 교비에는 당
시 화교들과 가족들의 생존에 깊이 연계되어 있는 중일전쟁과 2차 대전, 아시
아·태평양 전쟁의 전황에 대해 걱정 섞인 정보를 전달하는 부분도 확인할 수
있다(張美生, 2017: 93).

1940년 싱가포르 손자 판자오시앙(潘兆祥) → 샨터우 조부모님

조부모님께

잘 계셨는지요. 이번 달 중순에 맞추어 우편국에서 샨터우로 가는 편을 통
해 중앙폐 60위안을 보내드리니 잘 받으시길 바랍니다. 그중 4위안은 외조

사진 6   호세 리잘의 얼굴이 그려진 교비 우표
출처: 泉州市檔案局(2015: 71)

사진 7   1948년 교비 봉투에 붙여진 필리핀 독립 우표
출처: 泉州市檔案局(2015: 118)

모에게 드리고, 또 4위안은 숙부에게, 2위안은 두 분이 쓰십시오. 나머지 50위안은 집안의 필요한 곳에 쓰시길 바랍니다.(중략) 듣자하니 안남(베트남)과 섬라(태국)가 전쟁을 벌여 새벽부터 윤선이 방콕으로 가지 않고, 랑군으로 돌아가 쌀을 실어 페낭항구와 싱가포르로 간다고 하는데, 이번 세계의 변동이 예측하기 어려워 객지에서 머무는 이는 결코 좋지 않은 날인 듯합니다. 집안 내의 모두가 이를 반드시 잘 알고 계시길 바랍니다. 그럼 이만 여기까지 하겠습니다.

\# 1971년 싱가포르 저우장시앙(周長象) → 푸젠 통안 저우이모우(周怡謨) 이모우 등 세 조카에게

너희들에게 편지를 쓴 지도 정말 오래되었구나. 바라건대 다들 잘 지내고 있겠지. 10월 26일 중화인민공화국이 연합국에 들어갔다고 하는데, 이는 실로 중국인민의 대승리란다. 듣기로 지금 국내 인민의 생활이 세계 수준에 도달할 것이라고 하더구나. 지금 여기 너희 셋에게 인민폐 30위안을 보낸다. 숙부들은 바깥에서 잘 있으니 걱정 말거라. 너희들의 행복을 비마.

두 번째 편지에서 숙부인 저우장시앙이 조카들에게 보낸 내용은 1971년 10월 25일 유엔총회에서 결의된 내용과 관련된 것이다(泉州市檔案局, 2015: 142). 당시 유엔총회의 결정에 따라 1971년 10월 24일 중화인민공화국의 유엔 가입과 더불어 중화민국, 즉 타이완이 중화인민공화국에 승계된 것으로 결정되었다. 이 결정에 따라 타이완이 유엔에서 탈퇴하게 된다. 이 결정은 당시 국내와 해외에 거주하고 있던 중국인 및 화인들에게 중국이 그동안의 폐쇄적인 대외관계를 청산하고 국제사회에 정식으로 등장할 것이라는 신호로 읽혀 많은 희망을 주었다. 상기 편지처럼 많은 화인들이 고향의 가족들을 볼 수 있을 것이라 생각한 사건이기도 하다.

화인들은 그들이 동남아시아의 식민지에서 경험한 선진적 문화들을 고향에 전달하기 위해 많은 노력을 기울이는데, 당시의 상황을 기록한 자료를

보면, 많은 화교들이 송금을 하면서 편지에 가족들에게 우유를 마시라고 강조하는 모습을 볼 수 있다. 예를 들어 1930년대 당시 55세의 한 귀국 화교는 "내 3명의 자식들이 모두 난양에서 일을 하고 있는데, 항상 편지를 써서 우유를 마시라고 한다. 듣기에 우유가 우리 건강을 증진 시켜 준다면서 그런다. 또 권하기를 아침마다 커피를 마시면 정신을 맑게 해준다고도 한다. 내가 가만 보니, 아들들이 하는 말이 모두 일리가 있더라"고 대답하기도 했다(陳達, 1991: 155, 재인용; 江栢煒, 2004).

이러한 문화적 조류의 역수입은 당시 화교 가족을 둔 교향 사회의 경관을 변화시키기도 했다. 그 영향으로 교향 사회 내에서도 화교를 가족으로 둔 가정과 화교를 배출하지 못한 가족들 사이에 빈부격차마저 발생하고, 화교 가정은 그들만의 독특한 생활방식을 가지면서 다른 가정과의 차별점이 부각되기도 한다.[13] 해외에서 유행하는 복식을 한다던가, 커피나 우유를 마시기도 하고, 그들끼리 모여 오락이나 파티를 즐기기도 하였다. 복식의 경우 앞장에서 서술한 물자의 이동에서 유독 의복 재료가 많이 눈에 띄었던 이유이기도 하다.

이러한 경향을 가장 잘 볼 수 있는 부분이 바로 건축분야다. 많은 화교들이 그들이 보내는 돈을 모아 교향의 가족들이 지낼 집을 건축하는 경우가 많았는데, 1951년 미얀마 화교 왕화쉐이(王華水)가 푸젠 난안(南安)의 가족들에게 보낸 편지에는 집의 설계부터, 구조, 재료를 어디서 어떻게 조달해야 되는지까지의 사항이 자세히 설명되어있는 모습을 발견할 수 있다(泉州市檔案局, 2015: 138). 동남아시아에서 나름대로 부를 축적한 화교들의 경우 투자송금을 통해 교향에 그들만의 별장을 짓기도 하는데, 그 유산이 여전히 남아있어 지금도 푸젠과 광둥 곳곳에는 '치로우(騎樓)' 혹은 '디아오루(碉樓)'라 불리는 중서

---

13 실제 당시 기록을 보면 화교 가정의 최고수입은 250위안이었던 반면, 비화교가정은 80위안에 불과했다. 그리고 당시 사회학자인 천따(陳達)가 대표적 화교 배출지인 차오산 지역의 화교가정 100호와 비화교가정 100호의 1934-1935년 사이 월 생활비 지출을 비교해 보니, 식품, 의복, 저금, 연료, 잡화 등 모든 부분에서 화교가정의 소비가 높았는데, 대략 64위안과 20위안이었다. 陳達(1991: 304-305), 재인용 江栢煒(2004)

(中西)와 열대의 건축문화가 혼합된 방식의 주거건축물이 남아있는 모습을 발견할 수 있다(김종호, 2019). 이런 화교들의 건축문화가 특정 구역에 몰릴 경우 취안저우, 광저우의 경우처럼 화교마을[華僑新村]이 조성되기도 한다. 특히 샤먼의 조계지이자 많은 화교들이 서구식 건축물을 지은 곳으로 유명한 구랑위(鼓浪嶼)에는 그런 건축문화의 흔적들이 많이 남아있다.

II. 맺음말 – 송금의 연쇄작용으로 보는 화인 네트워크의 특징

점(點)과 점이 연결된 선(線), 이 선의 무수한 교차가 만들어내는 망(網)을 의미하는 네트워크는 근대 시기 화인들에게 전방위적인 영향을 끼쳤다. 이 글에서 다룬 송금의 경우, 단순히 돈과 사람만 오간 것이 아닌, 그에 딸린 사상과 물질문화까지 함께 이동하는 양상을 보인다. 전방위적이면서도 서로 긴밀히 연계되어 있는, 말 그대로 거미줄이나 직조된 천의 씨줄과 날줄처럼 얽힌 '웹', 바로 그 네트워크가 화인들의 영토였다. 네트워크는 상호 연결성, 긴밀성, 촘촘함이 핵심이고, 무엇보다 일방향이 아닌 쌍방향이라는 점이 중요하다. 하나의 선만 보면 한 방향인 것 같아도 우회해서 돌아오는 간접적인 선을 포함하면 쌍방향일 수밖에 없다.

화인 네트워크는 일견 사람만이 일방적으로 투여되는 것처럼 보이지만, 빠르게, 혹은 느리게 문화, 사상, 물질문화, 자본 등이 다른 선으로, 혹은 반대 방향으로 영향력을 투사한다. 예를 들어 유교적 관습에 따라 가족들에게 보내는 송금이 그대로 근대적 화인 금융시스템의 발전으로 이어진 경우, 노동자의 이동이 동남아 거대도시의 사회주의, 무정부주의 사상에 영향을 준 경우, 이에 자극받은 자본가들이 서구식 사고방식이 아닌, 유교적 가르침을 강조하는 교육기관을 설립하는 경우, 그에 대해 화인 지식인인 림분컹(Lim Boon Keng)과 중국 신문화의 상징과도 같은 지식인인 루쉰(魯迅)이 갈등을 벌이는 경우와 같은 쌍방향의 변화가 연쇄적으로 일어난다(Shelly Chan, 2015).

네트워크는 화인 공동체의 존재감을 부각해 주지만, 다른 한편으로는 한계로 작용하기도 한다. 화인 네트워크의 중요한 특징이 배타적 경계설정을 통한 영역의 확보라는 측면에서 그들이 설정해 놓은 범위 이상을 넘어가는 확장성은 거의 없다. 즉, 그들의 기준에 따른 경계와 영역이 중요하고, 그 속에서 각종 양상들이 서로 얽히고설키는 모습을 보인다. 본 연구는 빠른 확장과 더불어 한계를 지닌 화인 네트워크의 형성과정을 인구의 이동과 그와 연계된 송금 네트워크를 통해 살펴보았다. 아울러 다양한 네트워크를 구성하는 케이스들을 무질서하게 늘어놓는 데서 그치는 것이 아니라 그 속에서 일정한 방향성과 질서를 찾으려 노력하였다. 경계를 넘나드는 무질서함이야말로 화인 네트워크의 특징이고, 그 초국적 이동성이 긍정적이든, 부정적이든 초국적 네트워크 속에서 살아가는 현대인들에게 독특한 영감을 줄 것으로 기대해 본다.

참고문헌

1차 사료

潮汕歷史文化中心 編. 2007.『潮汕僑批集成』. 廣西師範大學出版社

『潮州鄕訊』. 潮州鄕訊(1947-1955).

洪蔔仁·陳亞元. 2020.『按章索局：圖說廈門僑批』. 廈門大學出版社

黃淸海. 2016.『菲華黃開物僑批--世界記憶財富(1907-1922年)』. 福建人民出版社

晉江市檔案局 編. 2014.『晉江僑批集成與硏究』. 九州出版社

僑批硏究叢書. 2020.『僑批檔案圖鑒』. Zhongshan University Press.

泉州市檔案局編. 2015.『世界記憶遺産: 泉州僑批檔案』. 九州出版社

＿＿＿＿＿＿＿. 2015.『泉州僑批檔案-世界記憶遺産』. 九州出版社

楊建成. 1984.『僑滙流通之硏究』. 中華學術院南洋硏究所.(臺灣銀行調査課 1914.『南
        洋華僑僑滙調査』)

鄭林寬. 1940.『福建華僑滙款』. 福建省政府秘書處統計室.

張美生 編著. 2017.『潮汕僑批書法薈萃』. 暨南大學出版社

＿＿＿＿＿＿. 2019.『僑批糖案圖鑑』. 中山大學出版社

中國人民政治協商會議福建省永春縣委員會文史資料委員會編. 1984.『永春文史資料』
        第5輯.

中國銀行泉州分行行史編委會編. 1994.『泉州僑批業史料』. 廈門大學出版社

中國銀行廈門市分行行史資料滙編. 1999.『中國銀行廈門市分行行史資料滙編(1915-
        1949)』. 廈門大學出版社

2차 자료

김종호. 2016. "중일전쟁초기(1937~1941) 중국 및 화교 금융기업의 생존전략-동남
        아시아 화교 송금 네트워크와 中國銀行·中南銀行-."『중국근현대사연
        구』71, 161-187.

＿＿＿＿. 2018. "싱가포르 화교은행(OCBC)과 동아시아 전시체제-동남아 화상(華商)

기업의 전시(戰時) 위기대응과 생존 - .”『史叢(사총)』93, 1 - 48.

______. 2019. “싱가포르·샤먼 도시개발과 도심지 주상복합 건축문화의 형성 - 숍하우스 ‘5피트’ 외랑공간의 발견과 역사적 의미.”『동아연구』38(2), 37 - 80.

필립 A. 쿤 지음. 이영옥 옮김. 2014.『타인들 사이의 중국인 - 근대 중국인의 동남아 이민』. 서울: 심산.

戴一峰. 2004.『區域性經濟發展與社會變遷 - 以近代福建地區爲中心』. 嶽麓書社

江栢煒. 2004.『閩粵僑鄉的社會與文化變遷』. 內政部營建署金門國家公園管理處.

王朱唇·張美寅 著. 2006.『閩南僑批史話』. 中國廣播電視出版社

中國銀行泉州分行行史編委會編. 1996.『閩南僑批史紀述』. 廈門大學出版社

杉原 薰. 1996.『アジア間貿易の形成と構造』. ミネルヴァ書房.

濱下武志. 1992. “移民と商業ネットヲーク - 潮州グループの移民と本國送金.”『東洋文化研究所紀要』116.

________. 2013.『華僑·華人と中華網 ——移民·交易·送金ネットワークの構造と展開』. 岩波書店.

古田和子. 2000.『上海ネットワークと近代東アジア』. 東京大學出版部.

籠谷直人. 2000.『アジア國際通商秩序と近代日本』. 名古屋大学出版会.

Adam, McKeown. 2010. “Chinese Emigration in Global Context, 1850 - 1940.” *Journal of Global History* 5(1), 95 - 124.

Chan, Shelly. 2015. “The Case for Diaspora: A Temporal Approach to the Chinese Experience.” *The Journal of Asian Studies* 74(1), 107 - 128.

Chia, Jack Meng - Tat. 2020. *Monks in Motion*: *Buddhism and Modernity Across the South China Sea*. New York: Oxford University Press.

Chung, Stephanie Po - Yin. 2002. “Surviving Economic Crises in Southeast Asia and Southern China: The History of Eu Yan Sang Business Conglomerates in Penang, Singapore and Hong Kong.” *Modern Asian Studies* 36(3), 579 - 617.

______. 2005. “The Transformation of an Overseas Chinese Family: Three Generations of the Eu Tong Sen Family, 1822 - 1941.” *Modern Asian Studies* 39(3), 599 - 630.

Derek Heng. 2013, “Trans - Regionalism and Economic Co - Dependency in the South China Sea: the Case of China and the Malay Region(tenth to fourteenth centuries AD)." *The International History Review* 35(3), 486−510.

Hamashita Takeshi. 2011. *Trade and finance in late imperial China: maritime customs and open port market zones.* Singapore: NUS Press.

Kim JongHo. 2016. "Negotiating Between Regimes and Wars: Changing Regulatory Environment and Foreign Exchange Flow of Overseas Chinese Remittance, 1930s−1949." Ph. D. Diss., NUS.

Kuo Huei Ying. 2006. "Chinese Bourgeois Nationalism in Hong Kong and Singapore in the 1930s." *Journal of Contemporary Asia* 36(3), 385−405.

Kwan, C. Nathan. 2019. "'Discredit upon the British name and rule': British Suppression of Piracy and the History of International Law in the South China Seas." *The King's Student Law Review and Strife Journal* 2, 48−63.

Ma Guoqing. 2017. "Intra−regional social system: cases of the Maritime Silk Road around the South China Sea Rim". *International Journal of Anthropology and Ethnology* 1: 7. https://doi.org/10.1186/s41257−017−0005−8.

Pan, Lynn, ed. 1999. *The Encyclopedia of the Chinese Overseas.* Cambridge: Havard University Press.

Reid, Anthony. ed. 1983. *Slavery, bondage and dependency in Southeast Asia.* New York: St.Martin's Press.

Wang Gungwu. 1991. *Chinese and the Chinese Overseas.* Singapore: Times Academic Press.

___________. 1990. "Merchant without Empire−Hokkien sojourning communities." in James D. Tracy ed. *The Rise of Merchan Empires: Long Distance Trade in the Early Modern World, 1350–1750,* 400−421, Cambridge and New York: Cambridge University Press

Wang Gungwu. 1992. "The Origins of Hua−Ch'iao." *Community and Nation:*

China, Southeast Asia, and Australia, 1－10, NEW ed. Sydney: Allen&Unwin.

Yeoh, Brenda S.A. 2003. *Contesting Space in Colonial Singapore–Power Relations and the Urban Built Environment*. Singapore: NUS Press.

• • • • •

제8장

술루해(Sulu Sea) 무역을 통해 본
근현대 동남아시아의 해적과 밀무역*

여운경(서울대학교 아시아언어문명학부)

I. 머리말

1960년 4월 8일, 인도네시아와 필리핀 간 양국 접경지역에서의 해군 활동에 대한 협약이 맺어졌다. 이 협약은 1950년대 맺어진 조약들에 명시된 양국 간의 "인종적 관계, 역사 배경의 유사성, 국가적 목적과 열망의 일치"를 재확인하면서, 양국의 우호적 관계를 종종 방해하는 "사건들"에 대한 양측 해군의 강력한 협동 작전의 계획과 실행 방안을 기술했다. 협약에서 주요 작전 대상으로 거명된 내용은 다음과 같다.

   a. 해적행위(piracy)

   b. 국가 안보에 대한 공격

   c. 모든 형태의 밀무역(smuggling in all forms)

   d. 밀입국

---

*   이 글은 이미 발표한 논문의 내용을 수정한 것이다. 논문의 출처는 다음과 같다. 여운경. 2022. "탈식민지기 동남아시아의 해적과 밀무역: 술루해를 중심으로." 『동남아연구』 32(3), 43-74.

　　20세기 중반 등장한 동남아시아의 신생 독립국들 사이에 맺어진 이 협약의 내용은 당시 이 지역의 상황을 이해하는 실마리를 제공해준다. 우선 해적과 밀무역을 협동 군사작전 대상으로 거론한 것은 당시 이 지역에 이런 해상 활동이 빈번하게 이루어졌음을 보여준다. 양국 경계가 만나는 술루해와 셀레베스(Celebes)해 지역은 말레이시아(1963년까지는 영국령 북보르네오[British North Borneo])까지 3국의 국경이 만나는 지점으로, 지속적으로 발생하는 밀무역과 해적 사례를 막기 위한 노력이 계속되었다. 늘어나는 해적을 막기 위한 전쟁(pirates war)을 위해(그리고 밀수 억제 명목으로) 북보르네오 정부는 동부 해안의 경찰 기지를 대폭 강화했고(*ST* 1962/9/4), 효과적인 방비를 위해 국가 간 협력 시도가 계속되었다.

　　그러나 이 지역 바다의 지리적 조건, 해적과 밀수선의 기술적 우위, 각국 정부 간 입장의 차이 등으로 협력은 잘 이루어지지 않았고, 1960년대 후반까지 밀무역과 해적은 술루해와 보르네오 해안의 경제활동을 대표하는 개념으로 자리잡았다. 이 글은 그런 상황이 발생한 배경과 당시 밀무역/해적의 구조와 그 정치·경제적 배경을 살피는데 목적이 있다. 이를 위해 19세기 유럽 식민지기 이후 술루해를 비롯한 도서부 동남아시아(Insular Southeast Asia)에서 해적과 밀무역이 개념적, 정책적으로 어떤 과정을 통해 발전했는가를 검토하고, 특히 19세기 후반의 이 지역 정치, 경제 상황의 변화가 1950년대 이후의 상황과 어떻게 연결되는가에 주목하려고 한다.

　　군도 복합체(archipelago)로 구성된 도서부 동남아시아 지역은 식민 지배 이전 언어(Austronesian languages), 종교, 종족적 문화적 친연성, 경제활동을 통해 긴밀하게 연결된 권역이었고, 이런 사회문화적 관계는 해상 활동과 교류를 통해 이루어졌다. 국가와 연결된 상인들 외에도 이른바 오랑 라웃(orang laut, 바다 사람들)이라 불리는, 바다를 주거와 경제활동의 근거로 삼는 사람들이 존재해왔다. 해상 "변경"에서 활동하는 이들은 "중심부"와 경쟁, 협력했고, 때로 약탈과 무역이 결부된 활동을 통해 해상무역이 주를 이루는 지역 경제의 주역으로 기능했다(Bellina et al., 2021; Chou, 2003).

식민지기에 조약을 통해 자의적인 국경이 설정되고 19세기 후반 그것이 강화, 강요되면서 이 지역 해상 활동의 구조에 변화가 발생했다. 정치적 경계와 정체성이 가변적, 복합적이었던 동남아시아에서 식민지기, 특히 19세기 후반 이후 국가/정부가 경제 행위의 "합법성"을 결정하게 되면서 과거의 "일상적" 경제 행위나 초국가적 유동성이 "불법화(illegalization)"되기 시작했고, 많은 바다 사람들과 그들의 행위는 "해적"과 "밀무역"으로 분류되고 억압되었다. 탈식민지화 이후 이 경계를 이어받은 국가들에 의해 이런 분류와 억제책이 유지되었고, 이런 상황은 위의 협약에 나온 "작전 대상"처럼 정치적 경계와 이전부터의 사회경제적 (탈)경계 사이의 갈등 구조로 나타나고는 했다. 이와 관련해서 식민국가의 팽창과 해상 국경 지대에서의 경제활동을 둘러싼 국가와 지역 공동체의 충돌, 협상에 주목한 연구(Tagliacozzo, 2005a), 지역 경제 체제의 형성이 어떻게 국가 형성과 초국가적 경제와 연결되는가를 분석한 연구(Ellen, 2003)가 생산되었다.

이 글은 이런 연구들과 맥락을 같이하면서 위에 언급된 술루해의 사례를 통해 근현대 동남아시아에서 해적과 밀무역 구조의 변화를 살펴보고자 한다. 술루해는 셀레베스해와 함께 필리핀, 말레이시아, 인도네시아의 바다를 모두 만나는 지역으로, 식민지기 이전부터 해양, 해안에서의 다양한 형태의 공격, (밀)무역 활동으로 널리 알려진 지역이다. 현재는 BIMP−EAGA(Brunei, Indonesia, Malaysia, Philippines−East ASEAN Growth Area)라는 경제권으로 묶이기도 하는 이 지역의 역사는 초국적 경제활동의 유용성과 위험성을 잘 보여준다(Tagliacozzo, 2010: 149−150). 신생 독립국인 인도네시아와 필리핀, 말레이시아가 1960년대 이 지역의 해상 폭력과 밀무역을 두고 벌인 논쟁과 경쟁은 그 좋은 사례라 할 수 있다.

이 지역의 초국적, 초지역적 해상무역과 그것을 추동한 바다 사람들은 제임스 워렌(James Warren)의 연구(1985; 2002; 2004)를 통해 잘 알려졌다. 워렌은 이라눈(Iranun) 등 "해적"으로 분류된 바다 사람들의 해상 경제활동에 주목해서 이 지역의 사회경제적 역동성, 개방성을 보여주었고, 이들의 활동이

18~19세기 세계 경제 구조와 연결됨을 분석했다. 그의 연구는 무엇보다 역사의 기록자나 주체가 아닌 것으로 여겨지던 사람들의 활동과 근대국가의 틀로 규정하기 어려운 사회 시스템에 주목했다는 점에서 의미가 있다. 또 두 바다가 맞닿은 국경 지대를 국가 간 경계가 아닌 하나의 사회문화적 권역(zone)으로 접근한다는 점에서 조미아(zomia)를 개념화한 판 스켄델(Willem van Schendel)의 연구 등과 맥을 같이 한다고도 할 수 있다.

그러나 워렌의 연구를 비롯한 술루해에 관한 대부분의 연구는 스페인 식민지기, 특히 19세기에 집중되어 있고, 20세기 특히 독립 이후의 상황에 관한 연구는 충분히 생산되지 않았다. 스페인 식민지기 이후 "해적"으로 규정되고 빈번하게 등장하게 된, 이라눈이 주역으로 지목된 "불법적" 경제활동은, 미국 점령기의 소강상태 이후 탈식민지화 과정에서 급격하게 증가하여 현재까지 영향을 끼치고 있다. 지금도 많은 "불법" 해상 활동으로 아시아에서 "가장 위험한 바다"의 하나로 여겨지는 이 지역을 이해하기 위해서는 현재의 정치적 경계의 형성과 더불어 발생한 사회경제 시스템에 대한 이해가 필요하다.[1] 이를 위해 이 글은 관련 국가들의 탈식민지화 시기의 정치, 사회적 맥락이 이 지역에서 해적/밀무역의 성쇠에 어떤 영향을 끼쳤는가, 그리고 그 과정에서 해적/밀무역을 주도했던 집단들의 성격과 활동에 어떤 변화가 발생했는가를 식민지기에 발생한 변화와 연결지어 살펴본다. 또 당시 필리핀과 인도네시아, 북보르네오의 정치경제적 관계, "해적"에 대한 입장 차이, 밀무역과 해적의 관계 등을 분석함으로써, 동시대의 같은 경제 행위가 다른 주체에 의해 "합법"과 "불법"의 범주로 분류되는 상황을 드러내고자 한다. 아울러 새로운 국민국가들의 경쟁, 글로벌 냉전 구도 속에서 밀무역과 해적에 대한 논의가 이 지역을 이해하는 새로운 시사점을 줄 것으로 기대한다.

1 　현재까지도 이 지역은 전 세계에서 가장 해상 약탈 행위가 많은 지역 중 하나로 알려져 있다. 일례로 1985 - 1986년 이 지역에서 무려 530척의 해적선이 나포되었는데, 해안 경비 당국은 사실상 이 지역의 해적(그리고 그와 연결된 남부의 무슬림 반군)에 대한 통제력을 상실했음을 고백했다(*Business Times* 1986/5/20).

II. "근대"로의 이행과 동남아시아 해상무역

1. 동남아시아 바다의 유럽인과 해적 인식

19세기 네덜란드와 영국이 도서부 동남아시아 지역에서 식민지를 만들어가는 과정에서, 해적이라는 존재는 유럽인의 지배에 대한 가장 가시적 도전으로 여겨졌다. 말라카해협과 인도네시아 군도의 수많은 섬들은 "말레이 해적" 선박(prahus)에 적합한 공간이었고, 바다뿐 아니라 큰 강 입구에서도 약탈이 이루어지는 경우가 많았다(Tagliacozzo, 2005a: 110). 1824년 영국과 네덜란드 사이에 맺어진 런던 조약(London Treaty)에서 말라카해협을 기준으로 양 세력 간 경계선이 그어졌다. 현재의 인도네시아 – 말레이시아 국경의 근거가 된 이 경계선은 도서부 동남아시아에서 "근대국가" 건설의 시작이 되었고, 이 질서를 위협하는 해적의 존재, 정부와 언론의 가장 큰 관심의 하나였다.

동남아시아 해적에 대한 이들의 개념은 "문명"에 대한 유럽의 시각과 연결되었다. 리드(Reid, 2010: 15)는 해적(piracy)이라는 용어가 기본적으로 유럽의 특정한 경험에서 파생된 것으로, 아시아의 바다에서 종종 유럽인들이 무력이나 군사적 팽창을 합리화하기 위해 사용했다고 설명한다. 에클로프(Eklof)에 의하면 18세기 후반 이후 동남아시아의 해적에 대한 영국의 인식과 대응은 1. 인종적/문화적 해석 2. 경제적/역사적 해석 3. 법적/제도적 해석이 중첩되며 발전했다. 래플스(Stamford Raffles), 크로포드(John Crawfurd) 등 19세기 초반 동남아시아의 영국 고위 관료들은 종종 "말레이 해적"의 원인을 "무슬림의 성마름", 문명의 부족 등 종교, 문화적 접근으로 해석하고, 이 지역 해상의 불안정성을 "고대" 그리스의 바다와 비견하기도 했다.[2] 종족성과 해적을 결부시킨

---

2 "말레이(Malay)"의 종교, 종족 정체성의 역사적 형성에 대한 것은 안다야(Andaya, 2008), 유럽의 "문명", 문명화의 의무와 해적의 관계에 대한 논의는 에클로프(Eklof, 2018)의 연구 참조. 레이튼(Layton)은 18세기 후반 영국인들이 전제(despotism) 군주로 인한 해적의 발생을 논하면서 도서부 동남아시아에서 "상상된 해적 공동체(imagined piratical communities)"를 상정했다고 지적한다(Layton, 2011: 88 – 89).

이런 시각은 1841년 사라왁(Sarawak)의 백인 군주(White Raja)가 된 제임스 브룩(James Brooke)도 공유한 것으로, 이들은(동남아시아의) 해적은 문명이 들어오면 퇴출될 문화적 아노미(anomie)라고 주장했다(Tagliacozzo, 2005a: 109). 래플스는 이에 더해 이 지역의 해상 약탈의 빈번한 발생 원인으로 네덜란드인의 잘못된 정책을 지적하면서,[3] 1819년에 그가 건설한 싱가포르를 중심으로 한 (보다 문명화된) 자유무역의 활성화를 통해 이 문제를 해결할 수 있을 것으로 전망했다.

이런 인식은 개념적, 실천적 측면에서 한계가 있었다. 우선 도서부 동남아시아 지역에서 해상/해안 약탈, 공격이 종종 있었지만, 말레이어나 자바어에는 해적에 상응하는 용어가 없었고, 유럽인들의 등장 이전에는 그런 개념도 존재하지 않았다(Anthony, 2013: 24). 물론 해상에서의 폭력, 약탈 행위(raiding)는 오래전부터 존재했고, 16세기경부터 동남아시아 토착민뿐 아니라 중국인, 유럽인, 일본인 "해적"에 대한 다양한 기록이 존재한다. 그러나 19세기 이전 이들의 활동은 국가/정부에서 그 정당성(licitness)을 결정한 해적행위와 구분된다고 볼 수 있다(Anthony, 2013: 25 – 31).[4]

그리고 당시 동남아시아 바다에서 토착민들을 "해적"이라고 비난하던 유럽인들은 국가의 승인 혹은 후원하에 다른 집단의 선박을 나포(privateer)하고는 했는데, 이 "합법적" 행위가 근본적으로 다른 집단들의 해상 폭력과 다르지 않았다는 점에서 인종과 문화에 기반한 해석은 다분히 유럽 중심적 시각에 기반한다고 할 수 있다. 일례로 1870년대 스페인 해군은 술루해에서 적에게 가장 무자비한 존재로 알려졌고, 술루 술탄은 스페인 해군에 대해 "해적 같다"고 한탄하기도 했다(Tagliacozzo, 2005a: 127).

<hr>

3 브룩 역시 네덜란드의 무역정책에 대해 "그 바보들(네덜란드인들)이 무분별하게 무역을 막아서 해적을 늘게 하고 싱가포르에 피해를 끼쳤다"라는 비판을 남겼다(*ST* 1964/4/13).

4 16세기 이후 베트남, 스페인, 영국 기록에는 중국인, 일본인 해적(왜구; wako)의 활동에 관한 서술이 등장한다. 이들은 무력과 (밀)무역 활동을 동반했고, 동남아시아 주요 항구도시에 자주 출몰했다. 큰 문제가 되지 않는 한 지역 지도자들은 이들의 활동을 인정하고 교류를 허용했다.

무엇보다 래플스의 예상과 달리 자유무역항 싱가포르 등장이 바로 해상 약탈 행위의 감소를 가져오지 않았다. 오히려 19세기 동남아시아 무역의 중심으로 성장한 싱가포르는 시간이 지나면서 해적과 밀무역의 주요 표적으로 부각되었다. 1824년 조약을 통해 국경선이 확정되기는 했지만, 해안을 지킬 수 있는 인력과 선박이 제한된 상황에서, 조약에 포함된 "반해적(anti‑piracy)" 의무 조항은 유명무실한 것이었다(Reid, 2013: 21; Tagliacozzo, 2005a: 97). 19세기 중반 이후 기술적, 제도적 변화가 발생하기 전까지 초기 유럽 식민체제는 "해적" 발생에 유리한 동남아시아 군도의 지리조건을 극복하지 못했다고 할 수 있다.

2.   이라눈(Iranun)과 해상 약탈

동남아시아는 21세기에도 세계에서 가장 빈번하게 선박에 대한 습격이 이루어지는 지역으로 알려져 있는데, 특히 많은 활동이 국제법상 해적행위로 분류되는 지역이 말라카해협과 술루해이다(Beckmam, 2013: 13). 이 지역에서는 식민지기 이전부터 해상과 해안에서 다양한 층위의 습격과 무장 공격이 이루어졌다. 주로 민다나오(Mindanao) 남서부 해안에 근거를 둔 이라눈(Iranun), 발랄잉이(Balangingi), 사말(Samal) 등의 해상 공동체들이 이런 활동을 주도한 것으로 알려졌다. 기록의 부족으로 인해 이들 집단을 정확하게 규정하는 데 어려움이 있는데, 이 명칭들은 때로 종족 공동체를, 때로는 특정 지역민들을 일컫기도 한다.

이들 중 이라눈(Iranun, 혹은 Lanun, Illanoon 이라고도 불림)은 식민지기 이전 이 지역뿐 아니라 도서부 동남아시아 사회경제 체제의 중요 행위자의 하나로 알려졌다. 이 집단은 독립된 언어/종족 집단으로 여겨지기는 하지만 정확한 규모를 추산하기 어렵고,[5] 한편으로 그 명칭과 정체성 자체가 역사적 산물의 성격을 지니기도 한다. 이들은 주로 해안 지대에 대한 습격, 약탈과 노예

---

5   맥케나(McKenna)는 1990년대에 이라눈의 수를 2만 5천에서 15만 명으로 추산했다(McKenna, 1994: 14).

무역으로 유명했지만 그런 공격은 대개 무역 활동과 결부되어 있었고(trade-raiding), 때로 이전의 교역 상대가 약탈의 대상이 되기도 했다(McKenna, 1994: 17). 18세기 스페인 기록에 따르면 이라눈이라는 노예무역 업자들이 필리핀 해안을 공격했고, 이들의 거주지는 필리핀 남부, 보르네오뿐 아니라 도서부 동남아시아 반대편의 수마트라에도 있었다고 한다(McKenna, 1994: 16).

이라눈은 오래전부터 약탈과 연계된 무역 활동으로 알려졌지만, 전술한 유럽인들의 "해적"에 대한 개념화와 연결되어 해적과 동일시되기도 했다. 셀레베스해/술루해의 해안 지대와 네덜란드 기지들, 그리고 필리핀 북부 지역에 대한 "이라눈"의 공격이 잦아지면서 18-19세기 기록에서는 "해적"을 이라눈이라고 지칭하기도 했다. 즉 종족/언어집단과 사회경제적 주체로서의 이라눈은 시기와 맥락에 따라 다르게 이해되어야 한다(Anthony, 2013: 24; McKenna, 1994: 16).

19세기 전반까지 이라눈의 약탈무역은 도서부 동남아시아 전반에 걸쳐 진행되었다. 이들은 90-100피트 길이에 100명이 넘는 인원을 태운, 회선포로 무장한 선박(prahus)으로 대륙부 동남아시아의 해안까지 진출했다(Warren, 2018: 2). 맹그로브와 산호초로 둘러싸여 식별이 어려운 자신들의 근거지에서 매년 약탈무역을 위해 선박이 출항했고, "산호초 해적(pirates of lagoon)"으로 불린 이들은 빠르고 잘 무장된 배를 타고 술루해에서 동남아시아 바다 전체를 순회했다. 이들은 8월에서 10월까지, "해적 바람(pirates wind)"을 타고 말라카해협 인근의 배들을 약탈했고, 그래서 19세기에 이 시기는 "이라눈 계절(musim lanun)"이라고도 불렸다(Warren, 2018: 43; *New Nation* 1977/3/17). 이들에게 약탈당한 이들 일부는 끌려가서 노잡이로 일하기도 했다(*SFP* 1846/8/24).

1840년대 초까지 이 지역의 유럽 세력들은 해적(이라눈)에 대한 공포와 경계를 공유했지만, 이들에 대한 효과적인 대응은 이루어지지 않았다. 이들의 본거지가 늪지대와 좁은 해로로 인해 접근이 어렵기도 했지만, 식민정부들의 군사적 경제적 능력이 넓은 해안에 걸친 이들의 활동을 제어하기에는 역부족인 상황이었다. 식민정부들 간의 불협화음도 한 원인이었는데, 일부 지방에서는 이들이 정부 당국과 협조적 관계를 맺고 환영받는 일도 있었다(Warren, 2018: 6). 1840년대에 사라왁 지배자인 브룩 등에 의한 해적 진압작전이 진행되기는 했지만, 전체적으로 19세기 전반까지 해적에 대한 실제적 조치는 효과적으로 이루어지지 않았다. 서로 경쟁하던 식민 세력들은 때로 해적 진압을 자신의 영역을 확대하는 구실로 활용하기도 했다(*SFP* 1848/11/30).

III. 식민지의 기술 변화와 술루해의 해적과 밀무역

19세기 전반까지 동남아시아 해상 약탈을 근절하기 위한 유럽 세력의 노력은 실질적 효과를 거두지 못했다(Anderson, 2001: 93). 동남아시아의 바다에서 해적이라는 개념과 그에 대한 대응이 더 큰 영향력을 가지게 되는 것은 19세기 중반 이후, 특히 추가적인 조약을 통한 경계의 설정과 관련이 있다. 1870년 네덜란드 – 영국 간의 2차 조약을 통해 양측의 경계 구분이 더 명확해지면서, 두 세력의 "외부"로의 영토적 팽창이 가속화되었고, 지역 전체의 해상 경제활동이 식민국가의 통제 대상이 되었다.[6] 19세기 후반 경계의 확정은 해적과 밀무역의 개념과 실행에 대한 대응에 있어 전환점이 되었다. 이 시기 증기선, 전신, 조명 등 새로운 기술의 발전은 네덜란드와 영국이 저항 세력의 진압과 식민지 영토의 팽창을 진행하는 데 기여했다(Reid, 2010: 22 – 23).[7]

가장 직접적인 기술적 변화는 선박의 교체였다. 1830년대 이 지역 최

---

[6] 이런 배경에서 리드(Reid)는 동남아시아의 바다에서 1870년 이후 "유럽 기준의" 해적 활동이 줄어들었다고 설명한다(Reid, 2013: 15). 그러나 국경의 형성과 강화는 한편으로 그것을 넘나드는 경제활동 혹은 밀무역의 존재를 부각시키기도 했다. 도서부 동남아시아 국경의 형성과 밀무역의 관계에 대한 설명은 Tagliacozzo(2005a) 참조

[7] 타글리아코조는 19세기 후반 이후 광각 기술의 발전, 특히 등대의 활용을 통한 군도의 거시적 조망이 네덜란드령 동인도에서의 제국 질서 유지에 중요한 요소였음을 지적한다(Tagliacozzo, 2005b)..

초의 전투용 증기선인 다이아나(Diana)호가 말레이반도 해안에서 이라눈 선단을 격퇴한 후, 1840년이 되면 해적들의 무장 쾌속선에 대응하기 위해서는 대형 포함보다 작고 빠른 철제 증기선이 효과적이라는 분석이 나왔다(*SFP* 1843/9/28). 1848년 보르네오와 술루해의 해적 진압을 위해 싱가포르에 전투용 증기선이 도입되었다(*SFP* 1848/9/7). 다른 지역에서도 비슷한 변화가 발생했다. 네덜란드령 동인도에서도 1840년 이후 해적에 대한 공격이 강화되었고, 1848년 필리핀 총독인 클라베리아(Narcisco Claveria)가 유럽산 증기선을 도입하고 남부 섬들의 군사 요새를 강화한 것은 이라눈과의 경쟁에서 중요한 전환점이 되었다(Warren, 2018: 122). 19세기 중반 이후 스페인 식민정부의 공격과 해적 진압으로 술루 지역이 상대적으로 "안정"되었다고 평가받았고, 남부의 해적에 대한 경계심과 통제는 20세기 전반 미국 점령기에도 계속되었다.[8] 미국 식민정부는 1900년대 초반부터 Iranun 등 남부 출신을 고용해서 해적 소탕 작전을 계속했다.

타글리아코조는 증기선 도입과 더불어, 보다 정주적 주거와 경제를 장려하는 식민정부들의 "문명화(civilizing) 프로젝트"가 과거와 같은 해상 경제활동 공간의 축소에 기여했을 것이라 주장한다(Tagliacozzo, 2005a: 115). 그러나 19세기 후반 해적이 한번에 사라진 것은 아니었고, 국가의 통제가 강화되는 과정에서도 여전히 계속되었다.

해적 활동에 영향을 준 다른 기술 변화는 국경과 영토에 관한 법과 제도의 정비였다. 실행에는 한계가 있었지만, 19세기 후반 이후 해적, 밀수 등은 조약과 법령을 통해 법으로 규정되는 영역으로 편입되었다(Tagliacozzo, 2005a: 66). 필리핀에서도 식민 지배가 확산되고 경계가 강화되면서 이라눈을 비롯한 남부 해상 집단들의 "일상적" 경제활동이 "불법적" 행위로 규정되었고, 19세기 이후 이들의 활동에 대한 통제가 강화되면서 충돌이 격화되었다. 이것은 앞서

---

8 1899년 미국의 John Bates 장군은 술루 술탄과 협상하면서 해상무역에 대한 공격, 즉 "해적" 행위를 중단할 것을 요구하기도 했다(Salman, 2001: 68).

언급된 종교/종족 정체성과도 관련된다. 남부 이슬람 세력과의 충돌이 심화되면서 스페인 식민정부는 남부의 "해적"들과 그들의 무슬림 정체성을 결부시켰고, 남쪽으로부터의 조직화된 해상 공격, 즉 이라눈 등의 약탈무역을 "모로(Moro)"의 공격으로 묘사했다. 모로라는 용어는(기독교화된, 비무슬림 필리핀인을 지칭하는) 인디오(Indio)와 대비되어 사용되었다. 18세기말 필리핀 남부로부터의 "해적"이 영국 자료에 이라눈(Iranun)이라 기록된 것과 달리 경제활동과 관련된 종족적 전형성(Layton, 2011: 86)에 더해 종교/문화적 측면이 결부되었음을 보여준다.

이런 기술과 제도의 변화로 해적 행위에 대한 통제가 강화되고, 20세기에 들어서면 "해적"은 계속 등장하기는 했지만 식민정부들에게 전처럼 큰 위협으로 느껴지지는 않게 되었다(Tagliacozzo, 2005a: 116). 그러나 해적의 가시적 감소는 다른 방식의 "불법" 무역행위의 부상으로 연결되었다. 새롭게 설정, 강화된 해상 경계는 불가피하게 그것을 넘는 "불법" 무역의 증가를 가져왔다. 특히 정치적 혼란이 발생하면서 경계에 균열이 생기거나 새로운 정부가 들어설 때 더욱 그러했다. 대표적인 사례 술루해와 보르네오의 무기 밀무역이었다. 19세기 후반 사바(Sabah, 영국령 북보르네오)는 무기 판매로 큰 수익을 얻었는데, 이 무기들이 점차 필리핀 남부의 이슬람 세력에게 들어가는 것으로 밝혀졌다. 1885년의 술루 협약(Sulu Protocol)에 의해 이 지역에서 모든 물품의 자유 거래가 보장되어 있었지만 마닐라의 식민정부는 술루해의 선박들을 통제하기 시작했다(Tagliacozzo, 2005a: 307). 1897년 지역 식민정부들 간 협의로 이 지역에서 무기의 자유로운 거래가 제한되었지만, 1898년 스페인과 새로운 세력인 미국 간의 충돌이 발생하면서 무기 밀무역이 다시 활성화되었다. 미국의 공격에 대비하기 위해 해안의 등대를 점멸하는 스페인의 방어 작전은 해적과 밀무역의 재개를 촉진시켰고, 지역 상인과 지도자들의 활동 영역을 확대시켰다.

IV. 탈식민지화와 술루해 밀무역, 해적

1. 탈식민지화와 해적의 재활성화

새로운 국가의 등장, 경계의 (재)설정, 그와 연결된 밀무역과 해적 활동은 동남
아시아의 탈식민지화 과정에서 다시 부각되었다. 1940년대 동남아시아가 일
본 점령기와 탈식민지화 과정을 거치면서 식민지기에 강화된 국경과 무역의
통제에 균열이 발생했다. 특히 인도네시아 독립전쟁기(Revolusi, 1945–1949)
네덜란드에 맞서 싸우던 공화국 정부는 무기와 자금의 확보를 위해 (특히 싱
가포르와의) 밀무역에 크게 의존했다.[9] 이런 이유로 독립전쟁기 밀무역은 터부
의 대상이 아니었고, 지역적 정치적 맥락에 따라 장려되기도 했다. 그러나 탈
식민지화 이후 새롭게 국가를 운영하게 된 엘리트들은, 서두의 조약에 나타난
것처럼 독립전쟁기 자신들이 활용했던 싱가포르와의 밀무역 등 국가의 통제
를 벗어난 지역 경제활동에 제약을 가하기 시작했고, 이것은 식민지기에 있었
던 밀무역과 해적을 둘러싼 논쟁과 갈등을 재점화했다. 새로운 국가와 체제하
에서 불가피하게 행정적 군사적 통제력이 약화되었고, 이것은 불법적 해상 경
제활동이 활성화될 수 있는 조건을 제공해주었다.

탈식민지화의 맥락, 특히 사바의 영국 식민지가 여전히 존재하는 상황에
서 3개국이 접해 있는 술루해에서는 경계와 영해에 관한 규정과 대응을 둘러
싸고 충돌이 계속되었고, 이 과정에서 해적과 밀무역이 재활성화되었다. 식민
국가의 경계가 만들어지던 19세기 후반처럼 이 시기에 새롭게 등장한 국민국
가들은 영토와 국경을 재정비했고, 이것은 이 경계를 넘어 활동하던 해적/밀
무역 집단에게 위기와 기회를 동시에 제공했다.

1950년대 초부터 보르네오 주변화 술루해에서 많은 해적과 밀무역 사례

---

9   동남아시아의 탈식민지화 과정에서 일본 점령기, 탈식민지 독립 전쟁, 1950년대 내전 등 주
변국의 정변이 있을 때마다 무기와 자금 확보를 위한 밀무역의 거점 역할을 한 것은 싱가포르였다.
독립전쟁기 싱가포르와 인도네시아의 밀무역에 대해서는 Yong(2003) 참조

가 보고되었다. 1952년 2월 필리핀 해군은 보르네오에서 술루 지역으로 진입하던 "밀수선"을 붙잡았는데, 여기에는 미국산 담배, 옷감, 유럽산 소비품 등 정부에서 통제하거나 금지하는 품목이 다수 포함되어 있었다(*SFP* 1952/2/22). 인도네시아, 영국령 말라야, 필리핀 해군 순찰정이 있었지만, 밀무역과 해상 약탈 행위는 1950년대~60년대에 빈번하게 발생했다.

이런 상황은 이 지역 바다의 기본 구조와 함께 탈식민지화 과정에서의 변화에 영향을 받았다. 이 지역 해상세력은 1950년대 해적과 밀무역을 막는 해군 경비정들보다 유리한 조건을 가지고 있었던 것으로 알려졌다. 1940년대 일본 점령기와 독립전쟁 등에서의 무력 충돌 이후의 기술적 발전이 이들에게 도움을 주었다. 태평양전쟁 이후 필리핀에 남겨진 무기 일부가 이들에게 흘러 들어갔고, 미군에게서 전해진 엔진을 사용한 모터보트 사용이 증가하면서 "해적" 활동 재개를 위한 기술적 조건이 구비되었다(Eklof, 2005: 3). 앞서 언급한 (이라눈) 본거지의 자연적 보호 환경, 그리고 오랫동안 축적된 지리, 환경 정보가 이런 기술적 발전과 결합되어 해적과 밀수업자들은 여러 면에서 경찰과 해군에 앞선 것으로 평가되었다. 필리핀 해군 사령관 비즈마노스(Vizmanos)는 "술루 해적은 높은 이동성과 효율성을 보이고, 정보 네트워크가 해군에 앞선다"라고 언급했다(*ST* 1963/4/8).

2. 술루해 밀무역의 구조

이 시기 밀무역은 쿰핏(kumpit)이라는 작은 배를 통해 이루어졌다. 1천 척 정도가 필리핀 남부에 산재한 것으로 추정되는 이 쾌속선들은 매달 3 – 4번 정도 출항했고, 정찰정을 피하기 위해 주로 야간에 움직이면서 북보르네오 항구에 가서 거래를 하고 귀환했다(*ST* 1966/1/7). 이들은 필리핀에서 코프라(copra), 설탕, 육두구 등을 싣고 사바로 가서,[10] 산다칸(Sandakan), 타와우(Tawau) 등

---

10   필리핀에서 보르네오로 들어간 "물품" 목록에는 금, 미국 달러, 농산물 뿐 아니라 벌목장 등에서 일할 노동자도 포함되어 있었다고 한다. 반대 방향으로 향한 품목에는 주류와 사치품, 그리고

주요 항구에서 중국계 상인(towkay)들과의 거래를 통해 담배와 다른 사치품을 싣고 돌아왔다(*SFP* 1951/11/7). 이들이 필리핀에서 가지고 간 코프라 등의 산물은 곧 유럽, 싱가포르, 홍콩으로 재수출되었다(*ST* 1964/8/16).

이런 교환은 대개 물물교환(barter) 형태로 진행되었다. 1950-60년대 성행했던 물물교환 무역은 탈식민지화 과정에서의 정치경제적 불안정과 유동성을 잘 보여준다. 체계화된 무역의 구조와 정부 행정력이 부족한 상황에서, 각국 중앙정부, 때로는 지역 정부와 상인들이 각자 필요에 따라 다른 지역과 물물교환 무역을 실시했다. 술루해를 오가는 필리핀의 코프라와 사바(타와우, 산다칸 등)에서의 담배의 교환은 이 시기 물물교환 무역의 대표적 사례라고 할 수 있다.[11]

이런 형태의 무역을 통해 수백만 불 상당의 미국 담배가 매달 사바에서 필리핀으로 보내진 것으로 추정되었다(*ST* 1966/1/7). 최고 인기품이었던 미국 담배는 미국 납세 인지 색을 따서 블루 실즈(Blue Seals)라 불렸는데, 홍콩에서 생산된 미국 브랜드 담배가 북보르네오에 다량 유입되고 그것이 다시 필리핀으로 대량 유입된 것이었다(McCoy, 1999: 147; 여운경, 2014: 113). 북보르네오에서 술루해를 거쳐 필리핀 남부 민다나오(Mindanao)로 들어가는 경로는 필리핀 진입의 뒷문 역할을 했고, 필리핀 남부 섬들이 이 "밀무역"의 거점으로 떠올랐다(McKenna, 1994: 21).

물물교환 무역을 통한 사바로부터의 담배 수입은 필리핀에서 불법으로 규정되었음에도 큰 규모로 계속 진행되었다. 우선 이 사업은 참가자들에게 위험성에 비해 너무 큰 이익을 가져다주었다. 전술한 바와 같이 밀무역에 참여한 선원과 상인들이 바다를 통제하는 세력보다 기술적 우위를 가졌다는 점에서 실패 확률이 낮았다. 혹시 세관이나 해상에서 검문에 걸리더라도, 세관원에게 대가를, 해군 선장에게 "세금"을 지불하면 아무 일 없이 지나갈 수 있었다

아편도 포함되어 있었다(*ST* 1955/3/8).

11   도서부 동남아시아, 특히 인도네시아 국경에서의 물물교환 무역에 대해서는 Yeo(2016) 참조

(*ST* 1964/8/16). 무엇보다 이것은 그 위험에 비해 창출되는 이익이 너무 큰 사업이었다. 해군에 의해 체포될 경우 선박 소유주와 밀수 조직이 재정적 보상을 해주었고, 한 번 와서 거래할 경우 필리핀 내에서 6개월의 활동에 해당하는 이익을 남길 수 있었다. 또 타와우에서 산 담배를 필리핀에서 3배 이상의 가격에 판매함으로써 큰 이익을 취할 수 있었다. 선박 운항 책임자는 승무원 명단을 제출해야 했는데, 선원 대부분이 필리핀 남부에서 온 무슬림이었지만 서류에는 포르투갈인이라고 되어 있고, 이 서류들은 포르투갈령 티모르에서 제작되었다고 한다(*New Nation* 1971/7/6). 필리핀으로 유입된 담배를 민다나오를 거쳐 마닐라 등 전국에서 유통되었고, 정부의 통제를 피해 담배를 유통, 분배하는 과정에서 새로운 일자리가 창출되기도 했다. 때로 정부 고위 관료들이 여기 연루되기도 했다(McCoy, 1999: 148-149).

영국령 북보르네오가 미국 담배 무역이 중심이 된 배경에는 홍콩과의 관계가 있었다. 사바 상인들은 주로 홍콩에서 미국 브랜드 담배를 대량 수입했는데, 재수출을 할 경우 관세를 물지 않았다(*ST*). 필리핀 정부는 사바에서 필리핀으로의 담배 수입을 불법으로 규정했지만, 북보르네오에서는 담배 재수출이 합법적인 거래로 인정되었다.

V. 동남아시아의 탈식민지화와 술루해 해상무역: 법적, 정치적 배경

서두에 예시된 협약 조항에 명시된 것처럼, 당시 이 지역 경제활동에서 "밀무역"과 "해적 행위"는 주요 관심과 통제의 대상이었다. 그러나 이런 행위에 대한 합법성의 기준은 시기에 따라 달랐을 뿐 아니라, 이 시기 술루해를 둘러싼 정치주체들의 입장에도 차이가 있었다. 필리핀, 인도네시아, 영국령 말라야(1963년 이후 말레이시아) 사이에 맺어진 양자 혹은 다자 협정의 해석과 실행 과정에서 이런 차이가 잘 드러났고, 그것은 당시 술루해의 정치적 상황과 더 넓은 국제정치의 맥락을 반영한다.

우선 위에 언급된 바와 같이 같은 물물교환 무역에 대해 필리핀과 북보르네오(말레이시아) 정부는 전혀 다른 입장을 가졌다. 영국/말레이시아의 입장에서는 사바에서 재수출을 통해 물건이 판매되는 것은 위법이 아니었고, 술루해를 통해 온 상인들은 "합법적인" 서류를 갖춘 물물교환 상인일 뿐이었다. 담배 재수출, 코프라 수입과 재수출이 주요 수입원이었던 북보르네오의 상인들은 정상적인 거래를 통해 외부로 유출된 물품의 유통에 대해서는 관여할 바 아니라는 입장이었다(ST 1966/09/17). 라부안(Labuan)의 한 상인은 이 상황에 대해 "여기는 자유항이고, 우리 측에서 판매가 합법이기 때문에 우리는 그것을 밀수라 부르지 않는다. 상황이 마음에 들지 않으면 필리핀 정부가 선박을 못 오게 하면 되겠지만, 부패한 장교들이 있는 한 무역을 계속될 것이다"라고 평가했다(ST 1984/8/16).

그러나 필리핀과 인도네시아의 경우 이런 무역을 탈세를 위해 무허가로 진행되는 "불법" 무역으로 간주되었다. 북보르네오에서 담배를 싣고 필리핀 남부로 입항하는 선박은 "합법적으로 떠나서 불법적으로 들어온" 셈이 되었다(McKenna, 1994: 21). 따라서 북보르네오 당국은 인도네시아, 필리핀 정부와의 협의에 있어 "밀무역"에 대해서는 유화적인 입장을 취하고, 물물교환 무역의 유지를 희망했다. 이들은 필리핀 정부에서 1950년대부터 중반 시행한 물물교환 금지령이 오히려 "합법" 거래를 막아서 "불법적" 약탈 행위, 즉 "해적" 행위의 증가로 이어져 무역 질서가 파괴될 것을 우려하면서(ST 1967/1/6), 협정에 나와 있는 해적행위의 근절에 초점을 맞추려 했다.

반면 필리핀과 인도네시아 정부는 코프라 등 국가 자원 유출과 담배 등 사치품의 불법 유통을 막기 위해 밀무역 물물교환 무역을 줄이는 데 주력했고, 상대적으로 해적과 해상 약탈에 대해서는 소극적 입장을 취했다. 필리핀 정부는 사바와 필리핀의 밀무역에 대처하는 영국령 말라야 정부의 비협조적 자세를 비판하면서, "남부의 밀수꾼" 즉 술루 상인들이 영국 식민지 경제에 기여하기 때문에 그들이 불법 행위에 미온적 태도를 보인다고 주장했다(ST 1955/3/8) 이런 차이는 한편으로 무역에 기반한 정치세력(북보르네오)과 새롭게 독립된 국가(political state)의 차이를 보여주면서, 식민지기 이래의 경제활동에 대한 국가/정부의 통제와 그 맥락에 따른 자의성을 보여주는 것이었다.

이런 이유로 협정의 체결 후에도 그것을 실행하는 데는 어려움이 뒤따랐다. 인식의 차이 이상으로 "불법" 해상 활동에 대한 공동 대응을 어렵게 한 것은 이 지역 해상무역 주체들을 구분하는 문제였다. 한 영국령 북보르네오 관리에 따르면, 비슷한 형태의 선박(쿰핏)을 해적들 뿐 아니라 어민들,(필리핀에서 규정한) 밀수업자들도 사용하고 있었고, 해군 정찰정이나 비행기들은 포착된 선박이 해적선인지 아닌지 쉽게 파악할 수 없었다(ST 1963/9/29). 이것은 양측이 별개로 규정해서 접근한(밀)무역과 해적행위를 수행한 집단의 잠재적인 연관성을 상징적으로 보여준다.

시간이 지나면서 필리핀과 말레이시아(그리고 인도네시아) 정부는 협정과 협력을 통해 삼국 접경 해안의 안정을 위한 방법 모색을 계속했다. 1963년에는 인도네시아와 영국령 말라야가 - 군사적 충돌(Konfrontasi) 기간임에도 불구하고 - 말라카 해협의 해적에 대한 공동 작전을 추진하기로 했고, 인도네시아와 필리핀의 유사한 합동 해군 작전 가능성이 제기되었다(ST 1963/6/29). 그리고 말레이시아 측에서도 문제의 근본적인 해결은 사바에서 필리핀으로의 (담배) 수출을 제한하는 것밖에 없다는 인식이 대두되면서(ST 1964/7/2.), 1964년부터 북보르네오를 소유하게 된 말레이시아 정부는 점차 필리핀 남부와 사바의 무역 제한에 동의하는 입장을 취하게 되었다.

이런 상황은 필리핀 남부 해상세력은 물론, 사바 경제에도 영향을 끼쳤다. 필리핀으로의 재수출에 종사하며 필리핀의 "정직한 밀수꾼들"을 기다리던 사바 상인들은 1963년까지와 비교해 1964년 담배 수출이 1/5 수준으로 급감하는 것을 경험했고, 사바에서 필리핀으로의 담배 재수출에 특화되었던 홍콩의 한 회사가 거의 폐업에 이르는 상황이 발생했다(ST 1964/6/30).

이런 양국 관계의 호전과 입장의 조율은 1960년대 양국 간의 영토 분쟁, 그리고 냉전기 동남아시아의 국제관계에 기인한 것이었다. 우선 1963년 말레이시아 건국 이래 말레이시아와 필리핀은 사바 지역의 영유권 문제를 놓고 대립을 계속했다. 1878년 이 지역을 관장하던 술루 술탄이 홍콩의 영국인에게 양도했고, 그 권리가 영국 식민정부에 양도되어다는 것이 말레이시아의 주장이었다. 말레이시아 정부의 입장은, 1885년의 마드리드 컨벤션(Madrid Convention)에서 술루 지역에 대한 권리를 주장한 스페인은 북보르네오 영유권을 주장하지 않았고, 스페인이 소유한 섬들을 이어받을 미국도 그런 주장을 하지 않았고, 필리핀 헌법상의 영토도 이에 기반한다는 것이었다(*ST* 1962/9/25). 이에 반해 필리핀 정부는 사바 지역이 원래 술루 술탄의 영토였고 그가 단지 임시로 대여했을 뿐이라고 하면서 영토의 양도를 주장했다(*New Nation* 1971/7/6).

이 문제로 인해 1960년대 양국 외교관계가 단절되는 일이 있었을 뿐 아니라, 1980년대에 아세안(ASEAN)에 안건으로 제기될 정도로 중요한 문제였다. 일견 영토분쟁으로만 보이는 이 문제는 사실 앞서 살펴본 무역을 둘러싼 양측의 입장 차이가 반영되어 있었다. 무엇보다 필리핀 남부의 무슬림 무장세력에 대해 양측이 다른 측면의 불안을 가지고 있었다. 마닐라 정부는 이들 세력이 사바와의 무역을 통해 무기와 재정적 기반을 얻는다고 생각했고, 말레이시아 정부는 필리핀 정부가 남부의 무슬림 세력을 활용해서 보르네오를 공격할 수 있다고 우려했다. 1968년 사바 문제에 대한 방콕에서의 협상이 결렬된 후, 말레이시아 정부 당국자는 필리핀 정부가 사바 해안에서의 해적 활동을 (필리핀 남부 무슬림에게) 권하거나, 그들을 사바에 유입시켜 봉기를 부추길 것이라고 우려했다(*ST* 1968/7/20).

양국 간 입장 조율이 필요했던 또 다른 이유는 1960년대 동남아시아의 냉전 구도와 관계가 있다. 1950년대 베트남전, 인도네시아 내전, 1960년대 초반 말레이시아–인도네시아의 군사 충돌(Konfrontasi)을 연이어 겪은 상황에서, 1960년대 초반 동남아시아연합(ASA: Association of Southeast Asia), 1967년 아세안의 등장은 양국 관계에 중요한 계기가 되었다. 동남아시아연합은 지역의 초기 반공 블록을 대표하는 태국, 말레이시아, 필리핀으로 구성되었고, 지역 안보를 위한 상호 협력이 필요한 상황이었다. 1966년 사바–필리핀의 무역 문제에 대해 말레이시아 정부에서는 물자 이동 억제가 사바 경제에 값비싼 대가를 치르겠지만, 지역 협력을 위해서는 지불 가능한 대가라는 입장을 보였다(*ST* 1966/10/17). 아울러 (사바를 떠난 뒤 이루어지는) 필리핀에서의 밀무역 문제가 말레이시아의 잘못은 아니고 합법적인 필리핀 선원들을 밀수꾼으로 취급할 이유도 없지만 필리핀과 좋은 이웃이 되는 것이 중요하고, 사바 내에 필리핀 세관 사무소를 설치해서 필리핀 정부가 선박들에 대한 통제를 강화할 수 있게 협력하기로 했다(*ST* 1967/5/15; 1967/6/30).

VI. 맺음말

식민지기에 유럽인들이 "생산한" 해적에 대한 인식과 정의는 다분히 자의적이고 문명론적 편견에 기반한 것이었다. 유럽인들 역시 해상 폭력의 혐의에서 자유롭지 않았고, 그에 대한 유럽 식민정부의 정책적 대응은 한계가 명확한 것이었다. 도서부 동남아시아, 특히 3국 접경지대인 술루해를 둘러싼 해적과 밀무역의 지속은 이 지역에서의 식민 지배를 통한 경계의 형성과 그 통제력의 한계를 잘 보여주는 것이었다. 19세기 중반 이후의 증기선과 경계의 강화 등 기술적 제도적 발전이 해적의 위협을 감소시켰지만, 다른 한편 이것은 밀무역의 증가로 이어지기도 했다. 이런 "불법적" 해상 활동은 정치적 격변과 새 국가의 등장으로 더 격화되고는 했다. 탈식민지기 새로운 국민국가의 등장은 이런 불법 해상 활동이 새롭게 전개될 조건을 마련해주었다.

20세기 중반 활성화된 술루해의 해적과 밀무역은 그 좋은 사례로, 신생 국가들과 관계 속에서 이루어진 이런 해상 활동은 이 지역 해상경제의 초국성과 이동성, 경계의 자의성과 불안정성을 보여준다. 필리핀 남부 섬에서 출몰하는 해적과 밀무역 선단은 새로운 국가보다 우수한 기술을 이용해서 새로운 (사실은 식민지기부터 지속된) 경계를 넘나들었는데, "출발할 때는 합법, 돌아갈 때는 불법"이라는 표현처럼 시공간적 맥락, 정치적 상황에 따라 그들의 활동의 적합성(licitness)이 다르게 적용되었다. 또한 정치경제적 조건에 따라 때로는 해적의 활동이, 때로는 밀무역이 활성화되거나 더 중요한 경계의 대상이 된다는 점에서, 이라눈으로 대표되는 해적과 밀무역 업자들은 서로 경쟁하는 관계이기도 했지만 넓은 맥락에서 두 행위는 상호 보완적으로 밀접하게 연결되었다고 할 수 있다.

이 시기의 해적과 밀무역 구조는 이 지역 정치, 경제 주체들 간의 관계를 보여줄 뿐 아니라, 이 지역이 정치경제적으로 더 넓은 맥락에 놓여 있음을 보여준다. 필리핀 해적과 밀무역의 목적지인 북보르네오(사바) 지역은 홍콩, 미국과 연결된 경제망을 통해 막대한 부를 축적한 곳으로, 필리핀은 이들의 활동을 통해 세계 경제와 보다 밀접하게 연결되었다(여운경, 2014: 117). 필리핀과 말레이시아의 영토 분쟁, 그와 연결된 (밀)무역 및 해적과 관련된 양국의 협의는 글로벌 냉전 구도가 이런 경제활동에 어떤 영향을 끼쳤고, 반대로 술루해의 해적과 밀무역이 세계 정치경제와 어떻게 연결되는가를 보여준다.

참고문헌

네덜란드 국립 문서보관소(ARA)

2.05.118 Ministerie van Buitenlandse Zaken(MBZ) 1955 – 1964

11659 Patrouilleovereenkomst met de Filipijnen om de smokkelhandel tegen
te gaan, 1960 – 1964

Business Times

New Nation

Straits Times(ST)

The Singapore Free Press(SFP)

여운경. 2014. "1950 – 60년대 인도네시아의 정치적 혼란과 셀레베스 해(Celebes
Sea) 밀무역." 『문화역사지리』, 26 – 1, 108 – 120.

Abraham, Itty and Willem van Schendel. 2005. "Introduction: The Making of
Illicitness." in Willem van Schendel and Itty Abraham, ed. *Illicit
Flows and Criminal Things: States, Borders and the Other Side of
Globalization*, 1 – 37. Bloomington: Indiana University Press.

Anderson, J. L. 2001. "Piracy and World History: An Economic Perspective on
Maritime Predation." in C. R. Pennell, ed. B*andits at Sea: A Pirates
Reader*, 82 – 106. New York: New York University Press.

Antony, Robert. 2010. "Introduction: The Shadowy World of the Greater China
Seas." in Robert Anthony, ed. *Elusive Pirates, Pervasive Smugglers:
Violence and Clandestine Trade in the Greater China Seas*, 1 – 14.
Hong Kong: HongKong University Press.

__________. 2013. "Turbulent Waters: Sea Raiding in Early Modern South
East Asia." *The Mariner's Mirror*, 99(1), 23 – 38.

Beckman, Robert. 2013. "Piracy and Armed Robbery against Ships in Southeast
Asia." in Douglas Guilfoyle, ed. *Modern Piracy: Legal Challenges*

and Responses, 13 – 34. Cheltenham, UK: Edward Elgar.

Bellina et al. 2021. *Sea Nomads of Southeast Asia: From the Past to the Present.* Singapore: NUS University Press.

Chou, Cynthia. 2003. *Indonesian Sea Nomads: Money, Magic and Fear of the Orang Suku Laut.* London and New York: RoutledgeCurzon.

Eklöf, Stefan. 2005. "The Return of Piracy: Decolonization and International Relations in a Maritime Border Region(the Sulu Sea), 1959 – 63." *Working Papers in contemporary Asian studies,* no. 15. Centre for East and South – East Asian Studies, Lund University.

Eklöf, Amirell, S. 2018. "Civilizing Pirates: Nineteenth – Century British Ideas of Progress and the Suppression of Piracy in the Malay Archipelago." *HumaNetten,* 41, 25 – 45.

___________. 2019. *Pirates of Empire: Colonisation and Maritime Violence in Southeast Asia.* Cambridge: Cambridge University Press.

Ellen, Roy. 2003. *On the Edge of the Banda Zone: Past and Present in the Social Organization of a Moluccan Trading Network.* Honolulu: University of Hawaii Press.

Kleinen and M. Osseweijer(eds.). 2010. *Pirates, Ports, and Coasts in Asia: Historical and Contemporary Perspectives.* Singapore: Institute of Southeast Asian Studies.

Layton, S. 2011. "Discourses of Piracy in an Age of Revolutions." *Itinerario,* 35(2), 81 – 97.

McCoy, Alfred W. 1999. *Closer than Brothers: Manhood at the Philippine Military Academy.* New Haven and London: Yale University Press.

McKenna, Thomas M. 1994. "The Defiant Periphery: Routes of Iranun Resistance in the Philippines." *Social Analysis,* 35, 11 – 27.

Reid, Anthony. 2010. "Violence at Sea: Unpacking "Piracy" in the Claims of States over Asian Seas." In Robert Anthony, ed. *Elusive Pirates, Pervasive Smugglers: Violence and Clandestine Trade in the Greater China Seas,* 15 – 26. Hong Kong: Hong Kong University Press.

Salman, M. 2001. *The Embarrassment of Slavery: Controversies over Bondage and Nationalism in the American Colonial Philippines.* Berkeley: University of California Press.

Tagliacozzo, Eric. 2005a. *Secret Trades, Porous Borders: Smuggling and States along a Southeast Asian Frontier, 1865–1915.* New Haven: Yale University Press.

__________. 2005b. "Lit Archipelago: "Coastal Lighting and the Imperial Optic in Insular Southeast Asia." *Technology and Culture,* 46, 306 – 328.

__________. 2010. "Smuggling in the South China Sea: Alternate Histories of a Nonstate Space in the Late Nineteenth and Late Twentieth Centuries." in Robert Anthony, ed. *Elusive Pirates, Pervasive Smugglers: Violence and Clandestine Trade in the Greater China Seas, 143–154.* Hong Kong: Hong Kong University Press.

Warren, James F. 1985. *The Sulu Zone 1768–1898: The Dynamics of External Trade, Slavery, and Ethnicities in the Transformation of a Southeast Asian Maritime State.* Quezon City: New Day Publishers.

__________. 2002. *Iranun and Balangingi: Globalization, Maritime Raiding and the Birth of Ethnicity.* Singapore: Singapore University Press, NUS.

__________. 2004. "The Global Economy and the Sulu Zone: Connections, Commodities, and Culture." in Bernhard Klein and Gesa Mackenthum, ed. *Sea Changes: Historicizing the Ocean,* 55 –74. New York and London: Routledge.

__________. 2018. "In the Name of Sovereignty: Spain's Tackling of 'Moro' Piracy in the Sulu Zone, 1768 –1898." in Ota Atsushi, ed. *In the Name of Battle against Piracy: Ideas and Practices in State Monopoly of Maritime Violence in Europe and Asia in the Period of Transition,* 143 –168. Leiden: Brill.

Yeo, Woonkyung. 2016. "Illegalizing Licitness? Bartering along the Indonesian

Borders in the Mid-20th Century." *Asian Journal of Social Science,* 44, 663-683.

Yong Mun Cheong. 2003. *The Indonesian Revolution and the Singapore Connection 1945–1949.* Singapore: Singapore University Press.

제9장

증기선을 통해 본 아시아 – 태평양 지역간 연결*

이민용(서울대학교 서양사학과)

I. 서론

새까만 연기를 내뿜는 철제 증기선은 흔히 서구의 팽창과 정복, 제국주의 침탈의 상징처럼 여겨져 왔다. 실제로 19세기 말에서 20세기 전반에 이르기까지 아시아에서 민간 원양 정기선(ocean liners)은 유럽과 미국의 상품, 식민 관료, 상류층 여행자들을 실어 나르며 제국주의의 첨병으로 기능했다. 영국이나 네덜란드의 기선회사들은 인도, 인도네시아 등 아시아 식민지와 자국을 잇는 정규 증기선 항로를 설립하여 운영함으로써 제국 내부의 연결과 통합을 추구했다. 다른 한편으로 19세기 증기기관의 발전과 조선 및 해운 기술 향상은 대양을 건너 타 대륙으로 이동하는 사람들의 수를 급속하게 증가시켰다. 종전과 비교할 수 없는 규모의 장거리 인구이동은 전례 없는 지역간 사회 교류와 문화 융합을 가능하게 했다. 이러한 맥락에서 증기선은 단순한 이동 수단을 넘어서 공동체의 확장과 연결을 담당하는 매개였고, 이동하는 사람들의 '다름'이

---

* 이 글의 일부는 2021년 6월 『서양사론』에 실린 "횡태평양 증기선 항로와 미국 – 동아시아 연결망 형성"에서 가져왔다.

가장 먼저 발견되고 처리되는 경계적 공간이기도 했다.

이 글은 정규 증기선(정기선) 노선의 성립과 확장, 활용을 바탕으로 미국과 동아시아가 해양과 관계 맺어온 역사를 다각도로 고찰하고, 제국 주도의 팽창과 세계화가 당시 실제로 대양을 횡단한 사람들의 이동과 어떻게 맞물렸는지 분석하는 것을 목표로 한다. 일차적으로는 동아시아와 북아메리카를 잇는 횡태평양 정기선 연결망을 중심으로 동아시아에서 타지역으로 이어진 증기선 대양 연결망의 설립 과정을 들여다보고, 동시에 제국의 기획으로 시작된 증기선 연결이 실제로는 제국의 이해관계에 꼭 들어맞지 않는 지역적(local) 혹은 지역간(regional) 연결의 수단으로 활용되었던 사례를 소개할 것이다. 그럼으로써 궁극적으로는 전지구화의 불균등하고 비동시적인 확산 과정 속에서 증기선을 통한 해양 연결망 형성이 지역 통합과 경계 재설정에 미친 양가적 영향을 조명할 수 있으리라 기대한다.

본문은 총 4절로 구성된다. II절에서는 우선 19세기 중엽 미국의 주도로 설립된 횡태평양 정기선의 운항을 동아시아 내의 역학관계에 초점을 맞추어 개괄한다. 동아시아와 유럽을 잇는 전통적 교역로와는 반대 방향으로 연결된 횡태평양 정기선 항로는 외부에서 들어온 새로운 인력(引力)으로 작동하면서 동아시아 내부적으로도 해운업이 발전하는 계기를 만들었다. III절에서는 19세기 후반 급격히 확산한 화인(華人) 디아스포라와 환태평양 각지에서 법제화된 아시아계 이민 제한을 통해, 해양 연결망이 제국의 기획자들이 예상하고 기대한 것과는 다른 방식으로 이용된 양상을 살펴본다. IV절에서는 19세기 말 일본 기선회사들의 부상과 미국의 해외 식민지 점령에 따른 20세기 초 횡태평양 연결의 재편을 고찰한다. V절은 사례 연구의 일종으로 20세기 전반 필리핀에 초점을 맞춘다. 에스파냐 제국 식민지로서 '횡태평양' 방향으로의 인력에 일찍부터 노출되었던 필리핀은 세기말 미국의 식민지가 되면서 또 한 번 횡태평양 제국의 일부가 되었다. 그러나 필리핀은 같은 시기 동아시아에서 세력을 확장하기 시작한 일본 제국의 '남진(南進)' 전략의 영향력 아래 놓이기도 했다. 이 절에서는 미국의 횡태평양 항로에서 필리핀의 위치, 요코하마 – 마닐라 증기선 연결을 통해 일본 제국과 미국령 필리핀 사이 이루어진 교역 및 이주 등 증기선을 통한 인구이동을 포괄적으로 고찰하고, 그럼으로써 증기선 연결이 지역간 사회경제적 교류와 통합에 어떻게 작용했는지 분석할 것이다.

II. 횡태평양 항로의 설립과 동아시아 연안 해운의 발전

19세기 후반 개설된 횡태평양 정기선 항로는 미국 상공업 계층과 정부의 이해관계가 합치한 결과물이었다. 식민지 시기부터 영국령 북아메리카 사회 지도자들은 동아시아와 유럽을 잇는 중개 역할을 수행함으로써 북아메리카가 세계 상업의 중심으로 부상하는 미래를 꿈꾸었다(Yokota, 2014). 이러한 미래상은 19세기 중엽 미국이 태평양에 면한 영토를 확보하고 파나마 지협에 영향력을 행사하게 되면서 한층 더 확고하게 자리잡았다. 1860년대 내전을 거쳐 국내의 정치경제적 분열을 봉합한 미국은 태평양 너머 동아시아 시장 진출을 본격적으로 실행에 옮겼다. 1865년 "미국과 중국 간 대양 우편기선 서비스 설립을 인가하는 법"은 태평양을 횡단하는 정기 노선을 운항하는 기선회사에게 연간 50만 달러의 정부 지원금을 약속했다(Sanger, 1866: 430).[1] 그때까지 파나마 지협을 경유해 미국 영토의 동서안을 연결하던 태평양우편 기선회사(Pacific Mail Steamship Company, 이하 태평양우편)가 횡태평양 정기선 운항사로 선정되었다. 1867년 1월 증기선 콜로라도(Colorado)호가 홍콩을 향해 출항했고, 그 후 태평양우편은 총 4척의 증기선을 새로 건조해 횡태평양 항로에 투입했다(Kemble, 1942: 131). 이 증기선들이 교대로 샌프란시스코항을 출발하며 1년에 총 열두 번 태평양을 왕복하는 정기 노선을 꾸렸다.

물론 미국을 세계 경제의 중심으로 올려놓을 교역로에 대한 야심이 정기

1　"An Act to authorize the Establishment of Ocean Mail–Steamship Service between the United States and China."

선 항로 개설을 부추겼다고 해서, 실제 정기선 운항이 횡태평양 교역의 활성
화로 곧장 이어지지는 않았다. 미국 지도층이 오랫동안 대중국 무역의 꿈을
이어온 것은 당연히 중국 시장이 그만큼 국제 경제에서 중심적인 위치를 차지
하고 있었기 때문이다. 19세기 중엽 동아시아는 유럽과 미국의 다양한 상공업
주체들이 지역 내의 신구 정치경제 세력과 이권 다툼을 벌이는 곳이었다. 태
평양우편이 횡태평양 정규 항로를 개설하기 전에도 동아시아에서는 영국 페
닌슐라앤드오리엔탈 기선회사(Peninsular and Oriental Steam Navigation Com-
pany, 이하 P&O)와 큐나드 해운(The Cunard)이 인도와 오스트레일리아, 홍콩
등 영 제국의 식민지를 연결하는 장거리 증기선 항로를 운영하고 있었다. 영
국 정부의 전폭적인 지원을 받은 영국 기업들은 20세기 초까지 아시아와 유럽
을 잇는 해상교역에서 우위를 유지했다.

태평양과 세계 해운에서 미국이 차지할 역할과 위상에 관해 어떤 원대한
구상이 있었든 간에, 실제 동아시아에서 장거리 해운업에 뛰어든 미국 기업이
성공을 거두려면 동아시아에 뿌리 내린 기존 상업 네트워크를 활용하고 동아
시아 내의 복합적인 정치적, 경제적 이해관계를 고려해야 했다. 증기선이 기
항할 부두를 확보하는 것이나 선창에 실을 화물을 수배하는 것부터 화물을 부
리는 데 쓰는 노동자들을 고용하는 것까지, 현지 사정을 잘 알아야만 제대로
해낼 수 있는 일이 태반이었기 때문이다. 태평양우편은 기항지에서 이미 상
업활동에 종사하고 있던 미국 상인들을 현지 대리인으로 임명함으로써 기존
의 동아시아 상업 네트워크에 편입되고자 했다. 태평양우편이 횡태평양 항로
를 개설할 무렵 홍콩에서 현지 업무를 대리한 것은 미국계 상회 러셀앤컴퍼니
(Russell & Company, 또는 기창양행; 旗昌洋行)였다. 러셀앤컴퍼니가 운영하는 상
해윤선항업공사(Shanghai Steam Navigation Company, 이하 SSNC)는 1860년대
장강을 중심으로 한 중국 내륙 수운 및 연안 해운을 상당 부분 장악하고 있었
다(Sinn 2013: 123; Qing, 2015: 544; 조세현, 2014: 274).

횡태평양 항로가 성공하기 위해서는 미국과 동아시아를 정기선으로 연
결하는 데서 그치지 않고 동아시아 각국의 국내 해상연결망과 아시아 각지를

잇는 연안항로가 함께 발달해야 했다. 원양 정기선은 기존의 범선이나 부정기선(tramp steamer)과 달리 정해진 기착지를 벗어나 항해하기 힘들었고, 따라서 운송 화물이 기착지인 큰 항구도시로 모여들어야 할 필요가 있었기 때문이다. 매달 샌프란시스코에서 정기선이 도착할 때마다 요코하마, 홍콩, 상하이 등지에 자리 잡은 태평양우편의 동아시아 지역 대리인들은 화물칸이 빈 채로 샌프란시스코로 돌아가지 않도록 각 항구에서 확보할 수 있는 화물의 양과 종류에 대해 꾸준히 교신했다. 태평양우편은 샌프란시스코 – 요코하마 – 홍콩을 잇는 횡태평양 항로 운항을 시작함과 동시에 상하이와 요코하마를 연결하는 지선 항로를 별도로 운영했고, 이 지선 항로에 투입하기 위해 북아메리카 대서양 연안항로(파나마 – 뉴욕)에서 활약하던 소형 증기선들을 확보하여 동아시아로 보냈다(Kemble, 1942: n52 – n54).

19세기 후반은 동아시아 각 항구를 잇는 연안항로의 운영에서 경쟁이 치열해지던 시기였다. 연안항로는 대양항로와 비교해 상대적으로 자본과 지식이 열악한 기선회사들이 활동할 수 있는 영역이었다. 1860년대까지 미국을 비롯한 서양 대자본이 동아시아 연안항로를 장악하고 있었으나, 동시에 중국과 일본에 거점을 둔 유럽 또는 미국 상인들 혹은 중국과 일본 상인들이 자체적으로 증기선 한두 척을 운항하는 사례도 적지 않았다(Qing, 2015). 19세기 후반 본격화하기 시작한 동아시아 내 해상운송 경쟁은 중국과 일본 등의 자생적인 해운업 양성으로도 이어졌다. 1872년 리훙장(李鴻章)이 상하이에 설립한 윤선초상국(輪船招商局)을 대표적인 예로 꼽을 수 있다. 리훙장은 서구 열강에 빼앗긴 상업 이권을 되찾기 위한 '자강'의 방편 중 하나로 증기선(윤선)을 활용한 연안 해운을 육성하고자 했다. 윤선초상국은 비록 외국 기업과의 경쟁에서 완전한 우위를 점하지는 못했지만, 정부의 지원을 받아 중국 연안항로에서 확고한 존재감을 확립했다(Halsey, 2014; Qing, 2015). 특히 중국 각지에서 조세로 거두어들이는 미곡 운송을 도맡으면서 윤선초상국은 미국계 SSNC의 장강 운송 독점체제를 무너뜨렸고, 그 결과 러셀앤컴퍼니는 중국 내륙 수운업에서 물러났다. 이후 청일전쟁의 승리로 일본이 동아시아 패권국가로 부상하기 시작하는 1894년까지, 동중국해 지역에서는 중국과 일본 증기선들이 기존의 구미 해운업 지배에 도전하며 서로 경쟁하는 양상이 펼쳐졌다(Wray, 2005).

활발하게 작동하는 동아시아 상업 연결망 속에서 태평양우편은 연안항로 운영을 지역 기선회사에 넘기고 협력 관계를 구축하며 횡태평양 항로에 주력하는 방식을 택했다. 1875년 메이지 정부의 전폭적인 지원을 등에 업은 일본의 우편기선미쓰비시회사(郵便汽船三菱会社, 이하 미쓰비시)가 중국 상하이항과 일본 요코하마항을 잇는 국제항로를 운영하기 시작했을 때, 태평양우편은 경쟁을 일찌감치 포기했다.[2] 샌프란시스코에서 요코하마와 홍콩까지 횡태평양 노선만을 운영하고 요코하마에서 상하이 등 중국 항구도시로 가는 지선은 미쓰비시에 넘기며, 그 노선에서 운항하던 자사의 소형 목조기선을 전부 미쓰비시에 매각한 것이다. 1875부터 약 20년간, 일본과 중국 항구를 잇는 국제노선은 미쓰비시가 독점했다(Qing, 2015: 550). 이는 태평양우편이 요코하마에서 상하이, 톈진, 고베, 나가사키 등의 항구로 가고자 하는 미국인 승객 또는 화물주에게 미쓰비시의 증기선을 중개하였음을 뜻한다. 원양 노선 또한 온전히 태평양우편이 독점할 수는 없었다. 부정기선이나 범선을 이용한 횡태평양 이주와 화물 운송은 19세기 후반 내내 꾸준히 이루어졌고, 태평양우편은 자사 정기노선의 입지를 확보하기 위해 끊임없이 동아시아 현지 이해관계를 파악하고 타협해야 했다(Sinn, 2013: 126 - 129).[3]

III. 증기선을 통한 장거리 대량이주와 '국경'의 강화

19세기 후반 설립된 횡태평양 정기선 항로는 이처럼 미국과 영국, 독일 등 제

---

2 미쓰비시와 일본 해운업 발전에 관해서는 Wray(2005), 이규태(2013) 참조

3 1869년의 홍콩 출항 기록에 따르면, 태평양우편의 정기선 12척에 더하여 22척의 개별 임대 선박이 샌프란시스코로 향했다.

국주의 국가들이 주도하는 장거리 해상교통망이 동아시아 내 다양한 주체들과 만나며 초국적인 협력과 경쟁 속에서 발전했다. 그러므로 증기선 대양항로 연결을 서구 열강의 일방향적 경제 침투로 단순화하는 대신 지역적 맥락에서 면밀히 살펴야 할 필요가 있다. 더 나아가 이렇게 설립된 정규 증기선 항로들은 때로 제국주의 국가가 기획한 것과는 다른 방향으로 활용되기도 했다. 중국 시장 공략을 목표로 설립되었던 미국 횡태평양 노선의 실제 운송 물량을 그 대표적인 사례로 들 수 있다. 20세기 초까지도 태평양을 가로지르는 원양 정기선들의 존재는 실질적인 미국-동아시아 간 교역 증대로 이어지지 않았다.[4] 오히려 19세기 말까지 태평양우편의 주된 수익은 모두 중국계 이주자들을 화물칸에 태워 북아메리카로 운송하는 데서 나왔다.

공교롭게도 미국이 멕시코에게서 태평양 연안 영토를 강탈한 1840년대 말에 중국 남부 지역에서는 본격적인 국외 이주 확산이 시작되었다. 이 책의 다른 장에서 더 자세히 이야기되겠지만, 19세기 후반 전지구적 현상으로 대두한 '화인(華人) 디아스포라'는 근대 유럽에 의한 자본주의 세계경제의 확산과 통합 이전부터 활발하게 진행되어 왔으며, 미주로 향한 횡태평양 이주의 물결은 그중 비교적 최근의, 상대적으로 작은 규모의 지류에 불과했다. 다만 이 시기 일어난 장거리 이주는 증기선이라는 교통수단의 등장, 노예제 폐지 이후 새로운 값싼 노동력 제공처를 찾아 헤매던 서인도제도 농장주들의 압력, 남북전쟁 이후 미국의 급속한 산업화가 촉발했으며, 나아가 이 시기 중국계 이주자 대부분이 청말 아편전쟁과 열강의 이권 침탈로 혼란스러워진 중국 남부(복건·광동) 지역에서 빠져나왔다는 점까지 더해, 유럽과 미국의 제국주의적 영향력 속에서 새롭게 확대된 국제이주 현상으로 볼 수 있다.

규모로만 보면 동아시아에서 북미로 향해 간 횡태평양 이주는 미국 국내로 유입된 다른 이민자 집단과 비교해도, 미주가 아닌 다른 지역으로 이주한 화인 집단과 비교해도 상대적으로 작은 규모에 속했다. 미국 내부에서 중

---

4   19세기 후반 미국-동아시아 교역량에 관해서는 Cox(1967) 참조

국계 이민을 둘러싼 논쟁이 최고조로 치달았던 1870−1880년 10년간 미국에 입국한 중국계 이민자 수는 약 13−14만 명이었고, 같은 기간 미국에 입국한 전체 이민자 수는 300만 명을 상회했다(Lee, 2003: 25). 비교사·세계사적 맥락에서 이주를 연구해 온 역사가 맥키언(Adam McKeown)이 제시한 통계에 따르면, 1840~1940년 한 세기 동안 해외로 이주한 화인의 수는 약 2천만 명에 달했고 그중 대략 90%가 동남아시아로 향했다(McKeown, 2010: 98). 맥키언은 또 다른 연구에서 비슷한 시기(1846~1940) 일어난 전지구적 이주의 물결을 크게 1) 유럽에서 미주로 향한 이주, 2) 인도와 중국 남부 지역에서 동남아시아·환인도양(Indian Ocean Rim)·남태평양 지역으로 향한 이주, 3) 동북아시아와 러시아에서 만주·시베리아·중앙아시아·일본으로 향한 이주, 총 세 갈래로 분류하고 각종 공식 자료를 바탕으로 집계한 수치를 제시했다(McKeown, 2004: 156, Table1). 그에 따르면 이 세 갈래 이주의 물결은 19세기 중엽에서 20세기 중엽에 이르는 기간 각각 적게는 4,500만에서 많게는 5,800만 명 정도의 장거리 이동을 야기했다. 이렇듯 광범위한 맥락에서 볼 때 유럽을 제외한 인도, 중국, 일본, 아프리카 등은 미주로 흘러간 인구이동의 "부차적 출발지(auxiliary origins)"로, 이 다양한 지역 출신 이주자의 수를 모두 합쳐도 250만가량에 불과하다(McKeown, 2004: 156, Table1). 물론 여기에는 1880년대 이래 미주와 호주에서 순차적으로 시행된 아시아계 이민 제한 법령도 강하게 작용했을 것이나, 이민 제한이 시행되기 이전에도 태평양을 건너는 이주의 행렬은 전체 미주 이민에서 차지하는 비중이 미미했다.

그러나 수치와 별개로 미국 사회 내에서 일어난 사회 반항에 초점을 맞추어 볼 때, 횡태평양 이주의 증가는 증기선 항로 연결의 예기치 못한, 또는(증기선을 도입한 제국의 입장에서는) 달갑지 않은 충격파였다. 물론 이 시기 유럽과 미국의 자유무역주의자들 중 일부는 노동력의 자유로운 지역간 재분배, 즉 노동이주를 장려하기도 했다. 단편적인 예로, 1868년 뉴욕 상공업계층의 이해관계를 대변하던 주간 하퍼스(Harper's Weekly)에 실린 한 기사는 북아메리카를 가로지르는 대륙횡단철도 건설 현황을 설명하면서, "그들의 나라[중국]와

우리나라[미국]가 가까워지는 데 일조하고 있는” 중국계 철도건설 노동자들을 칭송했다(*Harper's Weekly12* 1868/05/30: 344 - 345). 하지만 ‘그들’과 ‘우리’를 구별하는 언어 사용에서도 알 수 있듯이, 이러한 관점에서 노동이주는 일시적인 움직임으로 간주되었으며 이주노동자 집단이 국민국가의 틀 안으로 포섭되지 않는 가용노동력의 역할에 머무르는 한에서 장려되는 것이었다.

전지구적 자본주의에 의한 통합과 국민국가에 의한 통합과 배제 사이에 존재하는 이러한 긴장감은 결국 19세기 말에 이르러 국경 통과 절차를 강화하고 이민을 통제하는 시스템의 확립으로 이어졌다. 19세기 후반 내내 계속된 노동이주, 그중에서도 아시아계 노동자들의 대량이주에 대한 백인 정착사회 내부의 반발이 격렬해진 끝에, 아시아계 이주 제한이 법제화된 것이 오늘날 우리에게 익숙한 이민 통제 체제의 서막이었다. 중국인 이민이 절정에 달한 1875년 미 의회는 페이지법(Page Act)을 통과시켰다. 표면적으로 이는 범죄자와 계약노동자, 매춘 여성의 입국을 금지하는 법이었으나, 법안의 제1절 첫 문장부터 “중국, 일본, 그외 오리엔트 지역에서 미국으로 들어오는 이민(the immigration of any subject of China, Japan, or any Oriental country, to the United States)”을 명시적으로 언급해 어떤 인종·민족 집단을 겨냥한 법인지 명확히 했다. 페이지법은 건국 이래 이민을 적극 유치하여 성장해 온 미국에서 최초로 특정 집단의 입국을 금지한 법으로 꼽히며, 아시아계 이주 제한 및 전면적 이민 통제의 시초로 여겨진다. 페이지법이 통과된 지 7년 뒤인 1882년 미 의회는 중국인 배척법을 제정해 상인, 학생 등 일부 ‘면제계층(exempt classses)’을 제외한 중국인의 미국 입국을 전면 금지했다.

이민 제한은 미국에만 국한된 이야기도 아니었다. 1880년대에서 1920년대까지, 미국의 중국인 배척법을 시작으로 캐나다, 오스트레일리아, 멕시코 등지에서 아시아계의 이민을 제한하는 법들이 속속 제정되었다(Lee, 2007). 여기에는 19세기 후반 백인 노동자와 노동조합 활동가들의 이주가 중요하게 작용했다. 캘리포니아, 북아메리카 북서부 캐나다 - 미국 접경지대, 오스트레일리아, 뉴질랜드, 남아프리카 등 백인 정착식민지에서 19세기 후반 광범위하게 일어난 광산 개발 열풍은 유럽과 남북 아메리카의 백인 노동자들의 이주 또한 촉발했다. 중국, 인도 등지에서 온 이주노동자들과 백인 현지 노동자 또는 이주노동자들의 목적지가 겹치며, 비백인 노동자들을 배척하는 백인 노동자들의 집단행동과 그것을 정당화하기 위한 인종주의 논리 또한 이주 네트워크를 따라 공유되고 확산되었다(Guterl and Skwiot, 2005; Chang, 2009). 증기기관의 상용화와 장거리 교통망 확충에 뒤따른 19세기 후반 국제이주의 확산이 환태평양 지역에서 반(反)아시아계 인종주의와 이민 통제 체제 건설로 이어진 것은, 기술 발전에 기댄 더 긴밀하고 신속한 연결이 반드시 '통합'으로 이어지지는 않았으며, 오히려 국가간 경계를 강화하고 적대를 심화하는 경향도 있었음을 단적으로 보여주는 사례이다.

IV. 20세기 전환기 일본 제국의 부상과 아시아 – 태평양 연결망 재편

19세기 말에서 20세기 초까지 구축된 국경 통제 체제는 전지구화로 걷잡을 수 없이 증대한 인구이동의 고삐를 잡으려는 국민국가가 시도한 패러다임 변환이었다. 이주에 대해 가해진 이러한 '반격'은 장거리 증기선 연결의 양상을 근본적으로 변화시켰을까? 그렇다고 말할 수는 없다. 같은 시기 식민 제국의 팽창, 자본주의 경제 성장에 따라 증기선을 활용한 화물과 관광객 운송이 늘어나기는 했지만, 20세기 전반에도 노동이주는 여전히 원양 정기선 연결의 주요 수익원이었다. 다만 20세기 초 이민 규제가 본격화하면서 동아시아에서 출발하는 이주의 방향이 다각화하기는 했다. 이는 일본이라는 새로운 제국의 등장과 맞물리며 해양을 통한 지역간 연결의 성격을 더욱 복잡하게 만들었다.

　20세기 초 횡태평양 항로는 미 제국의 본토와 식민지를 연결하는 인프라의 일부로 재탄생했다. 1898년 에스파냐–쿠바–미국 전쟁에서 승리한 뒤 미국은 에스파냐와 맺은 휴전 조약에서 과거 에스파냐 식민지였던 필리핀, 푸에르토리코, 쿠바, 괌을 양도받았다. 당시 미국의 맥킨리 행정부는 승전과 식민지 확보에 고무된 여론을 등에 업고 1893년 이후 지지부진하던 하와이 합병안까지 통과시키는 데 성공했다. 미국이 필리핀 독립을 인정하지 않아 1899년 미국–필리핀 전쟁이 발발했을 때, 미군은 태평양우편의 선박을 징발하여 군인 및 물자를 필리핀으로 수송함으로써 그때까지 지속된 정부 지원의 결실을 거둘 수 있었다(Greenfield, 2012: 469). 이후 태평양우편의 증기선들은 미국 식민 관료, 선교사, 교사들을 필리핀으로 운송하고, 식민지 필리핀의 노동자들을 하와이 사탕수수 농장과 미국 서부로 운송함으로써 횡태평양 제국의 물질적 기반을 닦았다.

19세기 말 인구와 물류 이동이 늘어나면서 횡태평양 항로에서 태평양우편의 독주는 국내외에서 도전받기 시작했고, 20세기 초에는 완전히 와해되었다. 1891년부터 영국령 캐나다의 커네이디언퍼시픽 철도(Canadian Pacific Railway, 이하 CPR)가 밴쿠버항을 기점으로 북미와 아시아, 오세아니아를 잇는 횡태평양 상설 노선을 운영하기 시작했고, 미국 내에서도 달러기선회사(Dollar Steamship Company)가 1903년 동아시아와 북아메리카를 잇는 화물 운송 노선을 새로 개설했다(Mowbray Tate, 1986: 144–145). 일본 기선회사들 일본의 산업화와 제국주의 팽창에 힘입어 역시 19세기 말부터 본격적으로 대양해운에 뛰어들었다. 일찍이 동아시아 연안에서 태평양우편과 공생관계를 형성했던 미쓰비시는 경쟁사 공동운수회사(共同運輸會社)를 1885년 합병하여 일본우선회사(日本郵船會土, 이하 NYK)로 사명을 변경했고, 1896년 일본 기업으로서는 최초로 요코하마와 시애틀을 잇는 횡태평양 항로를 개설했다. 나아가 1898년 전쟁 당시 미국 정부가 태평양우편의 선박을 징발함으로써 횡태평양 항로 운영에 발생한 공백은 또 하나의 일본 기선회사가 횡태평양 항로에 뛰어들 계기를 제공했다. 도요기선주식회사(東洋汽船株式會社, 이하 TKK)는 1898년 영국의 조선소에서 니폰마루(日本丸), 홍콩마루(香港丸), 아메리카마루(亞米利加丸) 3척의 증기선을 사들여 횡태평양 항로에 투입했다(Qing, 2015: 34–35).

TKK의 사례는 개별기업이 미국과 에스파냐의 전쟁이라는 예상치 못한 상황을 기회로 삼아 사업에 뛰어든 것처럼 보일 수 있으나, 거시적으로 볼 때 일본 해운기업의 성장은 19세기 말 본격화한 일본의 제국주의 팽창과 떼어놓고 이야기할 수 없다. 1894년 청일전쟁에서의 승리와 1895년 대만 식민화 이후, 일본 해운기업들은 대만을 근거지로 삼아 아시아 각지로 이어지는 정기선 항로를 확장하기 시작했다. 일본 해운기업 중 가장 먼저 국제 항로에 뛰어들어 몸집을 불려온 NYK는 1892년 마닐라에 기착하기 시작했고, 1893년에는 오랫동안 영 제국의 기선회사들이 담합을 통해 운영해 왔던 봄베이 노선에 뛰어들면서 본격적으로 국제 해운에서 세력을 확장했다. 1884년 설립된 오사카 상선회사(大阪商船会社, 이하 OSK)도 20세기 전환기 일본 점령하의 대만과 중국 및 동남아시아 항구들을 잇는 정규 항로를 운영하기 시작했다. OSK는 미쓰비시와 공동운수가 합병하여 NYK를 설립하기 1년 전에 설립되었으나, 1880년대까지는 장거리 노선에 개입하지 않고 국내 운송업 지분 확보에 집중했던 것으로 보인다. 그러나 4대 대만 총독 고다마 겐타로(兒玉源太郎)와 민정장관 고토 신페이(後藤新平) 등이 대만 식민 통치를 원활히 하고 '남진(南進)'을 독려하려는 목적으로 대만 거점 정기선 연결을 적극 지원하면서, OSK도 대만과 일본, 대만과 다른 아시아 항구들과의 연결에 뛰어들었다(Kunio, 1986: 14).

일본 해운업계가 제국주의 팽창에 발맞추어 공격적으로 확장을 꾀하면서, 20세기 초 동아시아에서는 일본 선적의 정기선이 차지하는 비중이 증대했다. 나아가 이 시기 동아시아 연안 정기선들은 대개 일본 정부의 중재 아래 일본 기선회사들이 연합체를 형성하여 특정 항로를 독과점하는 방식으로 운영되었다. 예컨대 NYK와 OSK 등이 만든 합자회사 닛신(日淸)기선회사가 1910년경 장강 운송량 절반 이상을 차지하는 식이었다(Wray, 1984: 388-391). 1912년 조선우선회사(朝鮮郵船會社) 설립 역시 비슷한 경로를 따랐다. 일본이 조선 각 항구를 잇는 해로에 지배력을 행사하게 되면서 일본 기업 간 경쟁이 심해질 기미가 보이자, 조선총독부의 주선으로 일본 자본가들이 함께 출자한 조선우선이 조선 연안항로의 운항을 도맡게 된 것이다(Wray, 1984: 398-399).

점점 더 많은 수의 크고 작은 기선회사들이 생겨나 경쟁을 벌이는 와중에도, 20세기 초 태평양에서 상업적 원양 정기선 운항은 기본적으로 기업 간의 상호협력 관계에 기반했다. 미국, 일본, 영국과 유럽 제국의 해운기업들은 대개 각국 정부의 적극적인 지원을 받아 원양 정기선 운항 사업에 뛰어들었고, 직접적인 장거리 연결망 구축을 통해 자국의 제국 건설에 개입하는 동시에 제 국 건설을 통한 인구 및 물류 이동의 증대로 이익을 얻었다. 다만 횡태평양 노 선의 실제 운항에서는 대서양 또는 인도양을 가로지르는 노선과 비교해 상대 적 운송량이 적은 편이었던 탓인지, 직접적인 경쟁 대신 담합과 협력이 우세 했다. NYK는 샌프란시스코 대신 시애틀을 북아메리카 기착지로 삼으며 태 평양우편과의 경쟁을 회피했고, 일본의 TKK와 캐나다의 CPR은 태평양우편 과 파트너십을 맺고 사실상 공동으로 횡태평양 노선을 운영했다(Barde, 2008: 182). 1914년 CPR의 홍보용 소책자에 따르면, 샌프란시스코와 요코하마, 홍 콩 구간 왕복 티켓을 구매한 고객은 태평양우편과 TKK, CPR 어느 회사의 증 기선이든 이용할 수 있었고, 호놀룰루와 마닐라에서 단기체류도 가능했다(Ca-
nadian Pacific Steamships, Trans-Pacific Service, 1914).

　증기선 항로에 대한 대자본과 제국의 지배가 점차 공고해지기 시작하면 서, 지난 세기 노동이주의 수단으로 사용되었던 증기선은 점점 더 유한계층 의 관광 용도로 홍보되고 활용되기 시작했다. 이전 세기 설립되어 이제는 거 대 해운기업으로 성장한 유럽, 미국, 일본의 기선회사들은 전 세계를 종횡하 는 증기선 항로들을 상호 연결하면서 '세계 일주' 상품들을 내놓았다. 각국 기 선회사 홍보 책자에 나폴리와 베네치아부터 캘커타, 싱가포르, 홍콩에 이르는 전 세계 기착지들의 사진과 묘사가 찍어낸 듯 비슷하게 등장했다. 이러한 승 객 베이스의 전환에는 1차대전 이후 생산력 증대와 전 세계적 호황으로 소비 문화가 급성장한 것과 더불어 법적 제한에 따른 노동이주의 감소 역시 영향을 미쳤다. 1차대전 이후 미국은 1917년, 1924년 두 차례의 이민법 개정을 통해 아시아와 동·남부 유럽에서 오는 이민을 성공적으로 차단했다. 특히 1924년 이민법(National Origins Act)은 국적별 쿼터제를 도입하면서 동시에 "미국민으 로 귀화 불가능한" 인종 집단의 이민을 전면 금지했기 때문에, 당시 국적법 체 계에서 미국민으로 귀화할 수 없었던 아시아인들의 이주가 급격히 줄어드는 결과를 낳았다.

다만 여기에는 한 가지 예외가 있었다. 미국의 식민지 필리핀인들은 비록 시민권을 얻지는 못했지만 '미국민(U.S. nationals)'으로서 이민법의 제한을 받지 않고 태평양을 건널 수 있었다. 1920~30년대 필리핀 이주노동자들은 대개 하와이 설탕 플랜테이션 또는 미 서부 계절노동이 필요한 지역으로 향했다. 이민 제한으로 인해 중국과 일본에서 들어오는 이주노동이 급감한 빈자리를 채운 것이다. 그렇게 태평양을 건너는 필리핀 이주노동자들을 선창에 실어나르는 것이 또다시 횡태평양 항로를 운영하는 미국 기선회사들의 중요한 수익사업이 되었다. 한편, 미국으로의 이민길이 끊긴 이후에도 일본은 꾸준히 '이민송부국'으로 기능했다. 미주로 갈 수 없게 되었으나 여전히 이주를 꿈꾸는 이들은 일본의 제국적 영향력이 확장되고 있던 아시아로 눈을 돌렸다.

V. 필리핀: 제국의 교차로

제2차 세계대전 이전 필리핀은 마닐라-호놀룰루-캘리포니아를 잇는 미 제국의 자기장(磁氣場)과, 지리적 인접성 및 상상된 인종적 동질성에 의존해 동남아시아 지역으로 확장을 꾀하던 일본 제국의 영향권이 겹치는 위치에 자리했다. 상업적 원양 정기선 운항은 이러한 교차점을 들여다볼 중요한 통로가 된다. 동아시아와 동남아시아 항구를 연결하는 부정기선은 19세기 중엽 이미 기존 교역로에 도입되어 활용되기 시작했다. 그러나 마닐라가 대양을 오가는 정규 증기선 노선의 일부로 편입된 것은 19세기 말 NYK가 오스트레일리아 정기 노선을 개설했을 때였다. 미국이 에스파냐에게서 필리핀을 할양받은 후 3년간 정복 전쟁을 치르며 필리핀을 식민화하기 시작한 20세기 초 첫 10여 년 동안, 마닐라를 오가는 국제 증기선 항로를 정기적으로 운영한 것은 일본 기선회사들이었다. 미 제국의 관점에서 마닐라-요코하마 항로는 자국의 식민지와 본토를 잇는 횡태평양 항로의 '지선'에 불과했으나, 일본의 관점에서 이 연결은 '아시아'로 뻗어나가는 자국의 제국주의 팽창의 일부이기도 했다.

미국 – 필리핀 전쟁이 부분적으로 종료되고 마닐라를 중심으로 식민정부가 자리를 잡기 시작한 20세기 초부터, 미 제국의 관료들은 새로 얻은 식민지를 본토와 잇는 정규 증기선 운항이 얼마나 중요한지 인지하고 있었다. 1902년부터 국방부 장관의 의회 보고에 포함된 필리핀 위원회(Philippine Commission)[5]의 보고는 "미국과 필리핀 사이 다소 들쑥날쑥한 우편 서비스"에 대한 불만이 현지에서 나오고 있음을 언급하며, "정해진 일자에 출발하고 도착하리라고 믿을 수 있는 정규 증기선 노선의 필요성은 매우 분명"하다고 촉구했다. 반면 일본 항구들을 오가는 노선은 잘 마련되어 있다고 언급하며, 다만 홍콩을 거치지 않는 직항 선박의 수가 몇 되지 않아 홍콩 경유 시 지체가 일어나기 일쑤라고 덧붙였다(War Department, 1903: 229). 비슷한 시기 동남아시아 노선의 가능성을 탐사하던 일본 OSK의 보고서 역시, NYK의 오스트레일리아 노선이 마닐라항을 오가는 유일한 국제 정기선이라고 기록했다(Katayama, 1986: 15).

앞절에서 설명한 개별기업 간의 경쟁이나 협력과는 별개로, 20세기 초 각국 정부는 원양 정기선을 '국민화'하려는 경향을 강하게 드러냈다. 제1차 세계대전이 끝난 뒤 전간기의 국제주의·평화주의 담론은 증기선을 평화로운 국제 교류의 상징으로 부각하는 동시에 국가간 경쟁을 대리하는 국민주의적 상징으로 활용했다(Coons and Varias, 2003). 이 시기 더 크고 더 빠르고 더 화려한 증기선 건조는 각국의 위신과 국력을 내세울 수단이 되었다. 이러한 경향에 발맞추어, 미국은 해운국(USSB: United States Shipping Board)을 설립해 대양해운을 국가에서 일괄 관리하고자 했다. 해운국은 원래 1차대전기 전쟁 수행을 위해 민간 선박을 국가가 징발하고 관리할 필요성이 대두함에 따라 1917

5 　1900~1915년 필리핀에서 입법과 일부 행정을 담당했던 기관으로, 명목상 필리핀 인민이 선출하는 민주적 기구였던 필리핀 의회(Philippine Assembly)와 달리 본국 정부가 임명하는 방식으로 조직되었으며 실질적인 통치와 감독 역할을 했다.

년 설립된 기구로, 설립 2년째인 1918년 의회 보고의 표현을 빌리면 전시 "실질적으로 상선단 전체를 국가적 사업으로 운영"했다(USSB, 1918: 9). 전쟁이 끝나고 징발했던 선박 일부를 반환한 뒤에도 해운국은 전체 미국 선적 증기선의 절반가량에 해당하는 선박 소유권을 유지한 채 개별 기선회사에 관리와 운영을 위탁하는 방식으로 해운을 통제했다.

제1차 세계대전의 여파로 전쟁의 여파로 영국과 독일 기선회사들이 주춤한 틈을 타 미국 기선회사들은 아시아 전역으로 노선을 확장했다. 1917년 태평양우편은 마닐라–동인도 노선(Manila–East India Service)을 신설했는데, 이는 그간 횡태평양 항로와 남아메리카 항로 등 미국 본토와 외국 항구를 직접적으로 연결하는 항로에 집중했던 데서 한발 더 나아가는 동시에 마닐라–호놀룰루–샌프란시스코를 연결하는 직항 노선을 통해 제국 내부의 결속을 다지려는 방향의 사업 확장이었다.

그러나 필리핀 식민 통치가 비교적 안정기에 접어든 뒤에도 미국은 태평양 건너편 식민지를 오가는 정기선 노선을 완전히 자국의 통제 아래 둘 수는 없었다. 자국 항구를 오가는 화물 운송은 자국 선적의 선박이 맡도록 하는 규제가 존재했으나, 1차대전기 의회 입법으로 완화되었다. 이 규제 완화는 특히 '자국 항구 간' 거리가 멀리 떨어져 있는 태평양 쪽에 적용되었다. 1918년 시점에 샌프란시스코와 호놀룰루, 두 미국 항구 간을 오가는 정규 노선은 태평양우편을 비롯한 미국 기선회사 외에도 두 일본 기선회사가 운영하고 있었다. 해운국은 1919년 의회 보고에서 "태평양 지역 운송수단 부족(scarcity of shipping on the Pacific)이 이러한 조처[외국 선적 선박에 의한 자국 항구 간 연결]를 요한다"라고 해명했다(USSB, 1918: 40). 심지어 이 같은 논의가 이루어질 때 마닐라항은 언급조차 되지 않았다. 단순히 멀리 떨어진 지리적인 위치 탓에 연안(coastwise)으로 취급되지 않았는지 아니면 필리핀을 연방에 병합(incorporate)할 수 없는 경계지대로 취급했던 미 제국의 통치 방식이 해운을 바라보는 정부 당국의 시각에도 반영된 것인지는 알 수 없다. 1919년 필리핀 총독의 정기 보고에서 필리핀의 해외무역에 관한 통계를 제시할 때도 '필리핀'은 '미국'과는 별개의 국적으로 간주되었다. 이 보고에 따르면 1918년 필리핀으로 입항한 선박들의 선적별 운송량을 화물의 가치에 따라 분류했을 때, 미국 선적의 배가 약 1억 6천만 필리핀 페소, 영국 선적의 배가 약 1억 2천만 필리핀 페소, 일본 선적의 배가 약 1억 7백만 필리핀 페소에 해당하는 화물을 실어날랐다. 미국, 영국, 일본 세 국적의 선박이 운송한 화물이 전체 무역액의 약 83%를 차지했으며, 노르웨이, 필리핀, 덴마크, 네덜란드 등 그 밖의 국적 기선을 다 합쳐도 일본 기선의 운송 지분을 넘어서지 못했다(War Department, 1918: 133).

　　일본 기선회사가 운영하는 정기선의 존재가 일본인들의 이주에 추가적인 유인 요소로 작용했을까? 20세기 전환기 미국이 필리핀을 식민화하면서 태평양 방향으로 연결된 정기선 네트워크는 미국 식민지배자들만이 아닌 새로운 이주자들을 필리핀에 데려왔다. 식민 지배 초기 미국은 루손섬 북부 바기오(Baguio)와 마닐라를 잇는 벵겟 도로(Benguet Road) 건설사업에 동원할 노동력 확보를 위해 일본인 이주노동자들의 입국을 장려했다. 1903년 약 5천 명의 일본인이 필리핀으로 이주했고, 이때 이주한 일본인 노동자들 상당수는 도로 건설이 끝난 후 민다나오섬 다바오(Davao) 지방으로 가서 마닐라삼(manila hemp)으로 불리던 아바카(abaca) 섬유 재배에 뛰어들었다.[6] 당시 아바카는 삭구(索具), 즉 선박에서 사용하는 밧줄 생산의 재료로 쓰였기 때문에 해운업과 해군 양성에 핵심적인 원료 중 하나였으며, 필리핀의 주요 수출 품목이었다(Hayase, 2018). 에스파냐 식민지기부터 민다나오섬에서 아바카를 재배했다는 기록이 남아 있다(Lynch, 1967: 477에서 재인용).[7] 미국이 필리핀을 식민화한 직후인 1904년 아바카는 필리핀 전체 수출액의 72%를 차지했다. 이때까지 아바카 생산의 중심지는 루손섬이었으나, 미국 식민지기 사탕수수 플랜테이션

6　이 시기 다바오 지방을 중심으로 필리핀과 동남아시아에 이주한 일본인 정착자들에 관한 연구로는 Goodman(1967), Abinales(1993) 등을 참조.

7　1889년 한 에스파냐 신부는 민다나오섬 북동부 부키드논 지방을 방문한 뒤 상급자에게 보내는 서신에서 원주민들 사이에 "아바카 재배에 대한 관심이 널리 퍼져" 있음을 언급했다.

이 확장하면서 민다나오섬이 가장 큰 아바카 생산지가 된다. 1920년대부터는 설탕이 필리핀 수출 품목 1위로 올라서고 아바카는 상대적 중요성이 감소하지만, 그래도 꾸준히 3대 수출 품목의 자리를 지켰다.[8]

2차대전 이전까지 민다나오섬 다바오 지방은 동남아시아로 향하는 일본 이주자들의 대표적 목적지였다. 1920년대 말이 되면 동남아시아에 체류하는 전체 일본인 인구 중 60% 이상이 필리핀에 거주했다(Yu-Jose, 1992: 69; 권경선, 2021: 95).[9] 1920~30년대 남양(南洋) 전략으로 일본 제국의 동남아시아 침투가 본격화한 이후에도, 일본인들이 가장 성공적으로 정착하여 공동체를 형성하고 정치적 영향력을 행사하게 된 곳은 필리핀이었고, 그중에서도 다바오는 마닐라와 함께 일본인 정착지의 두 축을 이루었다.

필리핀의 일본인 공동체는 에스파냐 식민지기부터 필리핀에 자리잡았던 화인 디아스포라에 비해서 규모 면에서는 훨씬 작았으나, 이들의 출신국이 태평양에서 또 하나의 제국으로 부상하고 있다는 사실과 이들의 분포가 특정 지역과 산업에 집중되었다는 점 때문에 20세기 전반 꾸준히 미국과 필리핀 식민정부의 관심 대상이 되었다. 1919년 미 의회 보고에서 필리핀 총독은 일본인들이 "끈질기게, 하지만 고요히, 다바오에 침투하고 있다"라고 보고했다(War Department, 1918: 85). 1934년 미 도서관리국(Bureau of Insular Affairs)의 통계에 의하면, 다바오 전체 인구 202,026명 중 일본인은 13,857명으로 약 7%에 불과했으나, 1930-34년 기간 동안 다바오 지방에서 일본인 혹은 일본 기업에 의해 이루어진 상거래는 전체 거래량의 약 38%에 달했다(Goodman, 1967: 31에서 재인용). 일본-필리핀 관계사에 오랫동안 천착해 온 연구자 유-호세

8　이 시기 필리핀 수출 품목과 물량, 비중에 관한 통계치는 Hayase(2018) 참조

9　물론 20세기 전반 일본 이주민 대다수가 일본 제국의 직접적 영향력 아래 있던 대만이나 조선, 만주, 남양군도(미크로네시아) 등으로 이주했기 때문에, 일본인 해외 이주에서 필리핀과 동남아시아가 차지한 비중은 상대적으로 작았다. 2차대전 이전까지 필리핀에 머무르는 일본인의 수는 가장 많았을 시점에도 3만을 넘어가지 않았던 데 비해, 일본 제국주의 세력권 내로 이주한 일본인의 수는 1920년 약 69만, 1940년에는 약 251만에 달했다.

(Lydia Yu-Jose)는 1920년대 필리핀으로 향하는 일본인의 수가 늘어나는 데 미국의 이민 제한이 영향을 끼쳤다는 근거로 볼 수 있는 단편적 통계를 몇 가지 언급한다. 그에 따르면 1923년 히로시마현 출신자들이 이주한 대상국 통계에서 필리핀은 전체의 2.2%를 차지하며 하와이, 미국 본토, 브라질에 이어 4위를 기록했지만, 1928년에는 필리핀으로 향한 이주자가 전체의 15.3%로 하와이를 앞질렀다. 미주 이민이 금지된 1924년 이후 1925-30년 기간 오키나와현에서 출국한 이들의 목적지 중에서는 필리핀이 1위를 차지했다(Yu-Jose, 1998: 97).

이 시기 필리핀으로 향한 일본인들의 이주와 정착이 이후 태평양전쟁기 일본 제국의 '제5열'로 작용했는가에 관해서는 전쟁 당시부터 의견이 분분했으나, 적어도 1차대전 이전까지 일본인들의 다바오 이주는 일본 정부와는 무관하게 미국령 필리핀의 노동력 부족과 19세기 말 일본 농촌지역의 경제적 궁핍이 맞물리며 일어난 면이 컸다. 물론 1885년 일본 정부가 하와이 왕국 정부와 노동이주 협약을 맺고 관약(官約)이민을 주도하기 시작했을 때부터, 일본에서는 이주와 '식민'을 동일시하며 나라를 위한 봉사로 치켜세우는 담론이 만연했다. 1899년 관약이민 제도가 종료된 뒤에도 중앙정부 및 현정부가 해외 이주에 관여했고, 해외 정착지의 신문 잡지에서도 끊임없이 제국의 대표자로서 일본 이민자들을 호명하며 '이민'과 '식민'의 경계를 흐릿하게 했다(Eiichiro, 2015: ch.1). 그러나 이러한 담론이 정부 인사들과 언론에 의해 공공연하게 유통되었다는 사실이 곧 일본인들의 이주가 제국 정부에 의해서 온전히 통제되었다는 것을 의미하지는 않는다. 2차대전 이전 동남아시아로의 일본인 이주를 개괄한 시라이시(Saya Shiraishi)와 시라이시(Takashi Shiraishi)는 동남아시아 지역 대부분의 일본 이주민들이 국가에게서 버림받은 '기민'에 가까웠으나 1차대전 이후 '재일본화(re-Nipponized)'되었다고 표현한다(Shiraishi and Shiraishi, 1993: 11-13).

아바카 재배사업의 수익성이 입증되고, 1차대전 승전국이 된 일본이 독일로부터 남양군도를 얻어내면서 남양 붐이 일어난 1920년대부터 일본 정부는 동남아시아 이주에 더 큰 관심을 쏟으며 더 직접적·일률적으로 통제하려고 했다. 난립하던 여러 이민회사들을 1920년 해외흥업주식회사(海外興業株式會社)로 통폐합한 것도 그 일례로 들 수 있다. 이 시기 일본인들이 많이 정착하여 수익사업을 일구고 있던 다바오에 일본 기업들의 투자가 이어지고, 일본 기선회사들의 동남아시아 노선이 필리핀에서 다바오를 기착지로 삼기 시작했다. 1915년부터 NYK의 오스트레일리아 정규 항로는 민다나오섬의 잠보앙가(Zamboanga)를 중간기착지로 추가해 민다나오섬으로 향하는 일본인들의 이주를 도왔다. 1926년 다바오항이 개항되었고, 1928년부터는 NYK와 OSK를 비롯한 일본 기선회사들의 증기선이 다바오에 정기적으로 기항했다(丹野勳, 2015: 37). 아바카 재배부터 운송까지 산업 전반을 일본 자본이 장악하며 일본은 미국에 이어 필리핀의 주요 수출대상국으로 부상했다.

　　다바오에 뿌리내린 일본 자본과 일본인 공동체가 당시 필리핀을 식민 통치하고 있던 미 식민 당국과 국민국가로의 전환을 꾀하던 필리핀 정치 지도자들 일각을 불안하게 했던 것은 사실이다. 필리핀, 그중에서도 민다나오섬에서 커지는 일본 제국의 영향력을 우려한 이들이 시도한 방법은 정기선 연결이 이동 수단인 동시에 국가가 지역간 연결을 통제하기 위해 개입하는 매개로 작용했음을 보여준다. 1930년 농업천연자원부 장관을 맡고 있던 라파엘 알루난(Rafael Alunan)이 작성한 보고서는 다바오가 "작은 일본 식민지"처럼 보인다고 선언하고, 다바오항을 폐쇄하는 문제를 논했다(Goodman, 1967: 11에서 재인용). 알루난 보고서는 명시적으로 일본인 이민을 금지하거나 다바오에 들어온 일본 자본의 영향력을 제한할 것을 요청하지는 않았다. 오히려 다바오항을 폐쇄하여 일본 기선이 마닐라, 잠보앙가 등 미국 식민 통치 중심부에 더 가까웠던 지역을 경유하게 함으로써 필리핀 내부 교역량을 늘리자고 주장했을 뿐이다. 그러나 이 보고서로 인해 촉발된 필리핀 안팎에서의 논쟁은 2년 뒤인 1932년, 당시 필리핀 총독 대행을 맡고 있던 조지 버트(George Butte)의 세관 행정명령 284호(Customs Administrative Order No. 284)로 이어졌다. 이 행정명령은 마닐라를 "외국인 이민자 또는 귀국하는 거주자가 해외에서 들어올 수 있는 유일한 항구"로 지정하는 내용이었다(Goodman, 1967: 20). 이 행동을 설명하기 위해 워싱턴에 보낸 전보에서 버트는 다바오항을 오가는 선박 중 12척이 미국 선적, 16척이 영국 선적인 데 비해 65척이 일본 선적임을 언급하며, 다바오가 "일본 군사기지로 활용될" 가능성을 암시했다(Goodman, 1967: 21).

그러나 미국과 필리핀 각각에 존재하던 다양한 이해관계 충돌과 일본 정부의 외교적 노력으로 인해 이러한 규제는 제대로 시행되지 않았다. 1932년 2월 발포된 버트의 행정명령은 같은 해 6월에 바로 철폐되었다. 미국 정치인들 가운데 존재하던 일본 친화적 분위기에 더해, 독립을 앞두고 일본과의 관계를 우호적으로 유지하고자 하던 필리핀 정부 요인들의 외교적 고려가 강하게 작용했다. 민다나오섬이 미국령 필리핀에서는 주변부에 지나지 않았다는 점 또한 미국이 일본의 영향력에 대해 비교적 관대한 태도를 취할 수 있게 한 원인 중 하나일 것이다. 미국 식민지배 초기 민다나오섬은 술루섬과 함께 '모로 지구(Moro Province)'로 명명되어 1913년까지 미군정의 통치 아래 있었다. 이 '특별 지구(Special Provinces)' 원주민들은 에스파냐 식민지배기에 기독교화되지 않고 남아 있었기 때문에 미 식민당국에 의해 특별히 더 '야만적'인 집단으로 취급받았다. 마닐라를 중심으로 미국 식민 통치에 협력함으로써 국민국가 건설을 꾀하던 필리핀 엘리트 역시 이러한 식민주의적 관점을 재생산했다. 이러한 관점에서 '문명화'되지 않은 지방에 정착해 농업에 종사하는 일본인들은, 한 미국인 식민관료의 표현을 빌리면 "부담(liability)이 아니라 오히려 뚜렷한 자산(a distinct asset)"이었다(Goodman, 1967: 83에서 재인용).

나아가 이 시기 필리핀으로 이주한 일본인 중 상당수가 지난 세기 일본이 식민화한 오키나와 출신자였다는 점도 지적할 필요가 있다. 일본 제국의 지식인이나 언론은 오키나와가 '남양'과 같은 열대기후에 속한다는 점을 강조하며 오키나와인들의 동남아시아 이주를 적극적으로 홍보했다(Kaneshiro, 2019: 357). 1927년 필리핀 일본 영사관에서 외무부에 제출한 보고서는 "적당히 돈을 벌면 곧장 집으로 돌아가는 일본인 이민자들과 달리, 오키나와인들은 필리핀에 정착할 생각으로 온다"라고 관찰하며, 오키나와인들이 "소박한(unsophisticated)”생활양식을 가졌고 “열대기후에서 최고의 농사꾼”이기 때문에 이 지역에 정착하기 적합하다는 인종적인 주장을 펼쳤다(Matsuda, 2019: 33에서 재인용). 다바오의 오키나와인들은 현지에서 “다른 일본인(the other Japanese)”으로 불리며, 20년대 후반으로 갈수록 점차 기업화한 아바카 재배산업에서 경영 엘리트 집단을 이룬 본토 일본인과 구별되는 노동계급 일본인 이주 공동체를 형성했다(Abinales, 1997: 71; Kaneshiro, 2018).

　　미국 식민지기 필리핀, 그중에서도 제국의 주변부 다바오의 역사는 ‘필리핀’ ‘미국’ ‘일본’과 같이 오늘날 확립된 국민적 경계를 넘어 로컬리티와 로컬리티가 연결되는 맥락, 그 연결에서 생성되는 독자적인 사회문화적 교류를 더 면밀히 들여다볼 필요성을 시사한다. 다바오는 미국과 일본의 제국주의 팽창과 지배 속에서 힘겨루기의 장이면서 동시에 어느 한 제국의 영향력이 온전히 발휘되지 못하고 비껴가는 현장이었다. 유-호세와 다쿠다오(Patricia Irene Dacudao)는 20세기 전반 다바오 연구사에서 일본인들의 역할이 과대 대표되었음을 비판하며, 1920-1930년대 일본인들의 아바카 재배는 필리핀인 지주와 법조인들의 협조, 나아가 필리핀 다른 지방에서 온 이주자들의 노동력 없이는 이루어질 수 없었음을 지적했다(Yu Jose and Dacudao, 2015). 실제로 1918년 다바오 지방 인구 조사에서 약 3만 3천 명이던 ‘필리핀 기독교인(Christian Filipinos)’이 1934년 다바오 지방 인구 조사에서는 10만여 명으로 늘어나 전체 인구 약 20만 명의 절반가량을 차지했다(War Dept Annual Report; Goodman, 1967: 31). 일부 식민정부 인사들이 다바오는 일본 식민지나 다름없다고 한탄하게 할 만큼 가시적인 일본인 이주 공동체의 영향력 아래 시작된 아바카 농업이 같은 시기 필리핀 내부 인구이동을 촉발하고, 나아가 ‘필리핀 비기독교인(non-Christian Filipinos)’ 인구를 ‘기독교인’ 인구가 수적으로 압도하게 만들었다는 사실은 장거리 이주와 정착의 네트워크가 제국 중심부의 기획과 통제와는 별개로 다양한 양상으로 작동할 수 있었음을 보여준다.

　　오키나와, 히로시마 등지의 일본인들이 일본 기선회사에 의한 일본-필리핀 정기선 연결을 노동이주의 수단으로 활용한 데 반해 1920-1930년대 일본으로 향한 필리핀인은 극소수에 그쳤으며, 이 시기 일본에 머무른 필리핀인들은 대개 복싱선수 또는 재즈 뮤지션 등 주로 '미국 문화' 향유 계층을 상대하는 서비스산업에 종사했다(Suzuki, 2008). 이는 단순히 점과 점을 잇는 증기선 항로 설정만으로는 지역간 이주 네트워크 형성의 필요충분조건이 되지 않는다는, 어쩌면 당연한 사실을 강조한다. 이 시기 필리핀인들의 노동이주는 대개 태평양을 건너 하와이와 미국 서부로 향했다. 필리핀인들은 중국, 일본에 이어 세 번째로 미국에 대량 이주한 '아시아계' 집단으로서 앞선 두 나라의 이민자들이 일으켰던 것과 유사하게, 실제 이주한 수에 비해 훨씬 더 격렬하고 광범위한 사회적 논란을 일으켰다. 1934년 제정된 타이딩스 – 맥더피 법(Tydings –McDuffie Act)은 필리핀을 자치령(Commonwealth)으로 승격시켜 10년 뒤 독립을 약정하는 대신, 필리핀 식민지인의 미국 본토 이주를 사실상 금지했다.[10] 이는 제국 건설에 의한 횡태평양 연결이 원치 않는 집단의 횡태평양 이주로 이어진 데 따라 또 한 차례 증기선 연결을 길들이려는 시도였다.

VI. 결론

원양 정기선 연결망은 단순히 지도 위에 그어진 추상적인 선이 아니라, 인구와 물자, 정보의 이동을 통해 멀리 떨어진 지역들을 하나의 상상된 지리적 영역 안에 존재하게 하는 힘이었다. 미국 식민지기 필리핀의 사례에서 드러나듯, 정기선 항로는 멀리 떨어진 지역간 연결을 매개하는 동시에, 그 연결에 제국과 국민국가의 통제가 개입하는 수단이 되기도 했다. 제국의 시대 증기선은 시간과 거리를 '소멸'시키는 이동 수단인 동시에, 새롭게 형성되고 강화되는 국경을 넘나들기 위한 심사와 규제가 이루어지는 공간이자 전지구적 자본

---

10 필리핀 노동이주와 이민 금지를 둘러싼 1920 – 1930년대 미국 사회 내 논란에 관해서는 Baldoz(2011) 참조

주의 체제 속에서 확립된 인종과 계급의 위계가 공간 분리로서 나타나는 공간
이었다. 그러나 정기선 연결은 살아 움직이는 사람들의 이주를 매개하고 그렇
게 이주한 사람들과 남은 사람들의 소식을 연계한다는 점에서, 추상적인 계획
과 통계 수치로 설명할 수 없는 다양한 가능성들을 안고 있었다. 이러한 가능
성들은 증기선의 역사를 제국주의 열강에 의한 활용과 해운 경쟁의 측면에서
만 바라볼 것이 아니라, 증기선이 매개한 이동의 면면을 더 세심하게 조명하
는 연구가 필요함을 역설한다.

참고문헌

Canadian Pacific Steamships, Trans-Pacific Service. 1914. "China in 15 days [Advertisements]." Chung Textual Materials. https://open.library. ubc.ca/collections/chung/chungtext/items/1.0374388 (검색일: 2021. 05. 04.).

"Commercial Relations of New York." 1868. *Harper's Weekly* 12(30 May), 344 – 345.

Sanger, George P.(ed.). 1866. *Statutes at large, treaties and proclamations of the United States of America*: *from December 1863, to December 1865,* Vol. 13. Boston: Little, Brown.

USSB. 1918. *Second Annual Report of the United States Shipping Board.* Washington, D.C.

War Department. 1903. *Annual Reports of the War Department for the Fiscal Year ended June 30, 1902,* vol. X. Washington, D.C.: Government Printing Office.

__________. 1919. *Annual Reports of the War Department for the Fiscal Year ended June 30, 1919,* vol. III. Washington, D.C.: Government Printing Office.

권경선. 2021. "근대 동북아시아 역내 인구 이동 고찰."『해항도시문화교섭학』25, 81 – 134.

이규태. "메이지 일본의 제국주의적 팽창과 해운업 – 우편기선미쓰비시회사(郵便汽船 三菱會社)를 중심으로 – ."『동국사학』54, 279 – 308.

조세현. 2014. "청말 해양질서의 재편과 근대 해운업의 흥기."『동북아문화연구』38, 259 – 285.

丹野勳. 2015. "戦前日本企業のフィリピン進出とダバオへのマニラ麻事業進出の歴史 と戦略."『国際経営論集』50, 33 – 58.

Abinales, Patricio N. 1997. "Davao – Kuo: The Political Economy of a Japanese

Settler Zone in Philippine Colonial Society." *The Journal of American–East Asian Relations* 6, 59 –82.

Baldoz, Rick. 2011. *The Third Asiatic Invasion: Empire and Migration in Filipino America*. New York: NYU Press.

Barde, Robert E. 2008. *Immigration at the Golden Gate: Passenger Ships, Exclusion, and Angel Island*. Westport, CT: Praeger.

Chang, Kornel. 2009. "Circulating Race and Empire: Transnational Labor Activism and the Politics of Anti –Asian Agitation in the Anglo –American Pacific World, 1880 –1910." *Journal of American History* 96, 678 –701.

Coons, Lorraine and Alexander Varias. 2003. *Tourist Third Cabin: Steamship Travel in the Interwar Years*. New York: Palgrave Macmillan.

Cox, Thomas R. 1967. "The Passage to India Revisited: Asian Trade and the Development of the Far West, 1850 –1900," in Carroll, John Alexander, ed. *Reflections of Western Historians*, 85 –103. Tucson: University of Arizona Press.

Eiichiro, Azuma. 2005. *Between Two Empires: Race, History, and Transnationalism in Japanese America*. Oxford: Oxford University Press.

Goodman, Grant K. 1967. *Davao: A Case Study of Japanese–Philippine Relations*. Lawrence, Kansas: Center for East Asian Studies, The University of Kansas.

Greenfield, Mary C. 2012. "Benevolent Desires and Dark Dominations: The Pacific Mail Steamship Company's SS City of Peking and the United States in the Pacific, 1874 –1910." *Southern California Quarterly* 94(4), 423 –478.

Guterl, Matthew and Christin Skwiot. 2005. "Atlantic and Pacific Crossings: Race, Empire, and the 'Labor Problem' in the Late Nineteenth Century." *Radical History Review* 91, 40 –61.

Halsey, Stephen R. 2014. "Sovereignty, Self –strengthening, and Steamships in Late Imperial China." *Journal of Asian History* 48(1), 81 –111.

Hayase, Shinzo. 2018. "Manila Hemp in World, Regional, National, and Local History." *Journal of Asia-Pacific Studies(Waseda University)* 31, 171-188.

Kaneshiro, Edith M. 2018. "Communists, Christians, and Japanese Imperial Subjects: Okinawan Immigrants within the Japanese Diaspora, 1899 to 1941." in Dennis O. Flynn et al., eds. *Studies in Pacific History: Economics, Politics, and Migration*. London: Ashgate.

__________. 2019. "'My Body Trembles with Fear': Okinawans Remember World War II Davao." *Amerasia Journal* 45, 352-372.

Kemble, John H. 1942. "Side-Wheelers across the Pacific." *American Neptune* 2, 5-38.

Kunio, Katayama. 1986. "The Expansion of Japanese Shipping into Southeast Asia before WWI: The Case of O.S.K." *The Great Circle* 8(1), 13-26.

Lee, Erika. 2003. *At America's Gates: Chinese Immigration during the Exclusion Era, 1882-1943*. Chapel Hill: University of North Carolina Press.

__________. 2007. "The 'Yellow Peril' and Asian Exclusions in the Americas." *Pacific Historical Review* 76, 537-562.

Lynch, Frank and José María Clotet. 1967. "The Bukidnon of North-Central Mindanao in 1889." *Philippine Studies* 15(3), 464-482.

Matsuda, Hiroko. 2019. *Liminality of the Japanese Empire: Border Crossings from Okinawa to Colonial Taiwan*. Honolulu: University of Hawaii Press.

McKeown, Adam. 2010. "Chinese Emigration in Global Context, 1850-1940." *Journal of Global History* 5(1), 95-124.

Qing, Han. 2015. "Western steamship companies and Chinese seaborne trade during the late Qing dynasty, 1840-1911." *International Journal of Maritime History* 27, 537-559.

Shiraishi, Saya and Takashi Shiraishi(eds.). 1993. *The Japanese in Colonial*

Southeast Asia. Ithaca: Cornell University Press.

Sinn, Elizabeth. 2013. *Pacific Crossing*: *California Gold, Chinese Migration, and the Making of Hong Kong*. Hong Kong: Hong Kong University Press.

Suzuki, Nobue. 2008. "Filipino Migration to Japan: From Surrogate Americans to Feminized Worker." *Senri Ethnological Reports* 77: Transnational Migration in East Asia, 67 – 77.

Tate, E. Mowbray. 1986. *Transpacific Steam*: *The Story of Steam Navigation from the Pacific Coast of North America to the Far East and the Antipodes, 1867–1941*. New York: Cornwall Books.

Wray, William D. 1984. *Mitsubishi and the N.Y.K., 1870–1914*. Cambridge: Harvard University Press.

_______________. 2005. "Nodes in the Global Webs of Japanese Shipping." *Business History* 47(1), 1 – 22.

Yokota, Karianne Akemi. 2014. "Transatlantic and Transpacific Connections in Early American History." *Pacific Historical Review* 83(2), 204 – 219.

Yu – Jose, Lydia. 1992. *Japan Views the Philippines, 1900–1944*. Manila: Ateneo de Manila Press.

_______________. 1998. "Turn of the Century Emigration: Filipinos to Hawaii, Japanese to the Philippines," *Philippine Studies* 46(1), 89 – 103.

Yu Jose, Lydia and Patricia Irene Dacudao. 2015. "Visible Japanese and Invisible Filipino Narratives of the Development of Davao, 1900s to 1930s." *Philippine Studies*: *Historical & Ethnographic Viewpoints* 63, 101 – 129.

"朝鮮郵船会社," JACAR Glossary

https://www.jacar.go.jp/glossary/term3/0010 – 0080 – 0080 – 0090. html(검색일: 2022. 05. 03).

제10장

19세기 태평양 세력의 등장과 메가아시아의 부상

유성희(한경대학교 브라이트칼리지)

I. 서론: 19세기, 메가아시아와 태평양세력의 부상

세계사적으로 19세기는 거대한 전환기였다. 그레고리 클라크(2009)의 말을 빌리면, 19세기는 BC 10만 년 전 고대 인류에서 시작해 18세기까지 이어져 오던 생존에 기반한 물질생활이나 맬서스 함정(Malthusian trap)을 처음으로 넘어선 시기이다. 나아가 오스트헴멜(Jürgen Osterhammel, 2014)이 주장했던 바, 기술발달과 항해기술의 발달로 인해 전 세계가 하나로 연결되는 시기이기도 했다. 19세기 대분기에 대한 해석은 여기서 끝나지 않는다. 케네츠 포머란츠(Kenneth Pomeranz, 2000)가 지적했듯이, 19세기는 서구가 처음으로 경제발전과 물질적 풍요라는 점에서 중국을 넘어선 시기였고, 잭 골드스톤(2011)이 주장한 바, 유럽의 선진 국가들이 비로소 아시아 국가들의 기술을 따라잡고, 또 경제적 – 군사적 독점화로 나아간 시기였다.

여기에 더해 나는 한 가지 의미 있는 거시적 사건을 추가하고자 한다. 이는 다름 아니라 태평양 세력의 등장이다. 19세기 말 등장한 태평양 세력(미국, 일본, 러시아를 축으로 하는)은 19세기 중반까지 자본주의 세계체계를 지배해 온 대서양 세력과 비등할 정도의 힘을 구축하기에 이르렀고, 이들의 군사, 문화, 경제적 힘은 아시아-태평양을 주 무대로 하는 새로운 세력으로 급성장하기에 이르렀다. 본 연구는 19세기 말 태평양 세력의 등장이 어떻게 메가아시아의 지정학적(geopolitical)·지경학적(geoeconomic) 기원이 될 수 있었는지를 살피는데 있다. 메가아시아라는 개념을 확산하기 위한 하나의 준비조사(pilot study)라는 점에서, 본 연구는 결론보다는 그 가능성에 보다 초점을 맞추어 연구를 진행코자 한다.

이런 연구의 목적을 위해 우선, 메가아시아가 무슨 개념이고, 또 메가아시아가 어떤 연구를 지향하는지를 간략하게나마 짚어보려고 한다. 다음으로 메가아시아라는 개념을 통해 19세기 세계사가 어떻게 재편집될 수 있는지를 고찰할 것이다. 무엇보다 메가아시아라는 개념이 가지는 접근법으로 인해 새롭게 해석될 19세기 세계사(특히 아시아-태평양 지역사에 대한)를 탐구하고자 대륙보다는 해양에 초점을 맞추려고 한다. 다시 말해 해양을 중심으로 일어난 세계사적 사건(태평양 세력의 부상)을 분석함으로써 논자는 19세기 세계사를 재해석할 계획이다.

II. 메가아시아의 개념과 활용

최근 아시아지역에 대한 지정학적 가치가 급격히 올라가고 있는 외중에, 아시아를 새롭게 이해하려는 이론적 혹은 방법론적 방식들이 제기된 바 있다. 예컨대(비교)역사사회학자들은 장기간 동아시아 문명에서 만들어진 공통된 물질적·이념적 공통성을 강조한 바 있다. 조반니 아리기(Giovanni Arrighi), 다케시 하마시타(Takeshi Hamashita), 그리고 마크 셀던(Mark Selden)은 '세계 지역'(a world region)이라는 동아시아 지역성 개념을 제시하면서, 동아시아 내 오랜 시간 존재했던 상호연결성을 강조했다(Arrighi, Hamashita, and Selden, 2003). 프라센지트 두아라(Prasenjit Duara)는 아시아 지역주의(Asia regionalism)을 내세우면서, 유럽의 식민지 팽창 이전에 만들어진 다양한 형태의 문화적-상업적 연결 등을 주장했고(Duara, 2010), 브루스 커밍스(Bruce Cumings)는 국가단위의 접근방식이 동아시아의 역동성을 이해하는데 방해가 된다고 언급하면서, 지역에 기초한 접근방식을 제시하기도 했다(Cumings, 1984).

지역연구학자들 또한 아시아의 정체성을 찾는데 노력을 기울였다. 과거 서구와 개별적인 아시아 국가들 사이의 사회적·경제적·문화적 차이를 강조한 연구들과 달리, 마크 프레이와 니콜라 스박코우스키(Mark Frey and Nicola Spakowski)는 아시아를 하나의 전체단위로 환원시켜 이해할 필요가 있다고 주장했다(Frey and Spakowski, 2016). 그렇게 함으로써 이들은 아시아 국가들 사이의 차이점보다 공통점을 우선시 생각할 수 있는 아시아주의(Asianisms)가 가능하다고 바라봤다. 서구의 제국주의적 침략에 반대한 스벤 샐러(Sven Saaler)와 크리스토퍼 제필만(Christopher W. A. Szpilman)은 어떻게 아시아 정체성이 장기간에 걸쳐 만들어지고 또 발전했는지를 분석했다(Saaler and Szpilman, 2011). 이들이 제시한 '거대한 아시아주의'(pan-Asianism)은 아시아 국가들 사이의 공통적, 보편적, 그리고 통합적인 담론을 대표한다. 탈제국주의적 관점(decolonialism)과 아시아의 부상을 결합시키고자 첸콴싱(Chen Kuan-Hsing)은 탈제국주의 이론을 제시했다(Chen, 2010). 유럽의 식민지배가 아시아 거의 모든 지역에 전례없는 영향력을 행사했기에, 그는 지구화 및 아시아주의를 주장하는데 있어, '제국주의의 지배'를 무시해서는 안된다고 지적했다. 오히려 이를 언급하고, 표기하고, 나아가 이를 지방화시킴으로써(provincialized) 유럽의 식민담론을 극복할 수 있다고 말하면서, 아시아주의는 방법론적으로 비서열적인(non-hierarchical) 담론을 만들어내는 본보기가 되어야 한다고 주창했다.[1]

이처럼 아시아를 둘러싼 다양한 담론들이 등장하는 가운데, 아시아 각

---

1   비슷한 맥락에서 낸디 애시스(Nandy Ashis) 역시 아시아 커뮤니티의 거대한 문화적–역사적 전환은 서구의 배타적이고, 억압적인, 그리고 서열화된 식민주의 담론과 구별되어야 한다고 지적했다(Nandi, 1998).

지역들에 대한 연결성을 강조하고, 또 아시아가 가지고 있는 잠재적 성장 가
능성, 나아가 아시아를 보다 광범위한 지역(예컨대 북아시아)까지 포함시키려는
일련의 이론적 시도가 새롭게 제기되었다(신범식, 2021). 특히 최근 '메가아시
아'라는 새로운 개념이 주목받고 있는데, 이는 단순히 지역간 연결성, 혹은 그
범위만을 지칭하는 것에서 끝나지 않았다. 윤종석·최경희·이주현(2021: 83)
가 주장했듯, 메가아시아적 접근은 "변동하는 세계질서 속에서 아시아 내 다
양한 주체들의 상호작용을 종합하는 이해의 틀"인 동시에, 기존의 동아시아
담론을 보다 확장하는 개념이다. 다시 말해, 아시아를 해석하는 다양한 기존
방식들에 대한 반성과 회고, 나아가 이를 대체할만한 아시아의 이론적 – 방법
론적 시도로서 메가아시아 개념을 사용하고 있는 것이다.

메가아시아에 대한 논의는 기존의 아시아주의를 주장한 논의들과 다른
몇 가지 차별점을 지닌다. 첫째, 메가아시아는 '기존 아시아 담론'의 반성과 검
토를 촉구한다. 앞서 잠깐 언급했듯이, 아시아주의가 가지는 과거의 담론들
은 아시아 내부의 역동성이나 아시아 국가들 사이의 연결성(혹은 공통점)을 찾
는데 주력했다. 물론 일부 아시아주의를 주장하는 이들의 경우, 유럽중심주의
혹은 서구의 제국주의적 침략을 넘어서는 대안으로서 아시아주의를 제시했지
만, 그럼에도 불구하고 아시아주의가 가지고 있는 내부적 차별성/구분짓기에
대해서는 애써 무시했다. 아시아주의가 서구의 제국주의(식민주의) 논의와 구
별시키고, 이를 하나의 대안으로 제시하다보니, 아시아주의 담론에서 발생되
는 여러 가지 문제점들에 대해 침묵을 한 것이다.

예컨대 앞서 언급한 아리기, 하마시타, 그리고 셀던의 '세계지역' 개념은,
서구중심적인 자본주의 세계체제와 구분되어 동아시아의 독립적인 무역 네트
워크를 해명하는데 나름의 기여를 했다. 그러나 이들이 주장한 '세계지역' 개
념에 핵심이 되는 하부지역은 중국과 일본이었다. 즉 중국과 일본 중심으로
만들어진 동아시아 해상네트워크를 기본으로 하여 '세계지역' 개념을 제시한
것이다. 그러나 이런 논의를 하나의 반유럽중심주의·아시아지역주의를 표방
하는 하나의 대안으로 간주하고 그래서 이를 무비판적으로 받아들인다면, 중

국과 일본을 제외한 다른 지역에서 만들어진 동아시아 해상네트워크는 무시되고 말 것이다. 실제 동아시아 해상네트워크의 시기를 장기적으로 고려할 경우, 중국과 일본을 제외한 다른 여러 해상네트워크들을 우리는 쉽게 찾을 수 있다. 대표적으로 서기 8세기 후반에서 9세기 초반에 활동했던 장보고는 청해진 지역을 중심으로 동아시아 해상 네트워크를 건설했다(Hwang, 2010; Seth, 2011). 시기를 조금 더 거슬러 올라갈 경우, 삼한시대 중엽 경남 사천의 늑도는 중요한 동아시아 해양교류의 중심지였다(방민규, 2012).

다시 말해, 아시아주의를 비판적으로 검토하지 않고 넘어갈 경우, 유럽 중심주의와 내용만 다른, 그러나 그(지배) 논리는 동일한 '지배/피지배 혹은 서열화된 담론구조'의 재생산만을 낳을 뿐이다. 관련해 에드워드 사이드는 H. A. R. Gibb의 지역연구(area study)를 가리켜 "추악한 신조어"(the ugly neologism)(Said, [1977]2003: 53)이라고 명명하기도 했는데, 이는 영미식의 area study가 오리엔탈리즘을 가지고 있을 뿐 아니라, 지리와 정치를 혼합하려는 지정학적 전략이 담겨 있기 때문이라고 그 이유를 제시한 바 있다. 다시 말해, 아시아주의가 내부에서 싹트고 있는 지정학적 불균등성 혹은 서열화된 국가간 관계를 무시할 경우, 사이드가 비판한 지역연구의 추악한 면이 서구가 아닌 아시아에서도 활성화될 수 있음이다.

서구의 제국주의적 담론을 지방화(주변화)시킬 뿐만 아니라, 아시아 내 아시아적 연결 및 공통점들을 순수화·일원화·획일화하려는 시도에도 경계해야 한다는 점에서, 메가아시아적 개념이 요구된다고 할 수 있다. 이럴 경우, 아시아에 대한 반성과 회고, 나아가 아시아주의를 하나의 가능성이 아닌 다양화된 아시아로 이해할 수 있게 하는 노력이 필요한데, 이는 결과적으로 역오리엔탈리즘(orientalism in reverse)[2]을 극복하는 방법인 동시에 아시아를 새롭게 이해

---

2   역오리엔탈리즘은 서구가 바라보는 정형화되고 왜곡된 아시아의 시선(오리엔탈리즘)에 반해, 아시아에서 등장한 유·무형의 유산들을 무조건적으로 옳다고 바라보는 시선을 지칭한다. 이런 논의와 관련해서는 Ru(2020: 268)을 참고

하는 방법론적 시도인 셈이다.

둘째, 메가아시아 개념은 아시아주의의 여러 담론을 포괄하는 하나의 이론적·방법론적 시도이기에, 울퉁불퉁한 아시아의 역사·문화·경제·사회·정치 등을 포괄한다. 나아가 메가아시아 개념은 아시아 내 여러 하부지역들 사이에서 이루어지는 연결성 또한 포함하고 있기에, 메가아시아를 통해 우리는 아시아 내 여러 모순되는 상황들(시간적인 관점에서의 '비동시성의 동시성,' 그리고 공간적인 관점에서의 '지역 간 대립과(그에 따른) 불가피한 공존')을 그려낼 수 있을 듯하다.

아시아 각 지역이나 국가들에서 오랜 시간 독자적으로 축적된 토속적인 유·무형의 유산들은 다른 아시아 국가들과 큰 차별성을 지닌 채 발전해나갔다. 프랭크 브로즈(1989: 3)가 지적했듯, 아시아 내 개별 국가들은 자연환경, 해외무역에서의 역할, 정치경제 및 이데올로기에 이르기까지 지역에 따라 그리고 시대에 따라 서로 다른 모습이 띠고 있었다. 서구에서 '아시아'라고 명명했던 제국주의 시절부터 아시아 각 지역의 발전경로들을 살펴보더라도[3], 서로 다른 정치−경제논리와 목적을 가지고 있었던 제국주의 세력들에 의해 여러 서구적 가치들이 아시아 각 나라에 이식되었다. 이들은 자신들의 문명권에서 가져온 합리성·근대성 논리를 내세워 아시아 국가들 사이의 국경선을 새롭게 그었고, 또 아시아 여러 국가들의 정치, 경제, 그리고 외교 시스템을 서구화시켰다. 이 과정에서 각 국가(지역)들이 가지고 있던 전통 혹은 유산들은 서구화라는 기치아래 사라지거나 종속되었고, 또 예기치 못한 방향으로 뒤틀려져 버렸다. 그 결과 아시아 각 국가(지역)들은 전통과 근대가 공존해 버리는 '비동시성의 동시성'을 경험해야 했고, 아시아와 비(非)아시아지역 사이의 사

3　아시아라는 개념이 처음 등장한 것은 17세기 초 마테오 리치때 부터였지만, "이 개념이 전 세계로 확산된 것은 19세기 이후 유럽의 제국주의적 침탈에 대한 반작용으로 아시아의 공유된 역사, 밀접한 문화적 연계, 장구한 외교적 관계 및 교역, 그리고 공동의 운명 등과 같은 공통점을 통합적으로 묶어" 내면서 부터였다(신범식, 2021: 6).

회 – 경제적, 문화적, 정치적 차이뿐만 아니라, 아시아 내부에서도 수많은 사회 – 경제적 차이가 두드러지고 말았다.[4] 여기에 더해 우리는 '지역 간 대립과 (그에 따른) 불가피한 갈등의 공존'(예: 인도 – 파키스탄 분쟁, 인도 – 중국 국경 분쟁, 중 – 러 국경분쟁, 남 – 북한 정전상태)을 새롭게 목도해야 했다. 중국사 상가인 거자오광(2012)의 말을 조금 바꾸어 인용하자면, 우리는 '이런 매끄럽지 못하고 복잡하며, 공통점보다는 차이점이 먼저 눈에 들어오는, 그래서 불가피한 대립이 만들어지는 아시아에 거(居)해야 할' 운명이다. 이런 아시아를 그려내기 위한 하나의 방법론적 시도로서 우리는 메타아시아 개념('아시아의 아시아')에 대해 논의를 시작해야 할 시점이고, 그 시도가 바로 메가아시아인 것이다.

물론 이런 접근이 인류학자 클리포드 기어츠(Clifford Geertz)가 주장한 인류학적 기술방법—'두터운 기술'(thick description)—을 충족시키지는 못하겠지만, 적어도 '도드라지는 기술'(protuberant description)은 가능하게 할 것이다. 메가아시아 개념이 제시하고 있는 도전적이고 시의적절한 화두에 발맞추고자 나는 메가아시아 관점을 통해 재해석될 수 있는 19세기 세계사의 주요 이벤트로서 태평양 세력의 부상을 제시하려고 한다. 이를 분석하기 위한 하나의 전제조건으로서 나는 19세기 세계사를 대륙이 아닌 해양중심으로 해석할 것이다.

III. 메가아시아와 19세기 지정학: 왜 대륙이 아닌 해양에 주목해야 하는가?

1. 대륙에 기반한 세계사서술 그리고 이것이 가지고 있는 한계점

선사시대와 구분되어, 인류문명이 발생했다고 알려진 기원전 3500년 전부터

---

4   예컨대 세계 2차대전 이후 근대화 및 산업화가 빠르게 진행된 아시아 일부 국가들의 경우, 그렇지 못한 국가들 사이에는 소득격차, 사회·경제적 인프라 등에서 크게 차이가 났다.

전 세계는 땅에 기반해 자신들의 터전을 일구었다. 이런 점에서 "땅은 문명을 만드는 자궁인 동시에 문명을 담는 그릇이다"고 지적한 남영우(2018: 19)의 말은 크게 어긋남이 없어 보인다. 나아가 그가 제시한 "지질률" 개념(지형적 다양함과 복잡함을 분석하기 위한 틀)은 우리에게 어떤 지역에서 문명이 꽃필 수 있었는지에 대한 흥미로운 답을 제공하기도 한다.

무엇보다 대륙에 기반한 세계사는 우리의 감각을 보다 선명하게 일깨운다. 근대 이전 한국의 지정학적 지위 변화는 주로 대륙사를 통해 우리에게 전달되었다. 예컨대 5세기 초 고구려가 후연세력을 몰아내고 요동지역을 차지한 시절(이성제, 2016: 43), 대륙은 한국인들에게 팽창과 정복의 땅으로 인식되었다. 13세기 몽골의 작은 울루스 출신 태무진이 주변의 보다 큰 울루스들을 정복하고, 나아가 대몽골국을 건설해 원나라를 건국했을 때, 한국(고려)은 원나라와의 관계를 새롭게 정리해야 했다. 또 17세기 청나라의 2대 황제 홍타이지가 한국(조선)을 침략했을 때 조선의 인조임금은 굴욕적인 패배를 경험해야만 했다. 이처럼 대륙에서 일어났던 역사적 사건들로 인해 한국사는 깊게 요동쳤고, 그 깊이 만큼 대륙사는 한국인들의 뇌리에 박히고 말았다. 이런 점에서 대륙사는 우리가 장기간 경험했던 체화된 역사인 셈이다.[5]

그러나 한국이 익히 들어온 대륙에 기반한 역사는 해양사에 기반한 주요 세계사적 사건들을 놓치고, 근대 이후 본격적으로 발달하기 시작한 '바다를 통한 문명의 연결'을 무시하는 우를 범할 수 있다. 피터 라인보우·마커스 레디커(2008)가 바라보듯, 근대세계의 탄생은 해양사적 접근을 통해 확인할 수 있다. 또한 스티븐 솔로몬(2010)이 주장했듯이, 해양은 '대항해 시대'를 가능하게 했는데, 이를 통해 유럽은 근대 이후 글로벌 제해권을 획득할 수 있었다. 그

---

5   이런 점에서 하우봉(2004: 책을 펴내면서)은 다음과 같이 지적하기도 했다: "한국의 역사에 관한 한 '대륙사관'만 있었을 뿐, 해양사관적인 접근은 거의 없었다." 한국의 대륙사관이 강화된 이유로서 강봉룡(2008: 70; 2009: 8)은 조선시대 당시 강경했던 '반해양성'을 지적했고, 윤명철(2004: 15-17)은 한국사회에 오랜 시간 지속되었던 '비역동적인 농경세계관'을 주장했다.

리고 자신들이 제해권을 기반으로 다른 대륙들 사이를 잇는 세계적 무역 네트워크를 건설해냈다. 뿐만 아니라 시기를 근대 이전으로까지 소급할 경우, 중국과 다른 여러 지역들(동남아시아, 남아시아, 중동 등)을 연결한 해상무역네트워크도 있었다.[6] 관련해 무라이 쇼스케는 중세부터 근세까지 동아시아 내 왜구 활동을 국경과 국적을 초월한 해상 상업세력으로 간주하였다.(강진아, 2011: 23). 또 바다를 삶의 터전으로 삼아 국경을 넘나들며 교류하고 살아온 화교 네트워크나 정성공 집단들 또한 해양을 매개로 활동한 이들이다. 나아가 인도양을 중심으로 만들어진 인도양 문명권도 있었다. 쵸두리가 지적했듯, 인도양의 역사는 유럽의 문명권과 구분되는 고유의 시·공간이었다. 비록 인도양을 중심으로(대륙 및) 해상교역이 활발히 진행되었지만, 인도는 유럽 생산양식의 발전단계(고전적 생산양식 → 봉건적 생산양식 → 16-17세기 상업자본주의 및 19세기 산업자본주의)를 거치지 않았을 뿐만 아니라,(유럽과 달리) 자본을 집적한 상인계급들 또한 타 계층을 따돌리고 지배적 위치로 올라서지도 않았다(쵸두리, 2011: 74).[7]

해양아시아 연구가 "사료의 실증을 넘어선 이질적인 세계를 포괄하는 넓은 구상력, '다양한 근대'를 준비한 아시아의 독자적인 탐구, 대외관계사적 시각의 탈피, 폐쇄된 틀 속, 중심의 입장에서 역사를 보는 입장의 거부"(하세봉 2016: 7)라고 할 때[8], 해양사는 우리에게 새로운 인식의 지평을 열 수 있음이다.

----

6   이에 대한 대표적인 예가 남해 무역(the Nan Hai trade)이다. 기원전부터 남해 무역은 중국과 동남아시아 지역 간 해양거래가 빈번했는데, 여기에는 중국의 광동, 광서, 해남, 대만 그리고 동남아시아의 필리핀, 베트남, 캄보디아, 싱가폴, 태국, 말레이시아, 그리고 인도네시아 등이 참가했다 (Nolan, 2015: 147; Wang, 1958). 뿐만 아니라 송왕조(960-1270)시절, 중국은 거대한 원양 상선의 안전을 위해 대형 정크선을 만들어 사용했다. 이 대형 정크선은 "티크와 건조되었고, 여러 수밀횡격벽(水密橫隔壁), 5개 이상의 돛대, 수심에 따라 조절이 가능한 용골, 현수타, 추신설비인 고(篙), 장(獎), 노(櫓), 그리고 넓은 화물 적재실을 갖추고 있었다"(프리먼, 2016: 72). 그리고 1405년 환관이었던 정화는 63대의 해양 정크선을 이끌고 남해의 여러 지역 및 인도를 방문했고, 이후 30년 동안 7번의 탐험을 추가적으로 실시하기도 했다(Needham, 1953: 143).

7   근대이전, 인도양에서 만들어진 세계경제에 대해서는 Palat(2015) 참고

8   여기에 더해 윤명철(2012: 17-24)는 해양사 연구의 필요성에 대해 다음과 같이 열거했다.

이에 반해 근대이전 대륙에 기반한 세계사서술은 기본적으로 제바스티안 콘라트과 위르겐 오스터함멜(2021: 61)이 주장한 '3개의 권역'("동아시아권, 유라시아와 북아메리카에 광대하게 뻗어 있는 이슬람권, 유럽과 서반구를 포괄하는 기독교적 유럽권")에 대한 이야기로 종종 귀결된다. 비록 몇 몇 대륙에 위치한 세계제국들이 바닷길을 이용해 자신들의 정치적-경제적 이익을 확대할 수 있었지만, 이는 제국들의 영역 혹은 자신들의 권역으로 다시금 환류해 들어가는 결과를 만들어냈을 따름이다. 그에 따라 제국의 쇠퇴기에 들어서게 되면, 자연스럽게 이들에 의해 추동된 바닷길이나 해상통로 역시 종말을 고하는 경향이 있었다. 나아가 이매뉴얼 월러스틴(Immanuel Wallerstein, 1974: 20-21)이 주장했듯, 근대 이전 세계의 상품교역은 주로 사치품에 기초한 무역이었다. 비록 근대이전 여러 형태들의 필수품 무역들이 어느 정도 전개된 것을 부인할 수는 없지만[9], 사치품들이 주를 이룬 것은 사실이다. 자국을 제외한 다른 외부지역에서 가져온 상품을 구매·사용할 수 있는 계층은 극히 제한적이었기에, 초창기 해외무역은 각 지역이나 국가의 상류층들이 즐겨 사용할 수 있는 상품들(비단, 도자기, 향신료)이 주로 교역되었던 것이다.

그러나 근대 이후, 이런 사치품 교역은 점점 자리를 필수품 교역에게 내주어야 했다.[10] 자본주의라는 글로벌 상품체계가-마치 '크리슈나의 수

"1〉 생물학적·생태적·문화적·역사적 정체성을 찾고 정립하기 위해, 2〉 유기적인 세계관을 발굴하고, 신문명 또는 비문명의 모델을 설정하기 위해, 3〉 미래적 가치와 효용성 때문".

9　근대이전 필수품 무역의 예로서, 중국과 스페인 사이에서 이루어진 은거래가 있다. 명나라 중기 이후부터(16세기 이후) 은을 통해 세금을 거두어들이는 정책이 시작되자, 은이 부족한 중국은 외부와의 거래를 통해 막대한 은을 수입해야 했다(Flynn, 1996; Hung, 2016). 대표적으로 스페인 상인들은 아메리카에서 나오는 은을 가져다주고, 그 대가로 중국의 비단, 도자기, 그리고 차를 유럽에 가지고 가 막대한 이윤을 남겼다.

10　자본주의가 발전해나감에 따라, 필수품과 사치품의 정의 또한 점차 변하게 되었다. 대표적인 예가 영국의 차소비이다. 18세기까지 영국에서의 차소비는 평민층 이상의 가정들에서만 소비되는 기호품이었다. 그러나 18세기 이후 영국의 차소비는 급격히 증가했다. 맥커스와 데빈(Macarthy and Devine, 2017: 61)의 주장에 따르면, 1830년에서 1880년 사이, 영국 내 차소비는 300%이상

레'(Juggernaut)처럼 - 가 발전하면 할수록(마르크스; Karl Marx)의 말을 빌리면 '자본의 끊임없는 확대재생산'(an endless accumulation of capital)이 지속되면 될수록), 이에 필요한 거대한 소비시장을 필요로 했고, 이는 결과적으로 더 많은 사람들이 쓸 수 있는 필수품의 생산 및 소비에 눈을 돌리게 했다. 다시 말해 근대의 탄생은 사치품에서 필수품으로의 전환과정이기도 했다. 문제는 이런 전환과정에서 해양이 중요한 교역로가 대두되었다는 점이다. 근대가 등장한 이래 본격적으로 인간에 의해 개척되기 시작한 해양 항로는 본질적으로 한 국가나 지역의 정치적 목적보다 초국가적인 경제네트워크의 건설을 위해 형성되고 또 진전되었다.

19세기 세계체제는 지역과 지역, 그리고 국가와 국가가 바다를 통해 연결되었고, 산업화가 본격화된 주요 유럽지역은 소위 '기계가 인간의 척도가 되는' 사회로 전환되기 시작했다(Adas, 1989). 이는 데이비드 란데스(David Landes)가 말한 "프로메테우스의 해방"(Promethus unbounded)이자, 존 메이너드 케인즈(John Maynard Keynes)가 말한 "야성적 충동"(animal spirit)이며, 슘페터(Joseph Schumpeter) 가 지칭한 "기업가정신"(entrepreneurship)의 시대였다(Wallerstein, 1999: 15).

또한 소수의 착취하는 자들과 다수의 피착취자들이라는 불균등하고도 강압적인 이분화된 세계의 진전이 19세기에 확대되었는데, 에릭 홉스봄은 이를 유럽이라는 핵심부(혹은 착취자)와 "19세기 희생자"(유럽 이외의 지역들)라고 명명했다(홉스봄, 1998). 더불어 19세기는 국가나 지역 차원을 넘어서는 다양한 인종들의 전 지구적 이동이 본격화됨에 따라, 집단이주가 본격적으로 인류 역사의 전면에 등장하는 시기이기도 했다(McKeown, 2004). 이처럼 19세기 이후 더욱 진전된 근대세계의 연결은 주경철(2008: 118) 과 김명섭(2001)이 지적한 바, 해양을 통해 이루어졌고 그 수단은 폭력적이었다. 경제적 이익을 최대

증가했다고 한다. 이렇게 영국 내 차소비가 증가한 이유는 18세기 이후 많은 하층민들(노동자계급 포함)도 차를 즐겨마셨기 때문이다(Mintz, 1995).

화하기 위해, "합리적이고도 효율적인 폭력"이 자행되었고, 그 속에서 다수의 비유럽지역들은 바다를 통해 들어오는 유럽국가들에게 무방비로 노출되고 말았다.

2. 19세기 전후의 해양사와 새로운 해양세력의 등장

해양사적 망원경을 통해 근대사에 새겨진 여러 굴곡들을 확인할 수 있다고 할 때, 19세기 또한 분명 해양사에 입각해 새롭게 해석될 수 있음이다. 물론 그렇다고 해서, 19세기가 이전 시기와 독립적으로 혹은 별개로 존재한 것도 아니고, 이후에 진행된 시기(20세기와 21세기)들에 대해 어떤 시대적 예언을 구체적으로 제공한 것도 아니었다. 물리적으로 19세기는 19세기 이전의 시기들과 19세기 이후 시기 사이에 놓여 있는 한 시-공간일 따름이다. 그럼에도 불구하고 이 장에서 내가 19세기를 강조하는 이유는 해양사적 관점에서 이해되어야만 하는 2가지 중요한 핵심테제 – "태평양 세력"과 "메가아시아"의 부상 – 때문이다. 오스트함멜(2014: 63)이 지적했듯, 19세기 세계사적 사건들은 태평양 세력들에 의해 주도되었다. 예컨대 중국의 동아시아 조공체계를 무너뜨린 일본이 아시아의 새로운 패권국가로 등장했고, 스페인을 패퇴시킨 미국은 서부로의 팽창에 만족하지 않고, 태평양지역으로까지 그 영향력을 확대시켰다. 나아가 영국의 대아시아 정책은 아시아 여러 지역으로의 남진정책을 실시한 러시아로 인해 종종 고배를 마셔야만 했다.[11]

15-16세기 이래 유럽 국가들은 해양을 통한 팽창과 이를 통해 획득한 해양 및 상업패권을 통해 19세기 중반까지 자신들의 글로벌 무역헤게모니를 유지할 수 있었다. 15세기를 전후로 상업팽창의 전성기를 맞이한 이탈리아 도시국가(예) 밀라노, 제노아, 베네치아)들은 거대한 상업자본주의의 기틀을 마련했다. 네델란드는 어업, 과학기술(예) 풍차의 발명, 농업기술과 조선기술의 발달), 그리

---

11 비슷한 맥락에서 왕후이(2021: 41–59) 또한 19세기 이후 미국과 일본을 중심으로 하는 태평양 시대가 도래했다고 진단했다.

고 섬유생산을 통해 산업의 기틀을 마련하고, 발트해와 북해로 흘러가는 곡물
과 군수품에 대한 통제권을 획득하였고, 17세기 쇠퇴해가던 포르투갈의 브라
질 무역 또한 넘겨받았다. 이를 통해 네덜란드는 아메리카에서 나오는 설탕,
귀금속 및 기타 원자재 무역에 관여할 수 있게 되었다. 나아가 아시아와의 무
역관계를 촉진하기 위해 동인도회사를 설립하기도 했다. 네덜란드 동인도 회
사를 통해 암스테르담의 기업가와 전 세계의 생산자들이 하나로 묶어지자, 네
덜란드는 자본주의 세계경제 내 무역과 금융을 주도하기에 이르렀다(Arrighi,
[1994]2010: 139). 네덜란드와 유사하게 영국 역시 상업자본과 국가의 해군력
을 이용해 국제무역에서 자신들의 입지를 넓혀갈 수 있었다.

그러나 19세기 후반부터 유럽세력들은 새롭게 등장한 태평양 세력들에
의해 자신들의 글로벌 상업헤게모니가 위협받는 상황을 목도하게 된다. 이를
주도한 태평양 세력들은 다름 아니라 미국, 일본, 러시아였다. 관련해 데사이
(Radhika Desai, 2013: 43)는 새롭게 떠오른 신흥 산업국가들(일본, 러시아, 미국,
그리고 독일)이 현존하는 글로벌 헤게모니의 가장 위협적인 경쟁자들이라고 소
개했다. 케네디(Paul Kennedy, 1989: 199, 201)가 제시한 양적자료를 활용할 경
우, 유럽의 주요 세력들(영국, 프랑스, 독일)은 19세기 후반 혹은 20세기 초반을
기점으로 '전체 인구' '에너지 소비량,' '산업잠재력' 등에서 태평양지역의 신흥
세력들(미국, 일본, 러시아)에게 뒤지기 시작했다.

이처럼 태평양 세력들은 19세기 후반부터 유럽에 비견되는 혹은 넘어서
는 경제력을 보유하기 시작했는데, 이는 우리들에게 다음과 같은 질문을 던진
다: 도대체 어떻게 미국, 일본, 러시아는 19세기에 급격한 성장을 이룩할 수
있었는가?

영국으로부터 독립한 미국은 면화무역(cotton trade)의 발전을 통해 발전
의 기틀을 마련할 수 있었고(Agnew, 1987; Forsythe, 1977), 19세기 중반부터 도
입한 새로운 농작물 기계들의 사용, 농업교육 및 과학적 농업기법의 도입을
통해 세계에서 가장 크고 근대화된 농업국가로의 변신을 꾀할 수 있었다(Hoff-
man, 1982: 285). 남-북 전쟁 이후 서부의 완전한 개척과 그로 인한 시장의 확

대는 미국 자본가들로 하여금 대규모의 자본축적을 가능하게 하는 새로운 산업 및 소비공간을 선사했다(Parisot, 2017).[12] 뿐만 아니라, 해외 주요 수입품들과의 제품 및 가격 경쟁력을 확보하기 위해 연방정부 차원의 국내 산업 육성 및 보호책(Chase - Dunn, 1980: 201)을 실시했는데, 이를 통해 미국의 산업자본가를 대거 길러낼 수 있었다.[13] 그 결과, 1820년대 전후 전 세계 GDP의 2%도 차지하지 못했던 미국이었지만(당시 영국은 전 세계 GDP의 5% 정도를 차지), 1870년대 이후 미국은 전 세계 GDP에서 영국을 능가하게 되었다(Chase - Dunn, Jorgenson, Reifer, and Lio, 2005: 241 - 242).

　　19세기 후반 미국 산업자본주의의 급격한 성장은 미국의 경제적 - 군사적 발전을 가능하게 했고, 이는 미국의 태평양지역으로의 진출을 가능하게 했다.[14] 앤드류 카네기(Andrew Carnegie)와 존 록펠러(John D. Rockefeller)를 위시한 미국의 산업자본가들은 19세기 미국의 팽창주의를 지지하였는데, 이는 중국과 아편밀수, 차거래, 도자기 거래를 주도하고 있던 뉴욕, 보스톤, 그리고 필라델피아의 상인들도 같은 생각이었다. 태평양무역의 중요성에 대해 미 국무장관인 윌리엄 세월드(William Seward)는 미국의 아시아 지역으로의 진출이야말로 미국의 전지구적인 경제 - 정치적 확장을 이룩하는데 있어 필수불가결한 일이라 지적했다(LaFeber, 1989). 더글라스 맥아더의 아버지인 아서 맥아더 역시 1883년에 미국의 "태평양 주권의 확보"야말로 미국의 위풍당당함과 진

12　뿐만 아니라, 서부개척은 미국 내 수송 네트워크의 혁명(예) 철도를 통한 동부와 서부의 연결)을 선사했고, 연관된 산업들(예) 철강산업)들의 등장을 촉진시켰다. 여기에 더해 파나마 운하의 개통으로 인해 미국의 태평양 연안은 이전보다 훨씬 가까워지게 되었다(커밍스, 2011: 264 - 265).

13　미국의 자본주의 발정은 경영방식의 변화에서도 놀라운 발전을 이끌어 냈는데, 챈들러(Chandler, 1978: 115)는 당시 미국의 경영방식이 "다층의, 다기능의, 그리고 다차원의 산업체"를 발전시켜 냈다고 지적했다.

14　경제적 역량뿐만 아니라, 군사적 역량에서도 미국은 놀라운 성과를 보여주었고, 이는 미국의 해외팽창을 더욱 자극했다. 예컨대 스페인 - 미국 전쟁(1898)에서의 승리한 미국은 쿠바, 푸에르토리코, 필리핀, 괌에 대한 영향력을 얻을 수 있었고, 이는 미국의 해외팽창을 가속화시키는 전환점을 마련했다(커밍스, 2011: 237; Immerwahr, 2016: 377).

취성을 널리 알릴 수 있는 계기가 될 것이라 주장했다(커밍스, 2011: 640 -641).

　　이처럼 미국의 'Far West' 전략은 단순히 캘리포니아 지역으로의 팽창을 지칭하는 것이 아니라 태평양 너머의 세계까지를 포괄하는 것이었다(Go, 2007). 오브라이언(O'Brien, 2002: 33) 역시 19세기 후반부터 미국 근해(home waters)는 대서양뿐만 아니라 태평양까지를 지칭하는 것이라 언급했다. 문제는 미국의 태평양지역으로 진출에 있어 걸림돌이 되어버린 영국의 존재이다.[15] 미국 민주당원이자 외교관으로 역임했던 캐일러 쿠싱(Caleb Cushing)은 영국을 가리켜 미국의 지정학적 팽창 및 해상교역의 확대에 있어 "미래의 위협세력"(Keliher, 2007: 248 -249)라고 정의내렸다. 이런 맥락에서, 1882년 미국은 중국 내 자국의 경제적 이익 보전(면직물 상인들의 경제적 이익)을 위해, 영국이 보낸 전함만큼 자국의 전함을 상하이로 급파하기도 했다(베커트, 2018). 여기에 더해, 미국은 문호개방정책(The Open Door Policy, 1899)을 주장하였는데, 이는 늦게 합류한 자신들이 다른 기존의 제국주의적 세력들과 동등한 기회를 얻기 위함이었다. 이런 점에서 겉으로는 보기에 미국의 문호개방정책은 제국주의자들 사이의 이해관계를 조정하기 위함이었지만, 실제로 이는 아시아(특히 중국) 내 지배적인 영향력을 행사한 영국을 견제하는데 더 큰 목적이 있었다.

　　서구 주요 국가들의 자본주의 전환과정과 달리, 농노제도가 유지된 채로 산업혁명이 일어난 러시아는 니콜라이 1세 기간(1796 -1855)동안 면방직 공업이 등장했고, 19세기 중반부터 상설거래시장(예) 니제로고드 시장)이 등장해, 전례없는 거래량을 기록하기도 했다. 뿐만 아니라 대외 무역의 거래량 또한 증가하였고, 이런 상업적 -산업적 성장에 따라 기록적인 도시화가 진행되기도 했다. 이런 산업 -상업팽창에 힘입어 러시아는 동아시아 지역 태평양지

15　실제 19세기 초부터 미국과 영국 해군은 태평양에서 여러 차례 교전을 벌였다. 1799년 미국 의회의 주문을 받아 설계된 미군함 에식스호(USS Essex)는 태평양에 들어온 첫 해군 함정으로서 1813년의 5개월 동안 태평양을 누비면서 영국과 영국식민지의 선박들과 충돌을 빚기도 했다(프리먼, 2016: 238).

역으로의 진출을 모색하였는데, 그 시기는 미국보다 훨씬 앞섰다. 무엇보다 러시아의 동아시아 지역으로의 진출은 시베리아에 대한 개척에서부터 시작되었다. 러시아는 16세기 이반 4세 때부터 시베리아 지역에 관심을 두고 확장을 꾀하였는데, 그 이유는 러시아 내 확대된 농노화 때문이었다. 농업에 기반한 경제체제가 확대되자 새롭게 개간할 경작지가 필요해졌고, 이는 변방에 위치해 있던 시베리아지역마저 농경지화하는 결과를 낳았다. 다만 19세기까지 이루어진 러시아의 시베리아로의 진출은 식민주의 정책과 무관하다는 점에서 (정세진, 2018: 125), 서구 유럽국가들의 해외팽창전략과 그 출발점이 달랐다고 할 수 있다.

　　러시아의 본격적인 동아시아 지역으로의 진출은 19세기부터였다. 농경지 확대라는 이유를 제외한 러시아의 동아시아지역으로의 진출은 내·외적인 원인에서 비롯되었다. 우선 내부적으로 17세기에 이미 한번 좌절을 경험했던 중국쪽으로의 진출을 러시아 정부는 다시 시도하려고 했다.[16] 태평양지역으로의 진출이 중요하다는 사실을 알고 있던 러시아 정부 관료들은 이를 위한 교두보로서 동아시아지역을 탐냈던 것이다. 19세기 러시아가 동아시아 지역으로의 진출을 꾀한 외적인 원인은 이 지역을 둘러싼 대외정치적 환경과 깊이 연관된다. 서구열강의 동아시아 지역으로의 진출(두다료노크 외, 2018: 155), 이 가운데에서도 영국의 동아시아 진출은 러-중 무역관계 뿐만 아니라 러시아가 영향력을 행사하고 있는 아시아 주요 지역들에게 직접적인 위협이 될 수 있었다. 영국의 아시아로의 팽창전략을 막는 한편 자신들의 아시아 내 이해관

16　19세기 이전 러시아의 극동지역 진출은 이미 한 번 좌절된 바 있었다. 17세기 중반 포야르코프(1643-1646) 및 하바로프 탐사대(1649-1653)의 청나라 국경지역까지의 진출을 포함해, 바이코프(1654-1656), 페르필리예프과 아블린(1658-1662), 밀로바노프(1670), 스파파리 사절단(1676-1677) 등이 중국을 방문했다. 그러나 당시 청제국을 건설한 만주족의 강력한 반대로 인해 중국으로의 진출은 성공할 수 없었다. 오히려 청제국의 공공연한 위협에 굴복해야만 했던 러시아는 청제국과 네르친스크 조약(1689년 8월 29일)을 맺고, 극동지역으로의 진출을 포기해야만 했다 (두다료노크 외, 2018: 139-144).

계를 지키고 또 확대하기 위해, 19세기 이후 적극적으로 팽창전략을 취했던 것이다.

19세기 러시아의 팽창전략을 확인할 수 있는 국가적 사업으로는 시베리아 횡단철도가 있다. 1892년 12월 10일 러시아 철도위원회가 처음 발족한 이래, 시베리아 횡단철도 기획안이 만들어졌고, 철도의 건설은 여러 지역에서 동시다발적으로 건설되었다. M. V. 로모노소프의 주장—"러시아의 능력은 시베리아로 인해 증대될 것이다"(두다료노크 외, 2018: 202)—에서 증명하듯, 시베리아 횡단철도가 완공된 이후부터, 동시베리아 지역은 철도를 따라 산업발전이 일어났고, 철도운송능력의 비약적 증가로 인해 러시아 대외무역 또한 촉진되었다. 철도건설의 성장은 관련된 산업들(예) 채취산업, 금속산업, 제철산업, 및 기계산업)의 동반발전을 유도했고, 동시베이라의 인구이동을 이끌어냈다. 실제 "1900년에서 1909년까지 시베리아 인구는 6백만 명에서 9백만 명으로 증가되었고, 화물 유통은 70만 톤에서 300만 톤으로 늘어났다"(정세진, 2018: 139). 다시 말해 시베리아횡단철도는 러시아 중심부와 주변부 사이의 경제적, 문화적, 사회적 연결성을 강화시켜 주었을 뿐만 아니라, 러시아 자본 및 외국자본을 유치할 수 있는 계기를 마련해주었다.[17]

나아가 19세기 후반 청제국 국경지역으로의 진출(우수리강 연안지역)을 꾀한 러시아는 청나라로부터 상당 부분의 영토를 얻어낼 수 있었다. 러시아는 청제국이 1차 아편전쟁(1840 – 1842)과 2차 아편전쟁(1839 – 1842) 이후 너무도 순식간에 서구 열강들에게 이권과 영토를 상실하는 모습을 보고, 이 기회를 놓칠 수 없다고 생각해 자신들 역시 중국의 이권탈취에 나선 것이다. 비록 영국을 위시한 주요 국가들보다 늦게 뛰어들었지만, 이 시기 동시베이라 총독으

17　그럼에도 불구하고, 극동지역의 대규모 산업발전을 주도한 것은 민간이 아닌 정부였다(두다료노크 외, 2018: 211). 더불어 러시아의 경우 19세기부터 자본주의로의 전환이 이루어졌다고는 하지만, 여전히 유럽 주요 선진국들에 비해 뒤쳐질 수밖에 없었는데, 그 이유는 1) 혹독한 자연기후와 광활한 영토, 2) 상대적으로 늦게 시작된 자본주의체제로의 전환, 3) 부르주아지들의 어중간한 위치 때문이었다(두다료노크 외, 2018: 293).

로 재임하고 있던 무라비요프–아무르스키의 과감한 팽창정책으로 인해, 청 제국으로부터 거대한 영토를 획득할 수 있었다(양승조, 2016: 284–285).

러시아의 아무르 및 우수리 지역으로의 진출 및 영토획득은 청나라의 이 권획득이라는 이유도 있었지만, 태평양으로의 진출이라는 더욱 중차대한 이 유도 포함되어 있었다. 크림전쟁에서의 패배로 흑해를 통한 바다진출이 어려 워진 러시아에게 있어 아무르 및 우수리 지역은 태평양으로 나아갈 수 있는 유일한 관문이었기에 러시아 정부에서도 적극적으로 동아시아 지역으로의 진 출을 꾀했던 것이다. 이런 목적을 달성하고자, 러시아 정부는 우수리강 주변 에 대규모 러시아인 거주지를 건설했고, 블라디보스토크를 중요한 전략적 거 점도시로 승격시켰다. 실제, "1871년에는 니콜라옙스크–나–아무레에 있던 시베리아 함대의 기지가 이곳으로 이전되어왔고, 1880년대 블라디보스토크 는 시로 승격되었다"(두다료노크 외, 2018: 179).

나아가 19세기 말 태평양세력의 또 다른 중요한 축인 일본의 부상은 아 시아–태평양 지역에서 유럽세력에 대항할 중요한 변수였다. 19세기 중반 메 이지 유신이 일어나기 이전부터 일본의 도쿠가와 막부는 서구 주요세력들의 제국주의적 침략을 유심히 관찰하고 있었다. 18세기 말 러시아와 일본의 국경 지역이던 사할린과 홋카이도 지방에 러시아인들이 자주 출몰하고, 1840년 중 국에서 아편전쟁이 벌어지자 일본 내 지식인들은 세계가 전국시대(戰國時代) 에 돌입했다고 지적하며, 위기감을 호소했다. 예컨대 후지타 유코쿠라는 청년 지식인은 다이묘에 상소하는 글을 쓰면서 다음과 같이 말했다: "북방에는 러 시아라는 교활한 나라가 있어 일본을 빼앗으려고 노리며 항상 남하하려고 계 획하고 있습니다"(박훈, 2014: 55). 그리고 세계정세와 관련해, 아이자와 야스시 는 지금 세계가 과거 중국이 경험한 전국시대와 다르지 않다고 지적했다(박훈 2014: 57).

비록 위기감이 고조되고 있었지만, 세계정세의 전망 및 서구의 침입에 대한 대응을 둘러싸고 일본 내에서는 다양한 의견들(쇄국수구론, 양이론, 문호개 방론 등)이 제기되었다. 그러나 얼마 지나지 않아, 중국에서 아편전쟁(1840–

1842)이 발발하고 페리제독의 흑선(1853)이 에도 앞바다에 등장하자, 일본의
쇄국주의정책은 크게 위축되었고, 반대로 개항론은 점차 대세로 굳어졌다. 이
에 따라 1850년대 후반기부터 "무역을 통한 부국강병"은 도쿠가와 막부의 기
본노선이 되었다(박훈, 2014: 92). 그럼에도 막부의 정치체제는 이런 거대한 사
회－정치적 변화를 감당하기에는 너무도 벅찼다. 비록 막부 말기 서양제도를
도입하고자 지속적인 개혁들(안세이 개혁, 1854－1859, 분큐개혁, 1861－1863, 게이
오 개혁, 1865－1868)이 실시되었지만, 막부 내 정치적 리더쉽의 부재와 취약한
정치적 단결로 인해 새로운 사회변화를 모두 끌어안기에 부족함이 있었기 때
문이다.

　　이런 의미에서, 일본의 메이지 유신은 분명 그 자체로 전례없는 정치혁
신을 가능케 한 위로부터의 변화였다.[18] 일본 사무라이 계급들이 만들어 낸
중앙집권적 개혁조치는 일본의 구체제를 서구화된 그것으로 탈바꿈시켰는
데, 이는 근대자본주의 세계체제의 정치－경제논리와 크게 다르지 않았다
(Westney, 1987; Hamilton, 1999). 사쓰마과 조슈번 출신의 사무라이들은(예) 이
토 히로부미, 마쓰카타 마사요시, 다카요시 기도, 야마가타 아리토모, 모리 아
리노리, 오쿠보 도시미치) 분권화된 도쿠가와 막부의 정치체제를 고도로 전문
화된 중앙 행정부 체제로 바꾸어 놓았다. 이런 위로부터의 제도적 개혁과 함
께 메이지 정부는 서구의 사상(계몽사상) 및 군사적 혁신을 일본사회에 이식시
켰다. 조슈아번의 사무라이들은 일찍이 서양 군함의 우수성과 뛰어난 서구의
군사무기들의 중요성 또한 알고 있었고(Conte－Helm, 1989: 9), 이를 적극적으
로 받아들였다. 메이지 초기 정부 시절 유명한 슬로건들 중 하나—"국가를 풍
요롭게 하고 군대를 강화시키자"(Conte－Helm, 1989: 17)—는 이들이 얼마나 군사
력 발전에 집중했는지를 알게 해준다. 뛰어난 군함건조기술을 배우기 위해 메

18　물론 일본의 메이지유신을 단순히 '위로부터의 혁명'이라 지칭할 수는 없다. 메이지유신을 주
도한 사무라이계급들은 구체제에 불만을 품은 하층 엘리트들의 혁명이라는 점에서, 귀족혁명이라
는 이미지와는 거리가 있다(고든, 2020: 171).

이지 정부는 많은 일본기술인력들과 학생들을 영국으로 파견했고, 또 중무장한 순양함을 영국으로부터 구입했다. 이처럼 메이지 정부의 군사력 증가정책은 정부주도의 산업화 및 군사적 역량을 기르는 데 결정적인 역할을 담당했다(Yamamura, 1977).

메이지 일본에게 있어, 청일전쟁의 결과는 동아시아 내 새로운 태평양세력의 등장을 예고하는 것이었다. 19세기 중·후반, 세계경제가 "유일한 항성인 영국을 둘러싸고 회전하는 태양계가 아니었다"(홉스봄, 1998: 550)고 하더라도 영국의 헤게모니는 여전히 전 세계에 막강한 영향력을 행사하고 있었다. 그러나 이런 영국마저 아시아 – 태평양 지역에서 일본이 하나의 주요한 세력으로 등장할지는 예상치 못했다. 영국은 청일전쟁이 일어났을 때, 중국이 쉽사리 일본에게 패배하지 않을 것이라 생각했다. 그러나 예상과 달리 일본은 중국을 너무도 쉽사리 격퇴시켰고, 나아가 러시아와의 전쟁(1904 – 1905)에서도 승리를 거두었다. 그 이후 일본은 파죽지세로 한국에 대한 지배권을 획득한 한편, 중국으로의 진출을 서둘렀다. 일본이 동아시아 지역에서 막강한 영향력을 행사하는 동안, 영국은 맥없이 동아시아지역에서 시나브로 퇴장해야만 했다.[19]

요약하면 19세기는 처음으로 유럽세력에게 도전한 새로운 세력의 등장을 알리는 시기인 동시에, 태평양세력들이 유럽세력과 경쟁을 시작하던 시기였다. 태평양 세력은 유럽세력에 비해 비교우위를 차지할 수 있었고, 이때부터 글로벌 헤게모니를 대서양에서 태평양으로 끌어오기 시작했다. 글로벌한 지정학적 관점에서 태평양 세력의 등장은 다름 아닌 메가아시아의 부상을 의미하는 것이었다(표 1 참고).

---

19 실제 영국은 1899년부터 1931년 사이 1〉중국과의 직업교역액, 2〉중국 내 거주인구, 3〉중국에서 운영 중인 자국의 회사 숫자, 4〉중국 내 선박배송량, 5〉중국에 대한 투자액 등에서 모두 일본에 의해 추월당하고 말았다(Duus, 1989: 3).

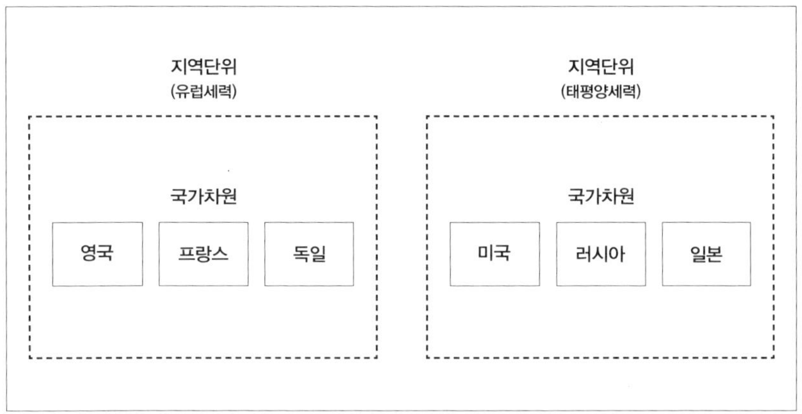

IV.   메가아시아 등장의 마중물: 태평양 세력의 등장과 부상

앞서 나는 19세기 후반 이후 등장한 태평양 세력들의 부상을 간략하게나마 서술했다.[20] 분명 태평양 세력의 부상은 그 자체로 유럽의 지정학적·지경학적 헤게모니에 도전한 세계사적 사건인 동시에, 새로운 세력의 등장을 알리는 충격적인 사건이었다. 특히 유럽의 관점에서 이는 몇십 년 전(19세기 초·중반)과 비교할 때 격세지감을 느낄만한 사건인 셈이다.

19세기 후반 미국, 러시아, 일본의 등장과 이들의 맹렬한 제국주의적 팽

---

20   참고로 여기서 강조하는 '태평양 세력'은 브루스 커밍스(Cumings, 2010)가 그의 책 『바다에서 바다로: 미국패권의 역사』)에서 주장하는 주요내용과 차이가 있다. 우선 19세기부터 현재시기까지 포괄하는 커밍스와 달리 내가 강조하는 태평양세력의 시기는 주로 19세기에 한정된다. 둘째, 보다 중요한 차이로서 커밍스는 1940년 이후 형성된 미국패권의 특징을 "제국의 군도"(archipelago of empire)라 지적하고 미국의 힘은 전쟁으로 만들어진 수백 개의 군사기지에 기초하고 있다고 주장했다. 이와 달리 내 논문에서 말하는 태평양 세력은 일국가차원에 의해 형성된 개념이 아니라, 러시아 및 일본까지 포괄하는 개념이다. 그에 따라 나는 이를 지역구성체(regional power)이라고 명명했다.

창전략은 그 자체만으로도 유럽세력들에게 큰 부담이 되었고, 아시아를 더이상 유럽의 마음대로 통제할 수 없다는 생각을 하게끔 했다. 드라고미로프 러시아 장군의 말처럼, 19세기 중반까지만 해도 "극동문제는 유럽의 손에서 결정"되는 상황으로 흘러갔다(Barraclough, 1967: 93)갔지만, 19세기 후반부터 영국은 러시아, 미국, 일본과 같은 새로운 라이벌들을 아시아에서 마주해야 했다. 저물어가는 영국의 국력은 떠오르는 신흥강국들의 밀물을 견뎌낼 수 없었고, 영국의 아시아 – 태평양 전략은 결국 자신들의 이해관계를 확대하기보다 보존하는 쪽으로 방향을 틀어야만 했다. 반대로 미국을 위시한 태평양 세력들은 아시아 – 태평양에서 자신들의 영향력을 키워나갈 수 있었다.

무엇보다, 태평양 세력의 부상은 우리에게 새로운 지역 헤게모니의 부상을 일깨워준다. 즉 근대세계체제가 형성된 16세기부터 19세기 중순까지를 유럽세력들이 지배한 근대자본주의 세계체제였다면, 19세기 후반부터는 태평양 세력들이 부상해 글로벌 헤게모니를 장악하는 시기였다. 실제 19세기 후반부터 냉전체제까지 미국, 러시아, 일본은 어떤 유럽국가와의 경쟁에서도 결코 뒤지지 않은 경제·외교·정치·문화적 힘을 보유하기에 이르렀다.

그러나 이는 분명 유럽세력의 의도하지 않은 결과였다. 실제 1733년부터 1817년도에 이르는 기간 동안, 유럽세력이 이끄는 자본주의 세계체제는 인도 아대륙, 오토만제국, 러시아 제국 및 서아프리카 지역을 하나로 연결시켰다. 나아가 19세기 말 혹은 20세기 초 자본주의 세계체제는 지구의 모든 지역으로까지 그 영향력을 확장시켰다. 자본주의 세계체제의 비유럽지역으로의 확장이 중요한 변수임을 고려할 때, 19세기는 아시아를 포함 전 지구가 하나의 시스템으로 통합되는 시기였다고 정의내릴 수 있다(Hopkins and Waller-stein, 1986; Northrup, 1995). 그러나 역설적으로 유럽이 이끄는 근대자본주의 세계체제의 영역이 커지면 커질수록, 유럽세력이 글로벌 정치적 – 경제적 헤게모니는 약해진 반면, 태평양 세력들의 헤게모니는 급성장한 것이다.

이런 19세기 말 유럽 헤게모니의 쇠퇴는 지역단위의 연구로 확인할 수 있다. 국가적인 단위로 접근할 경우, 우리는 제국주의 시대라 일컬어지는 19

세기의 중요 약탈자들을 하나의 뭉뚱그린 식민권력들이라는 무채색의 통일된 집합체로 인식할 따름이지만, 지역적 단위체로 접근할 경우 우리는 유럽세력과 태평양 세력이라는 두 대척점의 세력을 포착할 수 있기 때문이다. 나아가 이를 통해 두 세력 간의 경쟁과 충돌(때로는 협력)하는 모습을 그려내기도 하도, 태평양 세력이 어떻게 글로벌 헤게모니를 차지했는지에 대한 통찰력을 얻을 수 있음이다.[21]

그리고 이런 지역단위의 관점에서 태평양 세력의 부상은 바로 메가아시아의 관점을 상상케 한다. 메가아시아는 하나의 광범위한 지역단위체로서, 아시아의 극적인 부상을 분석하는데 도움을 주는 방법론적 시각이다. 이렇다고 가정할 경우, 우리는 19세기 태평양 세력의 부상을 바로 메가아시아의 관점을 적용해 분석할 수 있는 구체적인 사례로 간주할 수 있다. 다시 말해 19세기 해양을 중심으로 만들어진 아시아 – 태평양 지역의 지정학적 동학은 메가아시아의 부상을 예측하게 한 역사적 사례인 셈이고, 이는 결과적으로 메가아시아 연구에 하나의 이정표를 제시해준 것이라 생각해할 수 있다.

---

21 물론 맷 마쓰다(Matt K. Matsuda)의 지적처럼, 19세기 말 등장한 태평양 세력(특히 미국)의 부상이 과거 유럽의 식민지 팽창과 유사한 혹은 "새로운 제국의 시대"(a new imperial age)로 해석될 수 있다(Matsuda, 2012: 255). 착취/지배하는 자의 주어만 바뀌었을 뿐, 착취당하는/지배받는 입장인 서술어는 그대로 존속되는 상황이었기에, 마쓰다는 태평양 세력을 새로운 세력으로 취급하지 않았다. 그럼에도 본 연구에서 태평양 세력을 하나의 새로운 세력으로 간주하고, 또 이것의 부상을 메가아시아와 연결시키고자 한다. 그 이유는 다름 아니라, 이들 국가가 만들어 낸 새로운 헤게모니 때문이다. 19세기 말부터 아시아 – 태평양 지역 내 유럽의 목소리가 작아하고, 반대로 태평양 세력들의 영향력이 커진 것은 근대(15세기 이후) 이후 처음 있는 변화였고, 다른 지역에서는 그 유사한 사례를 찾아보기가 힘들 정도였다. 무엇보다 이런 조류는 최근까지도 지속되고 있고, 이런 지정학적 상황 속에서 우리는 또 다른 태평양 세력들(예) 중국)의 부상을 목도하게 되었다. 다시 말해서 19세기 태평양 헤게모니의 등장은 메가아시아라는 지정학적 상황을 가능케 한 토양이었다.

V. 요약과 전망

주경철(2018: 291)의 지적처럼 바다는 근대이전과 이후로 확연히 다르게 기능했다. 근대이전 시기 바다는 "문명권들을 갈라놓는 장벽"이었지만, 근대에 들어와서는 반대로 "문명들 간의 상호 조우와 교류를 돕는 고속도로 역할"을 담당했다. 나아가 바다는 근대이전 두려움과 미지의 세계였지만, 근대 이후부터는 적극적인 개척의 대상이었다. 그 결과 근대 이후 바다를 차지한 국가나 지역은 글로벌 정치－경제 헤게모니를 얻곤 했다.

본 연구는 해양사적 관점에 기초해 19세기 이후 메가아시아가 어떻게 역사의 첫 페이지에 등장할 수 있었는지를 조망해보았다. 이를 위해 나는 우선 메가아시아 개념이 어떻게 활용될 수 있는지를 간략히 서술했다. 메가아시아 개념은 아시아의 아시아를 가능하게 하는 인식론적 특성을 대표하기에 아시아 문명사 및 역사를 서술하는데 있어 탁월한 방법론적 가능성을 가진다. 이는 해양사를 해명할 때에서도 적용될 수 있다. 본 연구는 19세기 해양사를 통해 확인할 수 있었던 태평양 세력의 부상을 메가아시아적/해양사적 관점으로 분석했다.

이럴 경우, 본 연구가 기여할 수 있는 부분은 2가지 정도로 압축할 수 있다. 첫째, 메가아시아 개념을 19세기 아시아－태평양 역사 속에서 확인할 수 있다는 점이다. 메가아시아가 가지는 고차원적·형이상학적 특성으로 인해 혹자들은 메가아시아를 어떻게 확인할 수 있는지에 대해 많은 의문을 제기했다. 이에 대한 하나의 역사적 사례로서 본 연구는 19세기 말부터 본격화된 태평양 세력의 부상—유럽세력과 구분되는—을 설명했고, 이것이 어떻게 메가아시아 개념과 연관되는지를 해명했다. 이를 통해 메가 아시아 개념이 형이상학적으로 혹은 추상화된 개념체로서만 존재하는 것이 아니라, 역사적 접근을 통해서도 확인할 수 있는 대상임을 보여주었다. 둘째, 메가아시아의 부상과 해양사 사이의 관계를 확인시켜 주었다. 비록 메가아시아 개념이 해양사를 통해서만 확인가능한 혹은 인식가능한 개념은 아니지만, 그럼에도 해양사적 접근을 통해서도 메가아시아의 개념이 이해될 수 있음을 보여주었다. 무엇보다 상대적으로 대륙사에 비해 덜 관심을 받은 해양사를 통해서도 메가아시아 개념을 포착할 수 있다는데 본 연구의 의의가 있다고 생각한다.

비록 스스로 2가지 기여점을 제시했지만, 그 이상의 한계점 또한 본 연구는 가지고 있다. 우선, 메가아시아에 대한 이론적·방법론적 관점을 보다 상세히 설명해야 한다는 일부의 지적은 타당하다. 메가아시아에 대한 보다 깊은 논의가 전제되지 않고서는 19세기의 태평양 세력의 부상을 메가아시아의 역사적 부상과 연관시키기에 무리가 있기 때문이다. 둘째, 첫 번째 이유와 관련해, 왜 메가아시아 부상과 19세기 말 태평양 세력의 등장을 연결시켜야 하는지에 대한 의문이 생길 수 있다. 예컨대 러시아를 아시아 – 태평양 세력의 일부로 간주할 수 있는지, 그리고(19세기 말 이후) 미국과 대서양(유럽)의 관계를 어떻게 정의할 것인지, 나아가 이것이 미국과 태평양의 관계와는 어떻게 질적으로 다르고 또 우선순위는 어떻게 변화되었는지? 여기서 제기된 중요한 질문들은 분명 극복해야 할 중요한 과제들이다. 페르낭 브로델은 자신의 저서 『지중해』에서 지중해연구를 사랑할 수밖에 없는 이유로서 "북쪽지방출신이고, 오랜 세월에 걸쳐 지중해 지역을 연구했다"(브로델, 2017: 15)고 고백한 바 있다. 브로델의 이런 솔직하고도 담대한 발언에 비해 메가아시아에 대한 나의 관심은 아직 일천(日淺)하기만 하다. 서문에서도 언급했듯이, 본 연구는 가능성 그 자체에 보다 초점을 맞추고 있기에, 앞으로 진행될 보다 세밀한 그리고 진전된 연구를 위한 하나의 초석으로 삼고자 한다.

참고문헌

강봉룡. 2008. "해양인식의 확대와 해양사."『역사학보』200, 67 – 97.

______. 2009. "한국 해양사 연구의 몇 가지 논점."『도서문화』3, 3 – 33.

강진아. 2011.『동아시아 화교자본과 근대 조선: 동순태호』. 대구: 경북대학교 출판부.

고든 앤드루 저. 문현숙·김우영 역. 2020.『현대일본의 역사 1』. 서울: 이산.

거자오광. 2012.『이 중국에 거하라』. 파주: 글항아리.

그레고리 클라크 저. 이은주 역. 2009.『맬서스, 산업혁명 그리고 이해할 수 없는 신세
　　　계』. 서울: 한스미디어.

김명섭. 2001.『대서양문명사 – 팽창, 침탈, 헤게모니』. 파주: 한길사.

남영우. 2018.『땅의 문명』. 파주: 문학사상.

두다료노크, S. M., E. A. 리코바, S. V. 바타르셰폐 외 저. 양승조 역. 2018.『러시아 극
　　　동 지역의 역사』. 과천: 진인진. 서울대학교 아시아연구소 아시아 근현대
　　　사 총서 004.

박훈. 2014.『메이지 유신은 어떻게 가능했는가』. 서울: 민음사.

방민규. 2012. "사천 늑도 유적에서 본 한반도 남해안 지역의 대외교류."『해항도시문
　　　화교섭학』7, 125 – 153.

브루스 커밍스 저. 박진빈, 김동노, 임종명 역. 2011.『바다에서 바다로: 미국 패권의
　　　역사』. 파주: 서해문집.

신범식. 2021. "부상하는 메가아시아: 역사와 개념."『아시아리뷰』11권 2호, 3 – 34.

스벤 베커트 저. 김지혜 옮김. 2018.『면화의 제국: 자본주의의 새로운 역사』. 휴머니스
　　　트

스티븐 솔로몬 저. 주경철, 안민석 역.『물의 세계사: 부와 권력을 향한 인류 문명의 투
　　　쟁』. 서울: 민음사.

양승조 2016. "19세기 후반 제정 러시아의 극동 지역 식민정책 – 유즈노우수리 지역
　　　식민지주 정책을 중심으로"『사총』87, 277 – 316.

이성제. 2016. "고구려와 북조의 경계 – 고구려의 요동 동부지역 확보와 그 시기."『고
　　　구려발해연구』54, 37 – 57.

에릭 홉스봄 저. 김동택 역. 1998.『제국의 시대』. 서울: 한길사.

왕후이 저. 송인재 역. 2021.『단기 20세기: 중국혁명과 정치의 논리』. 파주: 글항아리.

윤명철. 2004. "해양사관으로 본 한국 고대사의 발전과 종언." 하우봉 외 5명 저.『해양
　　　사관으로 본 한국사의 재조명』, 14 – 47. 서울: 해상왕장보고기념사업회.

______. 2012.『해양사연구방법론』. 서울: 학연문화사.

윤종석·최경희·이주현. 2021. "'지역'으로서의 '동아시아': 메가아시아적 접근의 함
　　　의."『아시아리뷰』11권 2호, 57 – 95.

정세진. 2018. "19세기 시베리아 횡단철도 건설의 과정과 목적 – 경제적, 산업적 가치
　　　를 중심으로."『한국 시베리아연구』22권 2호, 117 – 147.

잭 골드스톤 저. 조지형·김서형 역. 2011.『왜 유럽인가』. 파주: 서해문집.

제바스티안 콘라트·위르겐 오스터함멜 저. 이진모·조행복 역. 2021.『근대 세계로 가
　　　는 길, 1750 – 1870』. 서울: 민음사.

주경철. 2008.『대항해시대: 해상팽창과 근대 세계의 형성』. 서울: 서울대학교 출판문
　　　화원.

______. 2018. "바다와 폭력: 권윤경의 서평에 답하다."『문명과 경계』1, 290 – 298.

페르낭 브로델 저. 주경철, 조준희 역. 2017.『지중해: 펠리페 2세 시대의 지중해 세계
　　　I: 환경의 역할』. 서울: 까치글방.

프리먼, 도널드 저. 노영순 역. 2016.『태평양: 물리 환경과 인간 사회의 교섭사』. 서울:
　　　선인.

쵸두리 저. 임민자 역. 2011.『유럽 이전의 아시아: 이슬람의 발흥기로부터 1750년까
　　　지 인도양의 경제와 문명』. 서울: 심산.

피터 라인보우·마커스 레디커 저. 정남영·손지태 역. 2008.『히드라』. 서울: 갈무리.

하세봉. 2016. "새로운 상상의 가능성: 해양사 연구."『역사와 경계』101, 1 – 31.

하우봉. 2004. "책을 펴내면서." 하우봉 외 5명 저.『해양사관으로 본 한국사의 재조명』,
　　　14 – 47. 서울: 해상왕장보고기념사업회.

Adas, Michael. 1989. *Machines as the Measure of Men: Science, Technology,
　　　and Ideologies of Western Dominance*. Ithaca, NY: Cornell Univer-
　　　sity Press.

Agnew John A. 1987. *The United States in the World–system: A Regional Geog-
　　　raphy*. Cambridge: Cambridge University Press.

Arrighi, Giovanni. [1994]2010. *The Long Twentieth Century: Money, Power, and the Origins of Our Times*. London and New York: Verso.

Arrighi, Giovanni, Takeshi Hamashita, and Mark Selden. 2003. "Introduction: The Rise of East Asia in regional and world historical perspective", in Giovanni Arrighi, Takeshi Hamashita, and Mark Selden, eds. *The Resurgence of East Asia: 500, 150, and 50 year perspective,* 1–16. London and New York: Routledge.

Barraclough, Geoffrey. 1967. *An Introduction to Contemporary History*. Harmondsworth, Baltimore and Ringwood: Penguin Books.

Brewer, John. 1989. *The Sinews of Power: War, money, and the English state, 1688–1783*. London: Unwin Hyman.

Broeze, Frank. 1989. "Introduction," in Frank Broeze(ed.), *Brides of the Sea: Port Cities of Asia from The 16th–20th centuries.* 1–28, Honolulu, Hawaii: University of Hawaii Press.

Burlingame, Roger. 1967. "Locomotives, Railways, and Steamships," in Melvin Kranzberg and Carroll W. Pursell, Jr, eds. *Technology in Western Civilization,* Volume 1, 432. New York: Oxford University Press.

Chandler, Alfred D. 1978. "The United States: Evolution of Enterprise," in Peter Mathias and M. M. Postan, eds. *The Cambridge Economic History of Europe,* Volume VI, Part 2, 70–133. Cambridge: Cambridge University Press.

Chase–Dunn, Christopher. 1980. "The Development of Core Capitalism in the Antebellum United States: Tariff Politics and Class Struggles in an Upwardly Mobile Semiperiphery," in Albert Bergesen, ed. *Studies of the Modern World–System,* 189–229. New York, London, Toronto, Sydney, and San Francisco: Academic Press.

Chase–Dunn, Christopher, Andrew K. Jorgenson, Thomas E. Reifer, and Shoon Lio. 2005. "The Trajectory of the United States in the World–System: A Quantitative Reflection," *Sociological Perspectives,* 48(2), 233–254.

Chen Kuan–Hsing, 2010. *Asia as METHOD: Toward Deimperialization.*

Durham, NC and London: Duke University Press.

Conte-Helm, Marie. 1989, *Japan and the North East of England: From 1862 to the Present Day*, London and Atlantic Highlands: The Athlone Press.

Cumings, Bruce. 1984. "The Origins and Development of the Northeast Asian Political Economy: Industrial Sectors, Product Cycles, and Political Consequences," *International Organizations,* 38(1), 1-40.

Desai, Radhika. 2013. *Geopolitical Economy: After US Hegemony, Globalization and Empire.* London: Pluto Press.

Duara Prasenjit. 2010. "Asia Redux: Conceptualizing a Region for Our Times," *The Journal of Asian Studies,* 69(4), 963-983.

Duus, Peter. 1989. "Japan's informal Empire in China, 1895-1937: An Overview." in Peter Duus, Ramon H. Myers, and Mark R. Peattie, eds. *The Japanese Informal Empire in China, 1895–1937,* xi-xxix. NJ: Princeton University Press.

Flynn, Dennis O. 1996. *World Silver and Monetary History in the 16th and 17th Centuries.* Aldershot; Brookfield, VT: Variorum.

Forsythe, Dall W. 1977. *Taxation and Political Change in the Young Nation, 1781–1833.* New York: Columbia University Press.

Frey, Marc and Nicola Spakowski. 2016. "Introduction," in Marc Frey and Nicola Spakowski, eds. *Asianisms: Regionalist Interactions and Asian Integration,* 1-18. Singapore: NUS Press.

Go, Julian. 2007. "Waves of Empire: US Hegemony and Imperialistic Activity from the Shores of Tripoli to Iraq, 1787-2003." *International Sociology,* 22(1), 5-40.

Hamilton, Gary G. 1999. "Hong Kong and the Rise of Capitalism in Asia," in Gary G. Hamilton, ed. *Cosmopolitan Capitalists: Hong Kong and the Chinese Diaspora at the End of the 20th Century,* 14-34. Seattle, WA and London: University of Washington Press.

Hoffman, George W. 1982. "19th century roots of American world power relations: a study in historical political geography." *Political Geography Quarterly,* 1(3), 279 – 292.

Hopkins, Terrence K and Immanuel Wallerstein. 1986. "Commodity Chains in the World – Economy Prior to 1800," *Review,* 10(1), 157 – 170.

Hung, Ho – Fung. 2016. *The China Boom: Why China will not rule the world.* New York: Columbia University Press.

Hwang, Kyungmoon. 2010. *A History of Korea: An Episodic Narrative.* New York: Palgrave Macmillan.

Immerwahr, Daniel. 2016. "The Great United States: Territory and Empire in U.S. History," *Diplomatic History,* 40(3), 373 – 391.

Keliher, Macabe. 2007. "Anglo – American Rivalry and the Origins of U.S. China Policy," *Diplomatic History,* 31(2), 227 – 257.

Kennedy, Paul. 1989. *The Rise and Fall of the Great Powers: Economic Change and Military Conflict from 1500 to 2000.* New York: Random House.

LaFeber, Walter F. 1989. *The American Age: United States Foreign Policy at Home and Abroad since 1750.* New York: Norton.

Matsuda, Matt K. 2012. *Pacific Worlds: A History of Seas, Peoples, and Cultures.* Cambridge: Cambridge University Press.

Mckeown, Adam. 2004. "Global Migration, 1846 – 1940." *Journal of World History,* 15(2), 155 – 189.

Mintz, Sidney W. 1995. "Food and Concepts of Power," in Philip McMichael, ed. *Food and Agrarian Orders in the World–Economy,* 3 – 13. Westport, Connecticut and London: Praeger.

Nandy, Ashis. 1998. "A New Cosmopolitanism: Toward a dialogue of Asian Civilization," in Chen Kuan – Hsing, ed. *Trajectories: Inter–Asia Cultural Studies,* 142 – 149. London and New York: Routledge.

Needham, Joseph. 1954. *Science and Civilization in China I.* London and New York: Cambridge University Press.

Nolan, Peter. 2015. "The Silk Road by Land and Sea." *Horizons: Journal of In-*

ternational Relations and Sustainable Development, 4, 142 – 153.

Northrup, David. 1995. *Indentured labor in the age of imperialism 1834– 1922.* Cambridge, New York, and Melbourne: Cambridge University Press.

O'Brien, Patrick Karl. 2002. "The Pax Britannica and American Hegemony," in Patrick Karl O'Brien and Armand Clesse, eds. *Two Hegemonies: Britain 1846–1914 and the United States 1941–2001,* 3 – 64. VT: Ashgate.

Osterhammel, Jürgen. Patrick Camiller, trans. 2014. *The Transformation of the World: A Global History of the Nineteenth Century.* Princeton, NJ and Oxford: Princeton University Press.

Palat, Ravi R. 2015. *The Making of Indian Ocean World–Economy, 1250– 1650: Princes, Paddy fields, and Bazaars.* UK: Palgrave MacMillan.

Palmer, Thomas A. 1967. "Military Technology," in Melvin Kranzberg and Carroll W. Pursell, Jr, eds. *Technology in Western Civilization,* Volume 1, 489 – 502. New York: Oxford University Press.

Parisot James. 2017. "The Two Hundred and Fifty Year Transition: How the American Empire Became Capitalist," *Journal of Historical Sociology,* 30(3), 587 – 618.

Pomeranz, Kenneth. 2000. *The Great Divergence: China, Europe, and the Making of the Modern World–economy in the Asian Age.* Berkeley: University of California Press.

Reyna, S. P. 1999. "The Force of Two Logics: Predatory and Capital Accumulation in the Making of the Great Leviathan, 1415 – 1763," in S. P. Reyna and R. E. Downs, eds. *Deadly Developments: Capitalism, States and War. Amsterdam: Gordon and Breach Publishers,* 22 – 67. Amsterdam: Gordon and Breach Publishers.

Ru, Sung Hee. 2020. "Sorry, But G. Arrighi Is Not Almighty." *Journal of Asian Sociology,* 49(2), 253 – 280.

Saaler Sven and Christopher W. A. Szpilman. 2011. "Introduction: The Emergence of Pan－Asianism as an ideal of Asian Identity and Solidarity, 1850－2008," Sven Saaler and Christopher W. A. Szepilman, eds. *Pan-Asianism: A Documentary History,* Volume 1, 1－41. Lanham, MD: Rowan & Littlefield.

Said, Edward. [1977]2003. *Orientalism.* London: Penguin.

Seth, Michael J. 2011. *A History of Korea: From Antiquity to the Present.* Lanham, Maryland: Rowman & Littlefield Publishers.

Wallerstein, Immanuel. 1974. *The Modern World-system I.* New York: Academic Press.

______________________. 1980. *The Modern World-System II.* Berkeley, Los Angeles, CA and London: University of California Press.

______________________. 1999. "The West, capitalism, and the modern world－system," in Brook, Timothy and Gregory Blue, eds. *China and Historical Capitalism,* 10－56. Cambridge and New York: Cambridge University Press.

Wang, Gung Wu. 1958. "The Nanhai Trade: A Study of the Early History of Chinese Trade in the South China Sea." *Journal of the Malayan Branch of the Royal Asiatic Society,* 31(2), 3－135.

Westney, Eleanor D. 1987. *Imitation and Innovation: The Transfer of Western Organizational Patterns to Meiji Japan.* Cambridge: Harvard University Press.

Yamamura, Kozo. 1977. "Success Illgotton? The Role of Meiji Militarism in Japan's Technological Progress." *Journal of Economic History,* XXXVII(1), 113－135.

Zhang, Kyung－sup. 2014. "Asianization of Asia: Asia's Integrative Ascendence through a European Aperture." *European Societies,* 16(3), 337－342.

찾아보기